中國近代期刊彙刊·第二輯

國風報

二

第一年第五期——
第一年第九期

中華書局

國風報

大清郵政局特准掛號認爲新聞紙類
日本明治四十三年二月十三日第三種郵便物認可

（每月三期逢一日發行）

宣統二年二月念一日

第一年第五期

國風報第五號

定價表	項目	報資
費須先惠逢閏照加	全年三十五冊	六元五角
	上半年十七冊	三元五角
	下半年十八冊	三元五角

零售每冊	二角五分
本國郵費	每冊四分
歐美郵費	每冊七分
日本郵費	每冊一分

廣告價目表

一面	十元
半面	六元

惠登廣告至少以半面起算如登多期面議從減

宣統二年二月念一日出版
五月十一日三版

編輯兼發行者　何國楨

上海福州路

發行所　國風報館

上海福州路

印刷所　廣智書局

分售處

北京桐梓胡同　廣智分局
廣州十八甫國事報館
廣州雙門底聖賢里　廣智分局
廣州十八甫廣生印務局
日本東京中國書林

國風報

各省代理處

▲直隸 保定府西大街 萃英山房
▲直隸 保定府 官書局
▲天津 府署東 原創第一家派報處
▲天津 浦東小關大行 公順京報局
▲天津 鄉祠南售報處 李茂林
▲天津 東馬路 羣益書局
▲奉天 省城交涉司對過 振泰報局
▲奉天 天圖書館
▲盛京 昌圖府北大街 振泰報局
▲吉林 省城板子胡同 文盛報房
▲山東 濟南府芙蓉街 維新書局
▲河南 開封府城北書店街 茹古山房
▲河南 開封府西大街 文會山房
▲河南 開封府西大街 大河書局

▲河南 開封府西大街 教育品社
▲河南 開封北書店街 總派報處
▲河南 武陟三官廟街 永亨利
▲河南 彰德府 茹古山房
▲陝西 省城內竹笆市 公益書局
▲陝西 省城 萃新報社
▲山西 省城窮子巷 文元書局
▲山西 省城 書業昌記
▲貴州 崇學書局
▲雲南 城東院街沙臘巷口 天元京貨店
▲安徽 廬州府神州日報分館 陳福堂
▲漢口 黃陂街 昌明公司
▲安慶 府龍門口 萬卷書樓

國風報

各省代理處

▲蕪湖 徽州碼頭 科學圖書社

▲四川 成都府學道街 輸文新社

▲四川 成都 正誼書局

▲四川 成都會府東街 華洋冬報總派處

▲四川 成都南紗帽街 安定書屋

▲湖南 長沙 羣益圖書公司

▲湖南 常德府 中報館

▲南京 城夫子廟 啓新書局

▲南京 城淮清橋 莊嚴閣

▲南京 城花牌樓 崇藝書社

▲南京 城花牌樓 圖南書社

▲江西 省城洗馬池 開智書局

▲江西 廣信府文昌宮 益智官書局

▲江西 南昌萬子祠裱畫巷內 廣益派報社

▲福州 督署後 教科新書館總派報處

▲廈門 關帝廟街 新民書社

▲溫州 府前街 日新協記書莊

▲溫州 瑞安太平石街 廣明書社

▲蘇州 觀前街倉橋浜 瑪瑙經房

▲揚州 古旗亭街 經理各報分銷處

▲常熟 常照派報處 朱乾榮君

▲常熟 寺前街 海虞圖書館

▲常熟 孚記書莊

▲星加坡南洋總滙報

▲澳洲東華報

▲金山世界日報

▲紐約中國維新報

▲香港 中環砵甸乍街 致生印字館

國風報第一年第五號目錄

美總統塔夫脫

德皇威廉第二

諭旨

初七日　上諭鐵良奏假期屆滿病仍未痊愈懇請開缺一摺陸軍部尚書鐵良著准其開缺欽此　上諭陸軍部尚書著廕昌補授未到任以前仍著壽勳署理左侍郎仍著那晉署理欽此　上諭陸軍部右侍郎著姚錫光補授欽此　上諭外務部尚書梁敦彥著充稅務處會辦大臣欽此監國攝政王鈐章軍機大臣署名

初八日　上諭陸軍部尚書廕昌現在尚未服滿著改爲署任欽此監國攝政王鈐章軍機大臣署名

初九日　上諭陸軍部左丞著朱彭壽轉補右丞著許秉琦補授左叅議著慶蕃轉補右叅議著錫嘏補授欽此　上諭廣西慶遠府知府員缺著全興補授欽此監國攝政王鈐章軍機大臣署名

初十日　上諭廣西潯州府知府員缺著張官劭補授欽此監國攝政王鈐章軍機大臣署名

十四日　上諭正黃旗護軍統領印篋著都凌阿暫行佩帶欽此監國攝政王鈐章軍機大臣署名

十五日　上諭朱家寶奏查明皖省上年被災各屬民情困苦懇恩量予接濟一摺安徽各屬歷歲荒歉上年又遭水患曾經加恩將是年錢漕銀米分別緩徵遞緩以紓民力現當青黃不接之時民情仍形困苦覽奏殊深閔惻著加恩賞給帑銀三十萬兩由度支部給發著該撫督飭員紳妥為散放務使實惠均霑毋任吏胥舞弊用副朝廷軫念民依有加無已之至意該部知道欽此　旨加恩固山貝子溥□著在乾清門行走頭品頂戴溥倫著賞給乾清門頭等侍衛欽此　上諭本日召見上年本陵西陵內務府京察一等圈出之麟祥明盛富基均著記名以關差道府用並准其一等加一級欽此　上諭安徽皖南鎮總兵員缺著張士翰補授欽此監國攝政王鈐章軍機大臣署名

十六日　上諭趙爾巽奏四川提學使趙啓霖呈請開缺養親據情代奏一摺趙啓霖著准其開缺欽此　上諭四川提學使著劉嘉琛補授欽此　旨杭州織造著聯榮去欽此監國攝政王鈐章軍機大臣署名

論說一

官制與官規

滄江

全世界行官僚政治之國有四曰德意志曰日本曰俄羅斯曰我中國德意志之所以有今日惟官僚政治實尸其功德意志者蓋官僚政治之模範抑亦自今以往法治國之模範也日本者傚法德意志具體而微者也俄羅斯官僚政治之腐敗聞於天下其人民怨讟內亂歲聞弊皆坐是雖然多數人民雖不蒙其澤而猶能以其國競於外獨中國之官僚政治則上爲蠹於國而下爲蝨於民此之不變則雖百變其政體終無術以致人民之樂利而厝國家於安榮於是識者盡然憂之咸謂改革官制爲圖治之本原而憲政九年籌備案中亦有於宣統元二年釐訂中外官制之條可謂深探其本矣雖然吾以爲本之中更有本焉則官規是

官制者何規定各種行政機關之組織也官規者何規定所以運用此機關之程式也

論說

官制則譬諸機器官規則示運用機器之人所當有事也苟機器缺損銹澀雖有良工不能以運用固也然使運用者不得人或雖有人而不善其用則其究也與無機器等今日之中國則官制與官規兩俱極敝者也以現行之官制雖使管葛爲宰相陶温爲方鎭杜召爲守令而國終不能蒙其福民終不能沐其澤改絃而更張之宜也然使徒改官制而不思所以整飭官規則吾敢決其雖千百改而效果卒無以異於今日今政府所釐訂之官制吾未審其內容何如將於他日更有所論今且先論官規

日本人之編集法令者以官規別爲一門其項目則官等俸給也試驗也任用、補充、進級、分限也服務規律及懲戒賞罰也恩給扶助也辦公費也服制及諸儀式也此皆爲整飭官僚政治之要具吾中國未始無之然疏漏而不適於用久已成爲具文今繹其意而撰諸本國所能行者著於篇冀吾國立法家一省覽焉

一曰試驗官吏法不可不改良也疇昔以八股試帖卷摺課士一切官吏皆自茲出行之千年末流極敝識時之士嘵音瘏口以鳴其非僅乃去之夫去之誠是也雖然官吏新陳代謝終不可不爲新進者開其途果何途之從而可以得適當之人才乎此最不

可不審也。疇昔以科舉爲之。而恩蔭保舉捐例輔之。恩蔭爲數甚少。保舉則便於有官者之升轉而不甚便於無官者之釋褐。可勿深論。其途之最廣者。實惟科舉與捐例。今則皆廢矣。蓋欲舉天下之仕者。盡由學校。意誠善也。然以今日教育現象論之。欲求完全之大學卒業生以爲用。未知期以何年。藉曰有之。然以現在教科之鹵莽滅裂因循敷衍。其所養成之人才若何。蓋可想見矣。姑勿深論。按諸現行制度。則除廷試留學生外。全國人蓋無復登仕之途。吾對於此制度。其欲商榷之問題有三焉。一曰留學生果盡適於爲官吏乎。二曰舉國官吏所需之員數。僅恃留學生足以給之乎。三曰留學生以外之人才。遂無適於爲官吏者乎。請逐一檢點之。

第一問題　欲辦新政。必賴新智識。留學生爲新智識之淵藪。舉行政機關以託之。宜也。然留學生非皆爲仕而學也。三年以來應試驗者。其政法科不及半數。夫以治理工農醫者而官以翰林主事中書小京官知縣諸職。其間惟主事一項。尚視其所分之部何如。或可得一割之用。然已僅矣。若翰林中書知縣等職。則何待乎有理工農醫之學識。而理工農醫諸學識。縱極奧粹。何益於爲翰林中書知縣。是則學非所用用非所學與前此科舉時代無異且更甚焉夫疇昔科舉時代之思想凡學者必求仕不求仕者則不學此實爲中國致弱之大原科舉既廢謂庶幾有以易之矣今也以試驗留學生制度不完故乃益助長此風令侁侁學子皆以所學爲敲門塼門甫闢而塼遽棄此非徒官規之梗抑亦學風之憂也且離論他科也即治政法學者豈必其盡能作吏又豈宜悉敺以作吏世固有學極優而不能事事者矣且使各國惟有從政家司法家而無政學家法學家則斯學不其絕於天壤矣乎學優且然而濫竽者更何論矣是故謂留學生果盡適於爲官吏無有是處

第二問題 欲察留學生足以給全國官吏之員數與否則有其先決之問題焉曰、舉國官吏員數幾何是也自頃新編之京外官制未頒出其內容如何不敢臆斷卽就現制論之外而州縣以上內而郎主以上官差合計其所需有普通新學識之官吏總須在五萬員以上若倣各國官制其州縣官廳總須設補助官五六員以上其高級之地方官廳稱是如是則當驟增五六萬員若會計官吏獨立則當增數千員乃至萬員又據新頒之法院編制法其各審判廳管轄區域之大小雖未有明文然欲求周備則初級審判廳計平均每縣應有二所地方審判廳計平均每府應有二所以此推算則全國之廳丞廳長推事檢察官等當在五萬員以上大約全國行政官吏司法官吏合計最少須得十五萬員乃至二十萬員雖不中不遠矣而各級地方團體之自治職尚不在此數今留學生每年應試驗者幾何最多數百人至千人極矣而所學之學科其性質不合作吏者尚居泰半是故謂僅恃留學生足以給全國官吏之員數無有是處

第三問題　今後之官吏必以有新智識爲期固也然不能謂僅有新智識而已足也苟於本國歷史上社會上之舊智識一無所有則新智識又安所施欲求新智識當於學校尤當於外國學校固也然不能謂舍此遂無求之之途也苟其如此吾恐雖將國家之歲入盡其半以供留學費而所養之才猶虞不給也大抵人之能任事也由於學識者半由於閱歷者半而今日所謂學識者屬於世界之智識者半屬於本國之智識者半欲求世界之智識其得於學校者半其得於學校以

外者半留學生之資格所以優於非留學生者謂其能從學校中得有世界之智識然所優者六分之一也留學生之能具有彼六分之五者固不乏人然其得之已非恃留學矣若舉國中未嘗留學之人其能具有彼六分之五者抑當不少具四者則更多焉具三者則又更多焉以之比普通之留學生其孰爲適用蓋已未易軒輊矣又况乎挾三以求四挾四以求五挾五以求六（謂有閱歷之人而求學識有舊智識之人而求新智識有普通新智識之人而求專門之新智識也）其道又非甚難也是故國家欲得人以爲理一方面當取有新智識之人進之以舊智識又進之以閱歷然後用之此用留學生之法也一方面當取有閱歷且有舊智識之人進之以新智識然後用之此用留學生以外之人之法也之二法者缺一不可而用前法則效緩用後法則效速用前法則途隘用後法則途廣蓋舊智識與閱歷非假以歲月不能有功朝出黌序夕司民社雖有聖智猶將僨事此無可如何者也而其人既已稍有閱歷有舊智識必其已在壯年使之自由以求新智識尚或可幾必責以留學外國以博一卒業文憑則能者什不得一矣而語於官吏之資格則與其取無閱歷無舊智識之留學生毋寧取

此輩也。是故謂留學生以外之人才。皆不適於爲官吏。無有是處。

使吾之所以解決此三問題者而不謬也。則夫現行制度以試驗留學生爲官吏出身惟一之途徑者。其不足以應時勢之要求。從可斷矣。夫既以美錦學製賊夫人子矣。以捷徑干祿撓敗學風矣。而其究也所得之人。終不足以彌所闕之事。勢固不得不橫溢於此途徑之外。於是有買舊昭信股票以求移獎者。有捐虛銜而求調部調省再求保實職者。今之無官而欲得官者。豈不盡趨於此兩途哉。夫既趨於此兩途。則試驗法一無所得施。而惟視苞苴奔競之能力。如何以爲榮悴。凡所謂若何若何而始合於官吏之資格者。徒虛語耳。疇昔懸帖括楷法以爲資格。誠屬可笑。然以視並此資格而豁免之者。抑何如哉。其受試驗之留學生資格。洵可謂嚴重矣。然以數年負笈海外之功。其結果亦不過與買一移獎捐一虛銜者相等。欲競爭以求優勝。仍視苞苴奔競之能力如何。人間能得幾屈子。安得不汩泥而啜醨也哉。而篤學守節之士。疇昔遵功令以得一第。釋褐階進。雍容得以自效於國家者。今此途則堙矣。進之既不能逐少年以就塾。退之復不欲爲貲郎以自污。則惟有槁死巖穴間已耳。夫今日宦場風習。所以流失敗

壞視十年前更一落千丈者雖其原因孔多而官吏出身之制度不完全亦其一也循此不變行將舉國衣冠悉爲禽獸而更何立憲專制之可言也哉

然則當如之何曰、法當采各國試驗文官之制標舉政治法律生計諸科學若干種歲集天下之士而試之於京師其應試者不必留學生不必本國大學或高等學之卒業生不必有舊時之舉貢等科第凡國中人士有相當之學力者皆得與惟留學生卒業生等則直以咨達京師其他則先試於本省提學使及格然後以咨達京師其試之之科目則一曰國家學（憲法未布以此代之）二曰大清新刑律三曰大清民法（未頒定以前暫闕之）四曰比較行政法五曰生計學六曰國際法以上六者不許規避（民法未布前則爲五）七曰財政學八曰大清商律九曰民事訴訟法十曰刑事訴訟法以上四者任擇其一都凡每人所試者七事中程者賜以出身（以上科目采日本高等文官試驗章程彼所定實完善也）若行此法則中年人士不能入學校者但使有相當之學力即可釋褐不致終老巖穴以成棄材一利也國家可以多得成熟穩練之人物以從政不致專委國事於少不更事之人二利也頑固老朽者不得濫竽其間三利也人人爭自濯磨於新學政治智識法律智識不期而自普及養成立憲國民資

格於無形中四利也老輩與新進國學與外學緣此調和不致相輕相軋五利也有此五利行之宜矣

問者曰子所舉之十種科學苟非入學校則何從治之是所謂盡人許應試者徒虛語耳應之曰不然政府誠欲養成立憲國民資格即徵試驗之舉固宜博聘通儒將此諸學編爲簡明完善之專書俾舉國士民資以誦習其誦習而會通之者則國家所欲得以爲官吏者也夫此諸學者非如孔子春秋有微言大義不可著諸竹帛而必賴口說傳授者也欲求有此學力豈必定由學校哉況國家既懸此以爲祿利之路則正不勞政府之代爲謀而績學之士固必有發憤吮筆以爲之者不旋踵而新著將闐肆矣豈患獨學者之無藉也哉

問者曰如子所言是直議復科舉耳甚矣子之頑陋也應之曰此誠無以異於復科舉若云頑陋則未之敢承夫科舉非惡制也所惡乎疇昔之科舉者徒以其所試之科不足致用耳昔美國用選舉官吏之制不勝其敝及一八九三年始改用此種試驗法美人頌爲政治上一新紀元而德國日本行之大效抑更章章也世界萬國中行此法最

論說 十

早者莫如我此法實我先民千年前之一大發明也自此法行而我國貴族寒門之階級永消滅（自唐以後中國無復門第限人科舉之賜也吾別有論）自此法行而我國民不待勸而競於學此法之造於我國也大矣人方拾吾之唾餘以自夸燿我乃懲末流之敝而因噎以廢食其不智抑甚矣吾故悍然曰復科舉便

問者曰所惡乎科舉者謂其不按驗平日學業之成績而爭得失於一日之短長與敎育之旨相刺謬也且盡人皆可應試與學校卒業者無擇人亦孰更就學學校不其堙乎應之曰不然以八股楷則爲試而爭得失於一日之短長則其弊誠不可勝窮以美惡太無標準也若試以所列之十科則非相當之學力豈易及格此非可以一日短長言也若云作弊則今日學校之成績表與卒業文憑其弊又豈少也哉亦視其人與其法何如耳至慮以此而沮學校之發達尤屬無理彼日本行之而官私立大學無一不以人滿爲憂非其反對之顯證耶蓋自修雖勤終不如聽受之易有所獲盡人能知也故爲此數年內勸中年人士求學起見不可不用此法爲將來獎厲國中私立大學起見亦不可不用此法

據九年籌備案。應以去年編訂文官考試章程。其所編者如何。今未得見。吾深望其采此主義。勿以其形跡近科舉而諱言之也。

（未完）

論說

第三號勘誤記

諭旨　第一頁第五行執誤作寔

第三頁第九行晉誤作首

同　第十三行諤誤作鄘

論說　第七頁第七行點誤作點

著譯　第五頁第三行漸誤作暫

調查　第二十一頁第七行砥誤作抵

世界紀事　第四頁第十一行忽誤作忍

第七頁第六行如誤作知

談叢　第六頁第二行闞誤作規

論說二

改鹽法議

（參觀次號著譯門中國現行鹽政說畧調查門日本鹽專賣法）

滄江

中國鹽法之宜改久矣千餘年來老吏碩儒鼓舌搖筆以論其利病著在竹帛者高可隱人其所說亦入出主奴不可究詰要之皆懲於今制之極敝而思改之者也但所思改者或在本或在標或舉偏或舉全或救一時或規久遠此其所以異耳夫今之鹽法非他唐以來相沿之舊法也雖有良法無百年而不敝況乃襲千餘年之舊而所襲者又出於聚斂計臣因陋就簡者之所爲者哉乃者司農仰屋力竭聲嘶於是　天子惄然憂之特置鹽政大臣簡親賢以任其事其或者將大有所舉措以副天下之望夫久養之癰非潰決不能去毒不調之瑟非更張無以成聲吾懼乎狐鼠之在城社者其所以撓　聖意必且甚力而今茲之舉亦將以補苴罅漏終焉則豈惟不足以救弊而弊且緣此而益滋不揣擣昧參考中外古今之制度及其學說不

爲高論而令今可行。作爲斯議。告我大夫焉。

一 鹽稅在財政上之位置

鹽稅非良稅也。蓋以其持民之所急而朘之。非先王子惠元元之意。而豪富之民與貧困之民。每日所食鹽略相等。則每歲所完鹽課亦略相等。其道爲厚富者而病貧者。於租稅負擔貴公正之原則。大相反悖。故漢之初權鹽也。賢良文學相率廷爭。指爲開利孔而梯民罪。鹽鐵論之所由作也。近世各國。若英若比利時若瑞典。皆廢不稅。若美若俄若葡若丹麥若那威若秘魯若紐錫蘭。則惟於海關榷其入口者而已。而日本自頒鹽專賣法以後。民嘖有煩言。其議會頻年倡廢止三惡稅之議。鹽卽其一也。故以善良之租稅系統論之。苟有他道以充國帑之歲入。則不權鹽便。雖然。鹽之爲物。雖曰人人日用飲食不可缺。然所需之量至微。其負擔之加諸民者。雖創痛而非深鉅。且徵收視他稅較簡易。而所入可以至豐。故各國之理財者。猶多樂采之。若我國則管桑以降。行之垂三千年。其歷史上之根柢甚厚。民習而安之也已久。其不必議汰減。蓋無論矣。然又以其性質本爲惡稅之故立法者當益加兢兢務令上可以裕國而下不至厲民知

此意乃可與語鹽法矣

今之置大臣以整頓鹽法也凡欲以救國帑之窮而思有所增益也惟吾之爲此議也亦欲以救國帑之窮而思有所增益也惟然故吾有亟欲研究之一問題曰**我國若以良法整頓鹽課後則國帑所入當增益於今日幾何**

此可以比例於各國展轉而求得之者也考各國鹽稅所入德國二千七百餘萬元法國一千三百餘萬元意大利三千一百餘萬元日本二千三百餘萬元就中惟意國收稅太重當別論其餘各國所稅尚不爲厲民而所得乃若彼其巨夫鹽之爲物與他物異每人所食日有一定不能加多各國之民大率相等但使其稅率相若則收稅之多寡恆與民數之多寡成比例彼德法意日諸國其民數大率僅當我十之一故我若采用某國稅率則所入約當十倍於其國此事理之至易明者也

謂余不信請更精算以畢余說法當先求得每人每年平均食鹽若干而以民數乘之則所應課之總量可得矣據各國統計表荷蘭每人每年平均食鹽十七斤日本十六

斤法國十四斤德國十三斤意大利十一斤內惟意大利因稅太昂故食者特少其餘各國則不甚相遠日本在臺灣初行鹽專賣時預算每人十五斤後經累年比較則實十三斤十兩有奇（日本每斤約當我十五兩六錢以上所列統計皆據東籍故其斤當以此爲推）今綜各國之比例而取其中數則我國每人每年平均食鹽以十三斤起算其數當不甚相遠（或疑每人每年食鹽十三斤未免過多者不知各人於直接食鹽粒之外如醬油醬料燻臘鹹菜鹹魚等類莫不需鹽即如肥皂牙粉乃至一切化學品莫不需鹽其數不遑枚舉此所謂每人十三斤者即綜合此等之平均數也）我國人口據西人所調查謂有四萬二千六百餘萬雖未知確否今但舉整數以四萬萬乘十三斤則全國每年食鹽總額應爲五千二百萬擔也

既推得食鹽總額之大概則當斟酌其稅率之重輕考諸各國則意大利最重每百斤稅十七元有奇法國稅三元有奇日本稅一元半荷蘭稅一元有奇德國最輕每千斤僅稅五元我國若折其中則俟新幣制頒定後每百斤約稅一元半絕不爲多蓋以較現行稅率非加重而實加輕也（說詳下文）而以一元半乘五千二百萬擔**則每年鹽稅應爲七千八百萬元**而今也合計各省官鹽票引不過二千八百十

二萬五千擔僅當吾所推算者十之五每年稅釐報銷於度支部者不過一千三百餘萬兩其稅率重於吾所假定者而其收入僅當吾所推算者四之一曷爲而如是曰惟現行鹽法之極敝有以致之

（未完）

論說

曉枕鶯聲帶夢聽
忽看淡日滿窗櫺
閒愁誰遣濃如酒
醉過殘春不解醒

時評

西藏戡亂問題（續第四號）

滄江

（參觀本號調查門西藏問題關係事項調查記）

二　處置達賴喇嘛政策之當否

已革達賴喇嘛勒朗結寀　恩毀法情眞罪著　天譴之加洵由自取雖然就政策上論之則政府此舉果當於事前而籌及事後處置之法與否吾實不能無疑蓋達賴之地位與衛藏回部乃至內外蒙古及青海回部之人民有密切之關係而此諸地實居我　大清帝國幅員之半故所以善其後者不可不計之至熟也大抵迷信宗教之民雖平時柔馴若羔羊而遇有犯其迷信者則其抵抗力之爆發往往出於言思擬議之外觀於回教耶教之人民緣宗教上之爭至於以血染其歷史者千餘年從可見也今此次　諭旨雖明稱保護黃教而以彼諸部之人民之心理視之其能心悅誠服與

時評 二

否吾所未敢言也蓋彼輩所信者謂後達賴爲前達賴之烏畢拉罕所託生（烏畢拉罕者譯言化身也）故非一達賴死則他達賴斷無自發生而後達賴之發生純由前達賴之默示而絕非他人之力所得左右此其誕妄不經固不俟論然其深入人心者已三百餘年矣故此狡黠之勒朗結彼等所認爲宗喀巴之第十三次呼畢勒罕者也（宗喀巴者黃教之初祖也勒朗結第十二代之達賴）而宗喀巴則彼等所認爲觀世音菩薩之呼畢勒罕者也故據彼等所信乃竟至合觀世音宗喀巴勒朗結爲一人牢不可破故就吾輩之心理觀察之則以 大皇帝而黜罰其一臣民名勒朗結者有何奇異就彼輩心理觀察之則曰雖以轉輪聖王不能黜觀世音而別指一人爲觀世音也夫其愚雖至可憫乎然正惟其愚一至此極則何術復足以喩之者夫以我 聖祖 世宗 高宗之天亶聰明豈不知呼畢勒罕爲愚民之具而於此荒誕不經之僻說猶有所惑焉顧 列朝之待達賴恒有加禮者此禹入裸國之義 聖人之知幾其神也而又非徒爲西藏一隅計也所以役蒙古定青海綏回部厄魯特皆操是術 列聖爲國家計欲結合國內各種族之人民成爲一體以厝諸長治久安不惜紆降 尊貴以禮一狡

用心蓋良苦也今茲之事則取數百年來　列聖相傳之政策一舉而擲之矣夫時勢有變遷而政策當隨之吾非敢謂變　列聖之政策卽爲不敬也然揆諸蒙藏諸部現在之情形實覺此政策有未能遽擲者今茲之舉吾一念其後懍乎若朽索之馭六馬焉耳

今　明詔既已降矣在勢固無反汗之理卽反汗則　國體愈損更何足以臨諸部**處此騎虎難下之勢惟有力與迷信戰而已然戰之又決不能破壞其全部也惟求先破壞其一部分而已**考宗喀巴之經記謂達賴六世班禪七世後不復再來（見魏源聖武記）其說固亦深中人心且自前明永樂至乾隆中葉凡三百五十餘年僅更達賴六人自乾隆末至今百餘年已更達賴六人前老壽而後短折其眞贋本易見而自第六代以後所報之呼畢勒罕往往歧異以致有大招寺瓶卜之事此其全爲諸噶倫卜諸堪布所假託跡已歷歷謂宜將此等故實詳細敘述爲一極懇切之　上諭譯以蒙文唐古忒文頒諸各部明前此諸

時評 四

噶倫卜欺君愚民之罪曉以自第六代以後無復眞達賴而此次 朝廷所黜者實爲勒朗結而非宗喀巴非觀世音然僅恃一詔之力尚恐無效也駐京之章嘉呼圖克圖者（其歷史參觀本號之調查門）其爲蒙藏人所信仰亞於達賴而與班禪埒謂宜結以恩義使之入藏主持教務宣布 朝廷護法之盛意其達賴一職則從宗喀巴之豫言非惟不認勒朗結並第七世以下皆不認之達賴之名號卽從此廢不用此或是一種辦法然其效果如何非吾所能決也**若如今日之政策別立一幼童以爲達賴則蒙藏之民必謂達賴未示寂其呼畢勒罕從何而來而外人且居勒朗結爲奇貨日行其煽惑則蒙藏自此無寗歲矣** 要之今茲之役其第一失機在放勒朗結出京其第二失機在川兵入藏時不急挾勒朗結爲重而聽其潛逃其第三失機則在不籌全局而遽褫其法號一誤再誤今既不可收拾矣吾之所陳乃於焦頭爛額之時作無可如何之想實策之下下者也雖然政府之舉措則直謂之無策耳

頗聞藏中報告。謂藏民已相安無事。政府聞此應如釋重負。夫以吾未履藏地。豈敢謂其報告之必屬子虛。然以理度之。此事斷不能如此之易了。卽曰藏中無變。而西北諸蒙古之間接受其影響者爲禍方長。且所謂變動者。豈必其斬木揭竿以起。但使生心外向。無形中以漸卽於敵。則我康雍乾三朝廷所費之國力。已全擲於虛牝矣。書曰若考作室。厥子乃不肯堂。矧肯構。當局者若輕心掉之。盍亦淸夜自思何以見　祖宗。於地下也。

三　用兵於西藏則何如

萬一藏民終不奉　詔。其勢將不得不出於用兵。如是則能有必勝之算乎。曰、噫。是非所敢言矣。海上某報之論茲事也。曰『成都西抵拉薩。崎嶇萬里。跬步皆山。石棧天梯。猿猱愁度。重以所過皆童山。不毛。一布一粟。皆須由內地轉運而致之。平均計算大抵以內地二十人之餉。飼一人而猶虞其不足。地利之不可恃也如此。雪嶺西趨。去天咫尺。地勢愈高則寒威愈烈。窮山氷雪。盛夏不消。平時商旅經行。雖篝火重裘而裂膚墮指之慘。猶或不能幸免。況復執干戈而臨戰陣乎。天時之不可恃也如此。夫其地勢之險天氣之寒饋運之艱難跋涉之行阻則與其遠調客軍無寗因用土著此邊徼用兵不移之定例也雖然國家奄有衛藏二百年來旣未有淪肌浹髓之仁恩以結裔夷之心而堅其內向之志而歷任持節之使臣與參隨之官吏更復恣爲苛虐以朘削而携離之蠢蠢番人其鬱額疾首也非一日矣卽微達賴之扇惑亦將相從背叛以甘心於一逞況復彼族宗敎迷信之觀念至爲堅定不移其大長已潛懷不軌之心其民族豈有不從風而靡者哉而欲於孤危艱阻之秋更責其敵愾勤王之用不亦難乎人和之不足恃也如此』此其言雖未免過當然大段固不繆於事理矣試以前事證之我
朝之用兵於西藏凡五其一爲康熙五十六年西安將軍額倫特以兵五千擊策妄全軍覆於喀喇河其二爲康熙五十七年 皇十四子爲撫遠大將軍用岳鍾琪以番攻番之計降番兵七千賴以成功其三雍正二年將軍查郎阿統川陝滇兵萬五千討噶布倫未至而拉藏汗舊臣頗羅鼐率後藏及阿里兵九千先已平賊其四爲乾隆十五年將軍策楞班第移平準之兵以討朱爾墨特未至而達賴先禽以獻其五爲乾隆**五十六年嘉勇公福康安超勇公海蘭察討廓爾喀用索倫兵二千金川各土屯兵五**

千藏內官兵三千僅乃克之綜觀諸役其所恃以奏膚功者全在用土兵而糜餉已不下二千餘萬兩矣又最近則光緒三十年英將張伯士彬以兵五千人砲十二門侵藏前後閱八月屢瀕於敗僅乃克之蓋藏番雖不武然習其水土而知其阨塞以逸待勞一固可以當客兵十也夫以國家全盛之時猶不能以克軍致果以英人節制之師堅忍之性幾歷險艱始能有功今者欲用平居駐防之兵耶則指揮可定何俟僕僕既已不可用當此司農仰屋之時乃千里饋糧以求一逞而今之所謂新軍者其柔脆又等於紈袴吾恐未至打箭爐而已不能軍矣況乃拉薩哉 **爲今之計惟有繼述列聖所詒謀之政策以恩信懷柔其民而已若欲恃兵威以靖難吾誠不知稅駕於何所也**

四 將來外交之變故何如

使西藏而爲三十年前之西藏則其底定之也尚易即不能底定則雖爲珠厓之棄尚不至牽一髮以動全身也而今之所以進退維谷者則有外交問題以蝨於其間也今

外人之振振有詞者曰英與俄（日本第二次之英日同盟條約其範圍推廣及於西藏附近故此次亦將曉曉容喙然非直接有效者可勿論）就俄國一面言之據日本人之說謂我於光緒二十八年曾與俄訂有密約許俄人以干涉西藏之權利其約文具見東籍（參觀次號調查門）未知信否果爾則危險眞不可思議矣然光緒三十二年續訂之藏印條約第二條明云「英國國家允不占併藏境及不干涉西藏一切政治中國國家亦應允不准他外國干涉藏境及其一切內治」然則中俄就令果有密約但未經公布而當此約締結時其內容既與密約相牴觸而俄人不起而抗議是已默認前約之作廢矣至於英國當光緒三十年誘脅達賴擅與結約之時其於我誠爲無禮然其後既有此次續約第二條之保障則亦尚能尊重我上國之權利日據此約第一條我尚有須隨時設法使英藏條約切實辦理之義務（諸約文皆具載調查門）今茲之舉

以　大皇帝而懲治境內一不法之臣民固爲國法上應行統治之權利以上國而飭率屬邦毋使爲外交之梗又爲國際法上履行條約之義務無論何人不可

得而干涉者也 英國文明守禮之國豈 其口血未寒而遂背之 故此次英之國會議員有質其政府以對藏方針者政府以嚴守中立對誠知禮之言也雖然吾願我政府毋狃於此而遽即自安也人亦有言國際法惟强者之武器耳雖復信誓旦旦欲攙棄之何患無辭 **大抵此次事變能免干涉與否專視衞藏全部能保秩序與否爲斷** 苟能所在安堵商旅無驚雖有虎狼豈能飛而擇肉而不然者則或藉口於保衞租界或託辭於防護邊境何在不可爲染指之媒介者不見最近路透電已聲言藏亂恐擾及布坦廓爾喀哲孟雄乎（見上海各報皆譯爲不丹尼泊爾西金不知不丹即布坦尼泊爾即廓爾喀西金即哲孟雄也今從官書所用之名） 其言外之意可見矣 **故條約不足恃也求之在我而已**

或曰光緒三十三年英俄協約其中關於西藏者五條內有各不干涉藏治之文英若背約俄將起而問之俄若背約英將起而問之如是則藏其或可以無事乎應之曰此在數年前誠有之 **若今日則英俄方睦祗有交讓決無交訌** 此

時評　十

稍知世界外交大勢者所能見也（參觀次號論說門世界外交大勢之變遷）使英俄之交猶若五年前也則張恰鐵路問題起英使早拍案於外部矣今茲藏事苟吾授人以可干涉之隙則英俄之變更其協約一席話可了耳而其結果或如其所以待波斯者英俄中分衞藏以某地爲界而互承認其優越之權或如英法之所以待埃及摩洛哥者英人則承認俄人在蒙古之自由行動俄人則承認英人在西藏之自由行動此皆最近之成例確有可援俎上之肉而患庖丁無術以烹治之乎 **吾以爲今茲之治藏政策若再誤機宜則將來之結果此二途者必居一於是嗚呼其毋使我不幸而言中也哉**

五　根本解決

此問題根本解決之第一義云何 **曰妙選奇才任駐藏大臣** 以章嘉呼圖克圖佐之不然者藏終非吾有也蒙古青海終非吾有也

宣統二年二月一日稿　（完）

張恰鐵路問題

滄江

▲張恰鐵路問題之沿革

張恰鐵路者。由張家口經庫倫以達恰克圖之一大鐵路也。張恰鐵路問題惡乎起。曰俄人謀之久矣。至光緒三十二三年間。我始瞿然思自爲謀。而蹉跎未有成議。其成爲目前一緊急問題者。則錦愛鐵路導之也。俄人之經略中國。其塗有三。西則擣西藏。東則掠滿洲。而中則貫蒙古也。初西伯利線既成。俄人一方面得東淸路之敷設權。一方面卽垂涎張恰及京張一路。曾派著名技師哈羅哥夫測勘藏事。計自張家口至賽爾烏蘇爲十一站。自賽爾烏蘇至庫倫爲七站。自庫倫至恰克圖爲十站。都凡二十八站。三千二百七十里。本擬與東淸線同時並舉。以急於求海口。乃先彼而後此。然光緒二十五年。已要求我政府。欲由西伯利亞之伊爾庫斯克分支。綫接續建一橫斷蒙古鐵路。由張家口逕達北京。蓋今日之京張線。並入其範圍矣。賴我政府之警敏。與英人之助力。京張線得自辦告成。而俄人鯨吞滿洲之鋒。爲日本所挫。則其眈眈於蒙古也愈厲我政府亦知之乃於光緒三十三年秋冬間先後決議自辦張庫庫恰兩路其張庫路工費則擬每歲由京漢京奉兩路餘利項下各提五十萬兩由度支部撥五十萬兩合爲百五十萬兩其庫恰路工費則擬由恰克圖茶稅項下指撥其不足者仰給於度支部雖然國會未開財政監督權不能確立凡所指撥轉瞬已作他用奏報所稱悉爲具文故此兩路雖計畫已定終以籌欵無著遷延至今值美人承辦錦愛線之事起於是俄人得所藉口索此路以爲償而當道遂益以旰食矣

▲張恰鐵路之工程及其形勢

此路自張家口西北行越山西省北鄙經內蒙古西二盟地而至於外蒙古土謝圖汗部之庫倫城復由庫倫北行經右翼右末旗右翼左末旗買賣城等地以達於中俄互市之恰克圖租界所經皆高原拔海四五千英尺而張庫間有千餘里之大沙漠驟視之則其工程之艱難殆可想見然按諸實際乃大不然蓋所經無高山大河故穴隧架橋之鉅工皆可以省光緒二十二年俄工程師哈羅哥夫曾謂天下最易之工程莫此路若云今據其所報告者略舉如下

第一段　凡十一站　千三百七十里

一張家口至哈諾爾壩	六十里	山路
二哈諾爾壩至布爾嘎素	五十里	丘陵
三布爾嘎素至哈柳圖臺	六十里	平原
四哈柳圖臺至奎素圖	百十里	平原
五奎素圖至察哈爾	百六十里	平原
六察哈爾至布毋巴圖	二百十里	平原
七布毋巴圖至烏蘭呼都克圖	百七十里	丘陵
八烏蘭呼至吉思洪呼爾	二百五十里	平原
九吉思洪呼爾至布籠臺	百三十里	平原
十布籠臺至圖克里克	百八十里	丘陵
十一圖克里克至賽爾烏蘇	九十里	平原

第二段　凡七站、八百八十里

一賽爾烏蘇至蘇魯海	百二十里	平原
二蘇魯海至巴彥和碩	百二十里	丘陵
三巴彥和碩至莫敦台	二百里	有河川
四莫敦台至他拉布拉克	百六十里	平原
五他拉布拉克至吉爾噶朗	百五十里	純沙漠
六吉爾噶朗至布庫克	百三十里	丘陵

七布庫克至庫倫	百里	平原河川

第三段　凡十站　九百二十里

一庫倫至庫依臺	八十里	河川
二庫依臺至布爾噶勒臺	五十里	平原
三布爾噶勒臺至博羅諾爾	八十里	丘陵
四博羅諾爾至呼齊干臺	七十里	平原
五呼齊干臺至他沙爾	百二十里	沙漠
六他沙爾至伯特格臺	八十里	沙漠
七伯特格臺至庫特勒那爾	百三十里	平原
八庫特勒那爾至噶薩那	八十里	平原
九噶薩那至努克圖	百二十里	丘陵
十努克圖至恰克圖	百十里	平原

都凡三段二十八大驛三千二百七十里

（右表據日本人所著支那經濟全書譯述我政府所擬築之綫路有變更否不能確知大約不甚相遠）

張恰鐵路略圖

俄國東清鐵路

京張鐵路

擬築張恰鐵路

此路所經之地皆人烟寥落物產稀少雖云內外蒙古富源賴以開發然收效抑至遲緩故就生計上論之其價值蓋至有限若就政治上論之則其關係之重大有不可思議者蓋此路居全國東西之中南接京張更南接京漢更南接粵漢蜿蜒萬里成一直線舉禹域而縱貫之**此路權若爲俄人所握則咄嗟數日間可以大軍壓我境列國未及爲出兵準備而俄師已達北京且衝武漢矣**此與東淸鐵路未割南段以歸日本時其危險之程度正同**故張恰鐵路問題實中國之生死問題也**

▲張恰鐵路與錦愛鐵路

此路與錦愛鐵路在生計上同爲不生產的其收支皆不能相償雖然張恰線之關繫大局其輕重非錦愛線所得同日而語也使在十年以前則錦愛之價值誠有過於張恰今乃得其反矣蓋錦愛之目的雖號稱開發東蒙實則以抵制日俄兩國在滿洲之勢力而已顧吾嘗言之矣今日之滿洲已成覆水日俄已張之羽翼終無從摧之使鎩

補苴一二其與幾何**若內外諸蒙古雖強俄日眈眈乎然至今猶是一片乾淨土**故滿洲譬則已墮溷之花也蒙古譬則一靜女雖惡少之目挑心招有年幸未失身也顧雖未失身而危機則一髮矣詩曰鴟鴞鴟鴞既取我子無毀我室徒欲追已失之子而不急護將毀之室君子謂爲非智矣況滿洲雖曰處兩姑之間然正以鷸蚌相持莫敢獨逞故其危險之程度以視十年前反爲稍殺**若張恰路權爲俄所獨占他國莫能掣肘於其旁則將來禍之所中實有不堪置想者**且即以國家財政論之錦愛線五千餘里工事極艱所費當在一萬萬金內外張恰線三千餘里工事極易所費不及半而足等是不生產也等是負債也而此之仔肩視彼爲輕矣吾曩昔嘗極論錦愛路之非計而懼日俄兩國必索他種權利以爲償豈期前稿甫脫乃不幸而言中遂至遺我以此至艱極鉅之問題天耶人耶

▲應付此問題之法

然則今日應付此問題之法當如何曰**惟有嚴拒而已**然嚴拒非空拳所能濟也必當迅速自辦自辦又非無米所能炊也必當籌有的欵夫至此則吾蓋亦難言之矣今日無論欲辦何事必以整頓財政爲根本欲整頓財政必以飭治官方爲根本吾以爲我政府當道苟猶有絲毫愛國之良心者則現在內治外交上日日所發生之問題蓋無一不直接告語以財政之當整頓卽無一不間接告語以官方之當飭治其亦可以瞿然稍有動於中矣卽此次之張恰鐵路問題亦其一也然此乃對於全局爲治本之法誠恐遼緩不及事若專對於此問題而治其標則惟於不得已之中有二法焉一曰**光緒三十三年所奏准指撥之欵應請嚴旨禁作他用而專以供此路之工事費也**如此則工事雖未必遽能全舉而先可開工以杜口實雖然此欵之確能有著與否所不敢言也卽曰有著而其不敷仍甚鉅也更不得已而思其次則亦惟有仍用近年慣用之小慧的外交政策借甲國以抵制乙國**一面將錦瑷借欵公諸英美日俄諸國同時亦將**

張恰借款公諸英美日俄諸國。則其禍雖不可終免。然目前尚可以稍紓。夫此種政策固吾生平所最不喜者也。今則無可如何。而亦不得不贊之以爲彼善於此而已。嗚呼。謀國者眞不可以不愼。如奕棋然。雖下甲著。其目光當同時注及乙丙丁諸著。吾論此問題而於錦愛問題轉有無窮之感也。

城鎭鄉自治章程質疑

滄江

光緒三十四年十二月所頒之城鎭鄉自治章程。大率取日本之市制及町村制綜合而迻譯之。其果能適用於我國與否。蓋各條中應商搉之點甚多。未暇具論。今專就其大體而評騭之。則吾所最懷疑而亟思質正者有三端焉。

第一　自治章程之名稱果適當否乎。

第二　城鎭鄉三者能同適用一種之章程乎。

第三　城鎭鄉之名稱及其分類果適當否乎。

時評 二十

第一　城鎭鄉爲地方自治團體固也。然同時又爲國家行政區域。故其所辦之事可分爲兩種。一曰本團體固有之事務。二曰國家所委辦之事務。國家委辦事務者何如代收國稅、執行徵兵令、執行國會及諮議局乃至廳州縣議事會之選舉、執行各種民事商事之注冊、乃至以鄉董而兼爲刑事上之起訴人等類。凡此皆與本團體之利害無關。而以國家行政區域之資格。受委任而行之者也。故日本但稱爲市制町村制而不名爲市町村自治制。所以避罣漏也。今名曰自治章程。得無意義不甚明瞭。而易起權限之爭議或致職務之放棄乎。

第二　日本市制與町村制畫然區爲兩種。蓋以兩者之性質。有大相異之處。勢難併爲一談也。市制與町村制最不同者有二。一曰市之行政爲合議機關。町村之行政則獨裁機關也。二曰市之上惟有一重之監督機關。卽達於政府。町村之上則有兩重之監督機關。乃達於政府也。今我國中有二三百萬人之城。有不滿千人之鄉。而自治章程僅有此一種。此章程而能適用於二三百萬人之城。則必不能適用於千數百人之鄉。能適用於千數百人之鄉。則不必能適用於二三百萬人之城。蓋不必問其內容如何但以題目論之而其窒礙難通之情已可想見矣然立法者亦似畧有見於此故將城鎭董事會與鄉董分爲兩章其城鎭行政則采合議制其鄉董行政則采獨裁制亦取法於日本用意似爲精密而獨至其受監督於廳州縣則城鎭鄉三者毫無差別此吾所最不解也夫日本所以於市之上省去一重監督機關者良以近世生計界之趨勢集中於都市都市之立法行政其影響於全國者甚大非下級機關所能監督且其事務既已繁雜則其治之也不可不求簡易而無取重重牽掣爲也故歐美各國之大都市多有直隸於民政部而絕不受地方官之監督者卽日本政府前此亦曾提出都制案擬將市之大者改名曰都直隸內務大臣而不仰監督於府縣雖未見諸實行然大勢所趨畧可察矣今我國城鎭鄉之上有廳州縣廳州縣之上有省而省與廳州縣之間復有道府道府在法律上之位置如何今雖未定卽以現制論則已經兩重監督乃達中央矣其在鎭鄉或非得已若在大城得毋多此僕僕矣乎況吾國大城往往兼屬兩州縣以上如京城則屬大宛兩縣杭城則屬仁錢兩縣粵城則屬南番兩縣蘇城乃至屬長元吳三縣其他省會率皆類

時評　二十二

是夫多一重之監督則政務之冗雜澀滯已增一度況此一重中復分數支乎顧立法者似亦有見於此故本章程第一百零二條云其分屬二縣以上者或直隸州與縣管轄者由各該州縣會同監督之其措詞頗巧妙雖然吾不知所謂會同監督者果以何種形式而得行之耶將用合議制耶合議制之原則以多數決可否故非單數則不能行今國中大城惟蘇城分屬三縣其他多屬兩縣兩縣則安從合議耶然則會同殆卽和衷之意耶夫和衷云者事實上之名詞而非法律上之名詞也萬一不和衷之事實發生則將如之何例如有一分屬二縣之城於此其議事會或董事會之舉措甲縣長官允准之而乙縣長官指駁之則究將何所適從耶其究也必至仰判斷於督撫或高級長官而已若是則州縣監督之條不幾成具文也哉況乎監督下級自治團體之權非惟地方長官得行之而已卽上級之地方議會亦得行之本章程第四十一條第六十九條所謂移交府廳州縣議事會公斷者是也然則彼分屬二縣之城其議一事也則日日往來蹀躞於甲長官與乙長官甲議事會與乙議事會之間卽使甲乙和衷固已疲於無謂之奔命遇有衝突則遷延愈無已時若

是其復何一事之能辦乎

云。以上所舉章程中之兩條文。其意義亦有甚不可解者。第一百零二條所謂直隸州與縣會同監督之。所謂直隸州與縣管轄。殆指縣之屬於直隸州者也。若是則知州實爲知縣之長官。知縣惟當服從知州之命令耳。而何會同之可言。然則此監督權果屬知縣耶。抑屬知州耶。此法文甚不明瞭者也。且直隸州之地位。實與府等。直隸州於所屬縣之城鎮鄉。既得行其監督權。而府於所屬州縣之城鎮鄉。反不能行其監督權。此何理耶。若謂舉直隸州以該府。無論天下無此不通之法文。且舉國千餘州縣。豈有一焉不轄於府與直隸州者。然則無論何種之城鎮鄉。苟非受直隸州與縣之會同監督。即須受府與州縣之會同監督矣。何其不憚煩耶。又第四十一第六十九兩條移交府廳州縣議事會公斷云云。夫現在官制。府與直隸廳直隸州爲上級官廳。散廳散州及縣爲下級官廳。四者非平等也。若因其舊而認爲自治團體。則亦有上級團體與下級團體之分矣。上級團體之議會。例得監督下級團體之議會。故縣之議會。非受府議會之監督。即受直隸州議會之監督。二者必居一於是。而城鎮鄉則既受監督於州縣之議會。更進而受監督於府及直隸州之議會者也。今據法文。謂移交府廳州縣議事會。不知其爲不服州縣之公斷。乃再移於府州耶。抑同時並移耶。若如前說。則第四十一條第三項又云不服公斷時得呈由地方官核斷。是明相衝突也。若如後說。則同時請兩個議事會公斷。又何理耶。凡此之類。皆由草定章程之人。漫不經意。所以罅漏百出。在彼固以爲無關宏旨。而不知一到實行時。則處處窒礙矣。近數年來所頒新法令。大率皆此類。何怪民之迷惑哉。願後此立法者稍留意。

竊以爲導民期於毋惑而立法貴於可行照本章程所定不惟使人民疲於簿書期會躑躅迷罔而已而施諸實際窒礙更不知凡幾蓋如京城及各大省之省城其居民之多殆可比一小國苟自治發達以後其所辦事業範圍可以大至無量動則影響於全省或全國例如築港口布電車收入市稅募公債等事雖屬於本城之固有事務而間接之利病至繁其

斷非一州縣官或一州縣議會所能專斷也明矣其一切直接受成於民政部或督撫事勢所必至也然則徒立此無謂之條文增事務之冗雜壅滯果何爲也哉竊以爲京城及各大省省會之自治團體當別爲立一名稱而別制章程畧仿歐美各國大都市之制省其監督之階級然後自治之實克舉也

第三 大都市之行政所以必用合議制者爲其事務多且規模大故加愼重也小鄉村所以用獨裁制者爲其事簡無取冗員且人材難得也其地方已具都市之資格者不宜以鄉村之法治之其地方僅具鄉村之資格者亦不能以都市之法治之惟所適而已故日本之制市得變爲町村町村亦得進而爲市今本章程以城鎭爲一類模倣日本之市以鄉爲一類模倣日本之町村而第二條云凡府廳州縣治城廂地方爲城是城之資格有一定而其定之也以行政官所駐在地爲唯一之條件夫山州下縣其城廂人口不過千數百而財政一無所出者往往有矣黑龍江省之省城尙一望可盡況下此者哉而使之設多數之總董董事名譽董事及二十名之議事會員無事可辦而徒耗薪水費時日且獎厲人民以華而不實之風甚無謂也竊

以爲此分類之標準。極不適當。若不以此爲分類之標準。則並城之名稱。亦不能用矣。

以上所舉。不過就本章程之題目。略質所疑。其他各條。缺點尚多。當別評之。所舉三項中。尤以第二項爲最要。蓋今日欲獎厲自治。非先從各省會及繁盛之都市下手不可。以其民智較開通。而籌辦經費。亦較易也。而本章程。則於此種地方之自治。最爲窒礙也。願當局者有以處之。

（宣統元年除夕前三日稿）

時評

江湖春暮多風雨
點滴空階實厭聽
賸喜今朝有奇事
一窗晴日寫黃庭

調查一

各省濫鑄銅元小史（續第四號）

滄江

銅元之濫觴何自乎。光緒二十八年冬間天津市面因銀根緊而起恐慌。其時袁世凱爲直隸總督謂此由錢荒所致。於是始鑄銅元以救之。夫錢荒則誠是也。然銀根所以日緊之故尚有原因多端。錢荒僅居其一。苟思治本則固不容僅致力於此。然此固不足以責望於世凱也。而錢既爲原因之一。則鑄銅元誠亦足以小爲補救。當時國人既苦於流通之乏制錢。又見夫銅元式樣頴新携帶便利咸樂用之。需求日盛官局所鑄幾於應接不暇。僅閱兩三月而鑄出者數千萬枚。獲利百數十萬兩。世凱驟獲此意外之利。喜不自勝以爲此源可以挹之不竭。益日夜鼓鑄不遺餘力。夫我國現行之成例各督撫之視國家財政。其猶羣姒娣之耽耽於其姑嫜之篋笥也。利之所在孰肯相讓。於是爭先恐後。百事廢置。而惟鑄銅元之爲務。各省財政忽加腴潤。大小官吏咸藉辦新政之名以餧其餘而非有奥援莫能得銅元局差使苟得之者在局數月一生喫著不盡矣光緒三十一年實為銅元局全盛時代計有局者十二省其為局十有五直隸則曰北京局曰天津局山東則曰濟南局河南則曰開封局江蘇則曰蘇州局曰金陵局曰揚州局曰清江局安徽則曰安徽局江西則曰南昌局浙江則曰杭州局福建則曰福州局四川則曰重慶局湖北則曰武昌局湖南則曰長沙局廣東則曰廣州局舉其所有機器之數則湖北最多凡百五十具直隸次之凡百具次則杭州九十六具四川八十二具廣東八十具蘇州七十四具清江六十具上海四十五具湖南四十具福州三十四具金陵三十二具安慶二十具江西十七具山東十二具河南六具都為八百四十有六具據上海西人商業會議所所計算則此八百四十六具之機器每年能鎔鑄銅塊十萬八千七百噸每銅塊一噸能製銅元十五萬零一千枚若此機器全數開工則每年應製出銅元一百六十四萬萬零一千三百七十萬枚分派之於中國四萬萬人每人應行用四十枚

嗚呼前此各國專制時代其濫鑄惡幣之覆轍雖多若乃中風狂走若我國各督撫之甚者

則開闢以來未之前聞也藉非有各國干涉而聽其勢之所之則年年增鑄此百六十餘萬萬行之十年數當幾何況乎各省之紛紛續購機器者且未有已充其量必將盡購世界之銅以爲原料而我民非悉舉其所食之粟所衣之帛所居之室乃至所產之子女盡以易銅而投諸洪爐以鎔銷之焉而不止也幸也此八百餘具之機器已開工者不過十之六其十之二則尚未安置又十之二則定購而未運到而外國之干涉已起

試考銅元每枚所含實價則何如各局之鑄銅元其原料每銅一千斤而摻以亞鉛五十斤銅之市價每擔約三十五兩內外亞鉛每擔則一兩內外故銅元原料每擔所值實不及三十五兩而可以鑄八千枚故龍圓每元應得百六十九枚庫平每兩應得二百二十八枚更以制錢比較之現行制錢一千文中含有純銅量二斤八八專就銅以求其比價則銅元百枚等於制錢六百九十四文而制錢現在之市價約每千五百文而易一兩故銅元當二百十三枚而易一兩每百枚應值銀四錢四分八釐此其大較也夫使有一種名實相應之主幣以立乎銅元之上而鑄造行使皆有限制則銅元之

實價雖儉原不足以爲病今既不爾而欲强附以每百枚値一元之名價勢固必不可得者也然當初鑄伊始所出無多雖法律上不設限制而事實上則未達於應限制之點加以當時國中制錢缺乏已極市面零碎交易無以爲媒介之具新鑄數千萬枚之銅元若注水於旱熯之土瞬息而消納無餘故其得價也甚高蓋需要過於供給之物其價恒漲理勢宜然也故光緒二十九三十兩年間每龍圓一元僅易銅元八十餘枚而銅元百枚其價格恒在庫平銀八錢以上苟於彼時而嚴立鑄造之限制以後若有不給乃酌量增鑄以時謹其收放而均其分配於各地則幣制健全之基礎於此立矣不料各省督撫如飲狂泉與影競走於光緒三十一年之一年內向外國購入銅二十五萬七千擔**鑄成十七萬萬枚** 明年更購入銅七十四萬九千擔 **鑄成四十六萬萬餘枚**於是供給遠過於需要而價値遂一落千丈矣

於是光緒三十一年十二月上海各西商覩此形勢愁然憂之乃由商業會議所上書於領事團由領事團上書於公使團由公使團忠告於我政府時三十二年正二月間

也。我政府初猶漠然置之。幾經交涉。始以其年五月。命各省銅元局悉行閉止。七月。復命廣東福州南京武昌開封五局再行鼓鑄。而以之直隸於中央政府。彼其意非眞有見銅元之殃民病國而亟思補救也。不過前此各省所得之公利。欲攫而歸諸中央。前此各省候補道府所得之私利。欲攫而歸諸度支部司員已耳。故此五局既得再鑄之權利。自三十二年七月至三十三年十二月。合共又**鑄成四十一萬萬枚。**而至今猶未已焉。此則此最近六七年間濫鑄銅元史之大概也。

今將光緒三十年至三十四年凡五年間所鑄銅元之數。署爲統計如下。

三十年	原料銅	二五五、七七一擔	鑄成銅元	一、七四一、一六七、千枚
三十一年	同	七四九、〇〇〇担	同	四、六九九六、九二〇、千枚
三十二年	同	二一三、六七三担	同	一、七〇九、三八四、千枚
三十三年	同	三五六、四〇〇担	同	二、八五一、二〇〇千枚
三十四年	同	一七八、五〇〇担	同	一、四二八、〇〇〇千枚
合計		一、七五四、三四四担		一二、四二六、六七一千枚

調查

右表所列雖未必十分正確然雖不中當不遠由此觀之則此五年間所鑄銅元數實在一百二十萬萬枚以上而光緒二十八九年及宣統元年所鑄者尚不在此數民間及外國人所私鑄者尚不在此數合而計之則我國現有銅元額總應在一百四十萬萬枚內外夫以前此僅有十餘萬萬枚而供求適相劑者數年之間驟增十倍則其價格之一落千丈强又豈足怪故光緒二十八九年間每銀一元僅換銅元八十枚三十年末則換八十八枚三十一年六月間換九十六枚其年末換百〇七枚三十二年正二月間換百一十枚中間因各省一律停鑄者數月故能維持此價者一年有奇及五局再鑄所出益濫而一瀉千里之勢乃愈甚三十四年正二月間換百二十枚以後幾於每月落十枚至去年末遂至每銀一元換銅元百八十枚今年一年內大率來往於百七十五枚與百八十枚之間蓋視四年前之價不及其半幾於與所含銅價相接近政府雖欲更藉以牟利而亦有所不能矣

六

夫以今之銅元行使絕無限制則與輔幣之性質恰相反既非輔幣則民之用之也只能從其實價銅元之實價則每百枚值銀四錢四分八釐也今每銀一元換百八十枚以銀元所含純銀量計之則每百枚約值銀五錢七分也今其下落之量猶未極也苟猶濫鑄不已必將有每元換二百二十枚之一日自去年二月二十七日度支部再有停鑄之命或者其還流所屆止於此乎然此五局者猶或以餘銅未盡爲辭或以錢荒如故爲請詩曰鴟鴞鴟鴞既取我子無毁我室嗚呼稍有人心之君子尙其一念此言哉

論曰銅元之殃民病國則近一二年來中外奏議及報館論說多能言之不復覼述吾嘗見有日本人所設支那經濟調查部之報告書曰清國有百二十萬萬之銅元分布之於四萬萬之人口每人通用額三十枚而現在價格下落至六割六分五釐以銀換算則**所損失者無慮五千八百八十萬元**而受害最劇者則內地之小農小工也夫小農小工國之石民也而其胼手胝足終歲勤動之所得僅數月間而爲政府之惡政取去其泰半**其禍烈於洪水猛獸而**

其慘過於凶荒兵燹矣 嗚呼吾聞其言而栗栗焉不自知其齒之擊而膚之粟也彼各省督撫之初有事於此也亦豈嘗自料其流毒之一至此極而不知當其奏摺之初上章程之初頒局所之初開而數千萬人之財產生命與國家數百年所培養之元氣已斷送於一剎那頃矣孟子曰殺人以梃以刃有以異乎無以異也以刃以政有以異乎無以異也況乎梃刃所殺者不過一二人而惡政所殺者且數千萬人而未有已也誰生厲階至今爲梗當局者試一誦孔子作俑無後之言縱不爲國計爲民計獨不爲身家子孫計耶 夫今日政府之舉措其類於濫鑄銅元者何限而惜乎曲突徙薪之說之終不能入也

（完）

調查二

西藏問題關係事項調查記

茶圃

調查凡例

一西藏之地位在今日至爲危險非知己知彼無以爲應付之方我國民之知藏事乃反不如他國人之周備是可痛也今因有戡亂問題故參考羣籍揭其綱要以作斯記非直爲目前補牢之計抑亦供他日蓄艾之資也

一西藏與宗邦關係之歷史官書及前賢著述言之綦詳本無俟再徵惟欲定將來馭藏方針則　祖　宗遠謨最當師法故述其略爲大事表一篇以資取鑑

一西藏爲政敎混合之治體故將政治與宗教合爲一節

一現在及將來最爲我治藏政策之梗者曰英曰俄故於英俄謀藏之歷史記之獨詳俾吾國人知所懼也

調查　二

一凡關於藏事之條約全錄之庶幾懲前毖後有所依據
一地理不錄惟中國及俄英通藏之路記焉
　一　西藏大事表
西藏唐時稱吐蕃。元明間稱烏斯藏。亦稱西番。其叛服始末。具見正史諸外藩傳。而近人黃氏壽菩西藏圖考魏氏源國朝撫綏西藏記。記載尤詳。今不具徵。惟舉其大事。列表如下。
唐貞觀間　以文成公主下嫁吐蕃贊普。是爲西藏通中國之始。
元至元間　封西番高僧八思巴爲帝師大寶法王。以領藏地。西藏政權與教權混合。自茲始。
明洪武間　命元代所封法王國師皆世襲。
永樂初　封西僧哈立麻爲大寶法王。繼又封法王二。王五。西天佛子二。灌頂大國師九。灌頂國師十八。皆爲世職。歲一朝貢。略與土司等。
永樂十五年　黃教宗祖宗喀巴生。卽今達賴所自出也。

成化十四年　宗喀巴示寂。遺囑二大弟子。世世以呼畢勒罕轉生。二弟子曰達賴喇嘛。曰班禪喇嘛。其年。達賴一世敦根珠巳嗣法。始以法王兼藏王事。

正德間　遣使迎達賴二世根敦嘉木錯。不至。

萬曆間　達賴三世鎖南堅錯遣使通中國。

國朝崇德七年　達賴五世羅卜藏嘉穆錯偕班禪來朝。明年遣使封册之。是爲我朝通西藏之始。

十年　第巴桑結（第巴官名達賴所置以治民事者也）滅藏巴汗。奉達賴與班禪分主前後二藏。自是全藏悉爲黃教勢力所被。

順治九年　達賴朝京師。

康熙十三年　吳三桂反。桑結與通。朝廷置不問。

二十一年　達賴五世卒。桑結祕不發喪。而陰唆準噶爾使殘蒙古門中國。遂招準兵寇藏之禍。後此朝廷用兵西藏。實胎於此。

三十三年　桑結假達賴名入奏乞封。詔封桑結爲土伯特國王。

三十五年　嚴詔詰桑結以達賴厭世事將致討焉。桑結恐。乃疏言前達賴示寂已十五年。而僞指一十五歲之幼童爲達賴轉生之呼畢勒罕。乞　予冊封。　聖祖未許之。

三十六年　拉藏汗拉藏汗者藏中諸王之長也　奏廢桑結所立假達賴。指博克達山之伊西嘉穆錯爲第六世達賴。而青海諸蒙古復不信之。別奉裏塘之噶爾藏嘉穆錯爲眞達賴。藏人亦不仞也。

五十五年　準噶爾之策妄那布坦潛師襲藏。殺拉藏汗。錮新達賴。藏中所立者　詔西安將軍率兵數千援藏。爲寇所乘。我師覆焉。

五十七年　命皇十四子爲撫遠大將軍。率兩將軍入藏討賊。平之。至是西藏諸土伯特。亦知青海呼畢勒罕之眞。藏中所立之贋。合詞請於朝。乞擁置禪榻。許之。

五十九年　藏亂悉平。留兵二千戍之。命貝子康濟鼐掌前藏。台吉頗羅鼐掌後藏。二人皆拉藏汗舊臣也。

雍正元年　哲卜尊丹巴胡圖克圖四大喇嘛之一其威重亞於達賴　卒於京師。

二年　藏中噶布倫等三人忌貝子康濟鼐之權。聚兵害之。欲投準噶爾。詔將軍查郎阿率川陝滇兵萬五千進討。未至。而台吉頗羅鼐率後藏及阿里兵九千截賊去路。禽首逆。詔以頗羅鼐爲貝子總藏事。留大臣正副二人領川陝兵二千分駐前後藏鎭撫之。是爲大臣駐藏之始。

三年　準噶爾酋策楞請赴藏煎茶。詔嚴兵備之。乃收前藏東西之巴塘裏塘歸四川設宣撫土司治之。移達賴於裏塘以避準寇。

八年　遷達賴於泰寗。

十二年　準夷請和。詔果親王偕章嘉胡圖克圖赴川。送達賴由泰甯歸藏。章嘉爲達賴請裏塘以其爲達賴降生地也。詔賜以商稅地。仍內屬。

乾隆四年　進封頗羅鼐郡王。時頗羅鼐練騎兵萬步兵萬五千。嚴設卡倫。準夷自是不敢窺藏。

十二年　頗羅鼐卒。子朱爾墨特嗣。以駐藏大臣不便已。先奏罷駐防兵。陰通書準噶爾。請爲外應。而自聚兵謀變。駐藏二大臣誘至寺中手刃之。旋被害於賊黨。

十三年　達賴禽逆黨以聞。詔永禁唐古特與準夷往來之使。自是西藏始不封汗王貝子以四噶布倫分其權而總於達賴我駐藏大臣增兵千五百戍藏

二十二年　蕩平伊犂。藏地始永無準夷患。

三十八年　英人波格爾奉印度總督命使藏。藏印交涉自茲始

四十九年　印度總督復遣大尉丹拿持節入藏。

五十五年　廓爾喀寇藏。大掠庫什倫布。

五十六年　復深入。命福康安海蘭察以大兵討平之。留土番兵三千漢蒙古兵千戍藏。自是駐藏二大臣行事儀注始與達賴班禪平等其四噶布倫及番目缺。均大臣與達賴會同選授。又以諸大剌麻轉生之呼畢勒罕。前此奏報屢有參差。乃乘用兵之後特頒一金奔巴瓶供於中藏之大招寺有爭論則掣籤定之自是選定達賴之權政府得預聞

嘉慶十九年　西藏屬國爲哲孟雄爲廓爾喀所攻。英人助哲王復其位。並奪臺萊摩蘭之地以與哲。英之滅哲胎於此

道光十五年　廓哲復搆衅。英人和解之。哲人乃割大吉嶺及附近印度之平原與英。

二十年　英使至哲。哲人囚之。英舉兵攻哲。奪哲王湯沐地。

咸豐十年　英復以兵臨哲。結城下盟四條而退。

同治四年　布丹人與廓爾喀鄰。舊亦爲西藏屬國。今爲半獨立國。以兵襲印度。不克。割第司泰河以東之地與英。印度入藏之東路自此通。

光緒二年　我與英結約於芝罘。許英使節入藏。

光緒十年　印度民政署書記官馬哥黎率領多人入藏。藏人拒之。我政府亦沮馬氏之行。馬氏怏怏歸。是年。英人俘哲孟雄王致之印度。

光緒十五年　西藏兵入哲孟雄。英人歸哲王以拒之。遂設統監治哲。我與英結藏印條約。認哲孟雄爲英屬。

十九年　遣全權往印度之加拉吉達。與英人定界約及藏印通商章程。

二十一年　開亞東爲通商口岸。設稅關。

二十六年　達賴私遣外務長官大剌麻赴俄。上俄皇以護法皇帝之號。俄人勢力自

是益深植於西藏

二十八年 我政府與俄人定關於西藏之密約

三十年 英兵入藏與達賴結條約我駐藏大臣不肯畫押政府派唐紹怡爲全權往印議廢約英人不許

三十二年 與英人結印藏續約六條而以三十年之英藏條約爲附條一切承認之

三十三年 與英人續訂西藏商約 英俄兩國締結關於西藏之協約五條

三十四年 達賴朝京師

宣統元年 達賴歸藏途中與俄使私覿

二年 以川兵入藏達賴出奔印度詔褫其法號

論曰右表約舉數百年來西藏大事雖至簡畧然大勢亦可覩矣其內治可約分爲三時代一曰酋長專權時代二曰酋長與僧侶爭權時代三曰僧侶專權時代而羌其消息者實爲我國 朝廷夙知藏民迷信至深而酋長之勢力終不足以敵僧侶也故自始即利用達賴班禪諸剌麻其間固亦嘗兼用諸酋長然馭酋長恒以威而

撫剌麻恒以恩然卒賴諸剌麻之力以底定全藏政府勢力與僧侶勢力同時並進是政策之成功也其對於上國之態度亦分三時代一曰猜忌時代二曰畏懷時代三曰輕蔑時代彼既仰食於我又有準夷常蹙之於危故不得不相倚然自始非出於誠也及 列聖臨之以威而知畏煦之以德而知懷雍乾之間喁喁向風矣嘉道以後上國多難自救不贍而綱紀既弛持節斯土者不能宣布德意而徒魚肉之觖望已久自甲午庚子屢次喪師而甚我者復日煽於其旁於是輕蔑生而至有今日之事嗚呼俯仰百年間而蒼狗浮雲遷變一至此極雖曰天命豈非人事哉

（未完）

調查　十

鳴鳩乳燕寂無聲
日射西窗潑眼明
午醉醒來無一事
只將春睡賞春晴

調查 三

我國外債現狀調查記

明水

耗矣哀哉吾國之財政也內之羅掘既窮外之債臺高築上下交困束手蹙眉詩云無衣無褐何以卒歲此憂時之士所爲痛哭流涕也夫吾國地非不廣人非不多物產非不盛然跡其國計所入歲不過一萬三千餘萬較諸歐美小邦歲入猶四五倍於我斯已奇矣及考其負債總額乃至十餘萬萬比之歲入奚啻十倍此則歐美國債最多之國且莫我若不亦更可奇乎傳曰有人此有土有土此有財以今觀之大謬不然豈聖人之言爲不足信耶抑亦謀國者之自貽伊戚也頃者西電喧傳列國欲干涉我財政於是舉國志士振臂扼腕大聲疾呼相與創爲籌還國債會以效古人毀家紓難之義苦志熱忱令人起敬本報對於此事薄有懷抱已畧盡時評中記者不敏更貢其輯錄所得凡外債今昔之情靡不收攬以供國民之參考焉

調查 二

我國同治以前。無所謂外債也。同治四年。左文襄征新疆。軍需浩大。乃稱貸於俄。是爲外債之濫觴。其後經中日拳匪兩役。賠欵數萬萬。於是外債頓增。近歲以來。更以興實業。修鐵道。辦新政。等種種興作。無不仰給外資。以爲挹注。故其額層累疊進。有加無已。蓋實此十餘年中事耳。

昔者吾國財政上信用頗厚。故中東一役。以喪敗之餘。賠欵至鉅。猶得以九八扣週年七釐息期限十年之便宜條約。向匯豐銀行借得千九十萬兩。復以週年六釐息期限六年。向瑞記洋行借得一百萬鎊。蓋當時西人咸以中國地大物博。蓋藏無盡。區區之數。以吾國力稍加整頓。咄嗟可辦。故各國皆踴躍應募。凡有稱貸。無不如意。而日本賠欵。亦賴此得以彌縫。雖所借者皆有海關作抵。足以取信外人。然實因國內拮据之情。外人既未深知。且吾國向以踐約無渝著名宇內。故人亦坦然無疑也。

孰意吾國彼時國力日屈。經費日增。加以大敗之後。正苦收拾。其貸諸匯豐瑞記者。本定爲第一次賠欵之用。然以帑藏空乏。計臣束手。遂不得不移其次急者。以救其最急者。而此大宗之欵。遂銷耗於他途矣。轉瞬而賠欵交納之期至。更倉皇向各國募集其時歐人固深信中國又欲利用此機以展其經營東方之略於是爭相引受卒爲俄法所獲其額四萬萬佛郎乃以五千萬兩爲日本賠欵其餘留爲別用後第二次賠欵交納之期又至吾以妙手空空除借貸外更有何術而英德兩國方懊惱前者所借爲俄法攙奪聞中國又欲借欵也乃盡其營謀之計先發制人果得成功共貸一千六百萬鎊於是世界有名之四大强國皆對於吾而爲債權者矣

夫中東一役創鉅痛深今幸得以外債之力支三次之賠欵雖負累甚深亦可暫得蘇息而豈意其前門拒虎後門進狼其窘迫更不可以言語形容耶是何以故蓋英俄德法之欵貸時未定期限但云苟於三年內全數清還則所有利息一概豁免當事者不自度國力如何三年之內果能清還否徒炫於豁免利息之一語而貿貿然諾之夫三年之歲月非甚長也不旋踵而期至矣然外顧諸邦其力能稱貸者固已悉負債務更無顏向人啓齒且前債未清後債繼至人之觀之其謂我何不得已乃效人募國內之債而黄思永昭信股票之議興然十年前吾國風氣未開驟見國家舉債於人民方且駭異之不暇何有於解囊故此事終歸失敗雖少有所獲既不敷大債之需且於冥冥

中銷蝕已盡而期更迫矣當此之時雖欲保全名譽亦不可得遂竟失約吾國內困之情外人至是始稍稍知之而四國之欵既不能還乃更納重息延長年限於是每年納俄法一欵息銀五百十萬兩納英德一欵息銀六百九十萬兩合計千二百萬兩夫以疲敝之餘忽又加此一重負擔昔人所謂屋破又遭連夜雨者無乃似之

此關既過是爲光緒二十四年春而日本賠欵第四次交納之期又至據馬關條約載明若於六月以前全數淸償則豁免利息撤威海衛之兵其駐兵給養之費亦一律剷除相差蓋以數百萬計故吾國亦急欲早淸宿累而借債之議又起因再與英德交涉又借得一千六百萬鎊而以七千二百五十萬兩償日本於是日本賠欵至是告終而吾國後此財政日卽窮蹙者蓋實胚胎於此也

雖然一波未平一波又起未幾而拳匪之難興畿輔天翻地覆　兩宮倉皇出狩雖金甌無恙而債累山積蓋是役賠欵其額爲四萬萬五千萬兩貽吾國無窮之累也當此之時籌欵方法捨朘削人民脂膏外更無他術於是新稅競興敲剝無所不至且以籌欵之責命各省分擔自此役後吾國負債總額一躍而至六千七百五十萬鎊每年賠

欵費常在數千萬兩夫以中日戰後瘡痍未復而又受此致命之傷吾國財政愈益窘迫愈益紊亂者亦勢之不得不然也以三數奸人逞其不軌之謀坐令大局敗壞至此及今思之猶令人髮豎皆裂恨不取其肉而食之也

然天之所以禍我國者猶不止此忽也世界銀價逐日暴落吾以銀爲本位故賠欵之豫算影響甚大不得已又向匯豐銀行借鎊虧公債一百萬鎊嗟乎國運艱屯所遇輙忤果天心之未厭亂乎抑人謀之不臧也

右所述外債十九皆由中日拳匪兩役所負總額實七萬萬五千萬兩此外政府因修築鐵路亦稱貸不少此項借欵皆以所築鐵路作抵故外人爭欲獲得借權吾國人民亦懼路權之被攘於人也銳意抵拒雖然交通機關爲一國之要政不可或緩且我不興築則人將藉口要求故不可不急謀自辦然吾國上而政府下而人民方在朝不保夕之中安從得此巨欵以興偌大工事究其極亦不能不仰資於他人此所以於兵事債外復有此等路債也而其總額亦將及一萬萬兩此沿革之大畧情形也

若夫現狀若何請更得陳述之吾國外債幾於與年俱進約計其額實在十萬萬兩以

調查 六

上。其。每。年。支。息。亦。約。須。四。千。萬。兩。此。十。萬。萬。兩。債。務。中。政。府。所。負。者。七。萬。萬。兩。其。息。銀。三。十。萬。元。此。歲。計。之。所。以。日。蹙。也。今。撮。其。大。要。爲。表。於。左。

外債一覽表

發行年分	公債種類	利率	發行額	光緒三十四年杪未還數
光緒十四年	怡和洋行借欵七六六、二〇〇兩	七	一一五、〇〇〇磅	四八、〇〇〇磅
	中日之役所借公債			
光緒二十年	匯豐銀行借欵銀一〇、九〇〇、〇〇〇兩	七	一、六三五、〇〇〇	八一七、五〇〇
同二十一年	瑞記洋行金公債	六	一、〇〇〇、〇〇〇	四六六、七〇〇
同二十一年	麥加利銀行代辦伯林借欵	六	一、〇〇〇、〇〇〇	四六六、七〇〇
同二十一年	匯豐銀行借欵	六	三、〇〇〇、〇〇〇	一、二〇〇、〇〇〇
同二十一年	俄法借欵四〇〇、〇〇〇、〇〇〇法	四	一五、八二〇、〇〇〇	一二、四二七、四七八
同二十二年	英德借欵	五	一六、〇〇〇、〇〇〇	一三、三四二、六二五
同二十四年	英德借欵	四、五	一六、〇〇〇、〇〇〇	一四、五八四、〇〇〇
	拳匪之變所借公債			
同二十七年	A公債	四	一一、二二五、〇〇〇	一〇、二六七、二五四
同	B公債	四	九、〇〇〇、〇〇〇	九、〇〇〇、〇〇〇
同	C公債	四	二二、五〇〇、〇〇〇	二二、五〇〇、〇〇〇
同	D公債	四	七、五〇〇、〇〇〇	七、五〇〇、〇〇〇
同	E公債	四	一七、二五〇、〇〇〇	一七、二五〇、〇〇〇
同三十一年	政府特刖借欵	五	一、〇〇〇、〇〇〇	四八三、三三三
同	磅虧借欵	五	五、〇〇〇、〇〇〇	五、〇〇〇、〇〇〇
計十五項			一二八、〇七〇、〇〇〇	一一五、三五三、五九〇（七六九、〇二三、九三三兩）

鐵路公債

光緒二十四年	中英公司京榆鐵路借款	五	二、三〇〇、〇〇〇	二、〇〇七、〇〇〇
光緒二十二年	華俄銀行東清鐵路公債	六	七五〇、〇〇〇	七五〇、〇〇〇
同二十四年	京漢鐵路借款宣統元年新債歸還	五	四、五〇〇、〇〇〇	四、五〇〇、〇〇〇
同二十四年	華俄銀行正大鐵路借款	五	一、六〇〇、〇〇〇	一、六〇〇、〇〇〇
同三十年	白耳義新治潔特汴洛鐵路借款	五	一、〇〇〇、〇〇〇	一、〇〇〇、〇〇〇
同	中英公司滬寧鐵路借款	五	二、九〇〇、〇〇〇	二、九〇〇、〇〇〇
同三十一年	福公司道正鐵路借款	五	七〇〇、〇〇〇	七〇〇、〇〇〇
同	京漢鐵路小借款	五	五〇〇、〇〇〇	五〇〇、〇〇〇
同三十三年	日本政府新吉寬鐵路借款	五	八〇、〇〇〇	八〇、〇〇〇
同	中英公司廣九鐵路借款	五	一、五〇〇、〇〇〇	一、五〇〇、〇〇〇
同	粵漢鐵路借款（香港官吏代辦）	四	一、〇〇〇、〇〇〇	一、〇〇〇、〇〇〇
同	中英公司蘇杭甬鐵路借款	五	一、五〇〇、〇〇〇	一、五〇〇、〇〇〇
宣統元年	津浦鐵路借款	五	五、〇〇〇、〇〇〇	五、〇〇〇、〇〇〇
	計十二項		一八、三三〇、〇〇〇	一八、一〇〇、〇〇〇
	其他所借公債			
光緒二十八年	禮和洋行萍鄉煤礦借款	七	四六、〇〇〇	七三、〇〇〇
同	同	七	四八、七八〇	三〇、四八九
光緒三十四年	匯豐銀行郵傳部公債		五、〇〇〇、〇〇〇	五、〇〇〇、〇〇〇
	計三項		五、〇九四、七八〇	五、一〇三、四八九
總計三十一項			一五六、五九四、七八〇	一三八、五五七、〇七九
兩換算（每兩以三喜林起算）			一〇、一〇八、六三一、八六二	九二三、七一三、八六〇

以右表觀之則吾國所負之外債約十萬萬兩餘夫以吾地大物博人口四萬萬每人分擔之額亦不過二兩五錢是區區者何足爲慮雖然以政府歲入僅得一萬萬三千餘萬民間生計亦有日蹙而無日舒雖有利源十九未闢則此十萬萬兩之重債果何

所恃以爲淸還之地乎是惟有與國存亡而已輿言及此能無寒心今者度支部臣日言淸理財政而於外債宜如何整頓之方未聞議及吾眞不知所稅駕矣

况吾國頃方百度更新如興海軍修鐵路辦學校倡實業名目繁多動須鉅欵雖有淮南點金之術猶恐不繼則後此之局寧堪設想吾願當軸者盍亦反其本也

本國紀事

陸尚之更替 陸軍部尚書鐵良以疾罷。以廕昌爲陸軍部尚書。姚錫光爲右侍郎。鐵良自去歲卽稱疾求退。至是始開缺。廕昌使德未歸。遺缺仍命壽勳署理。旋以廕昌正在穿孝期內。復改爲署任。廕昌二十年前。卽在德學習陸軍。同學者爲賡音泰。聞賡所學尚在廕上。惜其早死。廕今繼鐵之後。吾國陸軍。或不至如前腐敗乎。

開徐海清路線奏准官辦 郵部前派員履勘開徐海清路線。茲據勘得開徐擬取道南線。由陳留杞縣睢州甯陵歸德碭山。以抵徐州。所經城市繁盛。商貨較多。且近傍城池。于行政用軍。均有裨益。至徐海一線。則由徐州經宿遷以抵清江。折向北行。達海州。全線以開封爲起點。以自開商埠之海州爲尾閭。西聯汴洛以通甘新。爲中原東西一大緯線。總計開徐路長五百六十里。約需銀六百七十萬兩。徐海路除徐清一段歸蘇路公同籌脩外。清海一段長二百六十里。約需銀三百萬兩。由海州通至海濱。展築墅口一段。暨經營商埠。挖深海河。約需銀二百八十萬兩。併豫算一成意外用費。約計共需銀一千四百萬兩。用欵較各路稍省。而將來進欵。可比京漢。自應及時脩築。且去秋江北水災。賑撫猝難徧及。剋日興工。可收工賑並施之效。疏上。奉 旨依議。

度支部派員確查粵鹽改章利弊 粵督袁樹勛。以粵東賭餉既停。財政匱乏。乃議整頓鹽法。招商承辦。歲入可驟增六百餘萬。用以抵舊時賭餉。尚覺有盈無絀。乃舊商相率電稟。謂新商包承鹽餉。志在誆騙。並無眞實財產。部臣據詢袁督。袁督奏陳改章之利。計有十端。且設爲旁觀詰難之辭三條。斥爲不切事情。部臣將允行矣。已而廣東京官梁敦彥等。奏稱包鹽加餉。流弊滋多。請飭詳細覈議。廣西京官唐景崇等。奏稱粵鹽加價。西省受害甚深。給事中陳慶桂。亦言宜妥籌辦法。奉 旨以諸疏交部詳議。澤尙書乃奏稱此舉就利之一面言之。所益甚鉅。然新商承餉至一千萬金之多。設或力小任重。中道而蹶。則舊商既去。新商復逃。微特所加者歸于烏有。卽往時三百餘萬之常欵。亦不可保。爲害至大。必詳審確查。始有把握。於是奏派度支部右參議晏安瀾馳赴廣東查辦。按晏參議官戶部山東司二十餘年。鹽務向歸山東司主政。故晏君之於鹽法。幾爲專家之學。今茲銜命南來。當必有以不負委任也。

度支部行查各省稅則　度支部因籌備立憲第三四五年。有釐訂頒布地方稅國家稅章程各事。唯各省釐金統捐統稅雜稅。及地方一切稅捐性質不同。辦法各異。紛紜錯互。殊非整齊畫一之道。爰通行各省將所有一切釐捐稅項。無論曾否報部。均將開辦緣由。及現行章程。並征收細則。（須註明直百抽若干爲率）詳細開列。裝訂成冊。並將各該局卡若干處。員司吏役若干名。薪工局費若干。及各局卡坐落處所。分別開單。繪圖貼說。限文到一個月內。辦齊專案送部。以憑查考。按吾國稅則。至爲不齊。欲期統一。必先有精確之調查。部臣此舉。誠屬當務之急。雖然。茲事體大。恐非一月內所能竣事也。

陸軍部大會議　陸軍部各堂。日前大開會議。謂軍制爲練兵基礎。軍制不善。戰時必不能制勝。前奏定營制餉章。一切規則。多係引用北洋初練新軍時所編行之。今日已覺不合。必須隨時更定。日求進步。斷不宜謬執舊制。日久不變。決定分電各省。招集各鎮上級軍官。有學識閱歷者。到部會商改良事宜。飭本月十五日到京。俟到齊後再行開議。議期以一月爲限。

法部派員赴萬國刑律監獄改良會　萬國刑律監獄改良會。倡始於美國。宗旨在對於各種刑事罪犯力求阻止防範與感化保護之法。定章每局五年開會一次。自創始自今。已開會七次。吾國未嘗與聞也。今年又屆會期。美國政府擬定西七月二號。起在美京照章開會七日。美公使特知照我國派員赴會。茲經法部奏派京師高等檢察廳檢察長徐謙。奉天高等審判廳廳丞許世英赴會矣。

京師市政 京師外城巡警總廳。近出示曉諭。謂京師首善之區。商業繁盛。比年以來。鐵軌交通。益臻發達。而各省商旅遠道來止。乃有覓屋經年而不得容足之所者。殊非振興商務之道。迭經與市政公議會紳商公同籌議。擇定香廠官地。開闢新市。於上年七八月間。擬訂章程。並擬官商合組公司招股辦法。定有新市有限公司簡章。奉民政部批准試辦。現定於本年二月十五日起。招收股欵云。吾國市政不脩久矣。附近租界之地。猶有觀法興起者。而內地則終闃如。京師此舉。或足開風氣之先乎。

奉天設立軍裝製造局 東省陸軍營隊。現已逐漸擴充。所有服裝皮件需用甚夥。向由各處採辦。價值既昂。運費亦鉅。茲有分省補用知府王君九成。精通製造。集股五十萬兩。在奉天省垣。設立軍裝製造局。選集精於材木鐵革紡織縫染各工師。研求製造之法。以期價廉物美。專供奉吉江三省軍隊學堂巡警之用。業經錫督程撫奏派王君爲該局總辦。並派候補道曹君廷杰爲督辦。已將章程咨部立案。

新疆開辦郵政 新疆僻處西塞。關山間阻。音書難達。亟宜興辦郵政。以便交通。上年巡撫聯魁電咨郵傳部轉行稅務處派巡警司事洋員畢德生來新。妥擬章程。於省城設立郵政總局。委鎮迪道兼案察使銜榮霈爲總辦。經於十二月初十開辦。常年經費。需五萬兩云。

外部宣告達賴罪狀 達賴自斥革後。外人多爲乞恩。而西報所論。尤多臆測之辭。外務部因特備文照會英使。宣告達賴罪狀。畧云。該達賴自光緒二十一年。管理商上事務以來。跋扈驕淫。恣行不法。稱兵動衆。民怨沸騰。所派總辦軍務之降丹巴增。同惡相濟。並不約束兵丁。需索地方。任意虜掠。所過之處。十室九空。三十年三月。英員榮赫鵬（按此卽諸書所云西藏探險之楊赫斯奔大佐也）由江孜照會駐藏大臣商辦事件。該達賴不肯供給夫馬。反陰遣降丹巴增。肆爲擾亂。駐藏大臣諭令回布達拉山。謹護 高宗純皇帝聖容。該達賴旣不敬遵。反於是年六月。昏夜逃出藏境。經有大臣列欵糾參。奉 旨暫革名號。自是遊

本國紀事　六

行庫倫西甯閒二年有餘。朝廷終冀其自新悛改。存問料理。敦促回藏。迨三十四年來京。朝廷不追既往。賜加封號。賞賚駢蕃。該達賴冥頑不改。回藏後與駐藏大臣。僅見一次。屢約面談。皆託故不見。時復嗾令藏人。稱兵內犯。攻打三崖。窺伺巴塘鹽井等處。迭飭退兵。並不遵照。此次川兵入藏。原爲保護開埠。綏靖地方。爲數不過二千。又且分起開行。何所用其疑慮。達賴既不照章供應。又密令藏兵。沿途抗阻。焚掠江達。存糧劫殺兵民。復派兵赴墨竹工卡。希圖攔截。剴切勸導。置若罔聞。川兵前隊甫抵拉薩。該達賴卽行夜遁。種種謬妄。不得不革去名號。另行選定。以維黃教。朝廷之優容。可謂至矣。達賴爲各呼圖領袖。教務是其專責。黃教本尙淸淨。該達賴性喜弄兵。已不足勝掌教之任。況復違抗朝旨。迭次擅離藏地。何可更事寬容。查康熙朝第六世達賴伊西札穆蘇。亦經被廢。當封噶勒藏嘉木磋。仍爲六世達賴。茲之斥革另舉。亦猶循　祖宗故事耳。此全係達賴個人之事。於藏中政體。全無關繫。川兵到後。紀律甚嚴。僧衆安謐。一切情形。並無更改。所有交涉事宜。自有印藏條約。中國政府照舊實行。茲特畧舉該達賴應廢之理由。再行通告。以釋羣疑。

世界紀事

英國政務豫算額　英國之政務豫算額。較之去年。實增三百一十七萬九千八百磅。就中九十二萬二千磅。爲養老金。四萬磅爲皇太子游南阿旅費之用。

英西二帝之會見　英皇赫華第七。會西班牙帝於聖賒柏士。陳私覿也。

英意二帝之會見　英皇偕英后巡幸地中海。遂會意大利皇帝皇后於涅布魯士。涅布魯士。意地也。

英國上院之改革　英國總選舉既畢。下院先提議廢止上院否決權議案。上院知政敵之必見攻也。乃不待政府及下院之建議。先自謀組織之改造。羅士勃雷卿、動議上院改革決議案。謂上院議員。宜倣法國上院之例。由衆選舉。然後得充議員。惟不用普通選舉法。而由教會市會諸法人選舉之。（按英國上院議員。向以貴族、僧侶、法官組織之。不由選舉。但有爵位。卽有上院議員之資格。）印度事務大臣。謂政府初無裁撤上院、採用一院制之意。惟下院當有優先權。則實不可以已。內閣諸員亦贊羅卿之議。謂上院既經改造。自無裁撤之理。至議員額數。擬定一百五十名。選舉之法。雖尚在討議中。然大約半數以八年期限而改選。其半數則以四年改選。此議案經委員會討議。旋由上院議決。滿場一致可決其議。然政府於此案之通過。實不甚措意。蓋目下政府所注意者。非改造上院問題。而在廢止上院否決權問題也。

俄國政界之紛擾 俄國官僚黨之右黨與極右黨、國民黨等會同組織全俄國民協會。而十月黨（卽從前之勞働黨）力與政府反對。政局頗極困難。國民議會之議事。無一不極喧擾。旁觀窺測。咸謂不久必至解散議會。別行總選舉云。

匈牙利解散議會 匈牙利政府。以三月二十一日解散議會。

土耳其人之愛國心 土耳其立憲以來。其國民皆熱心國事。咸欲創辦雄大之艦隊。而苦於經費不足。元老院一議員提議。凡官吏月俸在一千卑士特爾（約九十六圓）以上者。皆捐一月俸金。以爲造艦之費。元老院議員咸贊其議。先捐一月歲費以爲之倡。下議院議員繼之。亦皆捐一月之歲費。有煤商某捐八萬法郞。復月捐二百三十法郎。決於土美爾拿港。醵集一戰艦之製造費。乃至勞働者亦捐一月工金。以報効國家。各鄉市募集義捐之人。紛紛而起。將向英國政府延聘將校。以從事於製造軍艦云。

●土塞兩國之關係●　土耳其政府。宣言塞爾維亞外部大臣美羅夫詰治訪問君士但丁之後。土塞二國之間。雖或締結經濟上之協約。至於政治。則維持現狀。俄國及塞國未嘗有訂結同盟之計畫。

●勃王赴土●　勃牙利政府通牒土耳其政府。言勃王飛蝶南將赴君士但丁。訪謁土皇。土政府答書。請勃王以五月枉駕。勃王定赴土都。爲一週間之句留。就中四日則爲非公式之私人遊歷。

●萬國匯兌法會議●　海牙和平會定以六月二十一日。開萬國匯兌法會議。

●美國鐵道同盟罷工●　美國費城街市鐵道同盟罷工。調停尙未就緒。而勞働同盟與資本家之爭鬥日甚。芝加高以西各鐵道之火夫。以求增傭金之故。與鐵道公司協議不諧。亦復同盟罷業。自芝加高至太平洋諸沿海岸鐵道線路延長一萬五千餘里。交通機關。一切停滯。鐵道公司。求政府居間。以求釋此紛紜。

世界紀事 四

羅士佛游蹤　美國前大總統羅士佛。偕其息卡密德。及其眷屬。已至蘇丹之卡覃。大受歡迎。待以王者之禮。羅士佛狩獵猛獸。更向大陸北進。其子則留卡覃。蘇丹政府以客禮待之。

達賴與印度總督　達賴喇嘛至卡拉吉打。以莊嚴之公式往謁印督敏特伯爵。以賓卡爾之騎兵隊爲護衛。驅車直赴督署。贈印督以土物。印督待以客禮。亦以公式答拜。達賴以十八日自卡拉吉打啓行。赴大吉嶺。其地英吏咸以客禮待之。

日本政黨之勢力　日本去臘召集國會之時。各政黨議員政友會占大多數。頃進步黨、大同俱樂部、又新會、戊申俱樂部、聯合組織立憲國民黨。而政友會議員仍占多數。蓋日本下院議員三百七十九人。政友會得二百零四人。立憲國民黨得九十二人。中央俱樂部五十人。舊又新會十八人。無所屬者十五人。

日韓合邦議　朝鮮十三道之紳民代表者金秉𤎭等二十人。又趙炯煥等十三人。皆上書於高麗統監府。贊成日韓合邦。

法令

憲政編查館奏定府廳州縣地方自治章程

第一章　總綱　第一條　本章程所稱府廳州縣者指左列各地方而言　一　府之直轄地方　二　直隸廳　三　廳　四　直隸州　五　州　六　縣　第二條　府廳州縣自治區域各以該府廳州縣行政區域爲準　府廳州縣行政區域有更改時自治區域一併更改　第三條　府廳州縣自治事宜如左　一　地方公益事務關於府廳州縣全體或爲城鎮鄉所不能擔任者　二　國家行政或地方行政事務以法律或命令委任自治職辦理者　第四條　府廳州縣自治職如左　一　府廳州縣議事會及參事會掌議決自治事宜　二　府廳州縣長官掌執行自治事宜

第五條　府廳州縣所屬城鎮鄉自治職有照城鎮鄉地方自治章程第十條合併設置者該府廳州縣議事會及參事會亦得合併設置前項合併設置以該府廳州縣所屬城鎮鄉之協議由該管地方官會同申請督撫酌奪咨送民政部核定　府廳州縣議事會及參事會合併設置者除本章程規定外其分股細則另行規定　第二章

府廳州縣議事會　第一節　編制及選任　第六條　府廳州縣議事會議員員

額以所屬地方人口之總數爲準總數二十萬以下者以二十名爲定額自此以上每加人口二萬得增設議員一名至多以六十名爲限　其照本章程第五條合併設置之府廳州縣議事會議員員額以合併地方人口之總數爲準總數三十萬以下者以三十名爲定額其遞增之率照前條規定辦理但至多以一百名爲限　第七條　府廳州縣議員額數分配所屬各選舉區之法以各選舉區人口之多寡爲準　第八條

府廳州縣所屬城鎭鄉選民有選舉城鎭鄉自治職員之權者除左列人等外有選舉府廳州縣議員之權　一　現任本府廳州縣官吏者　二　現充本府廳州縣巡警者　第九條　府廳州縣所屬城鎭鄉選民有選舉府廳州縣議員之權者除小學堂教員外得被選舉爲府廳州縣議員　第十條　城鎭鄉居民以不具城鎭鄉地方自治章程第十六條第一項第三款資格不得爲選民者若居本府廳州縣所屬城鎭鄉接續至三年以上亦得選舉府廳州縣議員及被選舉爲府廳州縣議員　第十一條　議員以合被選舉資格者由有選舉權者選任之　選舉事宜照另定選舉章程辦理　議事會議員不得同時兼任諮議局議員或該參事會參事員及城鎭鄉議事會議員城鎭董事會職員或鄉董鄉佐　父子兄弟不得同時任爲議員若同時當選者以子避父以弟避兄　第十二條　凡被選舉爲府廳州縣議員者非有左列事由之一不得謝絕當選亦不得於任期內告退　一　確有疾病不能常任職務者　二

確有他業不能常居境內者　三　年滿六十歲以上者　四　連任至三次以上

者　五　其他事由特經府廳州縣議事會允准者　第十三條　無前條所列事由之一而謝絕或告退者得以府廳州縣議事會之議決於一年以上五年以下停止其選民權　第十四條　府廳州縣議事會各設議長一名副議長一名均由議員用無名單記法互選其細則由議事會擬訂呈由府廳州縣長官申請督撫核定　第十五條　議員及議長副議長均以三年爲任期任滿改選　第十六條　議員及議長副議長任滿再被選者均得連任　第十七條　議員因事出缺至逾定額三分之一者應卽補選　第十八條　議長因事出缺以副議長補之副議長因事出缺應卽補選

第十九條　補缺各員其任期以補足前任未滿之期爲限　第二十條　府廳州縣議事會得設文牘庶務等員由議長副議長遴員派充　第二節　職任權限　第二十一條　府廳州縣議事會應行議決事件如左　一　本府廳州縣自治經費歲出入豫算事件　二　本府廳州縣自治經費歲出入決算事件　三　本府廳州縣自治經費籌集方法　四　本府廳州縣自治經費處理方法　五　城鎭鄉議事會應議決而不能議決之事件　六　其餘依據法令屬於議事會權限內之事件　第二十二條　議事會應行議決事件得由該議事會委託參事會代爲議決　第二十三條　議事會遇有官府諮詢事件應臚陳所見隨時申覆　第二十四條　議事會於地方公益事宜得條陳所見呈候官府核辦　第三節　會議　第二十五條　府廳州縣議事會會議每年一次以九月爲會期每會期以一個月爲限限滿議未竣者

得展會十日以內如有臨時應議事件得開臨時會議其會期以十日爲限　第二十六條　議事會之召集及其開會閉會展會事宜府廳州縣長官掌之　凡召集之期距開會之期須在十五日以外但臨時會不在此限　第二十七條　每屆會議應由府廳州縣長官將本屆應議事件距開會十日以前通知議事會議員但臨時會議不在此限　第二十八條　會議時議長如有事故以副議長代理若副議長並有事故由議員中公推臨時議長代理　第二十九條　會議非有議員半數以上到會不得議決　第三十條　凡議事可否以到會議員過半數之所決爲準若可否同數則取決於議長　第三十一條　會議時府廳州縣長官或所派委員及參事會參事員均得到會陳述所見但不列議決之數　第三十二條　凡會議不禁旁聽其有左列事由經本會議決者不在此限　一　府廳州縣長官特令禁止者　二　議長副議長或議員五名以上提議禁止者　第三十三條　會議事件有關係議長副議長及議員本身或其父母兄弟妻子者該員不得與議　議長副議長如有前項事由照第二十八條辦理議員半數以上有前項事由因而不能議決者得將該件移交參事會代爲議決　第三十四條　會議時議員有不守本章程及議事規則者議長得止其發議違者得令退出因而紊亂議場秩序致不能會議者議長得令暫時停議　第三十五條　旁聽人有不守規則者議長得令其退出　第三十六條　每屆會議完畢後應由議長副議長將本屆議事錄會同議員二名以上署名報告府廳州縣長官　第

三十七條　議事規則及旁聽規則由議事會擬訂呈由府廳州縣長官申請督撫核定

第三章　府廳州縣參事會　第一節　編制及選任　第三十八條　府廳州縣參事會各以該府廳州縣官長爲會長　其照本章程第五條合併設置之府廳州縣參事會以該長官內官尊者爲會長餘爲副會長官同則先資深者資同則先年長者年同則以抽簽定之　第三十九條　參事會參事員由議事會於議員中互選任之參事員以該議事會議員十分之二爲額　議事會選舉前項參事員時應於參事員外另行互選候補參事員如參事員之數　本條互選細則照第十四條規定　第四十條　議事會議員改選時參事員及候補參事員亦一律改選參事員任滿再被選者得行連任、第四十一條　參事會參事員不得同時兼任諮議局議員或該議事會及城鎮鄉議事會議員城鎮董事會職員或鄉董鄉佐　父子兄弟不得同時任爲參事員若同時當選者照第十一條第四項辦理　第四十二條　參事員因事出缺時以候補參事員補充其補充之次序以選舉先後爲先後同時選舉則以得票多寡爲先後票同則先年長者年同則以抽籤定之若候補參事員無人或不敷補充時應即選補　第四十三條　補缺參事員之任期照第十九條辦理　第四十四條　府廳州縣參事會得設文牘庶務等員由府廳州縣長官遴員派充　第二節　職任權限　第四十五條　府廳州縣參事會應辦事件如左　一　議決議事會議決事件之執行方法及其次第　二　議決議事會委托本會代議事件　三　議決府廳州縣長官交本會代議事會議決之事件　四　審查府廳州縣長官提交議事會之議案　五　議決本府廳州縣全體訴訟及其和解事件　六　公斷和解城鎮鄉自治之權限爭議事件　七　其餘依據法令屬於參事會權限內之事件　第四十六條

參事會得於參事員中選舉委員若干人檢查府廳州縣自治經費收支賬目　爲前項檢查時應由府廳州縣長官或所派委員會同辦理　第四十七條　本章程第二十三二十四條之規定參事會準用之　第三節　會議　第四十八條　府廳州縣參事會每月會議一次其有特別事由經府廳州縣長官召集或參事員半數以上之請求者得隨時開會　參事會開會期限由長官定之　第四十九條　參事會會議禁止旁聽　第五十條　會議時非會長及參事員半數以上到會不得議決　議決方法照第二十九條辦理　議決第四十五條第三欵事件時會長不列議決之數

第五十一條　會議時府廳州縣長官所派委員及議事會議員得到會陳述所見但不列議決之數　第五十二條　每屆會議議事錄由會長及參事員二名以上署名存案　第五十三條　本章程第三十三條第一項之規定府廳州縣參事會準用之若會員因而不及半數時府廳州縣長官得以候補參事員與本事件無關係者照第四十二條規定之次序臨時補充仍不及半數時得就府廳州縣議員中與本事件無關係者指定若干人臨時補充

第四章　府廳州縣自治行政　第一節　府廳州縣長官　第五十四條　府廳州縣長官代表府廳州縣　第五十五條　府廳州縣長官應辦事件如左　一　執行府廳州縣議事會或參事會議決之事件　二　提交議案於府廳州縣議事會或參事會　三　掌管一切公牘文件　四　其餘依據法令屬於府廳州縣長官職權內之事件　第五十六條　府廳州縣議事會或參事會之議決及選舉如有踰越權限或違背法令者該管長官得說明原委事由即行撤銷或將其議決事件交令覆議若仍執前議得撤銷之　若議事會或參事會不服前項之撤銷者得呈請行政審判衙門處理　行政審判衙門未經設立以前暫由各省會議廳處理之　第五十七條　府廳州縣議事會或參事會於府廳州縣之收支爲不適當之議決或議決事件有礙公益者長官得說明原委事由交議事會或參事會覆議　前項覆議事件若議事會或參事會仍執前議長官得呈請督撫核辦　第五十八條　府廳州縣長官得令府廳州縣議事會停止會議其停會日期以十日爲限　第五十九條　府廳州縣長官遇議事會不赴召集或不能成立或遇緊急事件不及召集議事會時得將該事件交參事會代議　議事會於應行議決之事件不能議決或閉會期屆尚未議決者亦同

第六十條　府廳州縣長官遇參事會不赴召集或不能成立時得將該事件申請督撫核準施行　參事會於應行議決之事件不能議決者亦同　第六十一條　前兩條事件府廳州縣長官應於下次議事會或參事會開會時分別聲明　議事會或

參事會若以長官辦法爲不當者得呈請督撫核辦或行政審判衙門處理　第六十二條　府廳州縣長官提交議案於議事會時應先將該議案交參事會審查若參事會與長官意見不同應將其意見附列議案之後提交議事會　第六十三條　府廳州縣長官得將其職權內事務之一部委任城鎮董事會鄉董鄉佐代行　第二節　自治委員　第六十四條　府廳州縣得置自治委員若干人輔佐長官執行自治事宜　第六十五條　自治委員員額任期規則由府廳州縣長官擬訂經議事會之議決申請督撫核定並咨報民政部存案　第六十六條　自治委員之進退該長官掌之自治委員之掌收支及經理公欵公產者必須身家殷實操守廉潔非經議事會或參事會之保證不得任用　第六十七條　府廳州縣自治委員承府廳州縣長官之命辦理各該管事宜　第六十八條　府廳州縣長官監督自治委員如有過失得依情節輕重分別處分如左　一　申飭　二　罰薪十日以上兩月以下　三　撤差

第六十九條　凡受前條第三欵處分者二年以內不得充府廳州縣自治委員亦不得充府廳州縣議事會議員及參事會參事員　第七十條　府廳州縣長官得以議事會之議決申請督撫核准於自治委員外增設臨時委員　其員額任期及選任規則照第六十五條辦理　第七十一條　府廳州縣辦事細則由該長官定之　第三節　薪水及公費　第七十二條　府廳州縣自治委員及議事會參事會文牘庶務等員之薪水公費經議事會議決由該長官定之　第七十三條　府廳州縣議事

會議員參事會參事員及臨時委員均不支薪水但給相當之公費　前項公費數目及支給規則經議事會議決由該長官申請督撫核定

第五章　府廳州縣財政　第一節　自治經費　第七十四條　府廳州縣自治經費以左列各欵之收入充之　一　府廳州縣公欵公產　二　府廳州縣地方稅　三　公費及使用費　四　因重要事故臨時募集之公債　第七十五條　府廳州縣公欵公產以向歸府廳州縣全體公有不分屬於城鎭鄉者爲限　第七十六條公欵公產之內有係私家捐助當經指定作爲辦理某事之用者不得移作他用其指定辦理之事業以法令變更或廢止者不在此限　第七十七條　府廳州縣地方稅徵收賦課事項按照地方稅章程辦理　地方稅章程由度支部另行釐訂奏定施行　第七十八條　地方稅章程未經施行以前凡按照現制爲府廳州縣所應行負擔者照舊辦理　第七十九條　府廳州縣於依據法令應行辦理之事有關係個人利益者得向該關係人徵收公費　第八十一條　凡使用府廳州縣公共營造物或其他公產者府廳州縣得向該使用人徵收使用費　第八十一條　公費及使用費徵收事項除法令另有規定者外得設徵收細則經議事會之議決由府廳州縣長官申請督撫核定並咨報民政部度支部存案　第八十二條　府廳州縣遇有左列各欵事由得募集公債　一　爲府廳州縣永遠利益　一爲救濟災變　一　爲償還負債前項募集經議事會之議決由府廳州縣長官申請督撫核准並咨報民政部度支

部存案關於募集方法利息定率及償還期限各事項照前項辦理　第八十三條　府廳州縣爲籌備預算內之支出得募集短期公債　前項募集並關於募集方法利息定率及償還期限各事項經議事會之議決由府廳州縣長官申報督撫存案　第二節　預算及決算　第八十四條　府廳州縣長官每年應預計明年出入編成預算於議事會開會之始提交該會議決　第八十五條　府廳州縣會計年度以國家會計年度爲準其國家會計年度未定以前按照舊例辦理　第八十六條　府廳州縣長官提交預算時應附加按語連同上年度預算彙交議事會　第八十七條　以府廳州縣經費辦理之事件其事業非一年所能完竣或其費用非一年所能籌撥者得以議事會之議決預定年限設繼續費　第八十八條　預算除正額外得設預備費以備預算不敷及預算外之支出但不得以充議事會所否決事件之用　第八十九條　預算議決之後由府廳州縣長官申請督撫核准咨報民政部度支部存案並於本地方榜示公衆　第九十條　府廳州縣經議事會之議決得設特別會計　第九十一條　府廳州縣長官每年應將上年出入編成決算連同收支細賬於議事會開會期內提交該會議決　第九十二條　決算議決後由該府廳州縣長官申請督撫咨報民政部度支部存案並於本地方榜示公衆　第九十三條　預算決算程式及其餘關於收支之重要規則由民政部會同度支部釐定通行

第六章　府廳州縣自治監督　第九十四條　府廳州縣自治由本省督撫監督之

仍受成於民政部其關係各部所管事務並受成於各部　第九十五條　前條監督之官府得令該府廳州縣呈報辦事情形並得隨時調閱公牘文件檢查收支賬目　第九十六條　監督事項照本章程所定各條辦理　第九十七條　監督官府如以府廳州縣之預算爲不適當者得減削之　第九十八條　督撫遇有不得已情節得咨請民政部解散府廳州縣議事會　議事會解散後應於三個月以內改選重行召集　前項重行召集時其會期之長短由府廳州縣長官申請督撫酌定之　第九十九條　凡應經監督官府核准之事件各該官府得於申請之範圍內酌加改正但不得與申請本意相反　第一百條　凡呈請行政審判衙門處理之事件關於呈請事項另以法律定之

第七章　文書程式　第一百零一條　府廳州縣議事會或參事會行文府廳州縣長官及監督官府用呈府廳州縣長官行文議事會或參事會用照會監督官府用劄議事會及參事會互相行文及與諮議局互相行文用知會　第一百零二條　府廳州縣議事會參事會各備木質鈐記由民政部核定式樣通行督撫刊發

第八章　附條　第一百零三條　本章程施行之期遵照欽定逐年籌備事宜清單辦理　第一百零四條　本章程如有增删修改之處得由議事會擬具條議知會本省諮議局由諮議局審查後呈請督撫酌奪咨送民政部核議奏明修改　第一百零五條　本章程施行細則由督撫酌定仍咨報民政部存案

府廳州縣併自治職分股細則

第一條　凡府廳州縣合併設置之自治職若該府廳州縣財政因必須分劃之故而分股辦理者由該長官呈請督撫咨部核准施行　第二條　依前項事由該府廳州縣得於議事會及參事會內各分設二股　第三條　府廳州縣議事會分設二股時以各該府廳州縣所選之議事會議員充各該股員　第四條　凡屬於府廳州縣議事會權限之事件某項應經合併議會議決某項應經各該分股議決先由合併議事會呈該管長官申請督撫核准並咨部存案　第五條　參事會之各股以各該府廳州縣長官爲該股會長各該參事員爲該股參事員　第六條　凡屬於府廳州縣參事會權限之事件某項應經合併參事會議決某項應經各該分股議決先由合併參事會呈由該管長官申請督撫核准並咨部存案　第七條　府廳州縣收支經費分配於各該股時由合併議事會議決呈由該管長官申請督撫核准並咨部存案　第八條　會議第四第六第七各條事件時非合併議事會議員五分之四以上到會不得開議　第九條　各該股議事會解散之時各該股議事員同時解合併議事會議員之職　第十條　其向歸該府廳州縣分辦或合辦之事件與章程不相觸背者得照舊辦理　第十一條　除本細則所規定外其餘均照府廳州縣地方自治章程辦理

府廳州縣議事會議員選舉章程

第一條　府廳州縣議事會議員於各選舉區選舉之　第二條　選舉區以本府廳州縣所屬城鎭鄉之區域爲準　府廳州縣長官得以議事會之議決申請督撫核准合併二鄉以上之區域作爲一選舉區　第三條　各選舉區應舉議員額數由府廳州縣長官按照府廳州縣地方自治章程第七條酌定申請督撫核准　第四條　選舉日期府廳州縣長官定之　第五條　每屆選舉府廳州縣長官應先期出選舉告示載明左列各欵頒發各選舉區　一選舉區分劃　二各選舉區應舉議員額數　三選舉日期　須發前項選舉告示在應另造選舉人名册時至少須於選舉期八十日以前行之若毋庸另造時至少須於二十日以前行之　第六條　選舉事宜城鎭由總董鄉由鄉董管理之若二鄉以上合爲一選舉區者由府廳州縣長官於各該鄉董內派定一人管理之　第七條　城鎭總董鄉董編造現在選舉人名册按名記載姓名年歲籍貫住居年限及完納稅捐年額於選舉期日五十日以前一律告成存放自治公所宣示公衆若二鄉以上合爲一選舉區者由各該鄉董移送管理選舉之鄉董宣示之　第八條　宣示選舉人名册以二十日爲期若本人以爲錯誤遺漏准於宣示期內取具憑證聲請城鎭總鄉董更正逾限不得再請　城鎭總董鄉董據前項聲請應即日知會府廳州縣參事會公斷　第九條　參事會自接到前條知會之日

起應於十日以內斷定准否若斷定准其更正者由城鎭總董管理選舉之鄉董一律更正卽爲確定　第十條　選舉人名冊確定後由城鎭總董管理選舉之鄉董保存之自確定之日起一年以內若有改選補選所有選舉人及被選舉人仍以該冊爲準　第十一條　選舉人名冊確定後應分備副本由府廳州縣長官申報督撫存案並交各投票所及開票所各一分備查　第十二條　投票所分設於各選舉區　其選舉區較大者得由城鎭總董管理選舉之鄉董劃定地段分設投票所若干處　第十三條　投票所所在地由城鎭總董管理選舉之鄉董定之　第十四條　城鎭總董管理選舉之鄉董應按照各投票所投票人數分別造具投票簿幷按照定式製成選舉票及投票匭於選舉日期十日以前分交各投票所　投票簿應記載投票人姓名年歲籍貫及住所　第十五條　城鎭總董管理選舉之鄉董屆選舉日期應親蒞投票所監察之其投票所有二處以上者呈請府廳州縣長官派員分蒞監察之　第十六條　投票所之啟閉城鎭總董管理選舉之鄉董掌之其啓閉時刻以午前八時至午後六時爲率　第十七條　投票人以列名各該投票所之投票簿者爲限　第十八條　投票人屆選舉日期應親赴投票所自行投票不得倩人代理其照章特許者不在此限但投票時應將代理憑證向城鎭總董管理選舉監察之鄉董或另派之監察員呈驗　第十九條　投票人應在投票簿所載本人姓名項下簽字畢方准領選舉票　第二十條　投票人每名祇准領選舉票一頁　第二十一條　投票用無名

單記法行之　投票人得於選舉票附記格內註明所選舉人官銜職業住所等項此外不得夾寫他語　第二十二條　投票人於投票所內除關於投票事宜得與有關選舉之職員問答外不得涉及他事並不得與他人接談　投票人投票畢應卽退出不得逗遛窺視　第二十三條　投票人倘有頂替及違背定章等事城鎮總董管理選舉之鄉董或另派之監察員得令退出　第二十四條　投票所除有關選舉之職員及投票人外他人不得闌入　第二十五條　投票完畢後由城鎮總董管理選舉之鄉董將始末情形造具報告書連同投票匭於翌日移送開票所並呈報府廳州縣長官　第二十六條　投票所自投票完畢之日起十五日以內一律裁撤　第二十七條　開票所設於各選舉區之城鎮鄉自治公所　第二十八條　城鎮總董管理選舉之鄉董於各投票匭送齊之翌日酌定開票日期時刻先行榜示屆時親蒞開票所當衆檢點票數卽行開票　第二十九條　開票時准選舉人前往參觀若人衆不能容時城鎮總董管理選舉之鄉董得限制人數　第三十條　檢票時應先將選舉票與投票簿對照如有票數與名數不符及放棄選舉權等事應另冊記明　第三十一條　凡選舉票無效者如左　一　寫不依式者　二　字跡不可認者　三　不用投票所所發選舉票者　四　選出之人不合被選舉資格者　第三十二條　選舉以得票較多數者爲當選當選人名次以得票多寡爲先後票數同者以年長者列前年同則由城鎮總董管理選舉之鄉董抽籤定之　第三十三條　當選人確定後

城鎮總董管理選舉之鄉董應將當選人姓名及得票數目榜示並造具清冊及始末情形報告書連同選舉票紙呈送府廳州縣長官由長官通知各當選人　前項清冊及選舉票紙於下屆選舉以前由府廳州縣長官保存之　第三十四條　當選人接到前條通知後應自通知之日起五日以內答覆應選其逾限不覆者作爲謝絕　第三十五條　凡應選者各府廳州縣長官給予執照並呈報督撫彙咨民政部存案

第三十六條　凡左列各欵爲選舉無效　一　選舉人名冊有舞弊作僞情事牽涉全數人員公斷確實者　二　辦理選舉不遵定章公斷確實者　三　照章解散者

第三十七條　凡左列各欵爲當選無效　一　謝絕　二　告退　三　身故　四　被選舉資格不符斷定確實者　五　當選票數不實斷定確實者　六　當選後失其資格斷定確實者　七　受除名之處分者　第三十八條　當選無效如已給予執照應令繳還並將姓名及其緣由榜示　第三十九條　每屆議員任滿或選舉無效時應行改選議員以當選無效出缺至定額三分之一時應行補選　第四十條　補選以當選最前列者補任期未滿最長之缺其餘以次遞推　第四十一條　凡選舉人確認有左列各欵情事者得提起選舉爭議　一　選舉人名冊有舞弊作僞情事牽涉全數人員　二　辦理選舉不遵定章　三　被選舉資格不符　四　當選票數不實　五　當選後失其資格　第四十二條　選舉爭議由選舉人申訴府廳州縣參事會公斷　不服前項之公斷者得呈請諮議局公斷　第四十三條

申訴除第四十一條第五欵外應自選舉之日起三十日以內爲限　第四十四條　落選人員確信得票額數可以當選而未經與選者得照前二條辦理　第四十五條　城鎮鄉自治選舉章程罰則府廳州縣議事會議員選舉準用之　附條　第四十六條　本章程與府廳州縣地方自治章程同時施行　第四十七條　本章程如有未盡事宜應行增改者照府廳州縣地方自治章程第一百零四條辦理

縱橫憂患滿人間
頗怪先生日日閒
昨夜清風眠北牖
朝來爽氣在西山

文牘

憲政編查館會奏彙案會議禁革買賣人口舊習酌擬辦法摺(併單。)

奏為彙案會議禁革買賣人口舊習酌擬辦法恭摺仰祈　聖鑒事光緒三十二年三月初一日署兩江總督周馥奏買賣人口有傷天地之和未洽文明之化請　旨禁革以昭仁政一摺奉　硃批政務處會同各該部議奏單併發欽此宣統元年正月十六日陝西道監察御史吳緯炳奏置買奴婢惡習宜除請　旨嚴行禁革以昭仁政而重憲法一摺欽奉　諭旨著憲政編查館知道欽此查周馥原摺內稱中國三代盛時。無買賣人口之事。惟罪人乃為奴隸。周衰始有鬻身之說。秦漢以後。變而加厲。以奴婢與財物同論。不以人類視之。生殺悉憑主命。我　朝定例。逐漸從寬。白契所買奴婢。與傭工同論。奴婢有罪。不告官司而毆殺者。治罪。疊次推恩。有加無已。然仍准立契買賣。本源未塞。徒挽末流。補救終屬有限。貧家子女。一經賣入人手。虐使等於犬馬。苛待甚於罪囚。呼籲無門。束手待斃。慘酷有不忍言者。泰西歐美各邦。近年治

文牘　二

化日進。深知從前競尚蓄奴爲野蠻陋習。英國糜數千萬金幣。贖免全國之奴。美國則
以釋奴之令兵爭累歲。卒盡釋放義聲所播。各國從風。我　朝振興政治。改訂法律。百
度維新。獨買賣人口一端。既爲古昔所本無。又爲環球所不韙。擬請　特沛殊恩革
除此習。嗣後無論滿漢官員軍民人等。永禁買賣人口。如違買者賣者。均照違　制
律治罪。其使用奴婢。祗准價僱。仍議定年限。以本人過二十五歲爲限。限滿聽歸本家。
無家可歸者。男子聽其自立。女子由主家婚配。不得收受身價。納妾祗准媒說。務須兩
相情願。不得抑勒。母家准其看視。仍當恪守妾媵名分。不許僭越。又吳緯炳原摺內稱
。天地有好生之心。帝王以仁民爲本。方今預備立憲。全國人民。其俊秀者固宜隨時培
養。其微賤者。亦須一視同仁。若以窮苦無告之民。聽其互相買賣。淪於賤役。致令虐使
苛待。慘無人理。非仁政所宜有也。查徽甯世僕。嘉慶年間早經開豁。浙江墮民。近已設
立學堂。准其出業。新民善政。薄海交稱。而奴婢一項。同居人類之中。竟列良民以外。在
憲法固無偏枯之理。則　皇仁方以普及爲公。應請嚴買奴婢一事。永遠革改。嗣後
滿漢官員軍民人等。需人工作。祗准價僱。作工不准買爲奴婢。凡納妾者。祗准媒說。不
准立契價買。其從前原有奴婢。皆以僱工論。有犯照僱工科斷。所有律例內關涉奴婢
各條。均予刪除。庶國無賤民。皆歡欣鼓舞於　聖仁之世。擬請　敕下憲政編查
館會同修律大臣。連同周馥原奏。一併核議。妥訂條例。請　旨施行各等語。臣等伏

查周馥前奏政務處未及議覆。旋即裁撤。今吳緯炳奏請一併核議。自應彙案辦理。竊維立憲政體首重人權。凡屬圓顱方趾之儔。皆有特立獨行之性。若互相買賣。奪其自由。視同犬馬。與 朝廷頒行憲法之宗旨顯相違背。非所以廣 皇仁示列邦也。是買賣人口一事自應禁革。毫無疑義。而論者每多慮其不便。若不詳加推究。終無以釋衆人之疑。立率由之準。今試綜而論之。不便之故。約有數端。一謂諸王府中有不便也。查王府包衣人向准考試出仕。既非尋常奴僕可比。又世居戶下。亦非罪隸之徒。本與買賣人口之案無涉。惟奴婢律例。若有變革。則王府屬下人亦應一體遵辦。所關係者此耳。在王府屬下人。其中多有品官。初不若尋常奴僕之淪於賤役。按之唐律。其隸屬之情事。與部曲約略相似。唐律殺奴婢與毆部曲罪有差等。則此項屬下人本不當與奴婢同科。今量予變通。法理自當如是。此未可拘牽舊制者也。一謂滿蒙官員之家有不便也。查 國初旗下家奴。於賞給投充之外。半由契買。故定例有分別紅白契之專條。近數十年來。賞給功臣之法。早已停止。投充契買。亦久無聞。大抵因爲奴者易逃。難育相戒不用其所驅使之人。亦多出於傭僱。惟世家大族。從先遺留家奴之子孫。尚不乏人。猶累世不能脫離奴籍。漢世免官奴婢爲庶人。本紀屢書。唐代官奴婢年七十者免爲良人。載在六典。古人良法。班班可考。初無世世爲奴之理。即現行例內亦有數輩勤勞情願歸贖及累代出力放出爲良諸條。以功令而論。亦未嘗令其世世爲奴也。此輩跟隨主家。必皆數輩。後之子孫。閱時一二百年。徒以未放未贖。世世被以奴名。其情亦殊可憫。今　朝廷既沛　殊恩天下人民。不復再有奴籍。此輩亦未可獨令向隅但概令放免。亦不易行。惟一律以僱工相待。則主僕之名分仍存。於主家毫無所礙。而此輩得霑　國家一視同仁之澤。獲與齊民爲齒。實變通之良法也。一謂鬻婢之家有不便也。今買奴之風久熄。而鬻婢之家。不獨滿漢官員大族。卽中人小康之戶。莫不有之。蓋以使用婢女。較之傭婦爲便。此等習慣。勢難禁斷。若改買賣爲價僱。恐此輩恃係傭賃。不聽指揮。或親屬人等。常來看視。致有勾串逃盜等情事。不知價買之婢。無從驅逐。或慮其不聽教令。難於管束。若本係傭僱。則不聽指揮。儘可遣去。另僱何難之有。至於婢女逃走。係因賣身不能自便。是以潛逃。若由傭僱而來。如有不合。可以明言告退何必私逃。世間但聞有婢女逃走。未聞有傭婦逃走。其明證也。自來鬻婢之家。在良善者相待既寬。及年之後。嫁人爲妻妾。必得其所。原與使奴之惡俗。迥殊。若遇殘忍之人。或非法毆打。戕賊其生命。或衣食缺乏。凍餓其體膚。種種凌虐。慘不可言。如改買賣爲價僱。此風庶可少殺。洵王者好生之仁政也。以上諸端。實屬均無窒礙。至奴婢僱工。雖有區別。而律例內罪名。從同之處。本屬不少。惟鬬毆故殺。則定罪輕重。攸殊。在奴僱於家長。奴重僱輕。第僱工毆家長死者絞。決謀故斬。決罪名已特重於凡人。當此減輕刑法之時。照此科罪。實亦不爲寬縱。若家長於奴僱。奴輕僱重。故殺奴婢。不過徒一年。毆死僱工者已擬滿徒。故殺者卽擬絞抵。人或以此爲疑議。不知奴亦人也。豈容任意殘。害生命固應重。人格尤宜尊。正未可因仍故習。等人類於畜產也。方今　朝廷頒行憲。法疊奉　諭旨。不啻三令。五申。凡與憲法有密切之關係。尤不可不及時通變。買賣人口一事。久爲西國所非笑。律例內奴婢各條。與買賣人口事實相因。此若不早圖禁革。迨實行憲政之時。將有格不相入之勢。臣等公同商酌。擬請准如該督該御史所奏。將買賣人口之事。　特旨禁革。嗣後無論滿漢官員軍民人等。不准以人口互相買賣。違者治罪。其使用奴婢。祇准價僱納妾。祇准媒說。從前原有之奴婢。一律以僱工論。身體許其自主。有犯按僱工科斷。並不輕縱。所有律例內關涉奴婢諸條。悉予刪除。以廣　皇仁而符政體。至其辦理條款。謹就周馥原奏清單。悉心參核。酌擬十條。開具清單。恭呈　御覽。此事掃除數千年積弊。爲曠古未有之盛舉。足以感薄海之人心。動環球之觀聽。應請　明降諭旨。宣布德音。　敕下各省。刋刻謄黃。徧行張貼。俾衆周知。其律例內關涉奴婢諸條。臣等正在核訂現行刑律。卽當查明刪改。以昭核實。而便引用。所有臣等遵照彙案會同核議緣由。理合恭摺具陳。伏乞　皇上聖鑒。再此摺係憲政編查館主稿。會同修訂法律大臣辦理。合併聲明。謹　奏。宣統元年十二月二十一日奉　旨著依議欽此

謹將酌擬禁革買賣人口條款十條開具清單恭呈　御覽　計開　一契買之例

宜一律刪除也。價買家人婢女例內。分別旗民赴該管佐領及本地方官鈐蓋圖記印信。其情願用白契價買者從其便。遇有相犯以紅契白契分別科斷。又買賣人口不僅奴婢一項。亦有爲妻妾子孫者。今旣以不准買賣爲宗旨。自應一律禁止。擬請嗣後買賣人口。無論爲妻妾。爲子孫。爲奴婢。概行永遠禁止。違者治罪。舊時契買之例。一律作廢。

一買賣罪名宜酌定也。查略賣和賣治罪各律例。已極周備。惟買者不知情律不坐。罪因貧而賣子女及買者律例內亦無科罪之文。今旣禁止買賣人口。則此等情節雖輕。未便置諸勿論。擬請嗣後除略賣和賣各律例。於新律未頒以前照舊遵行外。如有因貧而賣子女者。於略賣子孫處八等罰律上減一等處七等罰。買者處八等罰。身價入官。人口交親屬領回。其略賣和賣案內不知情之買者亦照此辦理。律內買者不知情不坐之文即行刪除。

一奴婢罪名宜酌改也。律內奴婢干犯家長罪名綦重。今旣禁買奴婢。改爲僱工。此後即永無奴婢名目。自不便沿用舊法。查康熙年間原有旗人白契所買之人。以僱工論之例。準此定擬。尙非無所依據。擬請嗣後契僱貧民子女。及從前舊有之奴婢。均以僱工人論。仍存主僕名分。有犯卽按僱工人本律本例科斷。其與家長之親屬人等有犯。亦照此辦理。

一貧民子女准作僱工也。荒歲貧民乏食。無力養贍子女。勢將流爲餓莩。卽尋常境遇艱窘者。亦有不能存活之時。若禁止買賣。而不籌一善法。亦非兩全之道。擬請除尋常傭僱仍照舊各聽其便毋庸議定年限外。

嗣後貧民子女。不能存活者。准其議定年限。立據作爲僱工。先給僱値多少。彼此面訂。僱定之時。不問男女長幼。總以扣至本廿五歲爲限。祇准減少。不准加多。如僱時十歲不得過十五年。九歲不得過十六年之類。願減少者聽。限滿聽歸本家。其限滿後無家可歸者。男子聽其自立。若欲再僱。彼此情願。准另立據訂僱。按年論値。女子如母家無人。交其至近親屬領回婚配。無親屬者。由主家爲之擇配。不得收受身價。此等僱工與契賣奴婢不同。主家當以僱工之例相待。不得淩虐。該僱工仍當遵守主僕名分。不准違犯。倘僱限以內。主家有虐待情事。准本家繳還未滿工値領回。

一旗下家奴之例宜變通也。查八旗家奴。先年有賞給者。有投充者。有契買者。其名目不一。人亦衆多。戶律內則有放出爲民之例。有贖身爲民之例。原未嘗令其世世爲奴。惟未經贖放者。其子孫仍須在主家服役。偶犯軍流等罪。則發駐防爲奴。若犯徒罪。徒滿後仍歸伊主。不能銷除旗檔。其或潛入民籍。卽干例擬。近來不獨賞給一項。早經停止。卽投充契買之事。亦不復多見。惟從前未經贖放之人。以及莊頭看坟等項。其賴伊主養贍。已非一世。與本身契買者不同。如果伊主情願放出。或准其贖身。仍可照定例辦理。若未經贖放而必以二十五歲爲限。限滿聽其自由。則此項人等。皆有經管田廬產業事宜。亦未必盡願舍去。辦理恐多窒礙。此項罪名。今既擬悉照僱工人科斷。則奴僕之名。已可永遠蠲除。似不必再以年歲爲限。擬請旗下家奴。概以僱工人論。不必限定年歲。伊主情願贖放者聽。

一漢人世僕宜酌量開豁也。現在漢人之畜婢者。各省皆有。而畜奴者實已罕睹。從前安徽省世僕。早於嘉慶十四年奏明開豁爲良。第恐他省尙有昔年遺留之世僕。未經開豁者。自應酌量辦理。擬請嗣後漢人世僕及其子孫。概行開豁爲良。如仍在主家服役者。俱以僱工論。其向係僱工及嗣後傭僱男女工人。無論滿漢人家。均仍遵守主僕名分。不得違越。

一舊時婢女限年婚配也。民間契買婢女。大抵經媒人之手。眞正親屬。無從查考。又或歷年已久。或遠道攜歸。若必責令交還親屬。匪特窒礙難行。恐亦徒滋紛擾。定例婢女不行婚配。致令孤寡者照不應重律擬杖。自應明定年限。勒令婚配。擬請嗣後舊時婢女照定例年二十五歲以上。無至近親屬可歸者。由主家婚配。不得收受身價。違者照例治罪。

一納妾祇許媒說也。泰西各國。無論何人。不准置妾。日本近從西例。亦無准令置妾明文。但中國禮俗民情與東西各國不同。未便遽加禁止。惟向來習俗有憑媒說合者。有用錢價買者。自應明定辦法。庶與此次宗旨相符。查唐律娶妾本有婚契。名目擬請嗣後凡納妾者應憑媒說合。祇用財禮接娶。由妾之母家寫立爲妾婚契。不得再以買賣字樣立寫賣契。毋家准令看視。以順人情。至爲妾名分。仍當嚴恪遵守。不許稍有僭越。

一良賤爲婚姻之律宜刪除也。向來奴婢之於家長。名義至嚴。故有犯罪名。獨重而與良人爲婚姻。不能謂家長無責。故知情則亦坐罪。律內特設專條。預防流失。重在壓良爲賤。冒賤爲良。而以良從賤次之。其於良賤之分。秩序判然。殆如涇渭之不可合流。東西之莫能易位。正始所以正名也。然定律雖嚴。而良賤爲婚。仍各循其風氣。人情所習慣。法亦莫得而加之。今既禁止買賣人口則以後奴婢名目。自當永遠革除。同是齊氓。似不應再分階級。擬請將此律刪除。凡僱工人與良人爲婚。一概不加禁阻。並於主家無涉。庶與重視人類之意有合。至良賤相毆相姦各條。及律例內分別良賤之處。擬請一概刪除。以歸一律。一買良爲娼優之禁宜切實執行也。奴婢雖爲賤役。尚得齒於人羣。若降至娼優。託業愈卑。品類汚下。蕩然無復廉恥之存。故例於買良家之女爲娼。及買良家之子爲優者。皆科以枷號滿徒罪名。無如奉行既久。官吏視爲具文。買良爲娼之案。尚或偶然一見。買良爲優。則終年不見一案。亦未聞有經官舉發者。若不嚴申禁令。實力執行。恐奴婢之名目易除。娼優之根株難絕。流弊所至。將有不爲奴婢。或轉而爲娼優者。擬請責成地方官嚴密稽查。遇有買良爲娼優案件。務須盡法懲治。勿事姑息。

度支部會奏併案覈議川鹽廢票改官摺

奏爲遵 旨覈議具奏恭摺仰祈 聖鑒事宣統元年十月二十四日內閣鈔出四川總督趙爾巽奏籌擬收回四川票鹽改行官運商銷一摺清單一件奉 硃批度支部議奏單併發欽此又十一月初八日軍機處交出軍機大臣欽奉 諭旨御

史趙熙奏瀝陳川鹽官運積弊請變通辦法一摺。著度支部歸入趙爾巽前奏廢票通改官運摺一併詳查覈議具奏。欽此。正在欽遵覈辦間。復於十一月二十七日由軍機處。交出軍機大臣欽奉　諭旨。都察院代奏民政部主事王荃善等呈稱川鹽收票改官弊害甚大等語。著該衙門議奏。欽此。欽遵鈔交前來。據四川總督趙爾巽原奏內稱四川現在行鹽地方。約分兩界。滇黔邊計鹽道計岸兩官運局提辦之七十屬。則行引鹽之界也。其餘商岸並歸丁六十八廳州縣。則行票鹽之界也。票鹽本輕價廉。較引鹽幾減一倍。小民趨利食賤。官運引岸大受其害。若不設法更張。則綱滯課懸。庫儲無由裕。民困莫能紓。此所以反覆籌思而不能已於變革也。其治本澄源之方。首在淸查井竈。嚴禁私開。而扼其樞紐者。端在官運。擬一面先設票鹽籌辦處。首從淸查井竈測勘運道入手。以爲權衡產銷廢票復引之張本。然後將行票各州縣逐漸收回。分岸設局。因地制宜。以官運商銷爲主。而以商接官運之法濟其窮。期以二年一律辦到。預計將來收數。約可歲增百數十萬。苟經理永遠得人。似裨於庫帑者非尠。又御史趙熙原奏內稱四川官運創自光緒初年。前督臣丁寶楨以積引爲詞。於產銷無絲忽之利。但從中一運。以官力扼買賣利端。然丁寶楨號能察吏。全力注重鹽務。立法雖不善。而辦事尚得人。今則人敝法敝。賤買貴賣。故廠商日窮。食戶日艱。止成官運獨擅之利。趙爾巽力崇官運。嚴限井竈。尤悖事實。至淸單中改票事宜。約有可疑者三端。一曰小商之害。一曰窮民之害。一曰多官之害。今求統一鹽法。似當決裁官運。別定辦法。若恐更張則不如暫守現行鹽法。又主事王荃善等原呈內稱四川官運賤買貴賣。於中取利。益於 國者不過三百餘萬。損於民者不止千萬。現在井廠蕭條。日多歇業。將來歲入三百餘萬。亦將不可預券。該督狃於鹽法統一之謀。飾爲官運有利之說。井竈受虧。販貧失業。平人食淡。恐 國課亦萬無增收之實。擬請暫聽仍舊各等語。臣等伏查四川鹽法。向分邊計二引。邊引行銷滇黔。計引行銷本省。道光以後。川鹽銷滯。計商折閱。引岸虛懸。各州縣始有以鹽課歸入地丁攤徵者。謂之歸丁。光緒初年。前督臣丁寶楨創辦官運商銷。由黔邊及近邊計岸各州縣推行。以達滇岸。於是有黔滇官運局之設。廿九年間。前督臣岑春煊奏請將商引計岸三十八廳州縣全辦官運。於是又有計岸官運局之設。其相沿未改者。惟歸丁行票六十八廳州縣。然亦非計引之舊矣。今該督以票鹽充斥。害及引岸。奏請收回票鹽。改行官運商銷。自係爲統一鹽法。力濬餉源起見。其意在於興利。而該御史則以官運局賤買貴賣。流弊滋多。嚴限井竈。尤悖事實。歷舉三可疑以難之。該主事等亦謂四川辦理官運。井竈受虧。販貧失業。平人食淡。 國課萬無增收之實。其意又在於杜弊。言非一端。理各有當。臣等平心察之。官運商銷之法。轉運雖由於官。銷售仍在於商。前督臣丁寶楨所稱權操之上。利溥之下二語。最爲扼要。必謂官運立法不善。流毒商民。未免言之過甚。惟法久弊生。事所不免。四川現辦官運。

既據該御史該主事等聲稱有賤買貴賣等情弊。且瀝陳井竈受虧販負失業平人食淡之害。鹽務爲商民生計所關。亦不可不加意慎重。現在臣載澤奉命督辦鹽政。已通電督撫將各省鹽務事宜暫行照舊辦理。四川鹽務應否統歸官運商銷之處。容俟詳細調查切實籌擬。再行奏明請旨遵辦。所有併案覈議緣由。理合恭摺具陳。伏乞皇上聖鑒。再此摺係度支部主稿會同督辦鹽政大臣辦理。合併陳明。謹奏。宣統元年十二月十九日奉旨依議。欽此。

叢錄一

雙濤閣時事日記

雙濤

余爲日記有年祇以自檢束且便省記未嘗示人也一二親知見者謂取記中時事一部分以入國風報其於輸進常識不爲無補辭不獲已乃屬憙事小吏隨日寫之付諸編輯而述其例如左方

一此爲余日記中專涉時事者他不錄

一所記時事爲每晨讀報章時隨手記錄故其事間有失實者亦有一事方在進行中隨記其所經過而後此結果乃與前相反者皆過而存之以供參稽

一所記往往附以論評當一事件中途經過時而預論其結果誤謬固所不免悉存之以校其觀世之識之强弱前後矛盾者則以後正前可知

宣統二年庚戌正月

叢錄 二

▲五日

江西鐵路已收股份銀八十萬兩。今復決議再募社債二百萬兩。若應募足額。則竣工可望云。此事前途如何。寔不敢言。蓋我國資本之枯竭。今日寔已達極點。不賴外債。幾於一事不能舉矣。

荷蘭國會忽然有擴張軍備之議案。各國莫不駭詫。蓋以今日之荷蘭。雖竭其力以治兵。終不能與列强頡頏。此盡人所能知矣。然則今次之議案。其必爲被動而非自動無可疑者。客臘喧傳德皇貽書荷蘭女皇。促以治軍。各報館嚣然論其眞意所存。而德人極力自辨。謂無此事。今議案既布。則人言其信矣。夫德人之眈眈以窺荷蘭。既非一日。蓋德人欲執世界之牛耳。其政策首在挫英。年來汲汲擴張海軍。其心已路人皆見。雖然其國內無一良軍港。戰端一開。海權悉爲英所握。英雄無所用武。爲德人計。惟得荷蘭境內菴士的丹安特和布埃讀丁諸港。庶足以固其希利哥侖之根本（希利哥侖者德人新投三千萬馬克築之以爲海軍根據地者也）而自英人觀之。荷蘭若歸敵掌握。則蘇格蘭之門戶圯矣。故自維廉鼈特來（英國百年前名相）常以擁護荷蘭爲備大陸之第一義。良非偶然。蓋英德之爭。荷蘭若楚漢之於滎陽成皋也前此道路流言謂德人警告荷蘭使整軍備否則一旦有事德國爲自衛計必當占領之此說風傳有年使英人劌心怵目然猶以爲離間之言不甚介意也今此事既現於寔則歐洲外交上之大波瀾或當從此而起將來荷蘭或不堪德國之威偪而加入聯邦之一乎或與比利時相結而乞庇於英國宇下乎二者必居一於是

▲六日

昨報蘇州兵戕外人事其原因乃由看劇兵士欲强闖入劇場閽者拒之遂滋鬧日日言練兵而所練之兵如此可爲一哭

日本審問前此刺殺伊藤博文之韓人安重根訖斷以死刑其同謀三人監禁三年二年有差重根曾留學美國智深勇沈其刺伊藤尾之數千里一擊而殪之就逮數月審判累次今始告終判官嘗問以當時行刺既成後何爲不逃將被逮時何爲不自殺重根言身爲匡復軍一中將安有逃理此身一息尚存要當留以爲故國之用豈肯效匹夫自經於溝瀆且吾正欲使日本之强暴暴於天下耳及聞死刑宣告顏色不變雖日人亦爲之起敬云嗚呼可謂奇男子也已矣

英國新議會既召集。政府所提出之議案。第一爲去年上院否決之豫算案。第二爲上院改革案。初愛爾蘭國民黨要求首提愛爾蘭自治案。今見此兩案先出。不無怨言。旋經首相阿士喀與愛爾蘭黨領袖列德門協商。卒相提携云。此次議會。政府黨不能占大多數。愛爾蘭黨舉足左右。便有輕重。今之列德門。猶格蘭斯頓執政時之巴尼爾也。英人謂之爲不冠宰相。

▲八日

韓俠安重根之母傳語其子曰。汝其死於芳潔。無玷名門。重根聞之。感極而泣云。嗚呼。不圖亡國之餘。迺見孟博母子。韓於是爲不亡矣。

英國此次再提出之豫算案。必仍遭上院反對。實意中事。聞現內閣欲仿一千八百三十二年之例。請國王置新貴族。使入上院。以制圖勝云。然以現在形勢觀之。所置新貴族。非在百名以外。不能以壓敵黨。此問題之解決。眞不容易。恐不免爲第二次解散議會也。

東報稱自洮南府至伯都訥一帶土地。近頃爲英美俄三國人紛紛買占。蓋以錦愛鐵路將開。欲博重利也。吾因此生兩種感觸。一曰浪擲巨貲以開此路之無益。一曰地價差增稅不可不急行。

▲十日

英國政界老雄統一黨領袖張伯倫氏。以今日躬出席於議會。行宣誓禮。老態紛綸。升降須人扶掖。見者無不感動起敬云。英國之例。凡議員必須宣誓後。乃得投票。張君今年八十四歲。四年前八十榮壽時。已置酒別親友。謂將退隱。不復聞國事。今茲以忠於關稅改革主義。故去臘今春總選舉時。前後四月間。演說累三百二十餘度。舌强聲嘶而不肯休。數年來。君雖掛名議會。恒不出席。聞今茲將常出席。際重大議案。採決時自行投票云。嗚呼。鞠躬盡瘁。死而後已。張君見之矣。吾專制國民。又豈知雍容坐論中有馬革裹屍之烈也。

▲十一日

頃巴黎開一萬國摩洛哥公司。專承辦摩洛哥各種事業。擬集資本金二百佛郎。法人占十之五。德人占其三。其餘則凡參列於亞基士拉條約諸國分占之。德法兩國政府要求以法人爲社長德人爲副社長近數年來世界之趨勢强者務相讓而協以謀弱者此事亦其一見端也美國滿洲鐵路中立提案卽利用此種心理但時機未熟耳中國將來可怖之境遇莫過於此

▲十二日

駐藏大臣電告政府謂達賴喇嘛與俄國訂結協約請政府牒告各國使臣謂該約非經中國皇帝認可則作爲無效云云此固屬亡羊補牢之一種辦法然其能有所補救與否實不敢言蓋西藏已曾於數年前與英國結約而中國竟不能撓今玆俄人其有辭矣就令此約果能以中國皇帝之名義締結之然將來糾轕之問題伏根於此者正不知凡幾又可斷也當前年達賴在京時吾嘗建議謂當設法圈留之勿使回藏法當在都別創一莊嚴之寺一閎壯之達賴府第以居之崇以國師之號使其以時入 宮說法以示優禮而令蒙藏人民欲禮國師者咸詣京師一面移練軍一鎭歸駐藏大臣調遣以鎭撫其衆則達賴不至有所憑藉以生事國初 二祖 三宗所以馭蒙藏者皆由斯道而今日俄人圖藏亦全襲此故智耳今前機既失不可追矣此後若猶思維

西陲仍非固守　列聖之政策而善用之不可苟當軸得人亦未始無法可設惜乎肉食者不足以語此也

近頃以黑龍江禁米出口各國公使團向我政府抗議我國以暹羅爲救荒之一種政策此自春秋戰國以來深入人心牢不可破者在前此交通未開此策時或非得已及今日則生計無國界無論何種物品苟需要過於供給則四方輦而致之者若水就下但使人民有金錢足以求諸市則食之乏斷非所患也況我國無一製造品可以出口所恃以易人之財者惟此區區農產物此而禁之何異飲鴆乃致以此煩交涉其頑冥眞可哀也嗚呼常識之不可以已也如是夫

今日英國政界現象或稱之爲小黨制大黨之時代蓋自由統一兩大政黨其所占議院席相去僅一票（正月總選舉之結果自由黨得二百七十二名統一黨得二百七十一名）故愛爾蘭國民黨及勞傭黨之兩小黨者舉足左右便有輕重兩大黨皆不得不思所以結其懽心故曰小黨制大黨也據近數日所報則愛爾蘭黨勞傭黨提出種種條件以要求現內閣現內閣不堪其脅逼殆將與之分張果爾則現內閣之蹶可立而待也雖然以吾度之愛爾蘭黨所持愛爾蘭

自治主義與統一黨所持大帝國主義恰立於反對之兩極端而統一黨之分子以貴族富族爲中堅與勞傭黨之利益更不相容故此兩小黨欲自結於統一黨以達其目的無有是處而愛爾蘭黨與自由黨之親交已閱二十年而現內閣之重鎭埒特佐治又與勞傭黨有特別之關係故吾料此兩小黨必不至與現內閣分携今所持以要挾者終當交讓以解決而政府所提諸案在下院當無甚難關其苦現內閣者仍在上院耳上院頑抗不屈必再解散而行選舉其時則現內閣之運命所攸決也

叢錄　二

春冰室野乘

春冰

道光朝兩儒將

道光季年。英吉利擾浙海。定海之陷。三總兵死焉。三總兵者。山陰葛壯節公雲飛。湖南鳳皇廳鄭忠節公國鴻。寗河王剛節公錫朋也。鄭葛兩公。皆以儒將著。葛公有四十自傷詩。爲人傳誦。其詩曰。馬不嘶風劍不鳴。等閒已老健兒身。近來不敢窺明鏡。恐照頭顱白髮新。烈士暮年。壯心不已。足與岳忠武滿江紅詞莫等閒白了少年頭之句。後先輝映矣。葛公之授命也。義勇徐保求其屍得諸竹山門下。時雨霽月明。見公立厓石前。半面已爲賊劘去。左目猶睒睒如生。欲負之行。不能。起拜而祝曰。盍歸見太夫人乎。乃行。嗚乎。敵愾之志。將毋之忱。歿而猶不能忘哉。鄭公文學甚優。而尤精經術。著有詩經疏義行世。

知不足齋日記鈔本

叢書之刻。至　國朝而始精。若歙之鮑。吳之黃。金山之錢。張南皮所謂五百年中。決不泯滅者也。然士禮居專重景宋。秘笈無多。守山閣專取四庫未刻之本。猶嫌其經說及考據書太多。而唐宋說部。及前人遺集獨少。唯知不足齋三十二集。於四部無所不收。而雜史小說兩種。所收尤夥。皆據精本足本付刊。絕無明人專擅刪改之弊。且巾箱小冊。最便流通。其有功文獻者。更在黃錢上矣。南海潘嶧琴學士衍桐嘗言曾在揚州書肆。見有知不足齋日記鈔本數帙。密行細字。猶是淥飲老人眞蹟。皆記所得古書始末。及與乾嘉諸老往還商搉之語。於古刻之優劣。鑒別之方法。收藏家傳授之源流。皆言之綦詳。次日往購。則已爲他人取去矣。此書未經刦火。當仍在世間。海內好事家。倘爲之刻布流傳。其聲價當在百宋一廛賦之上也。

中堂之識字

剛毅爲刑部尚書上官日。與諸司員言。稱皐陶爲舜王爺駕前刑部尚書皐大人。皐陶（陶字讀本音）此事早膾炙人口。而不知猶有令人發噱者。其在刑部日。提牢廳每報獄囚瘐艷之稿件輒提筆改爲瘦字且申斥諸司員不識字諸司員咸匿笑而已在軍機時四川奏報剿番夷獲勝一摺中有追奔逐北一語剛覽摺忽大怒謂川督何不小心至此奏摺可任意錯訛耶擬請傳旨申斥衆詫而問之則曰此必逐奔追北之訛蓋因逆夷奔逃逐而獲之追比其往時掠去漢人之財物也若作逐北安知奔者之不向東西南而獨向北乎常熟在旁忍笑爲解其義剛終搖首不謂然

屈翁山遺詩

屈翁山大均詩集在禁書中世不獲讀其全集者久矣頃在一選本中將其大都宮詞三首乃知禁毀之由因其多紀掖庭秘事也其詩云熡殿開春宴才人賜錦袍舞低吳蛺蝶歌倚鄭櫻桃學士調花曲閼氏按鳳槽只愁金漏短日出未央高具帶盤龍錦垂髾墮馬妝漢宮丹鳳女胡地白羊王夜醉蒲桃酒朝開蹋鞠場邯鄲諸小婦雜坐弄笙簧佳麗徵南國中官錦字宣紫宮雙鳳入秘殿百花然卓女方新寡馮妃是小憐更聞喬補闕愁斷綠珠篇按此詩所刺者大抵初入關時睿豫諸王事梅村七言絕中多有足與此詩相印證者

叢錄 四

多忠勇公軼事

中興諸將之善戰者。以多忠勇公隆阿爲最。公之戰功。始於東南。而終于西北。東南戰事最久。而不如西北關繫之重。蓋其在東南。不過攻城野戰之勛。而在西北。則仗鉞專征。獨當一面也。同治元年。陝回亂起。朝廷以勝保爲欽差大臣。帥師西征。勝保在皖北。頗著聲績。及西入關。則銳氣頓挫。株守省垣。日縱淫樂。不敢言戰事。言者交章論劾。詔逮治入京。而以公代之。回匪逆巢在渭北者凡三城。最東曰羌柏。在同州迤西。有蘇家溝。再西爲渭城。蘇家溝渭城。皆在咸陽境。賊於渭城建府治。蓋居然以僞都視之矣。公督師入關。徑搗羌柏。力戰三日夜。克之。殲悍賊幾盡。移師西指。羣賊懾公威。蘇渭兩城。皆一鼓下。陝回皆西走甘肅。大軍方欲上隴。而蜀匪驟出山。據盩厔郿縣。乃移師而南。盩厔甫下。公亦致命。千鈞之弩。傷於鼷鼠。惜哉。回逆最悍耐戰。過粵匪遠甚。賴公先後十餘戰。盡梟其魁桀。左軍西征。直因公成局而蕆其事耳。微公。造攻於先。後來成敗。未可知也。然公苟不死。則必舉逆孽而盡殄之。平慶涇固間。無花門蹤跡矣。文襄後來招撫。直出于不得已。車箱之峽。隱憂方大。安得起公九京。而付以西垂之事哉。

公致命後。秦人德之甚。雖婦孺無不下淚者。而駐防旗丁。獨深憾之。方賊之圍攻省城也。官軍分城而守。東北隅在滿城內。故旗營主之。佐領某潛輸欵於賊。約爲內應。期以六月望夜分。賊舁雲梯由東北角樓下登城。而某自城上援之。至期大風雨。賊所持草炬。皆溼不能然。迷失路。奔馳至曉。則已在渭濱。去城四十里矣。某得賊賄千金。欲奄有之。其黨大憤。遂上變。將軍乃斬某以徇。賊旋敗退。城幸得全。公旣抵陝。聞其事。乃震怒。立奏誅同謀者數十人。而盡革旗營月餉。當是時。旗丁衣食無所資。相率拆售屋材以餬口。鬻子女賣婦者相屬也。公薨後。繼任者始奏復之。故旂丁憾公特甚。至今公專祠中。春秋社賽。旗人無一至者。

庚子拳亂軼聞

庚子之變。正士碎首。公卿駢戮。爲開國以來所僅見。被難諸公。其尤爲无妄之灾者。則海鹽徐大司馬用儀是已。徐公由戶部小京官考取軍機章京。洊至正卿。官京師四十餘年。畏慎小心。運事模棱。有孔光馮道之風。而竟與袁許諸賢同遘奇禍。實出意料之外。蓋東海徐蔭軒相國深惡其人。必欲殺之而後快。方甲午之役。徐公以少宰爲軍機大臣。

而東海以大學士管吏部。時東海久不召見。一日忽入內。散直後至吏部。徐公已先在。迎謂曰。聞中堂今日有封事。內容可得聞乎。東海拈髯微笑曰。無他言。但竊附春秋之義。責備賢者耳。蓋卽劾濟寧（孫文恪毓汶）及徐公也。後徐公之出軍機。此疏有力焉。其怨深矣。戊戌政變後。徐公再入總署。意甚得。所親有勸以時事方艱。當乞身勇退者。徐曰。吾通籍將五十年。竟不得一日爲尙書。孤負此生矣。終須一陟正卿。始乞退耳。後果擢大司馬。甫月餘而難作。徐公與瑞安黃漱蘭侍郎。爲兒女親。拳禍未作時。侍郎在里門以書貽之。封識重重。啓視之。僅素紙一幅。擘窠書水竹居三字而已。水竹居者。徐公里中別墅名也。侍郎蓋以此甚其歸。徐終不悟。竟及于難。徐死時。年逾七十矣。

是役也。仁和王文勤公（文韶）亦幾不免。五忠正法後。端庶人之弟載瀾上疏。言攻使館事。而附片奏稱諸臣通敵者。已盡寘典刑。獨王文韶在耳。斬草不除根。深恐終貽後患。請並誅之。以清朝列。疏至樞廷。榮相先閱。看閱畢。急納其附片于袖中。乃以正摺授文勤。文勤閱至竟。猶詢左右曰。瀾公尙有一附片。今安在耶。榮相徐應曰。想留中未下耳。有頃。同入見。奏事旣畢。榮相徐出瀾奏片于袖中、曰。載瀾此奏。可謂荒謬絕倫。請　太后傳旨申斥。后沈吟久之。始厲色曰。汝能保此人無異志乎。榮頓首曰。縱朝臣盡有貳心。此人亦必不爾。奴才敢以百口保之。后猶遲疑良久。始曰。果爾。吾卽以此人交付汝。倘有變。汝當與同罪。榮復頓首謝恩。乃起趨出。文勤耳故重聽。又所跽處去御座稍遠。始終竟不知。后與榮所言者何事。後榮向人述及此事云。方力爭時。后聲色俱厲。數怒目睨文勤。同列皆戰栗無人色。而文勤含笑猶自若也。

尚書忠愛

戊戌政變時。長沙徐壽蘅尚書樹銘爲大司空。是日方入署。獨坐堂上。忽傳 太后訓政之旨下。又聞派步軍統領往抄南海館。急肅衣冠出堂。北嚮頓首。每一頓首。輒呼女中堯舜者一。九呼九頓首。始起。近日讀某說部以此事屬諸徐進齋侍郎壽朋者誤也。徐侍郎是時方由皖臬賞三品京堂。出使高麗。尚未爲侍郎。

紀和珅遺事三則

高宗純皇帝之訓政也。一日早朝已罷。忽單傳和珅入見。珅至。則 上皇南面坐。 仁宗西向坐一小机。（每日召見臣工皆如此、）珅跪良久。 上皇閉目若熟寐。然口中。

叢錄 八

喃喃有所語 上極力諦聽終不能解一字久之忽啓目曰其人何姓名珅應聲對曰高天德苟文明 上皇復閉目誦不輟移時始麾之出不更問訊一語 上大駭愕他日密召珅問曰汝前日召對 上皇作何語汝所對六字又作何解珅對曰 上皇所誦者西域秘密呪也誦此呪則所惡之人雖在數千里外亦當無疾而死或有奇禍奴才聞 上皇持此呪知所欲呪者必爲教匪悍酋故竟以此二人名對也 上聞之益駭知珅亦嫻此術故 上皇賓天後數日卽誅珅

珅伏誅時 諭旨謂其私取大內寶物此實錄也孫文靖士毅歸自越南待漏宮門外與珅相直珅問曰公所持何物文靖曰一鼻烟壺耳索視之則明珠一粒大如雀卵雕成者也珅贊不絕口曰以此相惠可乎文靖大窘曰昨已奏聞矣少選卽當呈進奈何珅微哂曰相戲耳公何見小如是閱數日復相遇直廬和語文靖昨亦得一珠壺不知視公所進奉者若何持示文靖卽前日物也文靖方謂 上賜徐察之並無其事乃知珅出入禁庭遇所喜之物逕攜之以出不復關白也其權勢之恣橫如此

宮中某處陳設有碧玉盤徑尺許上所最愛一日爲七阿哥所碎大懼其弟成親王曰

盡謀諸和相必有所以策之。於是同詣珅。述其事。珅故爲難色曰。此物豈人間所有。吾其奈之何。七阿哥益懼。失聲哭。成邸知珅意所在。因招至僻處。與耳語良久。珅乃許之。謂七阿哥曰。姑歸而謀之。成否未可必。明日當於某處相見也。及期往。珅已先在。出一盤相示。色澤尙在。所碎者上而徑乃至尺五寸許。成邸兄弟感謝珅不置。乃知四方進御之物。上者悉入珅第。次者始入宮也。

服妖

服妖之說。鑿然有之。辛有伊川之歎。子臧聚鷸之事。三代前已啓其端。昔史所記。如南唐之天水碧。北宋之女眞妝。南宋之錯到底、快上馬。其事皆信而有徵。蓋國之將亡。其朕兆先見於起居服御之間。氣機所感。固有莫之爲而爲者。不得謂五行家武斷附會之說也。光緒中葉。輦下王公貝勒。暨貴游子弟。皆好作乞丐裝。不佞嘗親見之。不知其所自始。而一國若狂。爭以寒乞相尙。初僅見諸滿洲巨室。繼而漢大臣之子孫亦爭效之。淄川畢東河尙書之諸孫。蓋無人不作此裝也。今其家已式微矣。猶憶壬辰夏六月。京師熇暑特盛。二三友人。邀不佞登錦秋墩逭暑。（錦秋墩者、在南西門內、直陶然亭之北、都人呼之曰窰臺、雀然小阜、高不及二丈、頂平寬可畝許、雜樹環之、四圍皆葦塘、無人家烟火、故盛夏無暑氣、每歲午節後、輒有人設茶肆于此、陳百戲雜耍、兼沽村酒、竹籬茅棚。頗有村落閒氣象也。鄰座一少年。面黧黑。枯瘠如尫。盤辮髮于項。以骨簪貫之。（京師無賴子、夏閒皆作是裝、）袒裼赤足。僅著一犢鼻褌。長不及膝。穢黑破碎。幾不能蔽其私。脚躡艸履。破舊亦如之。最奇者。右拇指穿一漢玉班指。數百金物也。雕羽扇一。碧玉爲之。柄價亦不下百金。箕踞而飲酒。聆所談。皆市井穢褻語。然酒家傭奔走其側。無停晷。趨事惟謹。不類侍他客。不佞方深異之。俄而夕陽在山。遊人絡繹歸。忽見臺下一朱輪後檔車。行馬二十餘擁之。衆皆大詫。因駐足觀。其竟則見有冠三品冠。拖花翎者。兩人。作侍衞狀。一捧帽合衣包。一持盥盤漱盂之屬。詣少年側。鵠立啓曰。大爺。與己駕矣。傍晚尚有某王府飯局。須早去也。少年竦然起。取巾頮面訖。一舉首。觀者愈驚愕。幾失聲。蓋嚮之黧黑者。忽變而白如冠玉也。然後悟其以煤灰塗面耳。盥漱既竟。徐徐著衣冠。則寶石頂而三眼翎者。兩侍衞擁以下。既登車。游龍流水。頃刻渺矣。庸保乃耳語不佞曰。此某貝勒也。不佞益駭曰。何至是。友人哂曰。君尚不知輦下貴人之風氣乎。乃屈指爲述某王某公、某都統、某公子。皆作是時世妝。若此貝勒者。猶其稍守繩檢者耳。因慨然曰。不及十年。其將有神州陸沈之變乎。兩友人皆旂籍。官內務府。故知之如此其悉也。果未及十年而有庚子之亂。聞王公大臣之陷虜者。克勤郡王爲洋兵所廹。日負死尸。懷塔布爲使館擔糞。呑聲忍辱。甚至被鞭笞。莫敢自明。嗚呼。寶玦青珊。路隅飲泣。荆棘十日。身尠完膚。哀王孫之詩。乃於吾身親見之矣。痛定思痛之餘。其亦有能力洒斯耻者乎。亦尚有樂從牧豕兒遊者乎。

叢錄

江驛春酲半日留
更煩送酒爲扶頭
柳花漠漠嘉陵岸
別是天涯一段愁

文苑

爲朱九江先生贍家立祠啓癸巳

遙遊

先師朱九江先生挺亮特魁壘之姿標青雲紫岳之節該高密建安之學懷魏國涑水之器自近世諸儒罕有倫比者也吾黨奉德音聆餘論飫酌義學擩嚌道眞牖明之德豈有涯哉昊天不弔梁木斯壞遺書灰燼微言湮曶每登西樵流涕檜柏言過禮山牽紉帶草築室未獲捧杖莫得芬芳欲沫不其傷歟頃乃嗣息隕落室盈羣嫠塡壑喁喁樵爨靡給薦鬯之祀蓋闕如也夫君子之風遐逮百世今榼奠之訡饗未絕耳而伯魚之天年竟夭皋陶之明德忽諸忠介亡嗣服領同慯亭林子殤海內同歎加以廉吏之後無聞夫採薪寡婦支門誰哀其葛帔此含識所共悼痛人士之所絫欷也昔李固竇武沒門人王成胡騰賙其家申徒脩沒弟子立廟藏衣冠琴書歲時就祠漢史義之今通德門祚坐視淪墜使成騰之倫笑人地下誰之耻也夫韓富與徂徠友耳徂徠亡逝

猶贍其家今親事之誼視嚴猶父而嫠緯之卹後彼雅游覿俛相顧於何逃責詩曰投我以木桃報之以瓊瑤言桃李微物猶不忘報也況鑰我盲晦琢我質器拯我泥汚沈陷之中登我哲聖天雲之上哉抑又聞之好事者輯柳惠之壠尊賢者設澹臺之祠百世懸緬丕崇式敬風流所動踴若奔泉豈況吾黨親承北面其可令公闕之遺像零落無存劉蕺之講堂蕪沒不立乎昔石守道建泰山書院以祠明復勝元發祠安定于學舍且贍其孤今遠比李竇申徒則德優近比安定明復則義急辜較韓富徂徠則道尊商搉柳惠澹臺則情親尊德竺義想具同心爲茲布告

高樓僑居歇浦、戊申小春、屬　鼎湖耗至海上、訛言騰沸、出門悽惘中、信步至張園、夕陽黯慘、風葉翻飛、車馬亦已闌珊、逡巡閒於塵轍中拾得敝紙、書啼血三律、字蹟欹斜、語意詭痛、不係誰何、乃攀髯墜弓小臣之辭也、其辭云、

啼血虛傳杜宇魂寧聞帝子更沈冤天荒乍破身終殉日喪云亡道自存一夕風雷迷大麓十年虎豹厄丹閽幾時修得金輪史纔信無終是至言

戊戌銷沈庚子來種因得果更誰哀忍教宗社成孤注可奈君王是黨魁妄意揮戈能退日傷心失箸託聞雷飴絲聽直須天上好勸長星酒一杯

龍飛三十四年春識主何曾見一臣持論遂令人掩耳（於南皮坐間嘗有人君　太后人臣之對）　皇上棄官誰信我忘身藎腸坐憒妖吞月鶉首空愁醉賜秦試問和熹舊朝士不欺　先帝定何人

戊戌九月和宋燕生作二律　觚齋

誰持下界三千刧衆口悠悠祇自驚別有性情求吏隱罯通憂患著棊經厭聞亂角隨風轉坐送殘陽看月生歌哭未終人事改古今同是百無成

幾人流涕談新政我自低徊謂子賢哀樂盡時忘孔墨國身通後見人天微波脈脈歸

滄海棄木森森得大年儻爲時艱求息壤人間何處有桑田

六醜 芙蓉

大鶴

又年芳送老悄立徧闌干危碧怨花後期無言花暗江浣地誰惜更灑黃昏雨水環風佩數斷紅消息羅衫自染秋江色繐帳纔遮珠茵旋積盈盈怎堪搴摘只輕朱薄粉愁上簪幘 西園霜夕照清池宴席步綺凌波地成往迹尊前換蘸吟客縱仙城夢見玉顏非昔欽鈿墜似曾相識終不向一鏡東風媚晚鬢邊狠籍飄零恨獨在江國怕舊題錦段餘秋淚無人贈得

慶春宮 冬緒羈懷賦示漚尹

前人

紅葉家林蒼烟鄰寺歲殘未了秋聲門柳鴉寒庭莎蛩老雨簾竹外冥冥夜吟鐙暈鎮搖落江山舊情傷心年事何限繁華不抵飄零 追思結客幽幷連騎雲驕看劍星橫誰分蕭條哀時詞賦過江無淚堪傾夢遊天遠更愁拍燕歌自驚白頭吟望潦倒尊前一醉無名

也。砵他利士夫人聞之。喜不自勝。急趨前致辭曰。深感先生提攜之德。若屬他人。妾安敢萍水孟浪相求。所以相求者。亦觀先生乃誠篤君子也。今承金諾。則女流沿途受庇蔭正不少。已。梅善那心中暗思此少婦何善於辭令若此。眞有鬼蜮之伎倆哉。乃假意慰之曰。尊語過謙。此亦吾之願也。遂以手扶之登車。已亦就坐於其傍。旅邸主人曰。君等携有護照。宜赴本站驗照官處呈驗。以了却應盡之事務。梅善那曰。然。卽命御者驅車至驗照處。砵他利士夫人方在探取護照時。而梅善那心靈手敏。已將自己護照取出呈驗。驗照官畧一審視。便將護照發還。語御人曰。可以行矣。御者鞭畧一揚。車聲轔轔。已馳過驛站。砵他利士夫人心中暗暗稱奇。然究不解其故。尙自取出護照默默審視。亦未察出端倪。梅善那乃從旁笑語之曰。彼驗照吏殆誤以汝爲吾之女徒。故不更索汝之護照。然汝之護照云何。亦願畀余一閱。言時卽從其手中取過視之。果書曰。迄打利縫婦。現年二十五。而視其玉手。則纖纖如春筍。殊不類縫婦者。心中自忖曰。此僞妝之縫婦已疑竇畢呈矣。爰以言餂之曰。女郎此行由法往意。是離危境而適樂國也。然此次巴黎之亂。乃法人有心與奧國爲難。聞說意人恨奧。亦不減於法。則銅山西崩。

洛鐘東應。固意中事。女郎亦知之否。女曰。此政界問題。妾女流烏能知之。觀先生語言氣概、當爲世界上大人物。既有所聞。願述一二。藉資趨避。幸甚。先生意奥前途。究有何影響耶。且先生頃言之女徒。今何在耶。女此番言語。不過信口詰問。梅倉卒不能置對。祇得以他語應之。心內又自忖云。此女偵探、果壁壘森嚴。詞鋒犀利者。不特難窺其內蘊。且刻刻欲餂我眞情。若再與枝梧。則吾事敗矣。然又不能竟夕默對。不如先發制人。以免後患。待彼眞情畢露。無可如何之際。然後爲吾所欲爲。令彼降心相從矣。乃故作正莊容曰。女郎究何名。盍舉以告我。女曰。妾於舟中不已言之耶。抑先生不己觀妾之護照耶。梅曰。然。正因觀汝護照。註爲縫女。而汝之纖指凝脂。不類縫婦之手。繡帕鳳履。不類貧婦之物。吾信汝爲喬裝以蹤跡我者。汝究爲何人所指使耶。不吐實。恐不汝利也。女斂容曰。妾滋不解先生所謂。先生果何事畏人蹤跡耶。又從何處拾得無根之談。以疑及妾耶。梅見女語語針鋒相對。堅不吐實。乃憤怒出小匕首而言曰。女郎不言。盍飲此刃。吾誓與汝偕亡。女爲梅所窘。氣結莫伸。淚如泉湧。啜泣而言曰。先生勿爾。妾今不惜以眞情告矣。梅曰。誰使汝來偵察我耶。女曰。天乎。揣先生言。似不見信。先生胡幻想之多而奇耶。雖然。妾受先生庇蔭之恩。而反令先生疑懼。實妾之罪。今不能不吐其衷曲。但言之而妾心碎矣。語至此時。嗚咽幾不自勝。梅善那觀之。心大不忍。又細察其言意似無害於人者。乃轉相哀憐。因曰。汝其毋然。願傾吐其實際。若於吾無關涉者。我不但任爲謝過。且可助若也。女乃輟泣而言曰。妾實砵他利士男爵之夫人。妾父曩業銀行于巴黎市中。積產頗豐。無子。祇生妾一人。妾幼失怙。故遺產皆妾承受。每歲利息。頗堪溫飽。母女二人。煢煢相依。妾幼入保育學校肄業。迨年十八離校。後從母命適砵他利男爵爲繼室。男爵曩業商垂三十年。爲商場能手。因發明製磁新法。爲國添出一大宗出產品。法王獎之。賜以男爵。遂爲紳商界中偉人。雖年甚高。然愛妾甚摯。妾則祇知敬之。若愛之一字。妾不敢云也。婚後妾母相依以居。妾母爲人忠厚無遠慮。將妾之資產盡交與男爵經理。未幾妾母卒。遺妾孑然。與家人處。彼家人鮮有愛妾者。梅曰。汝夫亦惡汝乎。女曰否。夫一向愛我。無間言。惡我者乃姑與小郎也。姑慳吝偏愛性成。小郎游蕩不事事。恆欲攫其兄之財產爲己有。不幸妾夫于前二旬病逝。遺囑乃亡夫口授。命妾書之。書畢。渠親自簽押者。遺囑中將所有遺產全數歸妾管理。蓋亡夫素知其家人皆不喜妾。故使妾獨持家政。免致俯仰依人。維此之故。彼等惡妾益甚。貪多務得。志存兼幷。誣妾辜改遺囑。控于公堂。且賄囑屈鐸偵探長。遣人捕妾。彼等大言不諱。知妾六親斷絕。別無奧援。無路遯逃。不妨明告。妾則深恐一旦被逮。鍛鍊成獄。身敗名裂。幽囚囹圄。永作罪人。昭雪無期。如馬利甲披梨之案。雖舉國皆爲呼冤。而問官不爲昭雪。至今猶在獄中也。（按馬利甲披梨之案。乃法國當時一件奇案。馬利甲披梨爲軍人女。嫁一富商。商死。其家人控其鴆夫謀產。以此得罪。判監禁終身。時國人多疑其冤也。）如此凌侮危在旦夕。先生試思妾將以何術禦之乎。妾此時情急智生。將珠寶等物藏貯懷中。潛往鄰近車館。思有一老御者可靠。僱之載妾馳入巴黎城中。尋律師爲妾辯護。不料行至半途。忽見有兩警丁乘車追來。急促御者加鞭疾馳。行過數街。適遇亂民蜂起。與警察相遇。將警察拽下。痛毆。妾始得乘間走脫。夫人於是向梅善那將前一夕在巴黎所遇之事。歷歷細述一過。言至悲涼之處。則悄然嘆。至危險之處。則悚然驚。至讐人無理之處。則勃然怒。其聲忽疾忽徐。備極情態。時復以手握聽者之手。大有如泣如訴。如怨如慕之意。少頃又云。適于亂中得此死婦之護照。余輒大喜。謂是天之

廣智書局新書目錄

廣智國文讀本 一二	每冊一角
修身教科書 一二	每冊一角
修身教科教授法 一二	每冊二角
修身掛圖	二元
改良尋常小學新讀本	七角
改良高等小學新讀本	九角
小學體操圖	一角
兵式體操圖	一角
高等國文讀本第一冊	二角
高等國文讀本第二冊	二角五分
高等國文讀本第三冊	三角五分
高等國文讀本第四冊	四角
高等國文讀本第五冊	四角
中學西洋歷史教科書	一元三角
中等地理教本 全弍冊	一元四角
中等教育國文法	四角五分
中學修身教科書 弟子箴言	四角
中學世界地理教科書 第一編	五角
中學世界地理教科參考書	一元
師範及中學用女子算術教科書	九角
中等教育倫理學	三角
中國文明小史	四角
支那史要	五角
國史讀本全十二冊 每冊	二角五分
立體幾何學講義	九角
中等教育化學	一元

◀上海福州路▶

廣智書局新書目錄

書名	價目
政治原論	四角
大清帝國新編法典	三角五分
英國憲法論	三角
近世中國秘史第一編	五角
近世中國秘史 二編	四角
世界近世史 洋裝全一冊	七角
世界進化史	二角
日本維新三十年史	八角
今世歐洲外交史	三元
血史	一元
康南海	二角
中國名相傳 精製 並製	一元二角 一元
中國六大政治家 第五編 精製 並製	一元二角 一元
中國六大政治家 第一二編合冊 精製 並製	一元 七角
中西偉人傳	三角
李鴻章	三角
中國鐵路指南	八角
工商理財要術	四角五分
最近衛生學	二角
物質救國論	三角
三名臣奏議	一元二角
張江陵書牘 精製 並製	一元三角 一元
三名臣書牘 四冊	二元
東坡尺牘 二冊	四角
三星使書牘 二冊	五角
盧史二公書牘	一角

上海福州路

廣智書局新書目錄

書名	價目
熊襄愍書牘	二角五分
惜抱軒尺牘	三角
惜抱軒尺牘補編	一角
黃石齋書牘	四角
國文語原解	二角
新民說	六角
仁學	三角
曾胡批牘	六角
松陰文鈔	二角五分
心史	四角
中國魂	三角
第一種家政學	二角五分
第二種家政學	三角
女學生	二角
康南海歐洲十一國游記 第一編 第二編	八角 六角
新大陸遊記 精製有圖 並製無圖	八角 六角
分類精校飲冰室文集 自丙申至乙巳	四元
增補改良飲冰室自由書	四角
中國國債史	二角
滿洲處分案	二角
越南亡國史	二角五分
曾文正公十八家詩鈔	三元
董香光畫禪室隨筆	三角
王照圓列女傳補注	四角
康南海廣藝舟雙楫	三角
包氏藝舟雙楫	三角五分

◀上海福州路▶

廣智書局新書目錄

書名	價目
英文尺牘資料	四角
新法英語教科書	五角
二十世紀讀本第一編	六角
華英合璧訓蒙編第一冊	一角五分
華英合璧訓蒙編第二冊	二角
華英商業會話	三角五分
增補改良華英學生會話	二角
初級英文範 即納氏英文典第一冊	三角
華英文件新編	五角
華英商賈會話	二角五分
初級英語作文教科書	四角
東文新法會通	五角
笏山記 上中下每冊	三角
斯芬克斯之美人 上中下每冊	二角五分
偵探小說 虛無黨眞相	八角
偵探小說 離魂病	二角五分
偵探小說 殲讐記	四角五分
言情小說 紅淚影 全四冊每冊	四角
言情小說 花月香城記	三角
偵探小說 怪獒案	三角
哀情小說 刼花小乘	二角
偵探小說 妖塔奇譚 全弍冊每冊	三角
偵探小說 美人手 全三冊	六角五分
偵探小說 劇塲大疑獄	四角
偵探小說 情魔	三角

◀ 上海福州路 ▶

廣智書局新書目錄

書名	價目
偵探小說 中國偵探案	二角
偵探小說 地中秘	四角五分
司底芬偵探案	一角五分
偵探案彙刻	二角
冒險小說 十五小豪傑	二角
荒島孤童記 上下全	五角
理想小說 未來戰國志	一角
社會小說 二十年目睹之怪現狀 甲乙丙己 丁戊	每冊四角 三角
歷史小說 鐵假面 上中下冊每	五角 四角五分
黃繡球	五角
奇情小說 電術奇談	四角
偉人小說 女媧石 甲乙	二角五分 一角五分

書名	價目
寫情小說 恨海	二角
說部腋	一角
九命奇寃 全三册	七角五分
警黃鐘傳奇	二角
西青散記 全二册	六角
經國美談 全二册	五角
虞初新志 續志	九角 五角
桃花扇 精製	八角
中國廿一省全圖	一元七角
藝衡館詞選	二元五角
暗射中國輪廓地圖	三元五角

◀ 上海福州路 ▶

國風報第一年第六號目錄

國風報

大清郵政局特准掛號認爲新聞紙類
日本明治四十三年二月十三日第三種郵便物認可

（每月三期逢一日發行）

宣統二年三月初一日

第一年第六期

定價表	項目	報資
費須先惠逢閏照加	全年三十五冊	六元五角
	上半年十七冊	三元五角
	下半年十八冊	三元五角

零售每冊	二角五分
本國郵費	每冊四分
歐美郵費	每冊七分
日本郵費	每冊一分

廣告價目表	
一面	十元
半面	六元

惠登廣告至少以半面起算如登多期面議從減

宣統二年三月初一日出版
五月十一日三版

編輯兼發行者 何國楨
發行所 上海福州路 國風報館
印刷所 上海福州路 廣智書局

分售處

北京桐梓胡同 廣智分局
廣州十八甫國事報館
廣州雙門底聖賢里 廣智分局
廣州十八甫廣生印務局
日本東京中國書林

國風報

各省代理處

- ▲直隸 保定府西大街 萃英山房
- ▲直隸 保定府 官書局
- ▲天津 府署東 原創第一家派報處
- ▲天津 浦東小關大行 公順京報局
- ▲天津 鄉祠南售報處 李茂林
- ▲天津 東馬路 羣益書局
- ▲奉天 省城交涉司對過 振泰報局
- ▲奉天 圖書館
- ▲盛京 昌圖府北大街 振泰報局
- ▲吉林 省城板子胡同 文盛報房
- ▲山東 濟南府芙蓉街 維新書局
- ▲河南 開封府城北書店街 茹古山房
- ▲河南 開封府西大街 文會山房
- ▲河南 開封府西大街 大河書局

- ▲河南 開封府西大街 教育品社
- ▲河南 開封北書店街 總派報處
- ▲河南 武陟三官廟街 永亨利
- ▲河南 彰德府 茹古山房
- ▲陝西 省城內竹笆市 公益書局
- ▲陝西 省城 萃新報社
- ▲山西 省城翦子巷 文元書局
- ▲山西 省城 書業昌記
- ▲貴州 崇學書局
- ▲雲南 城東院街沙臈巷口 天元京貨店
- ▲安徽 盧州府神州日報分館 陳福堂
- ▲漢口 黃陂街 昌明公司
- ▲安慶 府龍門口 萬卷書樓

國風報

各省代理處

▲蕪湖 徽州碼頭 科學圖書社

▲四川 成都府學道街 輸文新社

▲四川 成都 正誼書局

▲四川 成都會府東街 華洋冬報總派處

▲四川 成都南紗帽街 安定書屋

▲湖南 長沙 羣益圖書公司

▲湖南 常德府 申報館

▲南京 城夫子廟 啓新書局

▲南京 城淮清橋 莊嚴閣

▲南京 城花牌樓 崇藝書社

▲南京 城花牌樓 圖南書社

▲江西 省城洗馬池 開智書局

▲江西 廣信府文昌宮 益智官書局

▲江西 南昌萬子祠裱畫巷內 廣益派報社

▲福州 督署後 教科新書館總派報處

▲廈門 關帝廟 新民書社

▲溫州 府前街 日新協記書莊

▲溫州 瑞安太平石街 廣明書社

▲蘇州 圓妙觀西察院巷口 瑪瑙經房

▲揚州 古旗亭街 經理各報分銷處

▲常熟 常照派報處 朱乾榮君

▲常熟 寺前街 海虞圖書館

▲常熟 孚記書莊

▲星加坡 南洋總滙報

▲澳洲 東華報

▲金山 世界日報

▲紐約 中國維新報

▲香港 中環砵甸乍街 致生印字館

國風報第一年第六號目錄

目錄

英皇英后親臨議院圖

諭旨

二月二十一日　上諭禮部尚書葛寶華廉明勤慎學問優長由部曹洊陟卿貳疊掌文衡擢授尚書宣力有年克稱厥職前因患病迭次賞假方期調理就痊長資倚畀茲聞溘逝軫惜殊深加恩賞給陀羅經被派貝勒毓朗帶領侍衛十員即日前往奠醊照尚書例賜卹任內一切處分悉予開復應得卹典該衙門查例具奏伊子葛紹煒俟及歲時以主事用用示篤念藎臣至意欽此監國攝政王鈐章軍機大臣署名

二十二日　上諭禮部尚書著榮慶調補唐景崇著補授學部尚書欽此　上諭吏部左侍郎著吳郁生補授欽此

二十三日　上諭吏部左侍郎著于式枚轉補瑞良著補授吏部右侍郎欽此　上諭吳郁生著以侍郎在軍機大臣上學習行走欽此監國攝政王鈐章軍機大臣署名

二十五日　上諭輔國公溥葵前得罰俸處分著加恩寬免欽此　上諭楊文鼎奏已故提督戰功卓著懇恩賜恤一摺湖北提督夏毓秀勇敢誠樸軍紀嚴明咸豐年間束

髮從戎轉戰雲南貴州四川等省剿辦髮逆番夷土匪所向有功由偏裨洊升總兵擢授提督整頓營務勞瘁不辭茲聞溘逝軫惜殊深夏毓秀加恩著照提督軍營立功後病故例從優議恤任內一切處分悉予開復應得恤典該衙門查例具奏並將戰功事績宣付國史館立傳伊子學部候補主事夏鼎庚著以員外郎補用以昭勞勩該衙門知道欽此　旨烏里雅蘇台參贊大臣榮恩現在丁憂著俟百日孝滿後即行前往差次欽此監國攝政王鈐章軍機大臣署名

二十六日　上諭陝西陝安道員缺著黃誥補授欽此　上諭直隸巡警道員缺著舒鴻貽補授欽此　上諭直隸勸業道員缺著孫多森補授欽此監國攝政王鈐章軍機大臣署名

二十八日　上諭浙江督糧道員缺著曲江晏補授欽此　旨鑲紅旗護軍統領印鑰著成安暫行佩帶欽此監國攝政王鈐章軍機大臣署名

論說一

論國民宜亟求財政常識

滄江

縱觀數千禩史乘。橫覽五大部洲國家之嬗興嬗亡於其間者何限。其得失之林。雖殽雜糾紛。不可悉指。而筦其機者。未始不以財政。在昔赧王築臺。辟債而周鼎遷。孝靈鬻官充帑。而漢社屋。乃至唐宋元明之季。類無不因司農竭蹶。仰屋無計。聚斂四出。竭澤而漁。豺虎橫路。餓莩載途。民迫救死。鋌而走險。萑獮既盡。國隨以亡。故堯之咨舜曰。四海困窮。天祿永終。而舜亦以命禹。誠畏之也。若乃英國以占士查理兩代財政之紊亂。而克林威爾之難作。法國以路易十五十六兩代財政之紊亂。而撼天震地之大革命興。民相枕藉。死者什而六七。日本以德川末葉財政之紊亂。而三百年幕府之業隨靑史而灰燼。又爲埃及之縣於英。朝鮮之役於日。南美諸共和邦之羈軛於列强。迹其所自。大率皆財政不振致之。而他族所以能扼其吭而永墜諸九淵者。其太阿之柄則亦在財政由此言之國之所以立於天地者其樞機可知矣易曰天地之大德曰生聖人之大寶曰位何以守位曰人何以聚人曰財自古有國有家者未嘗不以此爲亟也今者國家歲入一百三十兆曾不足以當歲出之半而稽其所謂歲出之數則償債於外者五而居一耗於不能戰之兵者四而居一賸於不事事之官吏者二而居一其所資以治國事民事者抑尙餘幾夫國事民事固終非可委諸不治而當道爲民所具瞻者方且蚤作暮思汲汲焉議禮考文制度以文致太平尾閭之洩日博而泉源之涌久竭司農疆吏內外交奪狀如小兒競彼殘餅夫以今日中國財政之實相雖政府拱手不復興作一業百官枵腹以服公役其勢猶岌岌不足支數稔而況於浮慕新政日不暇給其所費更什伯於今而未有已者耶不取於民將焉取諸取之不以其道則晚漢晚唐晚宋晚明之覆轍不旋踵而相襲不則爲埃及朝鮮波斯突厥之續已爾變法云立憲云適以速國家之滅亡而外此更何所得也矛頭淅米瞎馬臨池以此思險險可知矣

記曰有人此有土有土此有財有財此有用廣土衆民如我國而猶患貧非天之貧我

而我之樂與貧相卽也善治財者如良牧然蕃息羣羊而以時伐其毛毛莫或棄於地而羊弗病也故有羊蹄蹴千則比諸素封不善治財者反是既無術以豐殖其毛而一羊之毛能收爲用者復不逮什二三及徵於得毛之寡則尅減水草雖羸毋恤甚或屠而貨之以取盈羊歲羸歲減而業且隳牧者亦與之俱斂我國之司財者蓋有類於是也夫財政者一種之技術也然凡百技術其精進也皆根本於學問故曰不學無術不學操縵不能安絃不學操刀不能割雞雖以至瑣末之業而欲善其事者猶不能舍學況財政爲國計民生所攸託命者乎先民有言不知來視諸往又曰他山之石可以爲錯財政學者實統鑑古今中外成敗得失之跡求得其所以然之故而泐爲可信據之原則示當軸以率循之軌者也雖各國國勢民情萬有不齊其所以應用此原則者爲道非一顧不能以應用之殊方而謂原則之可蔑此猶善用兵者雖不專恃兵學而不明兵學之原則者終不能立於不敗善製器者雖不專恃工學而不明工學之原則者終不能有所創作也準此以譚則夫國之大臣掌一國最高之財政機關者思酌盈劑虛於其間以長國家而利元元苟不明於財政學將安適而可哉

又非徒一國之最高財政機關爲然耳國家一切政治其舉之也罔不需財故不問任何職司苟於財政學之綱要一無所知則終末由以善其事或不量國家財力所能及而妄事興作則中途竭蹶而不克底於成或國家刻不容緩之政務徒以無術以求得相當之財源廢而不舉兩者有一於此國遂緣以病矣不寗惟是一國理財之司非一二人所能悉躬親也其佐理分任之屬吏散在內外者何啻數萬雖曰其職在服從法令不必自有所計畫然會計出納之間皆有一定之原則以綱維之不明此原則將無往而不貽誤又況乎爲財政之主體者不獨國家而已國內多數之地方自治團體莫不各有其財政而此地方財政一方面既爲該地方利害所關一方面又爲全國利害所關故凡各地方大小官吏於財政學之原則皆不可以不粗知其概此各國之所同也而在我國更有甚者則以我國中央集權之實未舉財政出納其什九皆由各省尸之各省財政紊亂則中央財政更無整飭之期故使各省官吏咸解財政學實今日謀國之第一義也

又非徒官吏而已財政設施之得失其利害之及於國民生計者如影之斯隨如響之

斯應也一租稅之舉廢而民業緣之以爲榮悴一公債之募償而金融（金融者一國資財流通變動之狀態也此東國通用名詞不得善譯姑仍之）緣之以爲促舒其他大小節目一一皆與民瘼相麗造端雖簡將畢乃鉅淺見者流以謂箇人所負之義務爲數至纖豈必計校豈知洪者纖之積而箇人之利害合之乃即國民全體之利害也故今世立憲國其最重要之精神則曰使國民監督財政而已今中國既奉 明詔。尅期實施憲政。則將來上自國會兩院議員下至各省諮議局議員各廳州縣各城鎮鄉董事會員議事會員。皆各因其職。而有監督中央財政地方財政之責苟於財政學懵無所知則監督曷由得當或於不當協贊者而率爾苟同或於不當反對者而故爲沮撓其貽誤大計則一也是故憲政實施以後凡爲國民代表者其財政上之學識萬不可以闕而代表國民之人其資格由選舉而生司選之權則一般國民共同行之者也苟財政之普通智識不廣被於一般國民則所選決不能得人而監督之實終不克舉由是言之則宜學財政者豈直有司哉

夫財政學關係之重大。既已若是。而試問今日舉國中。上自執政。下逮氓庶。其能略具此學之常識者。果有幾人。又豈惟俗吏與愚萌爲然耳。即號稱先覺之士。主持一國言

論者。亦罕能好學深思以深知其意。毋亦以此爲專門之學。非就傳受講。末由窺其堂奧。乃相與望洋興歎已耳。殊不知此學在諸種科學中。實比較的簡明易曉而富於趣味。苟得一二良著而獨學之。則明其原則而適用於實際。爲事實絕非難。烏可以無師而自棄也。愛國君子。其知所勉矣。

余夙病斯學不能廣被謂爲國家之大戚兩年以來廢百業以著成一編名曰財政原論百餘萬言以卷帙太繁剞劂不易殺青問世尙當期諸數月以後將擷其要節時附本報冀以爲浸灌常識之一助焉　著者識

論說二

改鹽法議（續第五號）

（參觀本號調查門中國現行鹽政說略）

滄江

中國所應銷之鹽及所應得之鹽稅略如前述雖不中當不甚遠然今日國庫所入曾不及吾所計算者六七分之一此其故蓋皆由爲私鹽所蝕當不俟問而私鹽何以如此其盛則其原因可得言焉

一曰由稅率太高苛捐太多以致官鹽之成本太重也我國鹽稅之率雖各省不同然試就長蘆一區論之每引三百斤所徵正課銀領告費銀帑利銀三項合計共三兩四分五釐又地費規費每引一兩八錢此皆解部之款而每百斤已稅一兩六錢矣然惟在出鹽地販賣之鹽僅如是耳若運至他岸則遇卡抽釐行地愈遠抽釐愈重矣況課與釐皆解部者也其督撫外銷官吏層層中飽者尚不在此數嘗讀光緒三十年鐵尙書良查明兩淮鹽務一摺言兩淮所銷鹽共八十餘萬引而所收課釐等項合計凡千

二百餘萬兩查淮鹽以六百斤爲一引八十餘萬引之鹽舉大數約爲五萬萬斤以五萬萬斤而得稅千二百餘萬兩則每百斤所稅已將及二兩五錢矣況官吏中飽之數雖以鐵尙書之精明恐亦未能盡悉則鹽官所收千二百餘萬者鹽商所出又豈止千二百餘萬耶兩淮如此他區可推夫民之趨利愗不畏死今官鹽之課如此其重私鹽之利如彼其厚雖日殺一人以警之猶不能止也而人民之買私鹽者亦若是矣今各省當仰屋之時動以加價加釐爲救急之捷法中央政府亦不得已而許之每加一次何嘗不多得百數十萬而豈知私鹽之增長其漏卮有不止此數者乎不然鹽爲人生日用所必需其銷數當與人口之孳生成比例曷爲人口歲增於前而官引反滯銷於昔也故欲整頓鹽法其第一義**宜盡除釐捐規費各種名目減輕稅率惟平均每百斤稅一兩五錢內外**則稅項雖若驟減然辦理得宜不一二年而必增數倍可斷言也

二曰由行鹽地各分疆界助私鹽流行之勢也今國中之鹽分爲長蘆山東河東兩淮

兩浙兩廣福建甘肅四川雲南之十區區各有其引地不許相侵軼侵軼者以私鹽論此實我國最奇之制度驟以語外國人而苦難索解者也現今各國行專賣法他國之鹽不准入境則有之矣**未聞有一國之內各割據一方以行專賣而相視若敵國者也**不特此也各商又自有其引地所領之引限銷於某府某縣越境即以私論故現在所謂私鹽者其種雖不一然鄰私實爲大宗故以淮鹽而論則有所謂川私蘆私浙私等名目其他鹽區之互相指爲私也亦然同爲中國之產物同納國家之正課然在國內甲地則爲公在乙地則爲私可笑孰甚於是況引地之區畫尤極無理有近淮而必銷蘆鹽者有近川而必銷淮鹽者大率由前任督撫互相爭奪圖本省餉源一時之豐裕而民之便否非所計也夫運路遠則價昂運路近則價賤此事之至易見者民孰肯取昂而舍賤此鄰私所以盛行者一也各省課稅規費等互有輕重官鹽之價因而互殊則稅輕者易銷稅重者多滯此鄰私所以盛行者二也各區鹽質不同其製造之成本亦異如川鹽之成本視淮廣等鹽殆十餘倍人民

貧富不齊有願食佳品而不嫌價高者有願得賤價而不嫌品劣者宜各從其所好今乃强干涉之此鄰私所以盛行者三也昔唐之劉晏以善理財聞於後世其治鹽之法一稅之後任其所之史家稱爲名言 **今欲遏私鹽莫急於先掃鄰私而盡除引地之制限則鄰私之名目自無從而生謀鹽政之統一其基礎首在是矣** 或疑不分引地恐商人避難就易則不產鹽之省其民將有淡食之虞此前人所屢以爲憂者然此實無足慮下文更詳辨之

三曰由鹽商壟斷權利販鹽之業不能普及而奸儈得因緣爲奸也鹽專賣法各國盛行中國鹽政亦專賣之一種也 **然其與各國異者各國惟官專賣而已中國則於官專賣之下復加以商專賣此所謂兩重專賣也** 夫所貴乎專賣者其一固以增國庫之收入其一又以此業利益太大不許少數人壟斷而朘多數人之脂膏以自肥也中國鹽商當嘉道以前其豪富殆

過王侯今即稍遜然猶爲商界之雄莫能與競其所以致此者半由獨占其業任取高價試略舉鹽商所取過當之利譬有鹽一包自蘆台運至天津復自天津運至京城其成本約幾何計鹽場買價約八錢席繩等及搬至天津之脚價約共五錢天津至北京脚價約六錢此外則正課銀六錢八分六釐帑利銀四錢二分一釐領告費銀一兩九錢三分八釐鹽坨費及雜捐共一兩五錢五分五釐合共費銀七兩二錢之譜而在京城發行每包價十三兩其淨利實五兩八錢也此皆小民之脂膏爲鹽商所吸者也半由攙運私貨隱匿國稅夫取高價則情猶可恕而立法以防之也亦較易若其帶銷私鹽而故擱官引則爲患益深然以世於其業之故作弊之技愈久愈精社鼠城狐去之無術凡今所謂私鹽由奸商假官以行私者實什之八九其莠民冒險盜賣者不過十之一二此稍明鹽政利弊者所能知也**故今日欲整頓鹽政非削除鹽商之專賣權則萬事殆無從着手也**而論者疑爲難行則亦有說蓋以國家握有此鹽不便於零賣也故必賴有批發者而其價既鉅易於虧欠非擇殷商以專責成不可此鹽商之所由有特權而一旦革之極多窒礙也吾謂在前此誠不得已而出於此舉今日則有良法可以代之請於下文別縷陳焉

以上所陳是不啻將現行鹽政制度翻根柢而破壞之非好爲是更張誠以積弊太劇

不如是不足以圖廓淸也。舊制既已破壞。新制當謀建設。試參酌各國專賣法。擬其綱領如下。

一 凡全國之鹽皆歸政府專賣

二 設提鹽使司提鹽使十人分管現在之十鹽區每區按鹽場之多寡大小分設一二三等鹽務官若干人其不產鹽而距鹽地太遠之省或酌設督運官

三 凡製鹽人皆須按照政府所定請願書格式呈請提鹽使批準給以憑照方得開業

四 凡製鹽人製出之鹽祗准交付鹽務官及鹽務官所指定之人違者除追繳憑照永不許製外仍課罰金

五 鹽務官點收製鹽人所交付之鹽隨卽發與買價其買價則鑑定鹽質之高下除製造費外每斤約予製鹽人以銅錢一文之餘利

六 鹽務官所買受之鹽除買價外每百斤再加以銀一兩五錢之鹽稅作爲定價

批發於販鹽人（如買價爲每百斤二錢者則以一兩七錢之定價批發買價爲百斤一兩者則以二兩五錢爲定價批發）

七　凡向鹽務官販鹽者每次必五百斤以上始行交付

八　凡販鹽者必須先繳鹽價但以公債劵作保者准其於三個月或六個月內隨時完納

若行此法則私鹽之弊可以漸絕蓋凡製鹽者皆須領照全國中有製鹽人若干所製出之鹽若干政府皆能知之除此之外無所得鹽則私何從出難者曰凡鹽一經政府之手則每百斤價漲一兩五錢則不領照而私造鹽或雖領照而私賣鹽者其利甚厚作奸犯科豈能盡免況如西北鹽池四川鹽井等稽查尙易至如沿海一帶隨地可製何從設防是私鹽終不能免也答之曰此似甚有理然未解私鹽之性質也凡私鹽必所銷者多而始有利若以區區萬數千斤之所贏而觸法網愚者不爲也今使私製者而爲少數之大鹽場乎苟鹽務官稍盡職斷無不能發覺之理若爲多數之小鹽場乎積銖累寸所得能幾而惴惴然日在刑罰之中誰肯爲之夫私製之人必非能直接私賣之人也而恆恃私販者居間以爲之轉運私販者冒大險以營此業非有大利則不

肯爲故其所分與於私製者之利不能甚多每斤銅錢三四文極矣製鹽者苟領照之後而售所製於政府固可以得銅錢一文之餘利今售與私販者利雖二三倍然使售一萬斤亦不過多得二三十兩耳而其業日在危險之中誰肯爲之是則不領照而私製之弊可以無慮也若夫已領照而額外多製以私賣者更不必慮各國之例其所以稽管此業之人者法甚周密必須依官定格式製爲帳簿官吏隨時可以調查其作弊甚不易我但仿行之足矣且此輩大率皆安分良民既領得此照所製出品不患不能銷售年年可得若干之餘利實爲最穩固之營業今若多製私賣其所製者若太多則易於發覺若甚少則無利可圖稍有心計者必不肯貪目前之小利而棄終身之正業明矣且夫私鹽之來歷果何自乎耳食者流以爲皆由私製之人售與私販之人也而豈知皆由鹽官鹽吏鹽商相狼狽聚而嘬國家之財政故鄰私商私船私壩私等十居八九（甚者如數前年江蘇巡撫某與鹽梟頭目相結託而中分其利私鹽安得不盛）而竈私實不及十之一二今若行此法則各種之私無從發生矣所餘者竈私之一項而已即使不能盡絕而爲數固已有限況如上所陳並此而不足慮耶

舊制之所以畫分引地固所以保護各省及各鹽商之專利亦慮僻遠不產鹽之地民苦淡食故勒令某商之引必行銷於某地亦立法不得已之苦衷也今既做劉晏之法一稅之後任其所之得毋慮販商畏難就易轉運不周而陬谷之民常以乏鹽爲患乎余以爲此蓋不甚足慮然補救之法亦不可不講也夫民之趨利若水就下市場上苟有一物焉求過於供則此物將不遠千里奔集而補其闕凡百皆然卽鹽亦何以異是況鹽爲人生必需之品一有缺乏其價立昂價昂則販者獲利孰不趨之前此徒以有專賣商之故別人不得侵入引地故舍此無供給之途耳一旦破除此界則鹽自與普通貨物等恒應於供求相劑之率以行於各市場而何偏枯之爲患乎故曰不必深慮也但時或有意外之變運路梗塞或販賣者少易於居奇則先事調劑之方亦不可忽故宜於運路較遠之地設督運局由官運往以供該地人就近之採買此亦便民之要著也

舊制鹽價皆官爲勒定不使鹽商得爲無藝之取今若行新制尙需此乎曰、可以無需矣何也前此惟少數鹽商得有賣鹽之權非其人而販賣卽以私論故鹽商得壟斷以射高利民莫如何非官爲定價以保護之不可也今既人人可販苟有欲高其價以圖過當之利則買者求諸他家而彼之門乃莫或過問矣 **故此法行則市面鹽價常比例於官價與運費之和而稍昂其稍昂之率即販者之利也如是安有罔利病民之患哉** 惟太僻遠之地小販力不能達其業常爲一二大資本家所專（如貴州廣西等省） 聯行擡價之弊不可不防此則官設督運局之所以不容已也

舊制既由少數鹽商將全國之鹽躉購雖弊竇叢生然國家甚省事可以不勞而得稅也今行此制則零賣者較多鹽務官自不能如前此之逸雖然仍必有法以便躉購巨額之商人然後其業可以日趨於盛大然則其道何由凡商業之性質其資本回復愈速周轉愈多則其獲利愈厚假使販鹽者能以一萬金之資本而隨時向官局賒得二萬金之鹽則爲利豐矣然賒之爲道甚危險非官局所能許也故有一法焉使之以公債券作擔保將價值一萬金之公債券爲質者則官局隨時可賒與一萬金之鹽使以

三月或半年爲期期至繳價則其於販賣者蓋甚便蓋必先繳全價則有萬金之資本者僅能營萬金之業且所得爲一重利息其數甚微以公債作保則有萬金之資本者可以營數萬金之業且所得爲兩重利息其數甚博故也夫如是則集股以從事者必多矣**此非徒助鹽業之發達而又以增公債之需要實財政家不傳之秘也**數年來國中之理財者曰思募集內債而民莫之或應**吾常言非開公債利用之途則募債萬無成功之望**夫所以開公債利用之途者其道雖甚多然此亦其一矣既行此法則國內之鹽政大畧整理矣然其效猶不止此比年以來外國鹽入口日盛俄鹽日鹽其最也彼其鹽煉製得法顏色潔白品質已優於我而內地官鹽合正課釐金規費等項每百斤殆稅二兩以外而蘆鹽淮鹽等之原價每百斤不過值三四錢是不啻值百稅百五六十也而入口之外鹽率皆逃稅大勢所趨將滔滔然盡爲外私所攙奪官引閣滯無人過問言念及此能無寒心今者幸而國中私鹽之數遠過於官鹽而私鹽之價又視外鹽爲尤賤故外鹽之入有所限制耳否則我鹽業久爲人奪盡矣夫我國與各國所訂

條約本有禁鹽入口之明文特我國之行政無一事能實事求是故於外私之入熟視無覩耳今若行新制則亦不必禁絕外鹽也惟將此項進口之鹽盡行由官承受不許與吾人民私相交易政府則將所買得之外鹽於原價外仍照加每百斤一兩五錢之稅則利源自不至外溢矣

不特此也現在蒙古一帶大率行用俄鹽西藏一帶大率行用印度鹽若政府專賣之後辦理得宜可設法運往奪回其利又朝鮮現爲日本鹽一大市場南洋羣島現爲印度鹽臺灣鹽所分據我國鹽質本極佳良徒以製造不得法顏色黝黑故爲外人所不喜若加改良之後以我國工價之廉成本之輕必能與日鹽臺鹽印鹽競而壓倒之則鹽業日旺而國家財源亦日增矣凡此皆非改行新制後不能爲功者也

結論

據吾所籌畫若能得其人而實力奉行**則每年所得鹽課總在七八千萬兩以上視今所入殆五六倍**不惟可以抵禁烟所缺之洋土藥

稅釐即將釐金盡撤而亦足以抵之而有餘裕矣聞者猶或以吾言爲太過乎則盍觀粵省之鹽前此所入僅三百餘萬而今茲由商承辦其繳餉非千二百萬耶夫全國之鹽區十而粵僅居一平均比例則應得一萬二千萬矣況粵商能繳餉一千二百萬者而一切鹽官緝私之經費尙由商出其苞苴之不能宣示者益不知幾何則商之所取於民者其必倍於一千二百萬又可推耳而謂政府實力整頓合全國之所入不能得七八千萬吾不信也夫商專賣法固與吾之主義極反對廣東此次之新制吾所期期以爲不可也（次號別論之）然即此益可以證吾說之不誣而愈以見新制之必當采也

要而論之鹽稅非良稅也苟國家能有他道以得財源則豁免之實爲仁政然今日之中國則豈可以語此既已不能豁免則必當圖所以整頓之方使國家獲其實利而人民亦不致蒙其博禍而此稅既爲最普及之消費稅**其性質與財政學所謂自然增收者相應**苟能辦理得宜則隨人口增加之比例而國庫之增加不勞自獲**故其本質雖爲惡稅而其作用則爲良稅今中國**

欲整理財政必須從此入手此天下所同許也嗚呼吾謀能用與否是則在當局矣

夫吾之議本非有所甚難行惟欲行之則凡關於鹽政之官制不可不爲根本的改革而所以綜覈名實者其爲事抑須甚勤以今日吾國人惰力性充溢而官吏皆恃舞弊爲生涯則其出全力以尼之者自不乏人而當道必無此魄力以行英斷蓋可預言然苟不用吾法則吾敢決雖百變其名目而斷無絲豪之效也夫不能從根本以改革官制而綜覈名實則國事無一而可舉又豈直鹽政也哉

(附言)往見通州張氏謇著有衛國恤民化梟弭盜均宜變鹽法議一文其所主者亦劉晏一稅之後任其所之之法與鄙見脗合但專就淮鹽立論而於廢行鹽區域之說未經言及且所主爲就場征稅與現今各國通行之鹽專賣法其精神雖同而方法不無小異吾以爲欲籌全國鹽政之統一其第一義在廢

行。鹽區域。此著不行。則相緣之弊。終無自而除也。若夫就場征稅。則在將來新制實行之後。人民必有集大資本爲股份公司以從事製鹽者。其時就場以征之。固未始不可。若在今日。則大資本之場商甚稀。而製鹽者率皆朝市鹽而暮糶米之貧民。令其先出此稅。力安能逮。其勢必仍生出專賣商而已。故就場征稅。雖爲千古良法。而昔人屢倡之。而總不能見諸實行者。凡以此也。吾說所以異於張君者。在此兩點。質諸張君。謂爲何如。至張君之文。博徵學說。按切事勢。批郤導窾。實非吾所能逮其萬一。謹轉錄入著譯門以備讀者參考。或亦君之所許也。

著者識

細草穿沙雪半銷
吳宮烟冷水迢迢
梅花竹裏無人見
一夜吹香過石橋

時評

諮議局權限職務十論(續)

滄江

(二) 諮議局與政治問題

(參觀本號附錄憲政淺說第二章第三節政治之意義)

諮議局議決權之範圍。當專限於行政事項乎。抑廣涉於政治問題乎。此最其權限易滋異議之點。而辨之不可不早辨者也。吾以爲欲解決此問題。不能專憑法理也。而必須按諸事勢以法理論之。則行省者一方爲地方自治團體。一方爲國家行政區域。以地方自治團體之性質而有諮議局。則諮議局實爲本團體之意思機關。以國家行政區域之性質而有諮議局。則諮議局實爲行政官之輔助機關。而此兩者皆與政治問題無關者也。凡政治問題。其利害皆亘於全國。而決非一團體一區域之所得私。以一團體。一區域之機關而議決政治問題。無論其易涉於偏隘。重視一部分之利害而輕視全體之利害也藉令得免此弊而以一國大政方針付諸多數機關之決議其有妨於統一莫甚焉由此言之則諮議局議決權所及似宜以本省官治自治之行政事項爲界而本年各省諮議局所提出之議案往往有涉及外交政策經濟政策諸問題者雖謂之越權可也雖然切實以按諸事勢則此界說蓋有萬難適用者請言其理

我國自元代設行省以來行政區域本失諸太廣今制一省其幅員蓋遠過封建時代之一侯封而實可以比歐洲之一國既已地域廣而人民衆則其公共相通之利害必不在小節而在大綱一有所興革其影響立即波及於中央與鄰省又往往非藉中央之倡導鄰省之協助則其所興革者萬不能底於有成故省務與國務之範圍極相接近而絕非東西各國地方事務與國務之關係所能比擬則其每一涉議而即牽及於全國之政治問題固已事勢所必至矣然使中央政府確有雄才大略公忠遠識之人以主持於上能統籌全局立一定之計畫以指導各行省而整肅其步武則各行省之機關固無復枝枝節節各行其是之餘地又使政治上社會上種種必要之機關略已整備足以供人民之利用則無論中央政府之政策有變遷與否而地方團體固可以

蒙業而安善自爲計而今也皆不然中央政府始終未嘗有遠大之計畫使全國知所率從而惟掇拾補苴顧此失彼凡政務之稍涉重大者輒委諸各省督撫之專辦以圖卸責任而政治上社會上之積弊足以爲新政體之梗者不知凡幾根深蔕固莫思翦除其種種機關爲施行新政體所必需者絲豪未嘗整備苟非從根本上解決政治問題則一團體一私人之事業終無自而成其樂利終無術以自致事勢既已如此而欲使諮議局之議決權僅限於行政事項而不涉政治事項何可得哉

聞者疑吾言乎請得舉數例以明之諮議局章程第二十一條第一項云議決本省應興應革事件第二項云議決本省歲出入預算事件第四項云議決本省稅法及公債事件第六項云議決本省單行章程規則之增修删改事件以上諸項雖解釋之可以或用廣義或用狹義而權限之大小可以懸殊要之無論如何未有不牽涉全國政治問題者如第一項本省應興應革事件其範圍最廣汎固不可以悉數即以振興實業一端言之此固屬於經濟行政之範圍與章程中所謂本省應興事件相當毫無疑義者也然幣制不定則經濟市場全被擾亂無論何種實業皆有杌隉不安之象則其所

時評 四

討議者欲不延及貨幣政策安可得乎金融機關不整備各業皆無自發達而今者國中乃無銀行其有一二新設者與夫舊式之莊號類皆不適於民間資金集散之用或反濫用其信用發過度之兌券期票等以攪亂市場然則其所討議者欲不延及於銀行政策安可得乎交通機關不便百業緣以凝滯而今者數大幹路且經始閱十數寒暑不能成而枝路之待舉者更不必問然則其所討議者欲不延及於鐵路政策安可得乎鐵路之久不就其大原因要在資本之不贍於是乎仰給於外債然外債之利害其影響於國民經濟者至鉅且捷然則其所討議者欲不延及於外交政策安可得乎實業幼稚之國非保護獎厲之不能與先進國競勝然關稅權不恢復則保護政策無自而施釐金不撤除則無論若何獎厲不能有效而一語及此事則相因而至之問題又不知凡幾然則其所討議者欲不延及租稅政策與夫其他種種相因而至之政策安可得乎夫一省所應興應革者不僅實業一端而已與實業有密切關繫者又不僅以上所列諸項而已然隨舉數端而其互相牽引之勢則既若是故諮議局議案之不得不涉及政治問題事有必至矣

藉曰應興應革之事範圍太廣可從狹義解釋以限制之也若夫本省財政應由本省之意思機關所議決此不徒章程中灼有明文即按諸各國通行自治制之法理亦絲毫無疑義者矣然今日欲以諮議局而參與本省之財政則其所牽及之種種先決問題已複雜至不可思議（第一）凡財政之範圍必須與政費之範圍相脗合而政費之範圍又必須與政務之範圍相脗合今中央與各省政務之鴻溝絕不分明既責諮議局以經畫本省財政則其議案不得不首及於集權分權之程度者勢也（第二）各省財政之經常收入必賴地方稅然地方稅恆以附加國稅爲其原則且附加者惟在直接稅而不及間接稅此萬國之通義也第我國之直接稅只有田賦地丁之一項其負擔本已畸重於一部分之人更從而附加之則重者益重而將不堪命故諮議局雖非好越權以議及國稅問題而因地方附加稅之利害起見則安得不探原以及此（第三）各省分任中央政費義固無所容其規避然今制各省支出之欵項除解部外尙有協濟他省者名目繁多至不可記夫甲地方團體之政費而勞乙地方團體爲之代籌按諸法理萬無是處諮議局議員而知盡責任者則於此事固有所不容默矣其

他如會計年度不定則預算決算無所依據金庫制度不立則收入支出無所稽覈凡一切財政上之先決問題苟不解決之則諮議局參與本省財政之權終必歸於有名無實然此等皆非一省之事業而通於全國之事業也故即以財政一項論之而諮議局議案之不得不涉及政治問題抑已洞若觀火矣

要之千言萬語**不外吾前者所謂諮議局權限與督撫權限同一範圍**使我國督撫之地位而僅如各國上級地方團體之行政長官則諮議局之議決權專限於地方行政事項而已足此絲毫無所容其疑義者**而無如今日督撫實帶有各國國務大臣之性質故與彼爲緣之諮議局遂不能不帶有各國國會之性質其投入於政治問題之渦中則制度使然也** 然則以諮議局而議全國之政治問題果爲國家之利乎曰吾固言之矣以一國大政方針付諸多數機關之決議其有妨於統一莫甚焉夫不惟揆諸法理支離而不可通也即按諸事實亦窒礙而不可行試

有一政治問題於此而二十二省之諮議局可決者若干省否決者若干省則中央政府將何所適從若於其可否悉置若罔聞則國家設此無能力之機關又焉取之況以地方議會之資格而日馳騖於全國之政治問題則於監督地方行政之責任或恐以用志紛而致荒闕是兩敗俱傷也然則諮議局不適於爲議政治問題之機關抑已甚明**今欲爲治本之計**則惟有速求國會之成立舉一切政治問題悉移於國會一面縮小督撫之權限令其所轄者專屬於地方行政事項而諮議局之權限亦隨而縮小令其所議者亦專屬於地方行政事項此正當之辦法也**但今病未能而僅爲治標之計**則諮議局議案無往而不與政治問題相麗既如前述爲議員者若欲葆其職權踐其責任則惟有廣求政治智識集全力以解決政治問題否則放飯流歠而問題無齒決雖小小補救其於治也幾何而既已立於此極不完全之制度之下則天吳紫鳳顚倒配置原屬事勢之萬不可避憲政編查館及各省督撫苟猶有利國福民之心則亦惟奬厲諮議局議員之議政治問題則一方面兼聽輿論有

所取資一方面喚起國民政治上之興味以爲將來國會之基礎其於大局亦深有補若事事以越權責之其究也必至諮議局無一案可議即有之亦毛舉細故而於郡國利病豪無影響已爾夫去年各省諮議局之召集其所提出議案頗不足以饜海內之望其爲各議員經驗尚少未能別擇耶抑以事屬經始不欲遽露鋒芒耶蓋未可知吾不敢薄視我議員吾信今年開局時必將有探本挈領之大政治問題次第出現於各省之議場信如是也則吾願憲政編查館及各督撫慎毋作摧萌拉蘗之舉也

臺諫近事感言

（參觀四號文牘門所載諸給御奏議）

滄江

嗚呼。吾以爲中國之人心。既死盡矣。及覩一月以來。言官之舉動。吾始睪然有一綫之餘望也。自去年江侍御春霖嚴劾贛皖兩撫。而疆臣部臣爲之回護。侍御六上疏爭之。不獲。乃出於禽賊禽王之壯舉。專劾首輔。斥以老奸竊位。多引匪人。坐是奉明白回奏之旨。卒乃飭回原衙門行走。而陳給諫田趙侍御啟霖胡侍御思敬先後籲請收回成命。不省。於是全臺大憤。公上言路無所遵循請明降諭旨一摺。由忠給諫廉領銜。連署者五十八人。其規避者僅二人而已。雖謂之全臺一致可也。嗚呼。自漢代設御史臺以來。臺中最有名譽之歷史。未或逮今茲矣。諸給御之風節文章。皆皎然與日月爭光。將與天地同其不朽。無俟吾之更爲贊歎。惟吾繹其事。誦其文。而感不絕於余心。乃以所感者著於篇。

所感一　今日政界混濁極矣。京外官署。無一不爲藏垢納污之所。而託名新政。以增設者尤爲羣蟻所附羶穢。至不可嚮邇。其尚有清氣往來者。惟一御史臺而已。雖曰本屬冷官爲熱中者所不願趨抑亦以其資地嚴肅雖欲濫趨而末由也蓋御史必嘗舉孝廉以上授京職有資俸者始能與考故其流品爲獨清夫非謂科第之必有關於人格也要之自始固嘗懸一標準以取之非中程則不得進其所懸標準之當否且勿論要之以視彼漫無標準惟奔競苞苴之能力是視而不辨菽麥之紈袴不識之無之駔儈輒能彈指丞參起家道府者其相去遠矣故他官署無人惟御史臺尚有人非偶然也其制度有以致之也吾因是以知科舉既廢之後而不別制定試驗官吏之法則仕途之雜官方之壞且將江河日下不知所屆其不至悉衣冠而爲禽獸不止也

所感二 以吾所聞諸名御史中最能以風烈激厲天下者其人則或爲理學家或爲古文家或爲詩家或爲經學家或爲校勘家或爲掌故學家大率有乾嘉先輩之遺風而當世髦士所共訾以爲拘迂而不識時務者也乃今者國家大事全敗壞於識時務者之手獨賴不識時務者匍匐而救之救之不獲繼以呼號豈有他哉蓋人必先有守然後能有爲又必自有所挾持足乎已無待於外然後能有守其所挾持者

不問大小不問新舊不問有用無用要在能自得之而當世所謂識時務之髦士其自始未嘗學問者固不待論卽其嘗負笈海外有所稗販以壓歸舟者亦大半借此爲終南捷徑得一官則棄所學若短檠之燈矣夫安得不盡喪其所守而汨沒於社會也而國家恃此輩以與立則岌岌乎殆矣日本奏維新之功全賴舊學老輩有以夫

所感三　湘鄉曾子曰風氣也者起於一二人心術之微而極夫不可禦者也可謂知言此次全臺一致爛然開千古未有之名譽五十八人舉皆朝陽鳴鳳固不俟論然度其動機亦未始不發於少數之最賢者若江侍御則盡人所能知矣讀其奏議之載於官報者愛國血誠隨戇直之氣以流溢紙上雖有鄙夫讀之亦當起敬況其在中人以上者哉孔子所謂至誠而不動者未之有也而其間若二趙陳胡諸公所以互相宏獎者又無不出於天性之眞是以聲氣所感如響斯應不期然而然於闇無天日之京師宦海中乃能放此大光明而雷霆所昭蘇且將及於全國一二人之心力不可謂不偉也吾是以知君子之道在知其不可而爲之爲之不已將有可時若

時評　十二

其不爲則天下事固無一可也夫豈必御史臺能獨爲君子哉

所感四　全臺一致以對抗政府實爲前代所無雖然以宋明氣節之盛猶不能有此壯觀而顧乃見諸今日者則亦有故蓋宋明權臣無論爲賢爲不肖要莫不有畏憚言官之心恒雜置私人若干輩於言路以爲己援其在宋則賢如臨川不肖如蔡京秦檜其在明則賢如江陵不肖如嚴嵩及羣閹莫不用此術故其言路恒分爲政府黨與非政府黨二派今也全臺皆不黨於政府洵爲有史以來第一美談然亦可以見言路之久已不足輕重而政府蓋自始已視如無物矣江侍御之言曰督撫舉劾屬員僅須八字言官彈奏督撫萬語無傷豈惟督撫吾聞有以一區區三四品外吏而合數言官之力不能損其豪末者矣蓋言官之忍尤含垢實未有過今日也嗚呼是可以觀世變矣

所感五　東西諸立憲國其人民所以能排專制以成立憲也自始則亦其仁人志士各自出其心力於彼乎於此乎思有所救正而勢力緜薄所至動爲豪强所摧終不獲已乃胥謀結合以爲一致之行動夫一木易折而束矢難撓此皆至淺之物理而

實不刋之公例也至於仁人志士能結合以爲一致之行動苟其百折不回前仆後繼雖有豪强終亦安得不懾所以能撥亂世而反諸正者胥遵是道耳今者全臺能爲一致之行動其亦有所感於此耶夫能制勝於最後與否則以其結合之能鞏固與否爲斷結合何以能鞏固則有一共同之大目的而常繼續以進行是已吾知臺諫諸公必有以處此矣

所感六　吾於是益痛歎於無國會之害也夫朝廷設都察院之意原恃以爲行政之監督與立憲國之有國會其目的蓋頗相近惟御史而如今日臺垣諸公亦可云得人矣而其所補益於國家者幾何據各報所傳說謂　監國嘗面諭總憲謂江春霖雖忠未免使朝廷爲難故不得已而示薄懲使告諸言官毋誤會云云夫以一國最高之主權者明知臣下之忠而不得不屈己意以黜之此何以故以君主負責任故負責任則怨斯歸矣使有國會其監督政府之職權根於憲法兩造有論爭君主惟垂拱以聽如風飄瓦屋視之無成心焉則何爲難之與有而國會不得人則已苟得其人則凡所建議自生效力又安有如今日之都察院雖由會典賦與以監督行政

官之權而有所彈奏萬語無傷者哉夫國會全體得人雖曰非易易乎然必有少數英俊之士出乎其間此事理之至易覩者言路得數人而可以動全臺豈國會得數人而不可以動全院嗚呼我國民鑒於臺諫近事其愈可以興矣

所感七　然則都察院果爲無用之長物乎曰惡是何言是何言此次全臺公摺有云東西立憲各國有國會以糾察政府通達民情又有行政裁判院以司行政之訴訟左右維持勢無偏重我　列祖　列宗以來許臺臣風聞言事者深念民人疾苦非是無以周知官吏貪横非是無以禁止法良意美行之二百餘年

又云　今國會未開行政裁判院未立司法之權與行政相混合會計之事無專司以檢查一切大權皆付諸內外行政大臣之手倘並舊日都察院之性質亦歸於有名無實　陛下能必所用之人皆無過舉乎倘不幸而巧立名目剝削百姓聲金私室集怨公輒如是則民受其害矣更不幸而排斥異己任用私人威立勢成相顧結舌　天子號令不出一城孤立無援竟同尾大如此則　君受其害矣且也九

年籌備。事體紛繁。萬一徒飾其名。不求其實。大臣以一紙空文。報諸政府。政府以數言獎語。稱爲考覈。從虛文觀之。則百廢具舉。就實事考之。則百舉具廢。無人糾發。陛下終無由知之。如是則不免上下相蒙。大臣之巧黠者。甚且託名辦事。斂費閭閻。其實則輸賄要津。已收其利。而所辦之事全虛也。上既許人民以立憲之福。下反受官吏立憲之禍。如是則不免上下相疑。民猶水也。載舟者水。覆舟者亦水。不堪其虐。鋌而走險。如是則不免上下相衝。夫至於上下相衝。考諸英法歷史。或十餘年。或數十年。肝腦塗地。竭全國之力。僅僅底定。波蘭則以內部肇亂。外人乘之。遂召分析之禍。其原因皆由於行政專橫之所致也。

其言可謂博深切明。都察院之性質。與其現在所關之重大。言之無餘蘊矣。蓋我國都察院之職權。據會典及新官制草案所規定。實兼含有國會與行政裁判院之性質。所缺者則無所保障。不能生出最終之効力耳。然在專制君主國。以之爲補助君主之一監督機關。實最爲適宜。我國雖自古專制。然歷代暴君之虐民。視泰西前代猶有間者。蓋賴此也。今號稱預備立憲。依然專制也。國會一日未開。則此全國惟一

時評　十六

之監督機關其責任不容以一日弛臺中諸公而能常念其所行之職權為將來國會職權之一部分也則國民其庶有賴矣

著譯

衛國恤民化梟弭盜均宜變鹽法議

（參觀本號論說門改鹽法議）

張謇

法無行之百年而不弊者。況歷一千二百餘年之久。弊有不可勝數者乎。鹽利自三代至秦皆在民。漢武帝時始領以官。然聽民爲之。官爲督察而已。隋猶無禁也。自唐乾元元年。第五琦初變鹽法。置監院亭戶。論盜煑以法。乃專於官。寶應二年。劉晏爲鹽鐵使。自淮北列置巡院。擇能吏主之。廣牢盆以來商賈。一切制置。爲後世所自昉。寶應至今一千二百餘年。晏所上鹽法輕重之宜。謂官多則民擾。惟於出鹽之鄉。因舊監置吏及亭戶。收鹽轉鬻。任商所之。江嶺去鹽遠者有常平鹽。每商人不至。則減價以糶。官收厚利。而人不知貴。晏以善理財名。其於淮鹽之善政如此。而就場抽稅。縱其所之之法。明李氏雯。顧氏炎武。本朝顧氏成天。包氏世臣。鄭氏祖琛等。皆主張焉。其以爲不可行者。則前有李氏衛。（賀氏長齡議衛不學）後有王氏守基（守基謂滇鹽可用就場抽

著譯　二

稅法）馮氏桂芬潘氏祖蔭等。（馮廬近場鹽貴潘沿王語）由今觀之。舍就場抽稅外。無善法。聞者中王氏輩之說。得毋疑吾言乎。請具首尾表裏。一一析言之。

鹽法公私廣狹之義。以唐爲大界。唐以前公諸民。主廣義。唐以後私諸官。主狹義。就唐以後言。自唐歷五代宋元明至今九朝。鹽法之因革損益者。亦浩如烟海。紛如牛毛矣。綜其大原。二曰利。曰害。利之要。三曰國課。曰商資。曰民食。（此本朝汪氏甡之言）害之要。一曰私。（包氏世臣詳言之。猶不能盡）

請先言國課。秦漢無定數可稽。史記但言秦鹽之利。二十倍於古。漢循而未改。唐寶應以前。鹽利四十萬緡。大歷末六百餘萬緡。當天下利入之半。元和以後。七百二十七萬緡。上元以後。八九百萬貫。宋紹興末年。海陵一監。支鹽錢六七百萬緡。過唐舉天下之數。由元而明。有增無減。本朝道光以前。兩淮商納五百餘萬兩。庚子以後。則兩淮稅釐增至千萬。遇大災賑。隨時之捐。一二百萬。不與焉。其重如此。而其錢。無一不取之於商。次商資。商資古無可徵。第言今。今分運商場商爲二類。運商淮南以鹽五百引爲一票。約一千二三百票。舊票九百二十四張。續加票八十張。無票本有曾報効銀三千兩者。

有曾報効銀二千兩者。卽以報効作本平均計每票二千五百兩。值銀二十萬兩。息五分至六分。新票二百十張。每票曾報効銀一萬兩作爲成本。計值二百十萬兩。息二分餘至三分。均歷一二十年之久。成本久已收回。卽仍作成本。姑加一倍計。止四百六十萬兩。淮北以鹽十引爲一票。百引爲一號。商之至小者一號。號憑小邏堡庫收價有長落。今每號値銀三百兩。原號二千九百九十九號。又百分之十二。續加六百號。又百分之十八。共三千六百號。成本値銀一百八萬兩。息亦二分。餘姑作成本加半計。止一百五十四萬兩。淮南場商二十三所。有一場一商者。有一場數商者。約以三十餘戶計。每戶平均資本約以十萬計。凡三百萬餘兩。成本視淮南運商過之。然一贏一虧。場不及運甚遠。且場商獲利之贏虧。聽命於運商之牌價。似場之命。懸於運。然場若鹽絀不足供運。則運商挾一紙空票而已。其命又懸於場。故論資本之多少。則場與運分。論所措資本之安危。則場與運共。能統計之。則皆安。不能統計。則皆危。此固計學家供求相資之定理也。而今日爲商病者。卽在法。所謂法者。凡引地之岸價。運商購於場商之牌價。場商給於竈丁池丁之桶價籮價（淮南收鹽以桶計淮北收鹽以籮計）及購草而給於草戶之草價皆官定之。凡商業所賣之貴賤。以所買之貴賤爲起落。故出與入。皆無障。鹽業獨否。買有定。賣亦有定。其定乃由素不業商之官。譬之以甲家權乙家之用度。然在定價之時。亦何嘗不周咨而博訪。銖量而黍較。觀於現行曾氏國藩所定之章程。訂自咸豐八年。至同治二年而實行。可以推見。惟自同治二年至今。又四十餘年矣。民間衣食日用所需。騰貴過半。或乃倍蓰。光緒初年米價每石四千文上下。今每石七八千至十千。麥價前每石二千餘文。今每石四千餘文。草價前每石二百餘文。今每石三四百至六七百文。他物稱是。一切工價因之俱漲。獨鹽價仍數十年之舊。煎丁勞苦終日。所得曾不足以免飢寒卹妻子。而欲望其奉功令。顧商資。無是理也。

然則鹽所從出在民。而買於商以爲食者亦民也。次民食。夫道光以前。民之煎曬鹽者。亦豈眞能豐衣足食肥家潤室哉。終歲率妻子勞筋骨暴肌肉於鹹風烈日之中。僅免於饑寒。而利其利以驕奢淫佚酣嬉醉飽者。商耳官耳。民何與焉。顧其時則所得於場商之鹽價。猶足免饑寒也。而今乃並此不能。至於食岸之民。即所食皆泥沙穢惡雜糅而黑黯之鹽。終身未見霜凝雪皚之鹽也。被賤既久。成爲習慣。而或者以爲某岸固宜是某岸固宜是信之者亦以爲是老於鹽業有閱歷之言是直謂天下有喜粗而惡精好惡而憎美之人性也其異於喪心而病狂也幾希而今或並此黑黯之鹽亦將日貴一日而至於不可常繼民之困又如此

彼不揣本而斤斤惟末是齊者曰我但嚴緝私私絕則官自多矣不知咸同定章以來四十餘年以計學家之言推之不特淮南產鹽場分所在阜甯鹽城興化東臺泰州如皋通州並功令許食淮鹽之崇明海門九廳州縣未經兵燹之區人口繁增十將及二三卽湘鄂贛皖及他食岸承平至今人口之增亦將過於什一（汪氏甡鹽法芻言立法之始必先計戶口之數而後定鹽斤之數定鹽斤之數而後定額引之數）編查戶籍習爲虛語號稱俵配武斷蒯頑民固不能食淡也所食之鹽既不出於官則不取於私而又將誰取且官價小而死私價大而活活則權操於賣主而死則權操於買主煎曬之丁猶是人情樂官樂私一言可決矣昔之立法者知夫產鹽州縣之民不可淡食私不能盡絕也乃定籌鹽之法許窮老之人及婦女領籌於塲挑販食鹽籌四十斤資以度日亦濟民食亦盈船滿載成羣結夥而販者謂之私梟兵乃緝之猶有權衡之意

消息之用也。今之緝私。乃一概攘而奪之。且刑虐焉。民生囂囂以愁。睊睊而疾。終必有得反之一日。不惜喪身隕家以快心者。旬月以來。如皋亦既見端矣。大之則浙禍也。所謂引繩而絕之。其絕必有處。

愎於齊末者。或又曰緝私益厚集兵力。其可乎。則請與言中國鹽梟之歷史。自劉晏置十三巡院捕私。而私之名始見於史。由是終唐之世。梟未嘗絕。其蘊毒之深而爲天下大禍者。首推黃巢。自是以後。蜀王建吳越錢鏐輩。皆梟之桀也。元季則張士誠方國珍。明則汪直。是皆最著名者。本朝如王倫蔡牽李兆受輩。凡劇盜亂人。無一不藉私鹽爲資糧。夫梟與商之分。一有稅一無稅而已。梟與盜之分。一以資易人之貨。一白手奪人之貨而已。其始則同是民也。官力弛。則釀民爲梟。官力強。則且驅梟爲盜。（宋李氏覯慶歷民言。與衆同利則利良民。不與衆同利則利凶人。凶人嗜利盜之所由興也。山海之利職在商賈久矣。而曰屬之吏。屬之吏則衆不得措手足。法重矣。而利亦重。法重則良民憚。利重則凶人入。然而董之以法。是毆其爲盜也。彼凶人者豈曰死可欲而生可惡。過在歆諸利而謂不必死耳。不幸而幾於死。則莫若爲盜。爲盜又不必死也。夫能弛其禁違其利則凶得與良歯胡爲苟免於兵刃間哉）梟弟妨官盜。且害民。民而爲梟。猶可言禁也。梟至爲盜。則誠非厚集兵力不可矣。緝私所費已繁。所傷已多。况又用兵乎。事果孰得而孰失也。

然則鹽終不可治乎。曰可。請仍用劉晏就場抽稅之法。王守基駁就場抽稅之說。以爲法可行於滇。滇產鹽止二十四井。勢聚而易轄也。竊謂用晏之法。當補其所未及。凡各場產鹽之地。當漸約之。使聚於一。二。適宜之處。而其尤要者則鹽價與凡工商所出貨物之買賣同例。官不定價。鹽固工商兼具之事也。給於工者。必使足償其勞而養其生。鬻於商者。必使得和其市而均其利。（朱子論廣西鹽曰定格六斤不得過百錢不知去海遠處搬擔所負重此乃許子之道但當任其所之隨其所鬻則其價自平天下之事所以可權衡者正謂輕重不同今乃定價安得不弊）足償其勞而養其生。則煎曬之人。樂於從事。而鹽之出也多。多則價不期平而自平。且價不死。則可按民生日用所需之物價。爲鹽價之準。價既無大小。彼煎曬丁。何必不歸鹽於商。則鹽無官私矣。得和其市而均其利。則場運商同業。一業。利害可以相通。肥瘠可以相劑。譬之場商以十文收鹽一斤。加稅十文。加場商之常支及息二三文。則爲每斤二十二三文。近場州縣。卽食每斤二十二三文之鹽。卽有轉販以取利者。貴至每斤二十四五六文至矣。不至如今之每斤值三十餘至四十餘文之貴也。（馮氏桂芬所言未知今近場之鹽之貴如此）其運往他所及皖贛湘鄂者。按路遠近。由商按計運腳。定價自賣。與他貨物同。（王氏芝成議泯官私之迹不必按地消鹽邱氏嘉穗議四方商民轉販流通不限以行鹽引地則私鹽之禁可罷）商運。自至場買之可也。卽有他商買之。場商短運棧儲於通江之地。爲之間接以賣於運商。亦可也。（馮氏桂芬議自場運江另爲一商金氏安清議同）誠如此。則凡食鹽者。皆有稅。凡買鹽者。皆爲商。（龔氏景瀚所謂無不食鹽之人卽無不納稅之人）昔之商。固商也。昔之梟。亦可商也。有國家者。將使民爲商乎。抑爲梟乎。或梟化而爲盜乎。故欲利民利商。宜復晏法而不定價。

或曰不定價則商或居奇而價貴。不俟分引地則不產鹽之地。將無鹽可到而民淡食。此尤非商理矣。試問古今中外。舍中國鹽外。何物有定價乎。使古今中外百物之賣買皆以鹽法之法行之。何物無梟。惟有官定之價。故有奇可居。若隨百物之貴賤爲消息價無定限。則產多而價落。競出而價亦落。民生用物。不產於所居之地者。恒多。若糖。若茶。若藥。若紙。若綢。若布。凡中國山陬海澨之州縣。窮鄉僻壤之人民。試問有因其地所不產而不用者乎。事苟有利。可圖。無遠也。無險也。無僻也。必有販運而去者。（江西撫臨吉三府。明時屬淮鹽引地。王陽明奏謂淮鹽不便。合行粵鹽）將謂官爲民計。應如此乎。則未見他所用之百物。皆爲此計也。漢唐之世。國用日增。取於民者亦日益。而爲民所必不可缺。可因以多取而操縱之者。惟鹽。此孔僅桑宏羊第五琦輩之策之所以得行也。何嘗爲民計哉。果爲民計。則劉晏之法。亦補苴焉耳。然猶知有民慮妨民也。下此。則非所敢知也。乃沿襲而云鹽法。鹽法。果足法乎。

難者曰。國家自庚子以後。取於兩淮鹽稅及釐。幾逾千萬。賴有鹽法維持之。設一變法。此千萬待用之稅釐。因之短絀。奈何。於是有爲之說者曰。須另預籌千萬爲補助。乃可有他議。此正不然。今之千萬稅釐。非出於鹽乎。若就場征取。猶出於鹽也。加於鹽價。繳由場商賣鹽一斤。卽得一斤之課。事至簡易。且稅可必。其有增而無減。一淮揚通泰等九廳州縣及海 贛民食之鹽。向皆無稅。今寓稅於鹽價。則稅增矣。一所惡於梟者。爲其無稅也。今鹽隨百物之價爲價。而又設法以聚之。則課可盡歸於場商。昔日之梟。亦可如我之鹽價買鹽。而稅又增矣。責成場商。官爲督察焉。而其事已畢。千萬稅釐之數。但按引分析至每斤應加若干文。而其數卽得。（鄭氏祖琛議就場地起課聽商自爲轉運而並其課於鹽價）

難者又曰。鹽無定價。不論何人皆可販鹽。則昔之運商。挾二三百萬之資本。每歲獲利二分餘至四五分者。一旦破壞。如運商何。答之曰。爲是議者。固以國課商資民食三者並重也。何讎於運商而必欲破壞之乎。是有二法。一淮南北場運商。可合爲兩大公司。一運商可分十成。以六七成歸舊運商認買。以三四成聽各動商分買。此二法爲正。復有一法。則分五年由場商攤還運商資本。其款亦在鹽價內按斤勻加。還清而攤加之價止。運商進退。豈不綽綽然。

如上所云。爲民計。豈不曰近場食貴鹽乎。然自去年至今。因緝私騷擾。鹽極缺時。貴至每斤五十文。平均亦三十文。內外而緝私勇丁騷擾之害。未知胡底也。何如食鹽盡納稅之義務。而緝私脫勇丁之擾害。爲商計。豈不曰運商失向來獨擅最優之利。而未來之利。數復尋常平。不知由今之道。鹽將脫網。即不脫網。場商積困。必相率倒閉。誰則永爲運商之孝子慈孫者。與其貪而悖。何如廉而通。貪悖者終亦必敗。而貽不智之名。廉通者雖無奇勝。而有可久之理。至於爲國計。則直有百利無一害。稅課不缺。一利也。場商任繳。事專而便。二利也。官爲督察。但知入鹽之數。即可知出鹽之數。亦卽可得收稅之數。事有綱頭。三利也。梟皆爲商民。重犯法。四利也。無梟則盜無媒。盜源可淸。五利也。無梟則無私可緝。省緝私之費。六利也。州縣省訟獄。七利也。商自運商自賣。不須官爲督銷。而湘鄂皖贛數省督銷之局可撤。費可省。八利也。監掣與儀棧及他局所可裁。費亦可省。九利也。場官收課。繳之運司。分司亦可裁而省其費。十利也。行之而便。稅且可並繳於藩司。而運司亦可裁。而費亦可省。十一利也。（包氏世臣議撤大小管鹽官。唯留運司主錢粮場大使管竈戶） 新政稅制。如分國家稅與地方爲二。則鹽所賣處。尙可由各處兼收落地稅。每斤卽一文。而所得已多。足助地方自治之用。十二利也。江南爲仕人淵藪。其爲之招者。釐捐督銷二幟耳。商約終有定時。釐捐之去。其期不遠。若督銷去。則二幟並拔。仕路廓淸。而吏治可望澄肅。十三利也。所增之稅。約當累千萬計。所省之費。約當累百萬計。有裨於國家新政設施甚大。十四利也。民生生活。使民自謀之。不以行政權侵損其權利。有合於立憲之實行。十五利也。兩大公司合力同議。提挈商戰。可杜外鹽。不使入口。不煩國際之交涉。十六利也。所見如此。

雖然。固有有為大不利之官在。分司運司官也。監掣儀棧及各局所官也。督銷分銷官也。緝私亦官也。商與民去政府遠。官去政府近。近者以為不便。又居多數。政府耳有聞。聞官之言。目有覩。覩官之牘。奈何。曰我固為憂國忘家。深明公理之政府。及度支部大臣言之也。若為運司以下之官言。則是與狐謀皮。與兎謀脯耳。顧氏炎武曰。今日鹽利之不可興。正以鹽吏之不可罷。其不然乎。然漢唐以來。二千餘年。無不以鹽利為國家度支之大宗。今日國與民俱窮。梟與盜並亂。不知與詩所云如蜩如螗如沸如羹者何如。其非昇平之世。無可諱言。欲弭盜化梟。䘏民衛國。可不於此加之意乎。謹采錄見諸說為議。以俟有仁人而在高位者。

調查

中國現行鹽政說略

明水

第一 鹽政之組織（上）

光緒以前舊制

國初鹽政沿襲晚唐宋元明相傳舊制歲月淹久變易仍繁今所行者蓋又有以異於國初然大端固不在遠也綜其大要可得而言今制分全國產鹽地爲十區區置鹽政官一以該省督撫兼充其下有鹽運使鹽法道運使之職總掌筴務故督撫於名義上雖爲鹽政長官然總其成者實由運使督撫坐嘯畫諾而已鹽道則專掌疏通鹽引緝捕私梟有時運使之事鹽道亦得兼攝初非畫若鴻溝也運使鹽道之下有鹽經歷鹽知事鹽庫大使等雜職運使管內通分數區區置分司以掌其區內之緝捕征榷等事其長官有運同運副運判一分司必轄數鹽場場置鹽大使一人以掌製鹽鹽課賣

鹽、私鹽、及檢點、度量衡、等務。又有所謂監掣同知、提舉司、批驗所大使、巡檢等官。則因地而設。非各區之通制也。

此光緒以前鹽政組織之大歷也。惟甘肅遼遠。僻在西陲。規模未能盡備。除以陝甘總督兼管鹽政外。自餘各職。悉由地方官分任而已。

第二 鹽政之組織（下）

宣統二年之新制

頃年以來。議改鹽法者甚衆。朝廷亦知其急也。於是客臘果有以度支部尚書兼任督辦鹽政大臣之命。近見其酌擬辦事章程。則鹽政大臣之下。有提調一員、幫提調二員、秘書官一員、參事官九員等職。復於督辦鹽政處內分設八廳。一曰鹽務總廳。其職掌爲籌議、改良、鹽法。審定、章程、文牘。有秘書官一員。參事官二員。坐辦二員。一二三等委員若干員。而以鹽政處提調幫提調領其事焉。二曰奉直鹽掌廳。掌奉天、長蘆、吉林、黑龍江、河南、察哈爾、熱河、綏遠城等地方鹽務。三曰潞東鹽務廳。掌山東、河東、陝甘、豫、蘇、皖等地方鹽務。四曰兩淮鹽務廳。掌淮南、北、暨鄂、湘、西、皖、豫、等地方、鹽務。五曰兩浙鹽務廳。掌浙東西暨蘇皖贛等地方鹽務六曰閩粵鹽務廳掌福建廣東暨贛桂湘黔等地方鹽務七曰川滇鹽務廳掌四川雲南暨鄂湘黔滇等地方鹽務八曰庶務廳掌關防收發會計等務廳設坐辦一員一二三等委員若干員而以鹽政處參事官兼領總理廳務焉復於督辦鹽政處設諮議官無定員以籌議各項鹽政事宜又隨時派員分赴各省巡視鹽務調查利弊此新制之大凡也

綜觀新制不過辦理之初設官分職而已於鹽政應如何改善之方固尚未發表也然跡其大體則取舊制改頭換面捨爲官吏多添若干差缺外恐於積弊絲毫不能去國用絲毫無所補反益以耗國而已想計臣蒿目時艱必有嘉謨上紓　宸廑下慰窮黎而不忍養蠹食國敷衍了事也吾當拭目以觀其籌議之法

第二　行鹽法

（一）　行鹽之種類

行鹽之法有五一曰官運官銷二曰官運商銷三曰官督商銷四曰總商五曰官督民銷是也官運官銷者鹽之出入由官司之不假手於商賈者也官運商銷者官購鹽而

貯之官棧由承銷商人向官轉購而出售於一定之引地者也官督商銷者承銷商人在指定之鹽場定購若干之鹽而行銷於一定之引地官惟監督之使所購鹽量無過不及所銷之地不軼範圍也總商一名綱首蓋卽鹽商首領之義法爲包銷包辦官不過問但有定額官監察之而已官督民銷者附近鹽場之地及僻遠之區民得向官中領鹽票以售鹽官惟查定其額也以上五法最普通者爲官督商銷

(二) 鹽引鹽票

右所記行鹽五法除官運官銷外欲業鹽者必有證券是卽所謂引票也引有引地不許相侵票則反是可任意售鹽無一定之區域又鹽引因引地之大小廣狹而所售鹽額不等票則於同一之行鹽地售額亦同且引限於鹽商票則無論何人皆可請領此引票相異之點也

嘉慶以前引多票少嘉慶以後票少引多近則引票參半此行鹽之變遷也又引票所記之斤兩不曰擔而曰引文同義異言鹽政者所當注意焉

(三) 引地

有引之鹽商必有專賣區域是謂之引地蓋即劃分行鹽地以爲數百引地故其地域有一縣者有一州者有一市者小大不等而一引地所售鹽之額則因其土地之廣狹人口之多寡以爲差少者不過二三百引多者二三萬引以上鹽商既得專賣權則應其引地之引額以爲購鹽之數復應其購鹽之多寡以爲納稅之準則而其能盡鬻與否官非所問也以是引地有滯銷暢銷之別焉如定購五千引之引地而需要之額不過三千然鹽商猶不可不納五千引之稅也如是者謂之滯銷引地反是則法定額爲五千引之引地而因人口增加等故需要忽至七千則鹽商於五千引之外更請領二千引照引納稅如是者謂之暢銷引地其有滯銷引地之鹽商而不欲久受虧累者則宜以其專賣權還之政府是爲懸岸引吾國所以私鹽日盛者皆此懸岸引爲之階也

（四）鹽專賣法

吾國鹽專賣法頗因行鹽法與行鹽地而略有差別然最通行者則官督商銷也故特詳之

凡鹽商欲購鹽先於鹽場以其領得之引呈批驗所批驗所呈之鹽運司確查無誤即發一支單並呈驗之引一併發還鹽商得此支單持以呈於管理鹽場之分司衙署請

掛號發兎單然後購鹽事畢復至批驗所請驗此其大凡也

然鹽商購得之鹽又必當貯之官地是爲鹽坨坨有內外兩種未經批驗所檢查者謂之生鹽而坨則曰外坨已檢查者謂之熟鹽而坨則曰內坨

熟鹽者卽可於行鹽地發售者也然由鹽場運至行鹽地又當領有鹽政之驗單故必合引與驗單而後鹽可發運既至其地復照票檢閱發售已畢則於十日內宜將引支單驗單三種證據呈之地方官請轉呈運司蓋其轉折之多防衛之密有令人不能終耐者此鹽法所以日壞也

（五）鹽價

然則鹽價於何定乎曰按生產費運費稅釐綜計其數而由法定者也然自有在鹽場之原地價格與在行鹽地之發賣價格二種原地價格者由生產費酌定之如福建及直隸大沽之鹽每斤最低一二文雲南鹽最高三十文是也發賣價格者因運費稅釐之異不無懸隔如長蘆鹽在天津每斤約二十五文卽當原地價格之十五倍轉入北京則値十七倍是也其他各地之鹽皆有差等大抵與原地價格相差甚著則不可爭之事實也

〔未完〕

特別紀事

英國政界劇爭記（再續）

滄江

▲下議院對於豫算案之辯爭

據前所述。則英國此次豫算案其大有利益於貧民甚明。自由黨本以擁護多數人民之幸福爲主義。而現首相阿喀士氏及度支大臣佐治氏。又爲壯年銳進之政治家。加以方與勞傭黨聯合。欲得其歡心。此案之所以現於議會也。顧以素稱守舊之英國。乃忽然率先采用此最文明之租稅制度。以爲天下倡。天下各國。固已莫不相顧動色矣。而在野之統一黨。則以全國之貴族富族爲其中堅者也。其視此案。有切膚之痛。攘臂以爭。勢所必至矣。即自由黨員中。其議此案爲太急激者。亦不少。故黨內幾緣此而分裂。阿喀士及佐治二氏。非不知之。知之而猶敢於提出。是其勇之足佩也。雖然。反對此案者。其持論又非無據也。以爲此案之根本精神。全屬社會主義。而社會主義。最不適於英國其一則謂英之所以雄於世界者全恃資本之雄厚此案行則資本家驟蒙損害資本家蒙害則工商業衰頽而爲外國所壓工商業衰頽爲外國所壓則勞傭失業者益衆也其二則謂社會主義之精神在舉一切大事業歸諸官辦而英國人自治之力最强自由之風已久不慣受政府干涉而政府代大匠斲又斷不能善其事也夫政府固斷斷致辨謂此財政案實根本於當世最普通之學說絕非社會主義雖然現今最有力之財政學說實皆與社會主義相和合（現今全世界最著名之財政學大家德人華克拿爾氏即國家社會主義之首倡者也）則此案之含有社會主義之臭味實無容爲諱者故自由黨前首領羅士勃雷氏斥現內閣爲非自由黨而歸化於社會黨雖不無過激抑亦有由矣（羅氏當自由黨得政時曾兩任首相黨中德望最隆之人也數年前已退隱不復與聞政事故一九〇六年自由黨之起巴拿們阿嗲士二氏得相繼爲相今以財政案致此老雄忽奮起以助敵黨張目此自由黨員所最痛心者也）夫以敵黨之攻若彼本黨之訌若此是此案之所以酣戰於議會也

英國凡關於財政之法案例須先提出於下議院此案之提出則昨年陽歷四月二十九日也提出之日小張伯倫氏（老雄張伯倫之子）代表在野黨而揚言曰此案非連續討論三

年不能議決雖然豫算案非他法案可比閣至三年所不能也政府自恃在下院占大多數欲一舉而通過之而在野之統一黨乃出全力以相抵抗最初則全院收入委員會（凡各國議院中皆有種種之委員會先將議案審查之後乃附於正會議我國諮議局章程亦采此制）議增稅及新稅之可否自初提出之日（四月二十九日）直至五月二十日凡經會議十一次更於正會議經三次之報告會至五月二十九日乃將財政案全份入第一讀會其第二讀會則至六月十四日乃完十八日乃入全院委員會在委員會中經四十二次會議至十月六日止以後入報告會復經九次會議至二十九日止其第三讀會復經三日間激烈之討論直至十一月四日始投票決定計此案凡費百九十日閱七十一次之討論英國國會史所未曾有也英國且然他國更勿論矣政府黨本占多數其必能通過固無待言然政府則亦已削改許多條件為種種之讓步矣顧此舉有最足為立憲國民之師資者則在野黨明自知其不能獲勝而決不肯屈於威武自比寒蟬必竭其力所能及以相抵抗咸有知其不可而為之之概堅於自信而毅於自守洵大國民泱泱之風

也而政府黨亦不肯以多數凌人虛己以聽務使反對者得盡其詞然後三占從二以決眞是非之所在完全之言論自由於英國國會議場見之矣詩曰柔亦不茹剛亦不吐不侮鰥寡不畏强禦英人有焉非養成此種政治道德政治習慣不足以收立憲之全效也

▲上議院之反對豫算案

英國上議院實統一黨（此黨亦稱保守黨）之大本營也國中之富族貴族薈萃焉自一八三二年以來凡當統一黨執政之時則上院惟坐嘯畫諾下院通過之案循例一往復照會而已國中幾忘卻有此機關者惟一屆自由黨執政則如入春反舌噪噪盈耳矣蓋前此格蘭斯頓三次內閣其見苦於上院者不一而足卽此次自一九〇六年自由黨內閣成立以來政府所提出之法案爲上院所沮而撤回者已十七次矣雖然英國成例上院之對於普通法律雖與下院有同等之議決權獨至關於財政之法案則據英人自昔傳來之理想謂代議士爲租稅之報酬租稅之大部分出自平民故由平民選舉而成之下院應有優越之特權故凡財政案必須交下院先議下院否決則其案作廢不

必復經上院下院可決則移交上院而上院對於其條件文句絕不能有所增損修改惟可與否一言而決耳此雖非憲法上有明文規定而以最尊重習慣之英人固已視爲金科玉條莫之敢攖矣即所謂否決財政案之權其廢而不用亦已二百餘年乃至今次忽如鷙鷹之三時蟄伏一秋奮擊遂釀成解散下院之舉以聳動天下耳目

豫算案既通過於下院乃以十一月八日移交上院當此案之初出也在野黨固早料下院之必黨於政府其可以制政府死命者惟恃上院上院久已爲決死拒戰之計及上院開第一讀會之日平昔臂鷹逐盧之貴族足跡未嘗一履議場者相率咸集尤有八座夫人千金閨秀衣香粉膩鱗沓雲萃共觀勝會各國駐使乃至游賓咸思一觀其究竟相率旁觀我洵貝勒時適以考察海軍秉節抵英亦往蒞焉全院重足無復隙地及開議伊始蘭士達文卿首提議全部修正曰『本院非俟全國眞正之輿論再爲確實之判斷後不能承認此豫算案』其意蓋謂現在之下院不足以代表眞正之民意必俟解散再行選舉後乃能定案也於是投票采決反對全部修正者七十五票贊成者三百五十票而此經百九十日下院討論贊成之豫算案僅一日而葬送於上院

統一黨之言曰國家之設立二院凡以鄭重法案毋俾輕率以誤大計也今茲之舉動凡以完憲法上之義務而已自由黨之言曰上院今茲之舉動反二百年來之成例是違犯憲法也是蹂躪國民之權利也且中途而停止豫算案之施行於以釀財政之混亂陷國家於危殆此莫大之罪惟上院實尸之夫自由黨與上院水火既久矣而愛爾蘭國民黨及勞傭黨益嫉之如讐於是勞傭黨宣言謂上院實爲革命的行動非速廢此院則英國憲政基礎將爲所破壞愛爾蘭黨復從而利之於是以十二月二日下院、全員出席首相阿士喀氏提出反對「上院反對案」之案對於百三十四票以三百四十九票之大多數而通過蓋上院與下院之衝突至是而達於極度下院指上院之濫用否決權爲違憲爲革命上院亦指下院之不認上院否決權爲違憲爲革命遂由財政問題一變而爲憲法上之大問題

平心論之皆是也皆非也而所以致此之故　乃由英國無成文憲法而

專崇慣習故兩造各持之有故言之成理勢惟有解散下院再訴諸人民之輿論以決勝負此今次總選舉所由生也雖然凡行二院制之國當下院解散時上院不過停會而已及下院再成立則下院議員非復前此之分子而上院議員則依然前此之分子也故當兩院抗爭則上院常爲不可勝以待下院之可勝是代表民意之下院當立於不利之地位也　**於是二院制果足以舉完全立憲之實與否遂成爲全世界國法上之一大問題**夫現今各國之行二院制本無甚理由不過取模範於英國而已英國之行二院制亦無甚理由不過歷史上偶然之結果而已今則二院制之母國其基礎且將動搖則夫踵其武而行者其安得不相顧動色也今我國號稱豫備立憲而忌民選議員特甚本無貴族一階級乃欲臨時增造貴族取充上院而期以殺下院之勢吾恐至八年以後開設國會時各國上院之命運已不知何若矣如瞽無相何倀倀哀哉

抑觀於英國此次之劇爭苟非憲政基礎早已鞏固則殺人流血之禍其安能免恐至

特別紀事 八

今日而兩軍方酣戰未艾也。然則立憲之效益可思耳。　正月二十日稿

著者之爲此記。正當劇爭最烈之時。意欲稍觀其究竟。乃下判斷。故屬稿不免稍遲。且以一月以來。本國屢有重大問題發生。不能不急記而速論之。限於篇幅。致此記闕登三號。勞讀者諸君盼望。負疚何如。今總選舉已完。新議會已開。其結果與前此所臆測者。雖不甚相遠。然亦未能盡符。蓋自由黨與統一黨無甚勝負。所得議員。自由黨不過多於統一黨一票。故今惟視愛爾蘭黨之舉足左右以爲輕重。愛蘭黨乃從而操縱之。故兩黨皆不能大行其志。此記者始願所不及料也。然今者政府方閣起財政問題。而注全力於攻擊上院。度其形勢。恐不免爲第二次之解散下院。則爭益劇矣。恐讀者久望。故略述其近狀如右。其詳細則次　續述之。（二月十一日附記）

本國紀事

濤貝勒出洋考察軍政　軍諮處大臣濤貝勒出洋考察陸軍。已於二月初十日啓行。乘海圻軍艦。先赴日本。然後改乘他船至歐美各國。隨行者爲李經邁哈漢章良弼諸員。輔國將軍溥侗亦隨赴東京海軍大臣洵貝勒因公忙無暇再游日美。已奏飭濤貝勒兼行查察海軍。故濤貝勒至日美時。并考察海軍各事云。

使臣更迭　使德大臣廕昌內授陸尚所遺使臣一缺。以梁誠繼之。按梁誠總理粵路公司數年。糜款五百餘萬。而造成之路僅三十許里。中外譁然。言路紛紛參奏梁方陵洵貝勒使節歸國。朝命留京聽勘。乃忽膺持節出疆之重任。幸矣。

總稅司之更替　駐英使李經方電奏總稅司赫德請開缺。已蒙電　旨允准。所遺之缺以漢口稅務司阿古列升授矣。赫德綰我權政幾五十年。人咸議其仕於中而心乎英。平心論之。使當通商訂約之初。逕以關稅之權授之本國人。則權政之腐敗五十年來。不知已底何程度矣。特操縱駕馭之權。必使其常在我耳。

分科大學開學　分科大學本月二十日開學。計學生一百零二人。經科六名。法科十二名。文科二十六名。格致科四名。農科十七名。工科十四名。商科二十三名。

申嚴停止刑訊新令　停止刑訊之詔書宣布。已經數年。而地方有司並未奉行。言路有以爲言者。乃命軍機大臣字寄各督撫。署謂外省州縣。拖押無辜。動加刑責。武斷、周內。寃抑、疊纍。更任差胥勾串擇噬。三八告期不當堂收呈。差役、下鄉車馬、煩多。各地差役。延案、敲詐。種種積弊。若不嚴行禁止。更何望改良法律。收回治外法權。著通諭所屬切實嚴禁。查有以上情弊。即行據實嚴參。其各省首府首縣讞局。亦當嚴加選擇。分別功過云云。停止刑訊。爲改良法律之一事。欲法律之改良。在分別民事刑事訴訟。不使得相雜厠。而尤在實行司法獨立之制。使行政之官。不得濫用刑威。庶幾可挽積弊。若徒恃空言告戒之力。雖三令五申。吾知其無能爲也。

鄂路爭回商辦之先聲　自湖北粵漢川漢鐵路借款發起以來。鄂中人士。激昂感憤。誓與路共存亾。爰公舉劉廉訪心源、宓大令昌墀、張君伯烈等爲代表。入都向郵傳部力爭。部臣始終以模棱兩可之詞應之。但曰民情不可拂。邦交亦不可不顧而已。鄂人既不得要領。乃決定自由開工之議。張伯烈則痛哭於郵部大門者三日夜。於是護鄂督楊文鼎密奏民心憤激。恐生他變。不可過施壓力。而都察院諸御史亦議決連銜上疏。特請監國俯順輿情。斷歸商辦。徐世昌頗中餒。十三日湖北同鄉京官三百餘人往謁世昌。遂得批准立案之允諾。其批詞云。查川漢粵漢兩路宣統元年八月二十四日奉　旨著郵傳部妥協接辦欽遵在案。此路關繫數省。原未便各分省界。惟造路以集股爲先。即據鄂紳黎大鈞等呈稱民情踴躍。自應准其立案。設立公司招股。將來所有路事。應視湘粵等省確定妥協之辦法。請　旨一體遵辦。鄂人得此批始轉悲爲喜。電促諸代表出京回籍亟籌開工辦法唯是部批但准設公司招股而未嘗正名商辦且有俟湘粵辦法妥定始行請旨之說。其結局正不知如何而外人之至外部詰問催促書諸者已紛紛而至矣。危哉鄂路。鄂人固未可高枕自謂無事矣。

鹽政被攪　山東鹽政之壞。已達極點。巡丁之恣橫差書之索詐鹽局之攙土和沙短秤抑勒諸弊。層出不窮。鹽梟乘間而起食鹽者爲勢所敺甘爲私販之接濟德人遂乘此機會奪我利權於靑島迤南沿海闢鹽場數十處召集華工製造自去夏迄今已大獲厚利。尙思大行擴充。現靑島德督特定章程五條。一凡在膠澳附近以海水製成鹽斤統歸本督管轄。　二製鹽者按所占地面之廣狹。約五千米突每年應繳銀四元。　三凡有人將德境製成之鹽運出德境。每擔繳費洋三分。　四違背章程漏稅偸運者。罰洋由二十元至二千元之多。無力繳洋者監禁三個月。　五此章程自本年四月一號起。一律施行。

自去夏德人闢場製鹽。附近居民。皆赴購買。蓄其鹽質純色潔。不似我官鹽局之沙土居半。且足斤足兩無抑短之弊。臨行時又發給執照沿途巡差無敢過問。愚民何知。既不受吏胥之惡氣。又可得精美之食鹽。趨之若鶩。固其所也。又安顧利權之外溢哉。國家日日言整頓鹽政。而執意弊壞乃至此耶。噫

本國紀事 四

川軍入藏補紀 此次入藏之兵。皆係訓練之師。計步騎砲工混成旅團。凡七千五百人。其將校率係留學畢業生。先鋒步兵五百人。騎兵二十人。混成大隊已入拉薩。後陣步兵一千。攜過山砲六尊。兼行赴援。駐藏大臣趙爾豐躬率馬步兵五千。從巴塘進駐察木多。此路已經開鑿。自察木多而西。約行十六日程。亦皆一律通鑿。唯山路崎嶇不便車馬。隨開隨進。察木多抵拉薩。約行三十五日。其間架設電線。亦已竣工。川督日飭成都製造廠。兼工造械。以便接濟。自云趁此時機。必開發三千年來之秘密國。紹介之於世界。俾吾國主權。確實施行。云果能若是。不亦快哉。特恐徒盡紹介之義務。而施行主權之計畫。竟托諸空言耳。聞西垂輿論。咸謂聯溫畏葸。趙爾豐雖稱勇敢而過於刻忍。非得才德兼優之重臣。藏事恐終無起色也。

日昨駐英使臣李經方電報政府。云英政府已聲明決不因已革達賴一人之故。干預藏務。致礙邦交。並陳述印藏商務之關係。政府得電後。即電致李使商請英政府隨時監查該革達賴之行蹤。以防別生轇轕。

世界紀事

羅士勃雷之提案可決　羅士勃雷卿所提議之上院議員世襲廢止決議案。以對十七票之百七十五票之多數。通過上院。

意國內閣辭職　意大利內閣。豫想航路補助案之失敗。全體辭職。意皇遂命前總理大臣歙阿列治。組織新內閣。

法國議員選舉　法國代議院議員選舉。將以西歷四月二十四日舉行。

普魯士總選舉　普國代議院議員之總選舉。將以西歷四月二十四日舉行。

匈牙利議會解散之騷動　匈國之議會解散。頗極騷擾。反對黨宣言此次解散違犯憲法。至以書物墨壺互相投擲。總理大臣及農務大臣。均有負傷。

勃王游土　勃牙利王及其王后。抵君士但丁。土耳其皇帝親迎之於停車場。土都人士亦皆竭誠歡迎。此次勃王之游君士但丁。與塞爾維亞王之游俄。皆俄國所計畫巴爾幹聯邦政策之一端。勃王在土。與俄國大使及土國宰相為長時間之會談。旋在君士但丁。參列觀兵式。

俄國下院之騷擾　俄國下院。當討議文部省豫算之際。尤爲紛擾。議員數人。至被斥退。

俄國製艦費　俄國樞密院。以議會於新艦建造費。減一千四百六十七萬四千羅卜爲一千萬羅卜。頃仍主張最初之計畫。再於海軍豫算案中。增其費用爲千四百六十七萬四千羅卜。

俄人與蒙古貿易　俄商支士哥輔。莫斯科織物商代表孔拉焦輔。與有名精通蒙古內情之士羅大佐。於蒙古新設一交換貿易所。所內皆安置喇嘛教之佛像。其意蓋欲藉此以誘引蒙古人云。

美國海軍豫算　美國海軍支出案。定建造戰鬥艦二艘。修繕船一艘。巡洋艦二艘。潛航艇五艘。又議定一億二千九百萬元之海軍費

美國共和黨內訌　共和黨中「一揆論者」所提出之擴張會規委員會。及排斥議長强暖氏之決議案。於美國下議院。以對百五十五票之百九十一票之多數。得可決。將

來改造共和黨之事業。必十分困難。且於大統領塔虎脫改革計畫之前途。亦必多妨礙。且近來非難大統領之政策者日益增加。故共和黨之勢力日漸衰弱。本年八九月舉行各州知事及議員之選舉。當爲共和黨之大危機。同黨之要人現正苦心經營。然其進行之方針。須俟羅士佛歸美後。乃能決定。

美國政界之變動　一民主黨員。自孖沙焦薛州選出國會議員。此地向選出之議員。大多數爲共和黨員。今因關稅改革及生活費增加。共和黨之主義。至爲人民所不喜云。

美加關稅問題　美國國務省宣言美加間之關稅。無妥協之望。且云四月一日後。兩國之關稅戰爭。必不能免。大統領塔虎脫求加拿大大藏大臣腓路近開一協議會。以協議此事云。

智利與秘魯之國交斷絕　駐劄南美智利國之秘魯公使。向智利政府爲國交斷絕之通牒。且自本國接受撤退公使之命令。頃兩國之國交已全斷絕。至其原因則由昔年智利與秘魯開戰。智利獲勝。千八百八十三年。兩國遂訂安孔條約。智利以戰勝國之權利。於秘魯西南境。占領他拉巴卡及阿利卡二州。以十年爲限。其後至期竟不歸還。千八百九十八年。雖曾提議此事。然此議僅能通過上院。格於下院。遂罷議。以後紛擾日甚。至千九百一年。兩國召還公使。雖兩國仍駐劄代理公使。然事實上國交固已斷絕。迨千九百四年。於阿利卡州與波利皁亞州之間。欲圖鐵道之聯絡。兩國再互派公使。其後千九百五年。兩國公使又復召還。越千九百七年。秘魯爲建立兩國戰死者之忠魂碑。再三致意於智利。爲謀兩國之交好。贈一裝飾極美麗之冑於秘魯。秘魯却之。適是時秘魯內閣更迭。智利公使重申前議。其新任外相謂安孔條約尚未解決。不敢領受。斷然拒絕。智利國民遂大憤激。以後兩國交惡日亟。遂有今日之事云。

日本歡迎濤貝勒　濤貝勒偕侗將軍。乘海圻兵艦。以西歷三月二十三日午後五時許。抵馬關。日本第一艦隊司令長官。率接伴艦相模、周防二艦。迎之於六連冲。海圻旣下碇。日本接伴委員長長岡中將、青木少將、蜂須賀式部官皆卽晉謁。長岡青木。旋導貝勒及隨員乘水雷艦登岸。駐節山陽旅邸。二十四日。往閱枝光製鐵所。二十五日。乘特別專車。至宮島。改乘伊吹軍艦。護以嚴島千代田諸艦。赴江田島。閱視兵學校。旋卽赴吳。然後啓行。至西京。日本官民。皆備極歡迎。貝勒將以二十七日入京。二十九日呈國書云。

法令

憲政編查館奏定法院編制法并各項暫行章程

法院編制法目錄

法院編制法

第一章 審判衙門通則 第一條 審判衙門共分爲四如左 一 初級審判廳 二 地方審判廳 三 高等審判廳 四 大理院 第二條 審判衙門掌審判民事刑事訴訟案件但其關於軍法或行政訴訟等另有法令規定者不在此限 第三條 審判衙門按照法令所定管轄登記及其他非訟事件 第四條 初級審

判廳爲獨任制其審判權以推事一員行之　第五條　地方審判廳爲折衷制其審判權按照左列各欵分別行之　一　訴訟案件係第一審者以推事一員獨任行之　二　訴訟案件係第二審者以推事三員之合議庭行之　三　訴訟案件係第一審而繁雜者經當事人之請求或依審判廳之職權亦以推事三員之合議庭行之　地方審判廳獨任推事業經審理之第一審訴訟案件按照前項第三欵所定改用合議庭時其以前辦法仍屬有效　第六條　高等審判廳爲合議制其審判權以推事三員之合議庭行之　高等審判廳審判上告案件高等審判廳廳丞得因該案情形臨時增加推事爲五員　第七條　大理院爲合議制其審判權以推事五員之合議庭行之　第八條　合議審判以庭長爲審判長庭長有事故時以庭員中資深者充之　獨任審判卽以該推事行審判長之職　第九條　審判衙門推事審判訴訟案件其事務分配及代理次序卽有未合本法所定者其審判仍屬有效關於登記及其他非訟事件亦同　第十條　地方及高等審判各分廳及大理分院審判訴訟案件準用各本廳及本院之規定但有特別規定者不在此限　第十一條　審判衙門之設立廢止及管轄區域之分劃或其變更事宜以法律定之　第十二條　推事員額由法部奏定之　第十三條　審判衙門權限及辦事方法本法所未定者按照訴訟律及其他法令所定辦理

第二章　初級審判廳　第十四條　初級審判廳視事之繁簡酌置一員或二員以

上之推事　第十五條　初級審判廳如置推事二員以上得以資深者一員爲監督推事監督該廳行政事務　其置推事一員者該廳行政事務由該管地方審判廳廳丞或廳長監督之　第十六條　初級審判廳按照訴訟律及其他法令有管轄第一審民事刑事訴訟案件並登記及其他非訟事項之權

第三章　地方審判廳　第十七條　地方審判廳視事之繁簡酌分民事刑事庭數並置二員以上之獨任推事　第十八條　京師地方審判廳置廳丞一員各省地方審判廳置廳長一員總理全廳事務並監督其行政事務仍兼充一庭長　各庭置庭長一員除兼充外以該庭推事充之監督該庭事務並定其分配　第十九條　地方審判廳有管轄左列民事刑事訴訟案件及其他非訟事件之權　第一審　不屬初級審判廳權限及大理院特別權限內之案件　第二審　一　不服初級審判廳判決而控訴之案件　二　不服初級審判廳之決定或其命令按照法令而抗告之案件　第二十條　地方審判廳合議庭庭長得派該庭推事辦理刑事案件豫審事務豫審完畢後該推事仍得加入本庭合議之數　地方審判廳丞或廳長及臨時派該廳獨任推事辦理豫審事務　第二十一條　各省因地方情形得於地方審判廳所管之初級審判廳內設地方審判分廳　第二十二條　地方審判分廳得僅置民事一庭刑事一庭並置一員或二員以上之獨任推事　第二十三條　地方審判分廳合議庭推事除由本廳選任外得以分廳所在初級審判廳之推事兼任之但每庭以

一員爲限其獨任推事仍不得兼任　第二十四條　地方審判分廳如置合議庭二庭以上或獨任推事二員以上資深者一員爲監督推事監督該分廳行政事務　地方審判廳廳丞或廳長於分廳所在及鄰近之初級審判廳得以第十五條第二項之權限全分或一分委任於該分廳之監督推事

第四章　高等審判廳　第二十五條　高等審判廳視事之繁簡酌分民事刑事庭數　第二十六條　高等審判廳置廳丞一員總理全廳事務並監督其行政事務各庭置庭長一員以該庭推事充之監督該庭事務並定其分配　第二十七條　高等審判廳有審判左列案件之權　一　不服地方審判廳第一審判決而控訴之案件　二　不服地方審判廳第二審判決而上告之案件　三　不服地方審判廳之決定或其命令按照法令而抗告之案件　四　不屬大理院之宗室覺羅第一審案件　第二十八條　各省因地方遼闊或其他不便情形得於高等審判廳所管之地方審判廳內設高等審判分廳　第二十九條　高等審判分廳得僅置民事一庭刑事一庭　第三十條　高等審判分廳合議庭推事除由本廳選任外得以該分廳所在地方審判廳或隣近地方審判廳之推事兼任之但三人合議庭每庭以一員爲限五人合議庭每庭以二員爲限　第三十一條　高等審判分廳如置二庭以上以資深者一員爲監督推事監督該分廳行政事務　第三十二條　第三十五條三十七條四十四條四十五條及八十條之規定準用之於高等審判廳之上告案件

第五章　大理院　第三十三條　大理院爲最高審判衙門置民事科刑事科視事之繁簡酌分民事刑事庭數　第三十四條　大理院置正卿一員少卿一員總理全院事務並監督其行政事務　各科置推丞一員監督該科事務並定其分配仍各兼充一庭長　各庭置庭長一員除兼充外以該庭推事充之監督該庭事務並定其分配　第三十五條　大理院卿有統一解釋法令必應處置之權但不得指揮審判官所掌理各案件之審判　第三十六條　大理院有審判左列案件之權　第一　終審　一　不服高等審判廳第二審判決而上告之案件　二　不服高等審判廳之決定或其命令按照法令而抗告之案件　第二　第一審並終審　依法令屬於大理院特別權限之案件　第三十七條　大理院各庭審理上告案件如解釋法令之意見與本庭或他庭成案有異由大理院卿依法令之義類開民事科或刑事科或民刑兩科之總會審判之　第三十八條　訴訟案件屬於大理院第一審並終審之特別權限者如關係重要得就該處高等或地方審判廳開大理院之法庭審判之　於前項情形大理院卿除由該院派遣推事外得臨時令高等審判廳推事協同審判但以二員爲限　第三十九條　刑事訴訟案件屬於大理院第一審並終審之特別權限者由大理院卿令該院推事辦理豫審事務但得因情形令高等或地方審判廳推事辦理　第四十條　各省因距京較遠或交通不便得於該省高等審判廳內設大理分院　第四十一條　大理分院得僅置民事一庭刑事一庭　第四十二條　大

理分院推事除由本院選任外得以分院所在高等審判廳推事兼任之但每庭以二員爲限　第四十三條　大理分院如置二庭以上以資深者一員爲監督推事監督該分院行政事務　第四十四條　大理分院各庭審理上告案件如解釋法令之意見於本庭或他庭成案有異應呈請大理院開總會審判之　其分院各該推事應送意見書於大理院　第四十五條　大理院及分院剳付下級審判廳之案件下級審判廳對於該案不得違背該院法令上之意見

第六章　司法年度及分配事務　第四十六條　司法年度每年自正月初一日起至十二月底止　第四十七條　高等以下審判廳辦事章程由法部奏定通行　除京師外各省由提法司按照前項章程統一全省審判廳應辦事宜並發布命令定開廳時刻及開庭日期　大理院及分院辦事章程由大理院奏定惟施行以前應咨報法部　第四十八條　審判衙門按照辦事章程及其他命令於每年年終會議豫定次年左列事宜　一　分配合議庭及獨任推事應辦之司法事務　二　定庭長庭員獨任推事之配置及其代理次序　三　定第五十一條所載代理次序　第四十九條　前條所載各事官會議時以過半數之意見定之可否同數則取決於會長　一　地方及初級審判廳事宜以該地方審判廳廳丞或廳長爲會長各庭長及資深庭員獨任推事各一人爲議員　二　高等審判廳事宜以廳丞爲會長各庭長及資深庭員一人爲議員　三　大理院事宜以正卿爲會長少卿爲副會長推丞各庭長

及資深庭員一人爲議員　置推事二員以上之初級審判廳事宜由該管地方審判廳決議之　大理分院高等及地方審判各分廳事宜均由本院本廳決議之但分院分廳之合議庭及二人以上獨任推事均得準前項之例豫行會議以其決議報告本院本廳　第五十條　前二條所載分配事務及配置推事既經決定後於本司法年度內不得更改但遇有案件增加致合議庭或獨任推事擔任過多或推事有他項事故致延擱過久者院卿及廳丞廳長得將所豫定酌量更改　第五十一條　審判衙門推事及代理推事遇有事故得以直隸下級審判衙門推事代理　地方以下審判廳並准用各該廳候補推事代理　前二項之代理所有直隸下級審判衙門推事及候補推事接據各該審判衙門移知後應遵照豫定次序行之　初級審判廳推事代理推事遇有事故由該管地方審判廳廳丞或廳長照豫定次序派令各該地方審判廳獨任推事或候補推事代理　本條之代理以緊急事宜爲限　第五十二條高等以下審判廳遇有法令上或事實上不能行審判權時得以最近同等之審判廳暫行代理但以緊急事宜爲限　第五十三條　審判衙門已分配之事務於本司法年度內未完結者得由各該合議庭及獨任推事繼續完結之

第七章　法庭之開閉及秩序　第五十四條　法庭開設於審判衙門內但有特別規定者不在此限　第五十五條　訴訟之辯論及判斷之宣告均公開法庭行之

第五十六條　審判長居法庭首席於開閉法庭及審問訴訟均有指揮之權　第五

十七條　審判長於開庭時有維持秩序之權　第五十八條　公開法庭有應行停止公開者應將其決議及理由宣示然後使公衆退庭至宣告判斷時仍應公開　第五十九條　停止公開法庭審判長得指定尙無妨礙之人特許旁聽　第六十條　審判長得命旁聽之婦孺及服裝不當者退出法庭並應詳記其事由於讞牘　第六十一條　有妨害法庭執務或其他不當之行爲者審判長得酌量輕重照左列各款分別處分　一　命退出法庭　二　命看管至閉庭時　三　至閉庭時更得處十日以下之拘留或十元以下之罰金　第六十二條　原被告及中證人鑑定人繙譯等有前條行爲者照左列各款分別處分　一　刑事被告受前條第一或第二款處分者應不聽其辯論卽行審判　二　民事原被告受前條第一或第二款處分者應聽在庭當事人之供述行其審判　三刑事被告或民事原被告受前條第三款處分者該處分應與本案分別宣告　四　中證人鑑定人繙譯等得不待閉庭實行前條第三款處分　第六十三條　前二條所載處分不得用刑律俱發罪之例並不准上訴　第六十四條　律師在法庭代理訴訟或辯護案件其言語舉動如有不當審判長得禁止其代理辯護　其非律師而爲訴訟代理人或辯護人者亦同　第六十五條　處分妨害法庭秩序之人應詳記其事由於讞牘　第六十六條　受第六十一條六十二條之處分者如係官員得按其情節移請懲戒處分　律師受第六十四條第一項之處分者亦同　第六十七條　獨任推事行審判時均有本章所定審判長

之職權　第六十八條　推事檢察官及書記官等員在法庭執務時均應服一定制服　律師在法庭時亦同

第八章　審判衙門之用語　第六十九條　審判衙門行審判時以中國語言為準　第七十條　原被告及中證人鑑定人等如有不通中國語言者由繙譯傳譯其有不通審判官所用中國語言者亦同　如無繙譯而審判衙門或檢察廳內執事各員有能通原被告及中證人鑑定人等所用語言者得委令傳譯　第七十一條　審判衙門之案牘用中國文字記錄之如恐兩造爭執或有必需時得附錄外國語言及各省土語存案

第九章　判斷之評議及決議　第七十二條　審判衙門合議庭判斷案件應照本法所定推事員數評議及決議之　第七十三條　刑事案件審問有延至四日以上者審判衙門長官得另派推事一員涖視為補充推事　補充推事於庭員有疾病及他事故不能繼續審判時有代其審問及完結之權　第七十四條　判斷之評議由審判長總司其事　第七十五條　判斷之評議概不公開但候補及學習推事准其入座旁聽　第七十六條　評議判斷時該庭員須各陳述意見　第七十七條　評議判斷時其陳述意見之次序以官資較淺者為始資同以年少者為始以審判長為終　第七十八條　判斷之決議以過半數之意見定之　關於金額若推事意見分三說以上不能得過半數者將諸說排列以金額之多寡為序數至居中之說為止以

該說作爲過半數　關於刑事案件若推事意見分三說以上不能得過半數者將諸說排列以不利被告之重輕爲序數至居中之說爲止以該說作爲過半數　第七十九條　評議判斷之顛末及各員之意見均應嚴守秘密　第八十條　大理院民事科刑事科及民刑兩科總會須有各該科推事三分之二以上列席方能開議　總會由大理院卿總司其事會長由院卿自任或命推丞及推事中資深者一人充之　總會之決議以列席推事過半數之意見定之大理分院各庭推事依第四十四條第二項之規定有意見書時應列入決議之數　除前項意見書外大理院卿得預徵各分院各庭推事之意見書列入總會決議之數　第七十五條至七十七條七十八條第二項第三項及前條之規定準用之於大理院總會

第十章　庭丁　第八十一條　法庭置相當額數之庭丁　第八十二條　法庭開審時與本案有關係者均由庭丁引至法庭聽審其豫審時亦同　庭丁職務章程由法部定之　第八十三條　庭丁應服一定制服　第八十四條　庭丁之雇用撤換各審判衙門長官行之

第十一章　檢察廳　第八十五條　各審判衙門分別配置檢察廳如左　一　初級檢察廳　二　地方檢察廳　三　高等檢察廳　四總檢察廳　地方及高等審判各分廳大理分院分別配置地方及高等檢察分廳總檢察分廳　第八十六條　檢察廳分別置檢查官如左　一　初級檢察廳置檢察官一員或二員以上　二

地方檢察廳置檢察長一員檢察官二員以上　三　高等檢察廳置檢察長一員檢察官二員以上　四　總檢察廳置廳丞一員檢察官二員以上　第八十七條　初級檢察廳如置檢察官二員以上得以資深者一員爲監督檢察官監督該廳事務其置檢察官一員者該廳事務由該管地方檢察長監督之　地方及高等檢察長總檢察廳丞分別監督各該檢察廳事務　地方以上各檢察分廳如置檢察官二員以上得以資深者一員爲監督檢察官監督該分廳事務　第八十八條　檢察廳之設立廢止以法律定之　第八十九條　檢察官員額由法部奏定之　第九十條　檢察官之職權如左　一　刑事　遵照刑事訴訟律及其他法令所定實行搜查處分提起公訴實行公訴並監察判斷之執行　二　民事及其他事件　遵照民事訴訟律及其他法令所定爲訴訟當事人或公益代表人實行特定事宜　第九十一條　審判衙門爲民事訴訟當事人時應由配置該審判衙門之檢察廳檢察官代理爲原告或被告　第九十二條　檢察廳之管轄區域與各該審判衙門同　第九十三條　檢察官遇有緊急事宜得於管轄區域外行其職務　第九十四條　檢察廳對於審判衙門應獨立行其職務　第九十五條　檢察官不問情形如何不得干涉推事之審判或掌理審判事務　第九十六條　總檢察廳以下各檢察廳辦事章程由法部奏定通行　除京師外各省由提法司按照前項章程統一全省檢察廳應辦事宜並發布命令定開廳時刻　第九十七條　各檢察廳長官按照通行辦事章程及其

他命令應於每年年終豫定次年左列事宜　一　分配檢察官應辦之事務　二　定檢察官之配置　初級檢察廳事務之分配及檢察官之配置　由該管地方檢察長行之　地方以上各檢察分廳事宜由本廳長官行之　第九十八條　檢察官均應從長官之命令　大理院審判特別權限之訴訟案件時與該案有關係之各級檢察官應從總檢察廳丞之命令辦理一切事務　第九十九條　檢察官遇有必須代理情形得代理所屬檢察廳檢察官　第一百條　地方及高等檢察長總檢察廳丞有親自處理各該管區域內檢察官事務之權並有將各該管區域內檢察官之事務移於別廳檢察官之權　第一百一條　學習檢察官及學習推事得由法部派充代理檢察官辦理初級檢察廳事務　第一百二條　法部及各省提法司得命初級檢察廳所在地之警察官及城鎮總董鄉董辦理該廳檢察事務　第一百三條　初級檢察官如有不得已之事故初級審判廳監督推事得因請求派該廳推事臨時代理其不設監督推事者由該管地方審判廳廳丞或廳長行之　地方及高等檢察官總檢察廳檢察如有不得已之事故各審判衙門長官得因請求派各該推事臨時代理

地方以下各檢察廳並用該廳候補檢察官代理　本條之代理以緊急事宜爲限

第一百四條　各檢察廳檢察官得調度司法警察　檢察廳調度司法警察章程由法部民政部會同奏定通行　第一百五條　檢察廳權限及辦事方法本法所未定者應按照訴訟律及其他法令所定辦理

第十二章　推事及檢察官之任用　第一百六條　推事及檢察官應照法官考試任用章程經二次考試合格者始准任用　法官考試任用章程另定之　第一百七條　凡在法政法律學堂三年以上領有畢業文憑者得應第一次考試　其在京師法科大學畢業及在外國法政大學或法政專門學堂畢業經學部考試給予進士舉人出身者以經第一次考試合格論　第一百八條　第一次考試合格者分發地方以下審判廳檢察廳學習以二年爲期滿　第一百九條　學習推事應受該管地方審判廳廳丞或廳長之監督學習檢察官應受該管檢察長之監督其品行性格分別由該監督官届時出具切實考語京師逕呈法部各省送由提法使申報法部核定鑑別之其劣者得隨時罷免　第一百十條　凡在地方以下審判廳學習滿一年以上者得由該廳監督官派令掌理特定司法事務但不得審判訴訟並管理登記及其他非訟事件　在地方以下檢察廳學習滿一年以上者得由該廳檢察官派令掌理特定檢察事務但除第一百一條所載外不得代理檢察官　第一百十一條　學習人員期滿後應受第二次考試其合格者始准作爲候補推事候補檢察官分發地方以下審判廳檢察廳聽候補用　第一百十二條　領有第一百七條所載之文憑充京師及各省法政學堂教習或律師歷三年以上者得免其考試作爲候補推事候補檢察官　第一百十三條　候補推事候補檢察官得不拘年限遇有缺出即行奏補惟以先補初級爲限其候補逾三年以上者遇地方審判廳地方檢察廳出缺亦可酌量

奏補　第一百十四條　地方以下審判廳檢察廳遇有缺出在京由法部在外由提法司申請法部於前條限制以內以候補推事候補檢察官署理　第一百十五條　凡有左列情事之一者不得爲推事及檢察官　一　因褫奪公權喪失爲官吏之資格者　二　曾處三年以上之徒刑或監禁者　三　破產未償債務者　第一百十六條　大理院正卿少卿俱爲　特簡官　總檢察廳廳丞大理院推丞高等審判廳廳丞高等檢察長京師地方審判廳廳丞俱爲請簡官　各地方審判廳廳長檢察廳檢察長及各推事檢察官俱爲奏補官　第一百十七條　前條各官品級細目另以官制定之　第一百十八條　補高等審判廳推事及高等檢察官者須有左列資格之一　一　任推事或檢察官歷五年以上者　二　照第一百十二條充京省法政學堂教習或律師五年以上而任推事及檢察官者　第一百十九條　補大理院推事及總檢察官者須有左列資格之一　一　任推事或檢察官歷十年以上者二　照前條第二項充京省法政學堂教習或律師十年以上而任推事及檢察官者

第一百二十條　前二條所載年限均應接續計算　第一百二十一條　推事及檢察官在職中不得爲左列事宜　一　於職務外干與政事　二　爲政黨員政社員及中央議會或地方議會之議員　三　爲報館主筆及律師　四　兼任非本法所許之公職　五　經營商業及官吏不應爲之業務　第一百二十二條　推事及檢察官如因精神衰弱不能任事各省由提法司申報法部奏請退職京師由各審判

衙門檢察廳長官報明法部奏請退職　第一百二十三條　審判衙門及檢察廳如有裁改其裁缺之推事及檢察官由法部奏請給以全俸遇缺即補　第一百二十四條　自大理院卿以下所有推事及檢察官之廉俸並進級章程除本法規定外另以法令定之　第一百二十五條　法部對於推事及檢察官不得有勒令調任借補停職免職及減俸等事其有左列情事者不在此限　一　關於第一百二十一條一百二十二條所指情節者　二　係候補推事及檢察官尚未補缺者　三　因懲戒調查或刑事被控律應停職者　四　出於刑律之宣告或懲戒之處分者　第一百二十六條　推事及檢察官之廉俸雖在懲戒調查或刑事被控時仍應照給　第百二十七條　推事及檢察官退職後得受恩俸其細則於廉俸章程中附定之

第十三章　書記官及繙譯官　第一百二十八條　各審判衙門分別置左列各項書記官掌錄供編案會計文牘及其他一切庶務　一　初級審判廳置錄事　二　地方及高等審判廳置典簿主簿錄事　三　大理院置都典簿典簿主簿錄事　第一百二十九條　初級審判廳應置書記官不得少於該廳獨任推事之數如置二員以上時以資深者一人爲長監督其餘各員　第一百三十條　地方及高等審判廳應置書記官不得少於該廳合議庭及獨任推事之數以典簿一人爲長從廳丞或廳長之命令分配其餘各員之事務並監督之　第一百三十一條　大理院應置書記官不得少於該院合議庭推事之數以都典簿爲長從院卿之命令分配其餘各員之

事務並監督之　第一百三十二條　大理分院高等及地方審判各分廳應置書記官不得少於合議庭及獨任推事之數　第一百三十三條　各檢察廳分別置典簿主簿錄事各書記官掌該廳會計文牘及其他一切庶務　前二項之規定准用之於檢察分廳　第一百三十四條　書記官員額視事之繁簡定之　第一百三十五條　審判衙門及檢察廳書記官從各該長之命令得於權限內互相代理　第一百三十六條　地方審判廳廳丞初級審判廳監督推事得派該廳學習推事臨時執行該廳書記官事務地方檢察廳檢察長初級檢察廳監督檢察官得派該廳學習檢察官臨時執行該廳書記官事務　其應行署名者應附記臨時代理字樣　第一百三十七條　審判衙門開庭審判時書記官應遵審判長之命令執行職務　其關於特定事宜書記官應遵該特定推事檢察官之命令執行職務　書記官據前二項命令記錄口供編製或更改文書如認該命令爲不當應附記其意見　第一百三十八條　書記官於權限內所行職務即不合本法所定之事務分配仍屬有效　第一百三十九條　書記官以考試合格者錄用之　考試任用書記官章程由法部奏定之　第一百四十條　都典簿典簿主簿爲奏補官錄事爲咨補官　第一百四十一條　書記官品級及奏補咨補事宜除前二條規定外於考試任用書記官章程定之　第一百四十二條　京師及商埠地方審判廳以上審判衙門得特置繙譯官由法部及提法司酌量委用　第一百四十三條　書記官及繙譯官權限並應辦事宜本法所未

者按照訴訟律及其他法令所定辦理
第十四章　承發吏　第一百四十四條　初級及地方審判廳置承發吏其職務如左　一　發送審判檢察廳之文書　二　受審判廳檢察廳之命執行判斷及沒收之物件　三　當事人有所申請實行通知催傳　第一百四十五條　承發吏應從長官之命令　第一百四十六條　承發吏應服一定制服　第一百四十七條　承發吏有缺額或有他故時監督官得派本廳錄事代理　第一百四十八條　承發吏須經考試始准錄用考試任用承發吏章程由法部定之　第一百四十九條　承發吏由法部及提法司派充並得委任地方審判廳廳丞或廳長派充之　第一百五十條　充承發吏者應繳納相當之保證金　第一百五十一條　承發吏應照職務章程所定分別酌給津貼　第一百五十二條　承發吏職務章程由法部定之　第一百五十三條　承發吏權限並應辦事宜本法所未定者按照訴訟律並承發吏職務章程及其他法令所定辦理
第十五章　法律上之輔助　第一百五十四條　審判衙門辦理訴訟事宜應互相輔助　前項輔助除有特別規定者外由事務所在地之初級審判廳行之　第一百五十五條　各檢察廳於管轄區域內執行事務應互相輔助　第一百五十六條　審判衙門檢察廳書記官及承發吏於權限內之事務應互相輔助
第十六章　司法行政之職務及監督權　第一百五十七條　大理院卿高等審判

廳廳丞地方審判廳廳丞或廳長初級審判廳監督推事或獨任推事總檢察廳廳丞高等檢察廳檢察長地方檢察廳檢察長初級檢察廳監督檢察官或檢察官按照本法分任法部及提法司司法中行政之職務 第一百五十八條 司法行政監督權之施行其區別如左 一 法部堂官監督全國審判衙門及檢察廳 二 大理院卿監督大理院 三 各省提法使監督本省各級審判廳及檢察廳 四 高等審判廳廳丞監督該廳及所屬下級審判廳 五 地方審判廳廳丞或廳長監督該廳及所屬初級審判廳 六 初級審判廳監督推事或獨任推事監督該廳各員 七 總檢察廳廳丞監督該廳及各級檢察廳 八 高等檢察廳檢察長監督該廳及所屬下級檢察廳 九 地方檢察廳檢察長監督該廳所屬初級檢察院 十 初級檢察廳監督檢察官或檢察官監督該廳各員 審判分廳大理分院及檢察分廳如置監督推事及監督檢察官時準前項之例由該推事及檢察官行監督權 第一百五十九條 監督權之施行其權如左 一 有廢弛職務及侵越者應加儆告使之勤慎 一 有行止不檢者應加儆告使之悛改 第一百六十條 審判衙門及檢察廳各員如有前條情節經各該監督官屢戒不悛或情節較重者應即照懲戒法辦理 第一百六十一條 前數條列舉之司法行政職務及監督權不得有瞻徇請託情事 第一百六十二條 審判衙門及檢察廳各員關於法律及司法行政事宜如法部及有監督權之審判官或檢察官有所詢問應陳述其意見 第一百六十三

條　本章所載各條不得限制審判上所執事務及審判官之審判權　附則　第一百六十四條　本法自頒行後各省應遵照逐年籌備事宜清單所定年限一體施行

法官考試任用暫行章程

第一條　法官考試京師及各省統由法部堂官主其事京師由法部奏請　欽派通曉法律大員會同考試距京較遠交通未便省分由法部將通習法律人員開單奏請　簡派前往各省會同提法使考試　第二條　法官考試應以左列各項人員爲襄校京外皆由法部奏派　一　在京師法科大學法政法律　堂或各省官立法政學堂充當教習或曾充教習者　二　在京師法科大學法律學堂法政學堂正科畢業及在外國法政大學或法政專門學堂畢業得有文憑者　第三條　考試分爲二次　第四條　凡得應第一次考試者除法院編制法第一百七條第一項所定資格人員外所有左列各項人員准其暫行一體與試　一　舉人及副拔優貢以上出身者　二　文職七品以上者　三　舊充刑幕確係品端學裕者　第五條　第一次考試科目如左　一　奏定憲法綱要　二　現行刑律　三　現行各項法律及暫行章程　四　各國民法商法刑法及訴訟法　（准由各人自行呈明就其所學種類考試但至少須認二類）　五　國際法　右列各欵以第二至第四爲主要科主要科分數不及格者餘科分數雖多不得錄取　第六條　第一次考試分筆述口述二種筆述及格者再令口述口述科目以主要科爲限筆述除第五條所定各科外應

再令擬論說說一篇以主要科命題　第七條　第一次考試合格者應行實地練習照章分發初級審判廳檢察廳作爲學習人員但開辦之初准其暫以考試成績最優者分發高等以下審判廳檢察廳學習　第八條　學習期滿人員照法院編制法第一百八條所定准其應第二次考試　第九條　第二次考試仍照第一條辦理　第十條　第二次考試以查驗實地練習優劣爲主仍分筆述口述二種　筆述以實地案件爲題應詳叙事實理由擬定判决以對　口述以第五條所載主要科爲限　第十一條　第二次考試合格者照章作爲候補先補各初級審判廳檢察廳之缺但開辦之初在高等以下審判廳檢察廳學習者准暫以考試成績最優者分別酌補高等以下審判廳檢察廳之缺　第十二條　第二次考試不及格者仍發往原廳學習一年期滿再行考試仍不及格者應即罷免　第十三條　京師暨直省高等審判檢察廳推事檢察官如現無合法院編制法第一百十八條之資格人員應補者京師由法部外省由提法司呈請法部按照本章程第十一條辦理　大理院推事總檢察廳檢察官如現無合法院編制法第一百十九條之資格人員應補者推事由院卿就該院現有候補人員內揀定咨由法部核定分別奏請補署總檢察官由廳丞揀員報由法部核定分別奏請補署　第十四條　本章程與法院編制法同時施行其施行細則另由法部定之

司法區域分劃暫行章程

第一條　大理院設於京師以全國爲其管轄區域　其大理分院管轄區域由大理院核明咨送法部奏定之　第二條　高等審判廳京師及各省省城各設一所其管轄區域如左　一　京師高等審判廳以順天府轄境爲其管轄區域　二　各省高等審判廳以各該省轄境爲其管轄區域　其有總督巡撫及邊疆大員駐所併距省會遼遠之繁盛商埠得設高等審判分廳　第三條　地方審判廳京師及直省府直隸州各設一所但府直隸州詞訟簡少者得不設地方審判廳於該府直轄地面或首縣及該州初級審判廳內由鄰近府直隸州地方審判廳分設地方審判分廳　直隸廳有屬縣者與直隸州同　第四條　地方審判廳管轄區域如左　一　京師地方審判廳以京師內外城及京營地面爲其管轄區域　二　直省府直隸州地方審判廳以各該府直隸州轄境爲其管轄區域　第五條　順天府各州縣及直省各廳州縣應設地方審判分廳其詞訟簡少者得合鄰近州縣共設一分廳其距府直隸州最近者卽由該府直隸州地方審判廳或分廳管轄之不另設地方審判分廳　第六條　各廳州縣地方審判分廳以各該廳州縣轄境爲其管轄區域　第七條　初級審判廳順天府各州縣直省廳州縣各設一所以上其僅設一所者管轄區域與該地方審判分廳管轄區域同　府有直轄地面者與廳州縣同　第八條　順天府及直省得酌擇著名繁盛鄉鎭設初級審判廳若干所　第九條　所有本章程內各級審判廳未定區域者順天府所屬由該府核明外省由該省提法司酌擬呈請督撫核明分

別咨送法部奏定之 第十條 本章程與法院編制法同時施行其施行細則另由法部定之

初級暨地方審判廳管轄案件暫行章程

第一條 民事案件之管轄依左列各欵規定辦理 第一 初級審判廳之管轄 一 關於錢債涉訟案件 二 關於田宅涉訟案件 三 關於器物涉訟案件 四 關於買賣涉訟案件 右四欵之訴訟物以價額不滿二百兩者爲限 五 旅居宿膳費用案件 六 寄存或運送物品案件 七 僱傭契約案件其日期以在三年以下者爲限 八 其他民事案件訴訟物價額不滿二百兩者 第二 地方審判廳第一審之管轄 一 前項一二三四欵案件其訴訟物價額在二百兩以上者 二 親族承繼及分產案件 三 婚姻案件 四 其他不屬初級審判廳管轄之民事案件 第二條 訴訟物之價額準起訴時之價值定之 第三條 凡以一案請求數件者將其訴訟物之價額合併計算 其以利息賠償及訟費等隨案請求者不算入訴訟物價額之內 第四條 因擔保債權涉訟者其訴訟物之價額準擔保物之價額定之若擔保物之價額多於債權之額者以債權額爲準 第五條 刑事案件之管轄依左列各欵規定辦理 第一 初級審廳判之管轄 一 依現行刑律罪該罰金刑以下者 二 依其他法令罪該罰金二百圓以下或監禁一年以下或拘留者 第二 地方審判廳第一審之管轄 一 依現行刑律罪該徒流

刑以上者 二 依其他法令罪該罰金二百圓以上或監禁一年以上者 第六條 刑事案件係數人共犯者從其罪重者之管轄 第七條 地方審判分廳之民刑案件管轄權與地方審判廳同 第八條 民刑案件管轄有不明確者由受理之審判廳報由上級審判廳指定之 第九條 民刑案件管轄錯誤於未判決前覺察者應移交該管轄之審判廳辦理 第十條 因刑事案件而附帶民事者不論價值多寡應併入該刑事案件辦理 第十一條 初級暨地方審判各廳除本章程規定外有以其他法令定其管轄權者應依各該法令辦理 第十二條 本章程與法院編制法同時施行

法令 四十二

美人臺上昔
歡娛
今日空臺望
五湖
殘雪未融青
草死
苦無麋鹿過
姑蘇

文牘

吉林巡撫陳昭常奏請設立責任內閣摺

奏為請旨設立責任內閣以固邦本而慰民望恭摺仰祈聖鑒事竊臣伏讀光緒三十二年七月十三日上諭廓清積弊明定責成必從官制入手亟應先將官制分別議定次第更張等因欽此又伏讀是年九月二十日上諭仰維列聖成憲昭垂法良意美設官分職莫不因時制宜今日情形既有不同自應變通盡利其要旨惟在專責成清積弊求實事去浮文期於釐百工而熙庶績等因欽此。是預備立憲。必先改定官制。在我孝欽顯皇后德宗景皇帝。固已洞燭幾先。明定國是。聖謨宏遠。中外同欽。惟以當日改革之初。羣情或不無疑慮。故有次第更張之諭。期於依次舉辦。毫無阻礙。軍機處為一國政治總滙之地。雖至今尚仍其名。而已不令兼別職。且各部大臣。均兼充參預政務大臣。實隱寓外國大臣同負責任之意。即以為異日責任內閣之基礎。現九年預備之事。逐漸推行。卽改定官制一端。愈無可緩。而官制中之責任內閣。輔弼君上代負責任。尤不可不急爲設立。蓋責任內閣者。爲全國政治之最高機關。苟機關之組織未盡適宜。新憲政之進行必多扞格。近日東西各國。無不設立責任內閣。其大別有二。一曰政黨內閣。一曰帝國內閣。所謂政黨內閣者。卽其內閣閣員對於議會而負責任。組織內閣。必用議會多數之黨。英法與意諸國行之。所謂帝國內閣者。卽其內閣閣員對於皇帝而負責任。組織內閣之權。操之君主。德日諸國行之。要之組織之方法。雖各有不同。而其爲負責任之機關。則無或少異。若吾國之軍機處。其始本由內閣分設。與英國最初之內閣。其始本由樞密院分設者。正相符合。特彼之內閣。寖假而爲政治最高機關。寖假而對於政治負其責任。而我之軍機處。雖握有行政之實權。而因無實任之規定。故其所行而善。固無功之可言。所行而不善。亦無過之可指。且因責任政府之不立。縱有利民之政。亦莫能見信於人民。政府憂勞於上。人民怨咨於下。在政府固不必求助於人民。而人民亦實不諒夫政府。上下之隔閡。國是之紛紜。誠今日天下之大患也。今欲更張百度。咸與維新。莫如裁撤軍機處。設立責任內閣。以各部大臣組織之。其上置一總理大臣。以統一各部。苟有失政。則全內閣之大臣。連帶以負責任。庶功過皆有所歸。而庶績自以日理。綜其利益。厥有數端。以政務之系統可以分明也。今日行政機關之不能改革者。其弊在於無人。而尤在於無組織之法。議者或謂今日為預備立憲之時代。宜收地方之權力。集之於中央。於是學部則統轄提學司為。農工商部則統轄勸業道為。民政部則統轄民政司或巡警道為。度支部則統轄度支司或藩司為。法部則統轄提法司或臬司為。不辨明政務之系統。而欲以中央之權力。支配各地方之官吏。在督撫固竊議其侵權。在中央亦實力有未逮。苟設立責任內閣。將全國之政務。一一區分而條理之。如陸海軍行政權。外交行政權。財務行政權。司法行政權。皆宜握諸中央。其餘或委諸地方官吏。或委諸自治團體。其握諸中央者。由中央政府負其責。其委諸地方官吏及自治團體者。由官吏及團體負其責。責任既極分明。機關自可效用矣。

二施政之方針。可以確定也。國家自舉行新政以來。非不雷厲風行。以冀振積弱之餘。而臻富強之域。然其成效卒不大著者。無他。施政無一定之方針也。此部與彼部不相習。此省與彼省不相聞。同處一國之中。儼若鴻溝之隔。從無有立大政之方針。通彼此之隔閡。挈一國之政務。而定其先後緩急之序者。故其弊也。淩躐錯亂。利未著而害先形。然此猶曰有彼此之分也。有同屬一部之事。而主義矛盾者矣。有同處一省之中。而意見歧出者矣。是皆背於施政之方針而爲立憲前途之阻礙。且財也者。事業之源。而百政之所從出也。今日新政紛繁。度支奇絀。部臣責疆臣以協助。而疆臣亦冀部臣之籌撥。卒之互相推諉。所損已多。全國之利源未開。即新政之阻力百出。長此因循。必有坐困之一日。苟設立責任內閣。將全國之政務。辨其孰爲宜先。孰爲可緩。然後綜計全國之歲入若干。歲出若干。某事可以某項彌補。某事必須另爲籌畫。綱領既立。可隨事以進行。秩序燦然。自有條而不紊。彼東西各國內閣之成立。必表示其施政之方針。或取積極主義。或取消極主義。或取保護政策。或取放任政策。非好爲同異已也。必先有政見之標明。然後知措施之趨向。若不循其主義而行。即有輿論督隨其後。所謂責任者。此而已矣。三政務之執行。可以敏捷也。一國大政。端賴執行。稍一蹉跌。事機即逝。況今日之時局。有千鈞一髮之危。即令急起直追。猶恐事機之或失。顧可遲延觀望。虛擲此黃金之歲月乎。我國自丙午以來。改政務處爲會議政務處。凡事議而後行。頗合於外國內閣會議之制度。但各部尚書雖有參預政務之權。而無署名諭旨之責。故於其所主管之事項。或尙黽勉以圖功。而於關涉行政全體之問題。不免失之於淡漠。例如經營蒙藏。爲吾國今日存亡一大關鍵。其經營之始。必以度支部任籌餉。陸軍部任練兵。郵傳部任敷設鐵道。農工商部任開設各種銀行。實行其中央之干涉。然後有成效之可言。近日政府之對於蒙藏。雖屢有所議論。終未見之實行。坐令藩屬生心。外人窺伺。則以未集合中央之各部。籌一通力合作之法也。苟設立責任內閣。凡一重要問題發生。開內閣會議決之。議決後卽爲執行。其權限既較會議政務處爲確定。其責任亦較會議政務處爲分明矣。伏查改定官制一事。既見於先朝之明諭。而考察憲政諸臣。亦屢以爲言。原無待於臣之嘵瀆。而臣顧以設立責任內閣爲請者。實因目擊時局之艱危日甚一日。非著手於政治之根本。無以圖憲政之實行。非力求夫憲政之實行。無以繫天下之人望。國家安危之機。決於人心之向背。若再遲疑而不決。恐非時勢之所宜。臣昔嘗隨使歐美各國。親覩其內閣之設施。復證以平日之聞見。然後知其國勢之所以蒸蒸日上者。無不於此基之。伏願我皇上乾綱獨斷。毅然施行。上成先朝未竟之志。下慰生民望治之殷。敕下樞臣。從速組織責任內閣。俟明年資政院召集之時。行政與立法之機關。咸效其用。則憲政之基礎既日趨於鞏固。國家之郅隆。亦可計日而待矣。所有擬請設立責任內閣緣由。是否有當。恭摺具陳。伏乞皇上聖鑒訓示。謹奏。

叢錄一

雙濤閣時事日記

雙濤

▲十三日

埃及首相敦特拉爲其國民黨所刺。近世以軍隊警察日發達。暴動極不易。而暗殺歲必數報。亦可謂一時代之現象也。

▲十四日

戴鴻慈死去。庸庸厚福。此公爲最矣。

▲十六日

加拉吉達電稱達賴喇嘛爲我兵所逼。出奔印度。大約將爲寓公於彼地云。果爾則他日之憂正未有艾。微論我現在兵力不足以鎭壓全藏也。藉曰能之。而迷信宗教之民終非可純以力取。彼英俄兩國之爭居達賴爲奇貨。皆深知此中消息者也。嗚呼自去年。放。達。賴。出。京。吾。知。我。對。藏。政。策。之。無。能。爲。矣。

英國阿士弗金畢列兩大學擬設一大學於中國。提議已久。昨日在阿士弗開一會議。校友集者六百餘名。將募集開辦費云。此事有他種野心與否。雖不敢知。要之於我國學術之進步。有大利益。吾儕當翹首以盼其速成也。

▲十七日

加拉吉達電報稱達賴出奔印度。愬吾之暴於英。而英國各報。咸責前此撤兵之非計。度此次英之干涉。未有已也。吾國。統。治。西。藏。策。一。誤。於。光。緒。三。十。年。聽。達。賴。與。英。結。約。再誤。於。再。年。之。放。達。賴。出。京。今。茲。殆。不。可。收。拾。矣。趙氏兄弟此舉。其英斷實可佩。惜乎其。於。覘。鄰。之。道。未。察。也。近。來。大。吏。舉。措。差。强。人。意。者。有。二。事。一。曰。錦。瑷。鐵。路。二。曰。撻。伐。西。藏。皆。政。治。上。一。種。大。計。畫。而。外。交。上。皆。緣。此。多。事。甚。矣。常。識。之。不。易。也。

▲十八日

十六日奉 上諭將達賴喇嘛革職。（據諭則達賴之逃在正月初三）命駐藏大臣別選靈異幼童擇立以爲達賴云。此事已成騎虎。舍此亦更無辦法。達賴託胎轉生之信仰。今已漸薄。別立一人。未始不可。要在將來所以籠絡之者何如耳。英國喀桑氏在上議院向印度事務大臣約翰摩黎質問此事始末及政府辦法。摩黎答以未知詳細。英政府對於此事當嚴守中立。惟達賴喇嘛爲宗敎上之高位者統治者。受印度數百萬臣民之尊敬。英政府必以相當之禮殷勤待之。且此次中國舉動實出人意外。英必將與中國政府交涉云云。此事爲將來外交上一難題。固在意中。我大吏當發難伊始。當亦早已計及其所以對英者。必有辭矣。但願他日切勿見脅於外而復達賴之職。且勿託詞而罪首事之人。則國體庶可以維繫也。

俄羅斯藉口於錦愛鐵路有防東淸鐵路。乃別要求由張家口至庫倫及恰克圖之一路以爲償云。此事吾早言之矣。已失去之權利。不能緣此而恢復分毫。所贏得者更騰以未失之權利耳。

聞錦愛鐵路欵前此擬借美金五千萬者。今將增爲一萬萬。未知信否。日本報紙言我政府借欵之意。並不計及此路之利害何如。惟欲得此欵以便挪用耳。此殆最能道破政府諸公之隱衷者。果爾則吾黨日日與論形勢。眞搔不著癢處也。

東報又稱英國有要求派兵屯駐廣東省城保護租界一事。未知信否。以我國之內治日趨腐敗。此等警報。將來續至者。當未有已也。

日本此次借換內債著著成功。且將行之於外債。以現在全世界金融緩漫之極。各國中央銀行紛紛引下利子。誠借換公債一絕好時機。惜吾國人懵無所知。不能利用之也。

▲十九日

英國輿論囂然。訾我對藏政策之橫暴。即其政府大臣宣言於議院。亦謂我此次舉動爲可駭。此眞蔽於感情。不審事理之言也。光緒三十二年中英續訂藏印條約第一欵云『中英兩國必盡力設法使一千九百四年九月七日即光緒三十年七月二十八日所訂之條約得以實行。』夫我之與英。曾於光緒十九年訂有藏印條約。徒以藏僧屢梗 朝命不能實行。以致英國有侵入拉薩之役。藏僧之所以敢於梗命者。徒以 朝廷向示懷柔。而中央權力不能圓滿以施於其地耳。然則我國爲履行條約上之義務起見。安得不强制達賴。使就範圍。苟不爾者。英人能無責言乎。故此次之舉。非特行使我國法上統治權固有之權利抑亦於國際法上而忠實以行我義務也英國政府無論若何辯詞巧說終不能得有干涉之口實若強欲干涉是無禮於我國而已我政府其知之我國民其知之

▲二十日

聖彼得堡電達賴復有書乞援於俄彼狡恣謾已極然我外交當局苟有人英且無辭干涉俄更何有

御史江春霖以劾慶邸不實免職此宣統朝譴黜言官之第一次也追想去年今日感慨係之

▲二十一日

數日來銀價驟大落前兩月中倫敦行情大率來往於二十四辨士十六分之三銀一安士所値前日一落而爲二十三辨士十六分之三昨日更爲二十三辨士八分之三日金一圓至値上海銀一兩正金匯豐諸銀行皆停止中國匯兌洵生計上一奇變也暴落之原因蓋由印度增課銀塊入口稅蓋世界之銀塊供過於求久矣前此恃印度爲尾閭

自光緒二十九年印度停止銀幣之自由鑄造需要日少然究以境內銀多民間私鑄甚盛印政府不得已乃重課其稅遏其流入云然經此次後銀價恐終無恢復至二十四辨士之日只有每下愈況耳而中國則不惟對外貿易刻刻戒嚴而外債鎊虧其負担之增重殆不知所屆此猶不思速採金本位制何異束手待斃耶

土耳其亦擴張海軍可謂東家效顰與中國無獨有偶

英公使以西藏事件質我外務部部答以達賴謀叛故黜之吾國對於西藏政治無所變更云（東報電所述如此恐有未盡）又理藩部奏請特派專使往印度與英督交涉未知所欲交涉者爲何事竊以爲專爲說明理由無須派使往印英國旣宣稱嚴守中立則其禮待達賴原可置之不問無爲爲此僕僕也

達賴兩怨於英俄英俄方睦若協以謀我各於蒙藏交換利益則旰食之日方長矣今玆安危之機全視外交矣

▲二十二日

英國政府本擬先提出豫算案然後及他案今忽變其戰畧集全力以攻擊上院其攻

擊上院也本擬先提出上院改造案今忽先提出上院否決權廢止案其英斷實可驚此皆由政府黨不能得大多數故以此買愛蘭黨及勞傭黨之歡心也蓋愛蘭黨之大政綱在愛蘭自治然此事必爲上院所厄洞若觀火苟非從上院否決權根本之解決則其目的終無得達之時愛蘭黨恐現政府財政案通過以後將置此於不問故要求先提此案否則決不肯爲政府之功狗勞傭黨對上院之態度亦大略同之政府之徇其意實不得已也今首相阿喀士宣言謂將視此案之成否爲去就其在下院則自由愛蘭勞傭三黨同心敵愾共得百一十餘名之多數必能制勝無疑若在上院則眞與狐謀其皮也此次或遂屈上院而成爲憲法上一大革命乎或再解散下院以致政府總辭職乎二者必居一於是吾輩又拭目以觀快劇也

在野黨首領張伯倫宣言謂緊要之財政案不吝協贊不以小意見誤國家萬機云云其恢廓之度與其政治上之德義實可欽佩此英之憲政所以爲萬國冠也然英政府現方以財政案爲第二義則安知在野黨非以退爲進得集全力以抗爭上院否決權一案耶

加拉吉達電稱印度佛教徒擬舉空前之盛儀以歡迎達賴今方在準備中云是殆有主之者其野心固可憤然以奇貨授人誰之責也

美國海軍部提出製艦案於國會擬造三萬二千噸之戰艦二艘每艘須製造費一千八百萬打拉云即此二艦已須七千餘萬圓矣我國今日而欲與海軍猶卻克欲與慶忌競走甯不可笑

叢錄二

春冰室野乘

春冰

閻文介公遺事

光緒乙巳冬。薄遊漢皋。宿漢陽兵工廠。廠吏某君。咸同時舊人也。年七十許矣。猶及事胡文忠。爲述文忠及朝邑閻文介公遺事甚悉。文介之署鄂藩也。文忠已薨。官文恭爲總督。新繁嚴渭春中丞樹森。繼文忠爲巡撫。嚴公原籍渭南。盩厔李午山方伯宗羲知武昌府。皆文介鄉人也。故事兩司必兼督撫總營務處銜。故能節制諸將領。某弁者。文恭之孌童也。文恭寵之甚。令帶衞隊。且保其秩至副將。某居然以大將自居。恃節相之寵。勢張甚。視兩司蔑如也。一日帥親兵數人闖城外居民家。奸其處女。女哭詈不從。以刀環築殺之而逸。其父母入城呼冤。府縣皆莫敢誰何。文介聞之。大怒。急上謁督署。某弁固知文介之必不赦己也。先入督署求救于文恭。文恭匿之。有頃。文介已上謁。文恭辭以疾。文介稱有要事。必欲面陳。如中堂不可以風。即臥室就見亦無妨。閽者出固拒。

之文介曰然則中堂病必有痊時俟其痊必當傳見吾郎居此以待可耳命從者自輿中以襆被出曰、吾郎以司道官廳爲藩司行署矣臥起于官廳者三日夜文恭囑司道勸之歸署必不可文恭窘甚以嚴李兩公與文介同鄉急命材官延之至浼其爲調人而自於屏後竊聽之二公譬諭百端文介終不屈誓不斬某弁不還署文恭無所爲計乃自出相見卽長跽文介岸然仰視不爲動嚴公乃正色曰丹初亦太甚矣中堂不惜屈體至此公獨不能稍開一面網乎文介不得已則趨扶文恭起與要約立斥某弁職令健兒解歸原籍立啓行無許片刻逗遛文恭悉允諾乃呼某弁出令頓首文介前謝再生恩文介忽變色叱健兒執詣階下褫其衣重杖四十杖畢立發遣以行事訖始詣文恭前長揖謝罪然文恭由是益敬憚文介且密疏保奏俾撫山東文介之執法不阿固未易及而文恭之休休有容不以私憾廢公義又豈能求之於今日哉

李文忠公遺事

甲午以前人皆詈李文忠媚外今溝猶瞀儒尚持此論不知文忠卑視外人之思想始終未嘗少變甲午以後且益厲焉其對外人終不以文明國人待之此老倔強之風力

今安得復覩其人哉。其使俄也。道出日本。當易海船。日人已於岸上。爲供張行館。以上賓之禮待之。文忠銜馬關議約之恨。誓終身不復履日地。從人敦勸萬端。終不許。竟宿舟中。新船至。當乘小舟以登。詢知爲日人舟。遂不肯行。船主無如何。爲于兩舟間架飛梁。始履之以至彼船。其晚年直總署也。總署故事。凡外國使至。必以酒果欵之。雖一日數至。而酒果仍如初。卽此項已歲糜數千金。公至署。諸使來謁。署中依例以酒果進。公直揮而去之。曰照例外賓始至。乃欵以酒果。再至則無之也。諸使皆色變。然竟不能爭法使施阿蘭狡甚。雖恭忠王亦苦之。公與相見。方談公事。驟然詢曰。爾今年年幾何矣外人最惡人詢問年齡。然懾於公威望。不能不答。公掀髯笑曰。然則是與吾弟幾孫同年耳。吾上年路出巴黎。曾與爾祖劇談數日。爾知之乎。施竟踧踖而去。自是氣燄少殺矣。丁酉歲暮。俄使忽以書來求見。公卽援筆批牘尾曰。准於明日候晤。時南海張樵野侍郎在座。視之愕然曰。明日歲除矣。師尚有暇晷會晤外人乎。俄使亦無大事。不過攪局耳。不如謝却之。公慨然曰。君輩眷屬皆在此。兒女姬妾團欒情話。守歲迎新。惟老夫蕭然一身。枯坐無俚。不如招三數洋人與之嬉笑怒罵。此亦消遣之一法耳。明日君輩可。無。庸。來。署。老。夫。一。人。當。之。可。矣。其。侘。傺。如。此。

陶文毅識左文襄于微時

左文襄之初舉秋試也。禮部報罷回籍。侘傺甚。館醴陵書院山長。脩脯至菲。幾無以給朝夕。時安化陶文毅公方督兩江。乞假回籍省墓。是時輪船未通。吳楚往來皆遵陸取道江西。文毅　聖眷方隆。奉優　詔。馳驛回籍。地方官吏供張悉有加。醴陵爲贛湘兩省孔道。縣令特假書院爲行館。囑文襄撰書楹帖。其上房之聯曰。春殿語從容。廿載家山。印心石在。大江流日夜。八州子弟。翹首公歸。印心者。文毅家有古石一。其形正方。名之曰印心石。故文毅齋名。卽以印心石屋命之。召見時。慕陵嘗從容詢及也。文毅覩楹帖。激賞不已。問縣令孰所撰。令具以文襄名字對。卽遣輿馬迎之。至談一日夜。大洽。立延入幕府。禮以上賓。文毅得子晚。其公子尚在髫齡。而文襄有一女。年與相若。文毅一日置酒。邀文襄至。酒半。爲述求昏意。文襄遜謝不敢當。文毅曰。君毋然。君他日功名。必在老夫上。吾老而子幼。不及覩其成立。欲以敎誨累君。且將以家事相付託也。文襄知不可辭。卽慨然允諾。未幾。文毅騎箕。文襄經紀喪事。挈公子歸里。親爲課讀。且部署其家事。內外井井。如文毅在時。陶氏族人欺公子年幼。羣謀染指。賴文襄爲之禦侮。得無事。文毅藏書綦富。文襄暇日皆遍讀之。學力由是日進。一生勛業。蓋悉植基于是時也。

香冢英武冢

都城南下窪陶然亭之東北。有香冢焉。孤墳三尺。雜花繞之。旁豎一小碣。正書題曰。浩浩愁。茫茫劫。短歌終。明月缺。鬱鬱佳城。中有碧血。碧亦有時盡。血亦有時滅。一縷香魂無斷絕。是耶。非耶。化爲胡蝶。無姓名題署。不知爲何人。或曰。曲妓有蒨雲者。與某生情好綦篤。已誓白頭之約。生素貧。鴇貪甚。無以爲聘。一大腹賈見蒨雲艷之。以千金啗鴇。將納爲側室。鴇羨其貲。受之。蒨雲遂自剄死。碑即生所豎也。或又謂某生素負才名。數應京兆試。不得一第。憤而絕意進取。舉其歷試落卷。瘞之于此。而係之以銘。碧血香魂。悉寓言耳。香冢之北。有英武冢。視香冢略低。亦有碑。作八分書。爲粵人某君作。某君宦京師。自粵中攜一白英武。慧甚。能誦詩歌曲。死而瘞諸香冢之側。從其類也。其詞亦哀豔。惜未錄存。

三生定是陸天隨
又向吳松作客歸
已拚新年舟上過
倩人和雪洗征衣

文苑

五十自敍

宴碧

壽言非古。閱世成新。犬馬之齡。忽焉五十。時以冗員。需次江左。既遭讒汛。改適吳門。同伯鸞之賃舂。跡鴟夷之所汎。客或傷其遲莫。尉以無聊。謀躋堂以稱觥。效介眉之故事。余曰、奚可哉。奚可哉。夫以古人服政之年。無太上不朽之業。際江淮多事之秋。有沉埋下僚之耻。而乃鋪張蕤芬。昌言擘揆。非蹈俗諛。適所以揶揄之也。客又進而請曰。沒世無稱。君子所疾。今先生更事久。故與物攖。窜健如行脚之僧。矯若立羣之鶴。亦有一二可爲俗人言乎。余曰、唯唯。我陳氏之先。世有令德。有明一代。簪組蟬聯。迄乎鼎革流亡衰替。余博乩史志。搜集遺文。網義門之隊。餘存高吾之世學。撰爲譜錄。副以年表。有典有則。思用無忝。此其可以自壽者一也。髫齡應試。弱冠明經。親炙寶應之門。(先生成孺)著名會稽之錄。(陶學使師有佳士錄)玉池歎爲天授。湘綺賛其賦心。一時賢士大夫。悉與游處。木瓜永好之報。門存倡和之詩。騰價洛陽。鐫芳梨棗。此其可以自壽者二也。少稟微尚。長慕遠遊。

假神風而至洪都。乘浮雲而觀吳會。仲宣之賦荆楚。庾信之哀金陵。訪道皖公之山。候潮錢塘之涘。自津沽以北。番禺以南。瓊海風煙。西山冰雪。咸有日記。以寫壯心。和。曼衍。以天倪。美江山。其助我。此其可以自壽者三也。昔者公車報罷。以還曾司訓湘潭桂陽二州矣。其時

朝廷宵衣望治。屢詔求賢。開特科。徵使才。新學爭鳴。遂連有戊庚之變。衣冠塗炭。江海沸騰。余蒿目顛危。甘心疏蹻。與援絕。夫梁竇。微命重於邱山。不勞薰穴之求。差免清流之禍。此其可以自壽者四也。若夫商瞿有子。得之中年。鮑宣之妻。相將偕老。產不逮中人。而揮霍逾素封。名不過孝廉。而歌聲滿天地。幸而十圍未減。三寸猶存。疵癘無所侵。哀樂不能入。以視世人。碌碌。菌蟪。一生。余雖欿然。爲不慮矣。客曰。如先生言。美哉倜乎。信鶡實矣。聞之公孫之對賢良。楊震之仕州郡。俱年五十。始被朝命。先生之辭絕頌禱者。得毋嗟其不遇乎。余曰否否。優哉游哉。於道相從。東方誡子之言也。日諸月諸。漸免於孩。陶潛命名之義也。余祿不代耕。顧慚華鬢。肅偏親之在堂。玫恆言而稱老。固將怡心下氣。畜德全身。引百一之戒。謀升斗之養。以娛晚志。而託桑榆也。如其事與願違。文

惛命達則夫揆而止之而止視乎才與不才誠愧伯玉之知非逝從周任之所戒矣春酒在筵敬告擯御揖讓加爵樂且有儀客醉既退序之如左

正月十四日集半山亭同游爲吳彥復陳鶴柴夏午詒魏季詞王伯沆劉龍慧俞恪士　伯嚴

枯葦古城路狠藉車馬迹載驅飛笑言風枝接戈戟溪水閒寺門沙彌似識客長廊鐘磬靜狂吟尙涴壁雪泥穿磴亭步步夙所歷歲時良宴會一瞬隔喧寂夢洗宛轉泉影剸巉巖石微晴疎木高攬勝移几席江岫吐雲嵐初與春氣白墜胥萬鴉點疑裹桃核擲坐話千歲翁世變自相積吾儕抱癡念俯仰欲誰惜兀倚松風喧負手了今昔

次韻奉酬伯嚴孜功乘呈同游諸君　午詒

幕府未千年經書如刓迹華林爲麥地耕野得戰戟宮門槐棘位偃蹇墮驢客牛車載故磚去爲新市壁耳聞刺史松翠黛目未歷蔣山半入城一寺閱喧寂微笑謝公墩不如到家石置此古人事返駕懽促席梅勝紅羅丹月似牛渚白風物本不負一醉虛牝

文苑 四

擲向者所坐石綠錢又暗積何必棘牽衣撫此已可惜明日江潮平萬事盡夙昔

題義甯侍郎寓感詩卷　前人

小名世所忌大名世所歸苟無巍蕩情簞豆用自疑長者昔博愛與世爲成虧淸濁寄其身天下猶一蠡毀譽世瘢瘕黃帝不能治莊生知其然彼此一是非莫大於生死示以杜德機在昔堯峯嘗舜起爲之尸許由不爲賓名實古如斯

游半山寺次伯嚴玫功韻　觚齋

昨歲古城隅喧闐逐馬迹茲游復何有敗葦如折戟山僧閱世變惘惘肅行客與來泉悅耳事往塵涴壁偶然會心處豈必夙所歷笑語得春先餘寒覺晝寂遠望牛首山小於坐旁石六代興亡圖一一羅几席薄晴有新意春氣相與白不有江山助風光亦虛擲感念半山老大名毀所積是非逐世改來者又誰惜明日約探梅回視今復昔

伯嚴玫功約游半山寺　君遂

爭墩人已去晴日恣幽尋滮滮泉聲細悠悠塔影沈掉頭遺濁世把臂入深林與子沈吟久愁思恐不任

上元前一日陳伯嚴丈招游半山寺歸飲其寓園作　龍慧

笳鼓沸歡辰。相從寂寞濱。暫游墩屬我。冥對樹如人。城郭蜉蝣影。邱林鹿豕親。山公習池醉。曾逐後車塵。

歸路萬燈張。池明月在堂。座傾龍虎氣。抔接鳥魚鄉。世迹冥冥換。風期窈窈香。扶輪今大雅。揮灑及春芳。

正月二十日伯嚴先生招同癭盧師游鷄鳴寺即送癭師之津門　尊瓠

暝色浮寒水。高墉帶遠岑。倚樓春悄悄。遮埭樹森森。（豁蒙樓在鷄鳴寺內寺即蕭梁同泰寺舊址可望鷄鳴埭故名）節物覘微異。風規若可尋。覃懷謝公語。歧路益離任。

喜吳雁舟見過賦贈一律　伯弢

時危那料閒官在。眼倦初驚遠客來。萬里一身如墜葉。三江二月有輕雷。鷗魚嬉舞春聲閧。龍象睢盱佛劫灰。見問紅桑迷處所。夜闌持燭照深杯。

沙漫洲訪劉龍慧不及　前人

心魂念子孤游地。擬得相攜却徑過。一水繞門蛟可罩。微風催艣雁相和。幾年豪氣銷湖海。七子詩才見李何。知有臨江最新句。荻花回望矗荒波。

梓洞訪李玉笙宅　　枰齋

往年一識然明面。今日來尋李賀廬。雲樹情思酬簡後。魚蔬清素上燈初。生香老桂寒當牖。帶露紅蕉密護書。爲問梓溪高臥處。箋經箸述近何如。（玉笙著詩大義表未成而卒年三十可悼也）

戊戌九月西歸宿盤豆用玉溪生韻　　郢雲

天靜傷鴻痛更深。征塵暫息豁煩襟。平生苦抱憂天志。九死難忘戀闕心。東下河聲秋黯黯。西來嶽色暮沈沈。無端家國蒼茫恨。併入荒城半夜砧。

安公子 叔問

水竹間籬舍暝寒催雨低簾下木落烟橫山入睡對滄洲屏畫換眼底衰紅敗翠供愁寫窺暗窗隱隱蟾鈎挂正酒醒無寐惆悵京書題罷 向此沈沈夜爲誰清淚如鉛瀉夢想銅駝歌哭地送西園車馬歎去後闌干一霎花開謝空怨啼望帝春魂化算歲寒南鶴還記堯年舊話

壽樓春 郢雲

爲友人題王母行觴圖

開千年芳桃望瓊田縹緲雲月苕苕一笑春回蘂殿奏來靈璈傳鳳脯斟麟醪導上元羣眞班朝正月姊行觴麻姑進斝珠斗燦春宵 天台路銀河潮甚西風一夜飛上神霄見說班虬驂駕寶鐙飄搖冰琖冷瑤笙韜閒玳筵猶餘殘膏更驚曉天鷄清聲尙留空外簫

菩薩鬘二首 前人

西洲一夜西風緊玳梁乳燕栖難穩回首戀金堂可憐雙鳳凰 金鈴黃耳誤莫遺崑

文苑

崙。度。何處。最。魂。銷。冶城。朝。暮。潮。

三。巴。昨。夜。家。書。到。相迎直抵。長。風。好。望斷。水。悠。悠。如何。祇。去。舟。

錢。擲。愼莫。近。彈。棋。不平。教。訴。誰。

八

相思。了。無。益。嬾把。金。

哀余。而使妾假此以脫樊籠也。不意甫經登舟。又遇憲兵之凌逼。無理言辭。耳不忍聞。衆人之中。避無可避。猶幸得遇先生。慨爲援手。得脫斯厄。妾方感慰之不暇。豈意愛我助我如君者。今亦轉疑我嚇我耶。妾觀先生所爲。斷非強暴者比。亦似慮人踪跡而疑及妾者。職是之故。妾何惜剖心自明。刎頸見志。以報先生。言訖。涕淚交下。猛握梅手中匕首。欲以頸就之。梅覩此狀。五內如裂。梅善那亟收藏匕首。連聲曰吾信汝。吾信汝。若使他人處此境。不知汝爲少不更事者。則仍未敢遽以爲可信也。雖然。男爵夫人汝之逃避。確爲失計。以遺囑論此事。汝本應占優勝地步者。女曰妾無戚友。只識一錢莊總理。彼亦惡姑之友。誰爲我助者耶。梅曰噫。汝何愚甚。諺云財可通神。何患不得人助。且以夫人之人格。又擁鉅資。吾料願爲夫人死者。正不知幾何人。矧區區一助力云爾哉。夫人曰。妾思及馬利甲披梨之案。已爲心膽俱裂。且惡姑亦每以此相恐嚇也。梅曰是迥不同。馬利之夫。服毒而死。而汝夫不然。汝若在巴黎。則可操勝算之九成。而汝之讐人。則僅有其一成耳。夫人聞語。蹶然而起曰。若然。妾立刻回巴黎。若何。梅曰余所云者。利在汝未出之先耳。夫人曰。妾未被獲。回去何妨。梅曰差矣。汝用假護照避警察追捕。

冀逃法網。自蹈可疑之形跡。以證實汝之罪名。正中仇人之計。今若折回。則讐汝者必曰。汝懼罪心虛。潛逃。今因難以出境。故爾復返。以此文致汝罪。汝雖百喙烏能辯。女聞言又哭曰。天乎。如君言。妾回去誠萬無一幸矣。時女懊喪之辭色。愈令梅覩之比前益信。女於是低聲屏氣問曰。然則妾惟有決意遠颺耳。梅曰。汝萬不能望藉此假護照可以逃脫。照上塡者爲迄打利。年廿五。而汝之年貌相差甚遠。又注爲縫女。而汝之指端無針刺瘢痕。則殊不類。且余更恐假照之事已敗露。而偵騎今已四出矣。女曰。君料吾之御者出首耶。梅曰。非也。彼必不敢。蓋彼若舉發。己身難免牽涉案內也。惟發給護照之處。簿根塡有婦名。而此婦死亡想此時已報明地方官。婦已死。而其護照仍發見於滿他路之船公司。彼等不欲偵汝則已。倘其欲之。豈不從此着手乎。蓋汝沿途仍須呈驗護照。即以明日言。汝至杜來施。如不照例呈驗護照。即不能搭驛車。迨至里昂。亦復如是。老屈鐸苟非年老智昏者。必按圖而索。汝甯非網中之魚哉。此一席話。說得砵他利士夫人。如夢初覺。渾身戰慄。汗涔涔下。連聲叫曰。苦哉妾乎。可憐哉妾乎。妾不將如蠶自縛。斂手而作楚囚乎。先生能發惻隱之心否耶。頃聞先生護照有女徒。盍使妾僞爲之同行至意。先生之德厚矣梅聞言躍然而起。心中如有所觸。沉吟曰得之矣。余欲帶回國之女徒。不已在目前耶。即對女曰。此事容某細思之。時女正乘月色。耽耽注視梅之面。蓋欲覘其顏色以占己之安危也。梅凝神畧思。即問女曰。汝看汝貌可像十六齡之女童乎。夫人連忙答曰。想亦差不甚遠。妾可試裝汝看。梅聞言不覺啞然失笑。旋正言告之曰。夫人余到法國本擬携一女徒回意。教習歌舞。使登舞台。此女名衣士稊梨。彼意雖無可否。惟其父母不願。是以不果來。今得夫人願意。桃僵李代。余心甚慰。女聞而駭然曰。若如君言。妾不已淪爲俳優。化爲奴隸乎。又偸眼覘梅。欲察其爲人。蓋一經立約。則此人便爲己之主人。將來得毋有不情之苛待耶。梅曰余有姑名庇安。在美倫城中設館授徒。專教女子歌舞。彼爲女師。而余亦時往教授。如夫人願意則請易名爲依士稊梨。爲余之女徒。且與汝約。沿途必須聽吾指揮。服從命令。無得反詰乖忤。我兩人安危所共。不得不爾。雖法與意無特別之交際。但法政府若有照會索犯。則林拔地之澳官。例當交出。故不得不格外子細。必先得汝親口設誓。永不背我。我方敢將此事一肩擔任也。女曰。妾不願則如何。梅善那曰。此亦難以相强。但到杜來施時。當請汝自爲計。吾不敢再與罪犯同車。自瀕於危。汝須即定從違。不得遲誤。女聞言泣曰。獨不能少假片刻。使我熟思乎。梅曰。吾之欲汝即決者有故。蓋適過滿他路時。幸未驗汝護照。悞以汝爲吾徒。若使追騎躡踪至此。便失汝之踪跡。若汝不依吾議。則到杜來施時。勢必將假照呈驗。是汝之行踪復露。彼屈鐸之徒。可從此識汝之趨向。且知汝之喬裝服色。按圖而求。吾恐未及里昂。汝已入弋人之手矣。女曰。縱使妾即從君爲君女徒。而偵探已早候我於杜來施。則我之衣服。又安能掩彼輩之目。梅曰。汝能從我。則先在車中易裝。儼如一十六女童依士稀梨。至杜來施時。誰復能辨之也。夫人曰。無女童之服奈何。梅善那曰。汝行篋中不有別樣之衣乎。女恍然曰。嘻。是矣。妾幾忘之。舊篋中果有妾幼時學校中之衣服也。梅聞之色喜。又轉計年齡。慮其不稱。急急問曰。此衣中之服。脩短合度否。女曰。尙可將就。妾今雖畧高。然比在學堂時相差不遠。梅曰。甚妙。汝今即可於車中改裝。女聞言飛紅上頰。細語曰。忒羞煞人。梅善那笑曰。勿着急。且俟黎明時。吾當下車步行。聽汝獨在車中易服。至時余先將汝之衣篋取來。乃下車僞爲散步。故着御者緩行。使汝得從容結束。至余回時。當見汝體態全非。宛然一校中女徒矣。但汝

非土地則無以爲養故凡羣必有所宅此地域團體所由生也然或以生齒日滋所資以爲養者不給則不能不有所攻取於外或他羣狡焉思啓謀攘奪吾之所資以爲養者則不能不有所以捍禦之此即所謂地域團體之競爭而數千年以迄今日其範圍愈推而愈廣其手段愈接而愈劇者也此種競爭若歸劣敗則全羣之人舉無以自存然則欲羣之能勝於外固不可不先求堅樹於內欲求堅樹於內則不可不首取害羣之事物而鎮壓之消滅之欲鎮壓消滅彼害羣之事物非有强制力焉不可得也一羣中所有强制力命之曰統治權既有統治權斯國家之形成矣是故由任意結合之社會進而爲强制組織之國家實事勢所不得不然而亦人道之極致也此國家功用之存於社會的方面者也

夫統治權既以强制爲用則國人皆當服從斯不自由莫甚焉而一國中有司國家機關而行强制權者有僅服從於國家而被强制者斯不平等莫甚焉於是有謂國家之建置僅以擁護强者之權利而以弱者爲其芻狗者無政府黨之所以欲破壞國家殆爲此也雖然謂不自由不平等之所攸起由於有國家而國家强制力消滅後則自由

平等之幸福立見此大惑也夫物之不齊物之情矣當國家未建之始其强陵弱衆暴寡智欺愚勇威怯之象視今日蓋數倍焉人徒見國家雖建而國中仍不乏無告之民而不知苟無國家則無告者乃眞無告也復次國家既建則箇人之自由每被限制固也雖然自由之範圍雖視前爲狹而範圍內之自由其確實之程度則視前爲增蓋國家者所以確定箇人自由之界而爲之保障者也使自由而無界人人各得隨其力之所及而伸縮之則社會之劣而弱者將常爲强而優者之魚肉而無所逃命矣由此言之則社會中劣弱之階級其深賴有國家也甚明然則國家得毋不利於優强之階級乎是又不然前此之强者不過有事實上之權力而已及經國家承認以後則變爲法律上之權利僅恃事實上之權力一旦衆弱聯合而踣之未可知也既爲法律上之權利苟蒙不當之反抗則又可以求保護於國家矣是故無國家則强者弱者舉受其敝有國家則强者弱者舉蒙其利此國家功用之存於個人方面者也

明乎此義則國家以何因緣而建置人曷爲而必樂有國家從可識矣

第二節 國家之目的

國家之功用。既如此其大。然如何而後能全此功用乎。則必有其所由之道。循斯道以往而期於必至。是曰目的。國家之目的。則政治之方針所由取決也。故中外古今之言政者。未有不首謹於是。

雖然。國家目的之一問題。實數千年來未能解決之宿題也。在昔古代專制國。認國家爲君主一人之私產。則有謂國家最大之目的。在於擁護君位者。而其政治方針。即循此目的以行。此不必徵諸遠。但觀我國而可知也。我國歷代之制度及百官所司之職。大率在平時則以供奉君主。有事時則以翼衛君主而已。其間雖亦有關於國事民事者。然視之不甚重。行之亦不力也。此說也。與國家之性質國家之功用全相反背。其悖謬固不俟辯。反之而中外賢哲。多有謂國家專以利民爲目的者。如孟子曰。民爲貴。社稷次之。君爲輕。其餘儒家道家言類此者。不可枚舉。而泰西四十八九世紀之交。盧梭孟德斯鳩諸哲所持論。大率認國家爲人民之公產。謂國家最大之目的。在於使人民得其所欲。即現今英國中多數人民。亦尚主此說。近世碩學邊沁斯賓塞輩其代表也。此說也。固含有一面眞理。其所舉者。原不失爲國家目的之一種。然謂國家舍此別無目的或謂此爲國家諸目的中之最大者則皆誤也夫使國家而果以人民個人之利益爲目的則祁寒暑雨欲惡各殊國家亦何術以每人而悅之者而論者或曰是宜三占從二以最大多數之利益爲標準也（邊沁之說）雖然多數者固人也少數者亦人也同爲國家之一分子而徒以少數故遂不得沐浴膏澤此何理也況國家之施政往往有犧牲個人之利益予人民以莫大之苦痛（如戰爭及負擔租稅）而君子或未以爲非者則又何也故此說雖若優於前說而其不足取則一也

原兩說之蔽皆由誤視國家爲一物而不知國家之寔爲一人夫曰私產曰公產皆民法上所謂物權也爲權利之客體者也而國家則有人格也爲權利之主體者也夫惟有人格者爲能自有其目的若夫物則祇以供人之目的而已故如甲說則國家者君主所資以達其目的之具也如乙說則國家者個人所資以達其目的之具也而國家則塊然絕無目的者也充甲說之弊則君主可以蹂躪國家以自佐其娛樂可以將國家之全部或一部移贈於人以自救其困危充乙說之弊則國家雖當極危急之時人民有不欲戰者不能強使戰國家雖當極貧困時人民有不欲納稅者不能強使納蓋

理想一誤而事實隨之故辨之不可不早辨也

然則國家之目的果安在曰其第一目的則其本身(即國家全體)之利益是也其第二目的則其構成分子(即國民個人)之利益是也蓋國家功用之鉅既具如前此所云云然欲常全此功用勿使失墜則第一義必當先使此國家常存於天壤不惟常存而已又必當使之發榮滋長常能應於時勢而盡其職譬諸人然既以吾身爲足以繫天下之重則必自愛惜而毋或妄戕賊之不惟毋戕賊而已而又必思所以日進其強健之度此所謂本身之利益也雖然、國家之功用凡以其爲國民所託命而已而國民苟不存則所謂國家者亦不可得見故國家常當兢兢焉惟國民之利益是圖此事理之至易睹者也譬諸愛身者務使四支百體各得其所而爲相當之發達各肢體之苦樂即全身之苦樂也此所謂構成分子之利益也

政治也者即所以求達此目的之具也夫政治則曷爲而有美惡乎曰、其由之而能達此目的者美也其由之而不能達此目的者惡也此兩種目的能駢進而調和者美也此兩種目的或偏舉而相妨者惡也然則其絕對的美惡可得指乎曰、是難言之蓋同

一目的也而所以達之之手段各殊其塗譬由上海以適京師或航黃海之舟或遵蘆漢之路兩皆可致而互有其短長此政治之所以容論爭者一也又國家全體之利益與國民個人之利益語其歸宿雖究竟必出於一致而當其進行之際恒若不免相妨惜物力則國用或闕而要政荒充國用則物力或傷而民生蹙尊在宥則或損國家之威重務干涉又恐窒人民之自由圖百世之利則目前之負擔者重而或取怨咨徇一時之急則將來之大計貽誤而或致追悔凡此種種利害相倚不可得兼皆可以持之有故言之成理斟酌於緩急輕重則隨各人所判斷以爲是非此政治之所以容論爭者二也夫明於此義斯乃可與論政治矣

第三節　政治之意義

何謂政治據普通學者所說則曰政治者國家爲自達其目的所行之手段也此其義雖若甚包舉然細按之則有嫌其未盡者有嫌其太泛者蓋國家之行動必藉其機關以爲代表然政治事項其行之者不徒在國家機關雖以人民個人之資格亦常得參與之（此非指人民在國會之參政權也若國會則固國家一機關矣）如近世立憲國之有政黨其爲物固絕不含有國家機

關之性質而一國之政治問題實什九由政黨提倡之且解決之然猶曰此爲多人結合之一種團體也至如報館以個人之力而政治往往託命焉此又不必立憲國爲然也卽在專制國其以一二人之意見言論生出政治上大變動者古今中外歷史數見不鮮矣故以政治專屬於國家行爲其義有所未盡也謂政治所以達國家之目的是已然國家之目的具如前述一曰爲國家本身爲利益二曰爲搆成國家之個人謀利益夫此兩者之利益其範圍浩乎無垠舉天下事物殆無不可以納於其中則政治且日不暇給矣是故當於其中畫出一部分焉爲社會的問題者如宗敎言語文學生計諸事項由社會上自然發達而未嘗勞國家之特爲經畫者皆是也（此等事項雖或以社會公共之力使之爲人爲的發達然苟非勞國家之特爲經畫則不名以政治）除此以外則皆屬於政治範圍乎曰未也凡一切關於國利民福之事項其已決定方針著於憲典者則變成爲行政事項或司法事項而不得復謂之政治事項例如國家既決定收某種租稅其若何徵收之法則行政問題非政治問題也例如國家已以法律認定人民某種權利其若何保護此權利則司法問題非政治問題也所謂政治問題者乃在此租稅之是否當徵此權利之是否當認其他百事可

以類推是故政治問題者其是非得失常有討論之餘地而當一國中一時代辯爭之劇衝者也社會問題者未成爲政治問題者也行政及司法問題者政治問題之已過去者也蓋社會事項欲確指其何種決不能成爲政治問題者天下無有但當時之人不認此事爲全國治安榮悴之所關不提出以求國家之舉措者則不爲政治問題例如保護勞傭均節貧富在今日歐美各國爲最大之政治問題在吾國則不成問題也即在歐美當二十年以前亦不過一種社會問題而未得列於政治問題也又如我國開設國會在今日爲最大之政治問題三年以前則猶未成問題也政治問題與社會問題之區別在此政治問題之已過去者則蛻變而爲行政或司法之問題例如宣布憲法召集國會在我國固爲現在最大之政治問題在歐美諸國前此固亦嘗爲政治問題今則已不復成問題也又如廢科舉興學校當十年前爲我國最大之政治問題今則已不復成問題也政治問題與行政及司法問題之區別在此試爲圖以明之

- 政治問題（廣義）
  - 社會問題
  - 政治問題（狹義）
    - 政治問題（最狹義）
    - 行政問題
    - 司法問題

廣智書局新書目錄

書名	價目
廣智國文讀本 一二	每冊一角
修身教科書 一二	每冊一角
修身教科教授法 一二	每冊二角
修身掛圖	二元
改良尋常小學新讀本	七角
改良高等小學新讀本	九角
小學體操圖	一角
兵式體操圖	一角
高等國文讀本第一冊	二角
高等國文讀本第二冊	二角五分
高等國文讀本第三冊	三角五分
高等國文讀本第四冊	四角
高等國文讀本第五冊	四角

書名	價目
中學西洋歷史教科書	一元三角
中等地理教本 全弍冊	一元四角
中等教育國文法	四角五分
中學修身教科書 弟子箴言	四角
中學世界地理教科書 第一編	五角
中學世界地理教科參考書	一元
師範及中學用女子算術教科書	九角
中等教育倫理學	三角
中國文明小史	四角
支那史要	五角
國史讀本 全十二冊 每冊	二角五分
立體幾何學講義	九角
中等教育化學	一元

◀上海福州路▶

廣智書局新書目錄

熊襄愍書牘	二角五分
惜抱軒尺牘	三角
惜抱軒尺牘補編	一角
黃石齋書牘	四角
國文語原解	二角
新民說	六角
仁學	三角
曾胡批牘	六角
松陰文鈔	二角五分
心史	四角
中國魂	三角
第一種家政學	二角五分
第二種家政學	三角
女學生	二角
康南海歐洲十一國游記 第一編	八角
康南海歐洲十一國游記 第二編	六角
新大陸遊記 精製有圖	八角
新大陸遊記 並製無圖	六角
分類精校飲冰室文集 自丙申至乙巳	四元
增補改良飲冰室自由書	四角
中國國債史	二角
滿洲處分案	二角
越南亡國史	二角五分
曾文正公十八家詩鈔	三元
董香光畫禪室隨筆	三角
王照圓列女傳補注	四角
康南海廣藝舟雙楫	三角
包氏藝舟雙楫	三角五分

◀上海福州路▶

廣智書局新書目錄

書名	價目
偵探小說 中國偵探案	二角
偵探小說 地中秘	四角五分
司底芬偵探案	一角五分
偵探案彙刻	二角
冒險小說 十五小豪傑	二角
荒島孤童記 上下全	五角
理想小說 未來戰國志	一角
社會小說 二十年目覩之怪現狀 甲乙丙己 丁戊	每册四角 三角
歷史小說 鐵假面 上中 下册 每册	五角 四角五分
黃繡球	五角
奇情小說 電術奇談	四角
偉人小說 女媧石 甲 乙	二角五分 一角五分
寫情小說 恨海	二角
說部腋	一角
九命奇冤 全三册	七角五分
警黃鐘傳奇	二角
西青散記 全二册	六角
經國美談 全二册	五角
虞初新志 虞初續志	九角 五角
桃花扇 精製	八角
中國廿一省全圖	一元七角
藝蘅館詞選	二元五角
暗射中國輪廓地圖	三元五角

◀上海福州路▶

國風報第一年第七號目錄

國風報

大清郵政局特准掛號認為新聞紙類
日本明治四十三年二月十三日第三種郵便物認可

（每月三期逢一日發行）

宣統二年三月十一日

第二年第七期

定價表

費須先惠逢閏照加

項目	報資
全年三十五冊	六元五角
上半年十七冊	三元五角
下半年十八冊	三元五角

零售每冊	二角五分
本國郵費	每冊四分
歐美郵費	每冊七分
日本郵費	每冊一分

廣告價目表

一面	十元
半面	六元

惠登廣告至少以半面起算如登多期面議從減

宣統二年三月十一日出版
五月念一日三版

編輯兼發行者　何國楨

發行所　上海福州路　國風報館

印刷所　上海福州路　廣智書局

分售處

北京桐梓胡同　廣智分局
廣州十八甫國事報館
廣州雙門底聖賢里　廣智分局
廣州十八甫廣生印務局
日本東京中國書林

國風報

各省代理處

▲直隸 保定府西大街 萃英山房

▲直隸 保定府 官書局

▲天津 府署東 原創第一家派報處

▲天津 浦東小關大行 公順京報局

▲天津 鄉祠南會報處 李茂林

▲天津 東馬路 翠益書局

▲奉天 省城交涉司對過 振泰報局

▲奉天 天圖書館

▲盛京 昌圖府北大街 振泰報局

▲吉林 省城板子胡同 文盛報房

▲山東 濟南府芙蓉街 維新書局

▲河南 開封府城北書店街 茹古山房

▲河南 開封府西大街 文會山房

▲河南 開封府西大街 大河書局

▲河南 開封府西大街 教育品社

▲河南 開封北書店街 總派報處

▲河南 武陟三官廟街 永亨利

▲河南 彰德府 茹古山房

▲陝西 省城內竹笆市 公益書局

▲陝西 省城 萃新報社

▲山西 省城鶯子巷 文元書局

▲山西 省城 書業昌記

▲貴州 崇學書局

▲雲南 城東院街沙臘巷口 天元京貨店

▲安徽 廬州府神州日報分館 陳福堂

▲漢口 黃陂街 昌明公司

▲安慶 府龍門口 萬卷書樓

國風報

各省代理處

▲蕪湖 徽州碼頭 科學圖書社
▲四川 成都府學道街 輸文新社
▲四川 成都 正誼書局
▲四川 成都會府東街 華洋冬報總派處
▲四川 成都南紗帽街 安定書屋
▲湖南 長沙 羣益圖書公司
▲湖南 常德 中報館
▲南京 府城夫子廟 啓新書局
▲南京 城淮情橋 莊嚴閣
▲南京 城花牌樓 崇藝書社
▲南京 城花牌樓 圖南書社
▲江西 省城洗馬池 開智書局
▲江西 廣信府文昌宮 益智官書局
▲江西 南昌萬子祠後書巷內 廣益派報社

▲福州 督署後 教科新書館總派報處
▲廈門 關帝廟街 新民書社
▲溫州 府前街 日新協記書莊
▲溫州 瑞安太平石街 廣明書社
▲蘇州 圓妙觀西察院巷口 瑪瑙經房
▲揚州 古旗亭街 經理各報分銷處
▲常熟 常照派報處 朱乾榮君
▲常熟 寺前街 海虞圖書館
▲常熟 孚記書莊
▲星加坡 南洋總滙報
▲澳洲 東華報
▲金山 世界日報
▲紐約 中國維新報
▲香港 中環砵甸乍街 致生印字館

國風報第一年第七號目錄

目錄

滄浪亭

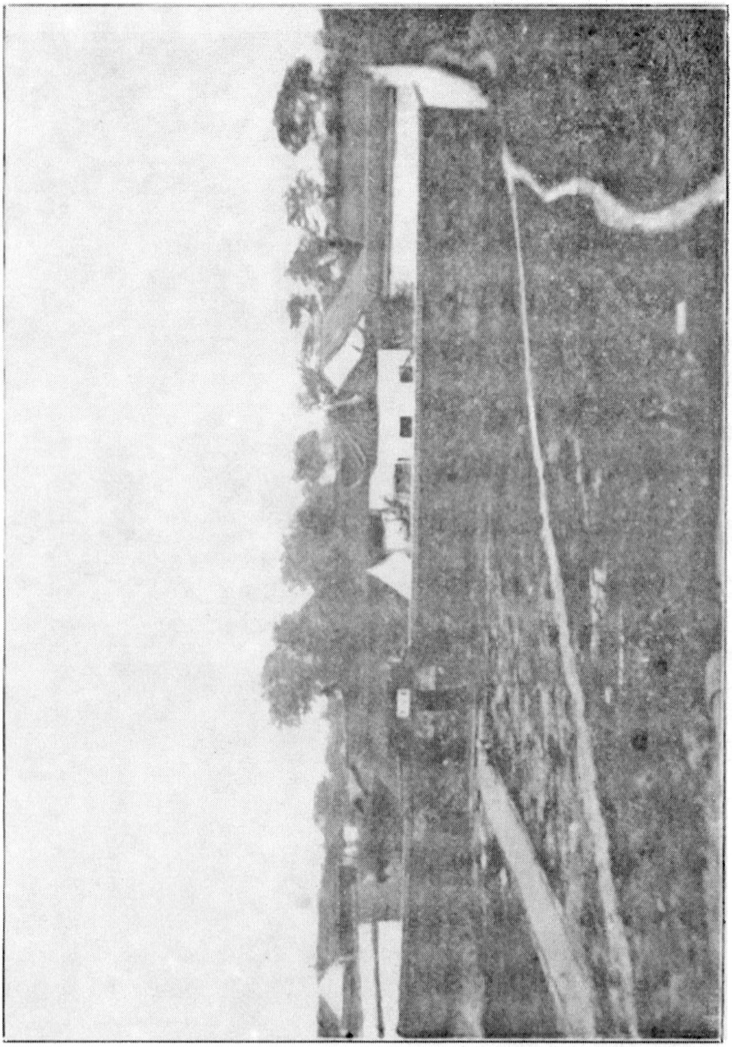

寒山寺

諭旨

二月二十九日　上諭山東濟南府知府員缺緊要着該撫於通省知府內揀員調補所遺員缺着鮑心增補授欽此監國攝政王鈐章軍機大臣署名

三月初一日　上諭正黃旗蒙古副都統署江北提督王士珍奏因病懇請開缺一摺王士珍著准其開缺欽此　上諭廣東廣州府知府員缺緊要著該督於通省知府內揀員調補所遺員缺著聯筌補授欽此監國攝政王鈐章軍機大臣署名

初二日　上諭興京副都統靈熙着留京當差欽此　上諭陳寶琛着補授內閣學士兼禮部侍郎銜欽此　上諭正黃旗蒙古副都統着松椿補授欽此監國攝政王鈐章軍機大臣署名

初三日　旨興京副都統着墨麒補授欽此

初四日　上諭督辦鹽政大臣載澤奏遵旨詳議一摺各督撫電奏鹽政章程不無礙窒各節既據該大臣詳細聲明酌量變通應如所奏辦理各省鹽務糾轕紛紜非統一事權不足以資整頓各該督撫等務當懍遵上年十一月十九日諭旨與該大臣和衷

共濟妥協辦理以副朝廷整頓鹾綱之至意欽此　上諭霍倫泰奏請飭查明贓欵籌還國債一摺援引既屬錯誤措詞尤多失實至片奏各節乃舉地方案件臚列多端牽請查辦該副都統本無糾察之責外官賢否豈能深悉其爲受人囑使情節顯然著傳旨申飭原摺片擲還欽此　上諭學部左侍郎嚴修奏因病懇請開缺一摺嚴修著准其開缺欽此　上諭廂紅旗蒙古副都統承祐奏因病懇請開缺一摺承祐著准其開缺欽此　旨廂紅旗蒙古副都統著吳祿貞補授欽此監國攝政王鈐章軍機大臣署名

初五日　上諭四月初一日孟夏時享太廟遣載功恭代行禮後殿派訥勒赫行禮東廡西廡派希璋錫明各分獻欽此　上諭四月初三日常雩大祀天于　圜丘遣懋林恭代行禮從壇派承蔭榮墩扎克丹德壽各分獻欽此　上諭學部左侍郎著寶熙轉補李家駒著補授學部右侍郎欽此　上諭本日召見之承襲一等男爵蕭年玉著以同知補用欽此監國攝政王鈐章軍機大臣署名

初六日　上諭甘肅蘭州府知府員缺緊要著該督於通省知府內揀員調補所遺員缺著慶隆補授欽此

論說

論請願國會當與請願政府並行

滄江

國風報載筆者謹述民意拜手稽首颺言曰吾儕小民不勝大願願　大皇帝獨其大惠賚吾儕以國會

國風報載筆者謹賡載述民意拜手稽首颺言曰吾儕小民不勝大願願　大皇帝獨其大惠賚吾儕以政府

問者曰請願國會東西諸國有行之者矣請願政府則吾未之前聞甚矣吾子之好爲戲言也應之曰不然請願云者於其所無之物而急欲得之乃陳其所願望而竭誠以請也政府與國會同爲國家不可缺之機關東西各國國民當其無國會之時則請願國會吾國今日固無國會也故吾國民當竭誠盡敬以請願國會**抑吾國今日固無政府也故吾國民尤當竭誠盡敬以請願政府**

問者曰。有是哉。子之誕也。無政府云者。近今歐西獷悍之民所揭櫫以爲倡亂之名號耳。孰謂吾國現狀而乃若是。且今之印纍纍綬若若挾魁柄作威福以臨乎吾上者非政府也耶。應之曰。子未識政府之爲何物也。吾無以曉子。子既曰吾國有政府。則政府果安在。子其有以語我來。於是有復者曰。軍機大臣則政府也。雖然。吾有以明其不然也。軍機大臣者。則當唐虞時納言之官。所謂出納王命王之喉舌耳。入儤直而聽受之。出謄黃而記注之。其職蓋合留聲機器與寫字機器爲一體。當今科學昌明之世。殆不必以人爲之。而直可以鐵與電爲之。用鐵與電。其視今日之軍機大臣。必愈能盡職。而且無弊也。藉曰必須人也。則今者各銀行各公司之書記員足以當之矣。更上者則內閣總理大臣之秘書官足以當之矣。認鐵與電爲政府。夫安得曰有政府。即認書記員秘書官爲政府。又安得曰有政府。夫政府也者。一方面爲全國政治之所自出。一方面又爲全國行政機關之總樞者也。(政治與行政意義之區別參觀本報附錄憲政淺說第二章第三節)今全國之政治雖大半假塗於軍機處以出。而軍機處則已非政治之所自出。若夫全國之行政。行爲試問豈有一項焉經軍機大臣之手以處辦之者。是故謂軍機大

臣即政府無有是處

於是又有復者曰各部之尚書侍郎即政府也雖然吾有以明其不然也政府者一國中不可無一而不容有二者也今國中有十部謂部部皆爲政府耶則是有十政府謂十部共爲政府耶則部與部之間如秦與越之相視其肥瘠如人與鰌之各殊其趨舍譬有人於此集文義不相屬之十字而指爲一句集經緯不相接之十線而指爲一布識者亦孰不笑之而不幸我國之各部乃有類於是夫政府者統一而有組織之機關也如人身然五官百骸各有所司顧未嘗凌亂而相犯也又未嘗離瘼而不相即也二者有一則人而非人也已矣而不幸我國之各部乃有類於是**是故謂各部即政府無有是處**

亦有復者曰會議政務處及憲政編查館其或有一焉可以當政府雖然吾又有以明其不然也會議政務處驟視其名號頗有類於各立憲國之內閣會議然今之置此職不過以位置羸老戀棧之閒員除列席之軍機大臣外自餘皆伴食也而其決議又綠

毫不能生法律上之效力其職之不足輕重五尺之童類能知之矣憲政編查館則令者庶政動皆與聞誠不失爲有力之一機關然按其實際則亦等於外國之一法制局耳一法典調查委員會耳夫政府也者其命令其行爲皆直接與國民以拘束力者也而此兩署之職權皆不能有此**是故指會議政務處或憲政編查館爲政府更無有是處**

於是更有復者曰我　大皇帝與　監國攝政王則政府也是其然否且勿論雖然**此大不敬之言也**夫　大皇帝爲一國之元首總攬國家之統治權司國家之最高機關而凡百機關皆統焉政府則輔弼　大皇帝者也國會則協贊　大皇帝者也法院則以　大皇帝之名而維持　大皇帝所布之法律者也如心君然百體咸率其令顧不能指目一體以爲心君任舉一體以指目心君此如莊生所謂耳目鼻口不能相通其褻心君莫甚　大皇帝亦爾總諸機關而非一機關所得私一機關而欲私挾　大皇帝以自重其褻　大皇帝莫甚且我憲法大綱中不

明言　君上神聖尊嚴不可侵犯耶而政府者則在政治上爲全國衆矢之的人人得而侵犯之者也國會之彈劾恒於斯集會演說之抨擊恒於斯報館之嬉笑怒罵恒於斯試觀今世各國雖以賢才處政府未有不遭攻難以致身無完膚者甚至訐其隱慝毛舉細故作爲種種媟褻尖刻之謠諺圖畫以揶揄之使在常人則名譽賠償之訴訟必起而處政府者不敢校也故政府者實人人得而侵犯之者也所以者何蓋祁寒暑雨怨咨萬無可逃而監謗防川有國之所大戒夫惟萬目睽睽以具瞻政府萬口嗷嗷以交謫政府然後政府之職庶克舉矣若是乎政府者實衆毁之所歸而萬不容以神聖尊嚴之君上當其衝者也**是故指我　大皇帝與　監國攝政王爲政府益無有是處**

是四者皆不足以當政府然則我國更烏覩所謂政府者**質言之則一無政府之國而已**　嗚呼痛哉夫孰知擁土地二萬方里聚人民四百餘兆有歷史四五千年之堂堂中國乃竟以無政府聞於世界也惟無政府也故我　大皇帝雖有

高天厚地之恩而無人奉行之以湛汪濊於吾民惟無政府也故內外百僚之行政無所稟承惟無政府也故各部各省支離滅裂各從其好各營其私無所統一無所督責惟無政府也故雖以一部一省一司一局毫不能知其權限責任所在而百事敗於掣肘廢於叢脞惟無政府也故始終未嘗有一通籌全局之政策而凡百庶政皆以矛盾而相消惟無政府也故一切政治皆失其繼續性吏民無所適從惟無政府也故法令如牛毛皆成紙上空文無一能見諸實行惟無政府也故官吏不事事而莫之問朘削魚肉吾民而莫之罪惟無政府也故列強眈眈以咕囁我臠割我而莫之知莫之禦惟無政府也故水旱繁興惟無政府也故癘疫洊臻惟無政府也故盜賊蠭作惟無政府也故學絕道喪廉恥掃地惟無政府也故民窮財盡餓殍塞途惟無政府也故使我

大皇帝我 監國攝政王宵衣旰食於上 堯膚如臘 禹足胼胝而無一人能分其憂代其勞惟無政府也故使吾國民困苦顛連於下而無所控愬惟無政府也故使吾民之勞苦倦極疾痛慘怛者求其故而不得乃致懟於天地之不仁而以君上爲怨府惟無政府也故他國人視我國爲一無所屬之廣原抉其藩破其門入其堂踞其室

游行自在若無人焉者惟無政府也故有土地而如無土地有人民而如無人民有主權而如無主權乃至有國家而如無國家嗚呼痛哉無政府之害壹至於此

今也吾儕處此無政府之國爲無政府之民如舟泛巨浸怒濤搏擊而無其柁如車上峻坂俯臨無地而無其輪如師陷重圍敵軍肉薄而無其旌鼓如兒啼抱中聲息僅屬而無其乳保是故吾儕小民之望得一政府也如渴望飲如飢望食如寒望衣如暍望蔭如風雨望蔽如蹩望杖如瞽望相如臨河望筏如陟險望梯如久病望醫如大旱望雲霓霖雨 **西方之人亦有言惡政府固惡也猶愈於無政府吾儕小民今且不敢遽惟良政府是望也惟望有政府** 如彼久飢者不敢望膏粱且望粗糲如彼久寒者不敢望文繡且望裋褐乃至如彼久病者不敢望和緩且望中醫雖得有如日本之井伊直弼政府雖得有如奧大利之梅特涅政府雖得有如俄羅斯之坡鼈那士德夫政府吾儕小民猶得仰首伸眉以自夸於世界曰自今以往吾固爲有政府之國吾固爲有政府之國之民也

是故國風報之載筆者謹述民意拜手稽首颺言曰吾儕小民不勝大願願

大皇帝獨其大惠賚吾儕以政府

時評

再論籌還國債會

（參觀第四號本門國民籌還國債問題及次號著譯門公債借換法說略）

滄江

國民以愛國義捐之形式籌還國債。萬不足以集事。且弊餘於利。吾既著論以痛陳之矣。藉曰能集事。藉曰有利無弊。而吾一旦舉此欵以輦致於外人。外人果肯收受與否。是亦一疑問也。聞吾言者且將大驚。謂我有欵還人而人不肯受。殆天下必無之理。而不知我國曏昔之公債條件。固作繭自縛。而當局者之自穽其民。竟已若此也。蓋公債之種類本有三。一曰、永息公債。政府惟按年給息。不約定償還期日。而何時償還。悉聽國家之自由者也。二曰、有期公債。政府約定從舉債後之第幾年起。若干年間。國家有隨意償還之權者也。三曰、定期、定額公債。償還之日期及其數額。均預行約定者也。永息公債。財政上伸縮力最强。故今世歐美諸國悉趨之。有期公債。稍束縛矣。雖然於此期內。政府仍得斟酌情形。移緩就急。借新還舊。遊刃固有餘地也。日本現在公債。大率屬於此類。故日俄戰役其所借外債八萬萬餘元。大率約期以二十年或二十五年內償還。而無限定某年償若干之條。故今者日政府能設法借輕息之債以換之。獨至定期定限之公債。則不然。兩皆成膠柱之勢。絲豪不容假借。故國家財政雖有餘裕。不能提前償還。市場利率雖日趨微。不能借新換舊。而財政雖極窘急。又不能逾期不償。實公債中之最劣下者也。**而不幸我國所有外債。乃盡屬此類。**試舉現在所有之債項。考其條件以明之。

種類	債額	償還條件
第一次匯豐債	一、六三〇、〇〇〇磅	光緒三十一年至宣統六年攤分十次
麥加利瑞記債	二、〇〇〇、〇〇〇磅	光緒二十七年至宣統七年攤分十五次
第二次匯豐債	三、〇〇〇、〇〇〇磅	同
甲午賠款借俄法債	一五、八二〇、〇〇〇磅	光緒二十二年起分三十六年每年帶還本利一、二八八、六八八佛郎

甲午賠欵借英德債	一六、〇〇〇、〇〇〇磅	光緒二十三年起分三十六年每年帶還本利九六六、九五二磅且年中每月定期
甲午賠欵借英德債	一六、〇〇〇、〇〇〇磅	光緒二十五年起分四十五年每年帶還本利八三五、二三四磅
庚子賠欵債五項	四五〇、〇〇〇、〇〇〇兩	光緒二十七年起分三十九年每年帶還本利其中又分五期每年應還之數具載條約中
磅虧借債兩項	六、〇〇〇、〇〇〇磅	光緒三十一年起分二十年帶還本利

其餘鐵路公債亦皆有定期定額之條件今不具列

以上所舉皆籌還國債會所指定擬籌還之範圍也而其償還年分及每年應償金額一一明載於條約絲毫不能移動則既若此前此當局者絕無財政上之智識致定出此種笨拙之條件以自束縛言之誠令人痛心但既已定矣今欲破約以提前償還卽使我果有此力人其許我乎**蓋以歐美金融現狀言之其資本家用本求利欲得如中國公債所給之優息實無處可以求之**而各債咸有抵押抵押物又爲外人所管理不憂吾之逋負其不願吾之遽行清還理有固然也故各條約中間有約定可以期前償還者則聲明按照票面數目

每百鎊加價二三鎊不等其意蓋可見矣今使吾國民量腹爲食竟能絞集得此七八萬萬兩之欵交政府爲償債用政府亦毫不敢欺我民眞舉以用之於此途而其與各債權國所起之交涉其困難尙不可數計而什有九歸於不調則我國民之心力盡付流水矣願提倡籌還國債者熟思之

而論者或曰苟能交涉得宜又安見外人之必不我應惟吾固亦甚望其能我應也苟能我應**斯又可以講整理公債之術**而不必以籌還爲亟亟矣夫一時而償還爾許巨額之公債其於國民生計上國家財政上皆蒙極大之損害吾既已痛陳之矣但吾國既負爾許巨額之公債固不能委心任運而絕不思補救也 **使我當局者而稍有財政上之常識乎則整理又豈患無途其途維何則借換是已**何謂借換謂借廉息之新債以換重息之舊債也

近年以來全世界生計突飛發達資本過賸而息率日趨低微各國前此所借之債皆以當時息率爲標準迨息率趨微之後則以現時之息率爲標準而別借廉息者以償

前此之重息者直接以減輕國庫之負擔即間接以減輕國民之負擔實公債政策之妙用而財政之良劑也最近則意大利將全國三十二萬萬元之公債前此四釐息者今借換爲三釐半英國則將公債之一大部分換爲二釐半日本亦於去臘今春借換一萬萬元由五釐變爲四釐今又將爲第二次借換且將行之於外債矣考各國債之息率其最低者爲美國僅二釐次則英國二釐半次則法國三釐次則德國意國有三釐者有三釐半者次則日本前此五釐今爲四釐而一年以來以全世界金融極緩慢之故各國中央銀行紛紛將利率引下**此眞借換公債絕好之時機也**而還觀我國所有之公債怡和匯豐麥加利瑞記諸欵其利率或七釐或六釐光緒廿二年英德借欵則五釐廿四年英德日借欵則四釐半三十年磅虧借欵則五釐其餘鐵路借欵悉皆五釐內中惟庚子賠欵及光緒廿一年俄法借欵稱最廉則四釐也庚子賠欵我本未嘗受金於債主可勿論其餘則惟俄法一欵與各國利率不甚相遠耳雖然尚有一義當知者則我所有諸公債皆名價發行而非實價發行也（實價發行者如

票面一百兩之債券。國庫實收到一百兩也。名價發行者。則票面雖號稱一百兩。而國庫僅實收到八十餘兩或九十餘兩也。兩種方法。互有利害。大率實價發行其息率可以稍重。名價發行。則息率比例而取輕也。

我國諸債莫不有折兌或八九折（每百磅實兌九十八磅也餘仿此）或九〇折或九二九四折不等夫九四折而五釐息者實則無以異於五釐半八九折而五釐息者實則無以異於六釐矣**故我國現在諸外債之息率平均實在六釐內外**而今日歐美市場息率平均三釐半乃至四釐且日趨低落之勢猶未知所終極公債息率照例則應在市場普通息率之下是以諸國以二三釐之息率募債而應者雲集也而今者我之息率則倍之使當局者如有絲毫之常識耶則銳意講求借換政策計現存外債共一萬三千六百餘萬鎊但使能減息一釐則歲省一百三十六萬鎊約值銀一千一百餘萬兩能減二釐則二千二三百餘萬兩矣據今日世界金融之大勢**我國苟折衝有人則以我確有擔保之公債欲在歐美市場得平價發行息率四釐之新債以行借換應者必將若鶩**

然一轉移間每歲坐得二千餘萬兩矣今政府即竭澤而漁何處得此二千萬者國民雖量腹而食何處節此二千萬者不此之務而惟束手仰屋則甚矣不學無術者之不足以謀國也夫我之公債皆爲定期定額償還則欲行借換其道本甚難此前此當局者不學無術以誤國其罪無可逭也顧前事已不可追矣使其竟不能借換耶則亦必不能提前償還而我國民之倡籌還國債會者爲徒勞矣使其可以提前償還耶則亦必可以借換而借換之大利與提前償還之大害其相去豈可同年而語哉吾以爲今日欲謀借換其交涉固非易易然我國財政紊亂之結果其害中於全世界世界各國莫不知之但使我財政立有確實之計畫則以此提議於各國亦未必不得其贊成此實今日整理外債獨一無二之政策也雖然今之政府曷嘗有一人知有借換公債之法者曷嘗有一人知有所謂世界金融大勢而思利用此絕好時機者吾又將與誰言之而誰能聽之嗚呼國事本非無可爲其奈盡以委諸

昏耄童騃毫無心肝者之手夫安得不亡萬事盡然豈獨一外債政策哉賈生曰醫能治之而上不使可爲流涕者此也而我國民不務所以督責政府乃反欲節衣縮食輦致鉅億鉅萬畀諸無責任之官吏以恣其所爲其忠固可敬其愚抑不可及矣

問者曰如子所言則國民籌還國債之舉既難辦到而又種種無益其說誠甚辯雖然籌還國債會既已開辦而響應者徧於各府州縣今者已捐出之欵蓋亦不少矣然則仍將如前此國民捐之例舉已捐出之欵歸還捐者乎夫其人之肯捐此欵者則已發於愛國之至誠其不志在收回明矣今若中道易轍是無異勸勇者以脫劍也應之曰是有一辦法焉則以所捐之款作爲股本創辦一股份懋遷公司向外國市場買回我國之公債劵是已蓋公債本爲一種流通市面之有價證劵盡人可以購買其價值爲金融狀況所左右常有漲落各國公債莫不有然即我國之外債亦用此例歐美各大市之股份懋遷所每日必將其價

値報告數次甲買乙賣展轉流通而絕非爲一定之人所專有以永錮諸篋笥中者也

故吾國民與其集此款交與政府使以償還之形式而直了此債不如集此欵開一公司以吸買之手段而漸滅此債然則必須開一股份懋遷公司者何也股份懋遷公司者英文謂之Stoik Exchange德文謂之Fondoboerse而日本人所稱爲株式取引所也其性質專主居間以買賣各公司之股份及各種公債而取其酬勞金實爲現今各文明國最大最要之營業**爲一國中最有力之金融機關與銀行相輔而完其功用**我國卽微籌還國債之舉固已亟當設法以提倡此種公司使全國資本得藉以流通而生計界蒙其利（此其理甚長我國人無生計學之常識卽告以此名目猶恐知之者百不得一迨論其功用吾他日將別著論言之此不能盡也）而今日欲行吾漸次買回外債之策非設此機關亦萬不能爲力蓋我國之外債券雖流通於歐美各市場無國無之然在本國內則欲覓一張而不可得我國民若欲各

各挾其所捐之欵特往歐美市場各自購買其斷斷不能辦到至易見矣且購買債券含有投機性質必專於其業有學識有經驗者始能常獲贏而無折閱故必組織公司委任得人然後事可舉也若能用吾策則其利有不可勝言者我國民籌還國債之本意無非欲免他國之常以債權臨我今用此法則逐漸收回集款愈鉅則收回者愈多**而既經收回之債券則將國家對於外人之債務變爲對於本國國民之債務**對本國國民債務增一分則對外人債務減一分**其利一也**驟然還七八萬萬兩之國債無論我國民財力不能勝也藉曰能勝而全國金融界必大生擾亂今用此法積以時日相機而行不至大影響於金融**其利二也**以償還之形式行之則其資本全擲於外而不可復而全國之生計界益重其窘以收買之形式行之則持有此項債券者不失爲一種動産若需現銀時在本國市場可以轉售在本國銀行可以抵押**反以增全國資本流通之速**

度其利三也　我國外債皆約以定期定額償還若欲提前先償慮人不應即應矣恐不免每百鎊須加若干鎊以七八萬萬兩合計其虧累豈得云不鉅今用此法照市價買入絕無此患　**其利四也**　且凡百公債其價值皆隨金融之狀況而常有漲落而無論何國之金融皆不能有緩而無緊若得有學識有經驗而才智警敏之人以司其事覷準金融緊迫公債價格下落之時然後買之則能緣此而獲大利　**其利五也**　籌還國債會之辦法主於勸捐純恃愛國的動機而毫不以自利的動機攙入其間其道難以普及今集股以爲股份懋遷公司非特其資金不擲於虛牝**而此種公司苟辦理得宜則利息最大而最穩**　此徵諸各國成效昭彰者也以此爲勸則應者必多而款可大集　**其利六也**　既有此懋遷公司則不徒本公司得以其資本購回外債而已而凡國民欲以自力購此種外債者皆得託本公司爲之經理如是則所購回者日以益多而與籌還國債會之本意相合　**其利**

七也 我國內債之不能舉辦其一由政府不能示信其二由國民不知利用公債之途今各項外債本由外國銀行經理有關稅鹽金等項作保償還本息皆有定期小有差忒外人將起而爭就令其中一部分歸於本國國民之手而其所有權流通無定政府無術以歧視之信用斷不至失墜信用既不失墜則我國民之持此債券者無論在本國銀行外國銀行皆可以抵押得欵而還以供他種生產事業之用 **民於是始知利用公債其作用之妙有不可言者** 則相率購買者必日**增而外債之一大部分不知不覺便變爲內債** 夫國家之必須給息必須還本則無內外一也**然外債則全洩之以尾閭內債則能利用之以增殖資本於國民生計上所得之效果適相反矣其利八也** 不甯惟是前此國民惟以不信政府且不知利用公債故內債訖無應者今旣借此敎國民以利用公債之途一度領畧妙味之後將尋繹不

能舍去而我國生計機關稍經整頓發達之後區區少數之公債決不足以給市場之需要政府苟於其時能確立公債政策則新募集一二萬萬金之內債決非難事（吾於此事研究最久懷抱最多自謂確有見地不同空談將於以次各號公債政策論中暢陳鄙見）其利九也各國之股份懋遷公司照例皆須以其資本之一大部分購買公債存諸國庫以爲保證蓋此種公司其性質本爲居間營業無須資本然卻非有大資本則不足以昭信於人且政府亦宜防其舞弊故例須以公債爲質也然即此一端又已爲公債利用之一廣途（日本公債爲各株式取引所買以作按者凡一千六百餘萬其助公債之銷場多矣）而此種公司獲利豐而且穩創一公司以開風氣則各省之大市場行將紛紛繼起（此種公司每一市祇宜有一所而我國之大其大市場總在數百則可以有數百所矣）而公債需要日以益增內債更容易募集其利十也既有股份懋遷公司之後則各種鐵路輪船礦業工業商業公司之股份皆可在此懋遷公司中爲之居間買賣夫股份有限

公司之性質必須其股份買賣流通極便利然後易於發達我國各公司之不能發達雖原因多端而缺此居間買賣之機關亦其一大梗也今若能借此勢以創辦此種公司**其關係中國實業之前途者大矣**況利用公債尤以買賣自由流通便利為第一義**中國若欲確立公債政策非先創股份懋遷公司不能為功**今乘勢以開設之是一舉而數善備也**其利十一也**夫各國之償還公債不必其抽籤以償還也往往用買入銷卻之法償之於無形之中蓋政府亦與民為市值公債價格下落時則由國庫撥款向市場照時價以買回前此所發之債券買回後則摧燒之此與償還無異矣此其為術利害參半今勿贅述要之此法為各國所常行此稍治財政學者所能知也我政府若誠有意整理外債則既有此股份懋遷公司後不特人民可以託彼向外國市場購買也**即政府亦可以託彼向外國市場購買**購得而摧

燒之則與償還無異矣夫政府欲以此陰行償還外債之法則爲數不可以不鉅以我國財政之現狀安有力以及此雖然我國今日雖非應償還外債之時而實爲應借換外債之時借換爲條約所束縛實屬不易辦到 **則亦惟有陰行借換之一法** 若果有公忠體國才學兼優之人以在政府則乘全世界金融緩漫息率低下之時再借三釐半或四釐息之外債一二千萬鎊而暗中由本國之股份懋遷所向外國市場收買舊債 **則謂之陰行償還也可謂之陰行借換也亦可卽使債額一如其舊而歲減之息已不可以數計矣**

其利十二也

夫由吾前者之說（參觀第四號本門籌還國債問題篇）則直接籌還國債之難行而有害也若彼由吾今者之說是間接籌還也而其可行且有利若此我愛國之國民盍一熟審而決所擇乎若猶有致疑於吾說者請致詰問吾必竭誠以相答復若以吾說爲有一節可取也 **則**

吾甚望提倡籌還國債會之諸君子。遵此方針以行。勿徒迷於決不可致之途以誤大計也。

嗚呼國民之求常識眞不可以已不爾則以愛國之盛心而造出病國之惡果者往往有焉矣我國民前此之演此種惡劇已不知幾次今猶可以不知警耶夫以極普通之事理爲各國尋常學子所一見而識其利害者而我國民往往趨害若騖焉吾誠深痛之

（宣統二年二月十六日作）

（完）

新軍滋事感言

滄江

入春四十日而各省新軍滋事三告矣一爲廣州二爲蘇州三爲清江浦廣州之役則發難於一兵丁與刻字店爭價也而遂至省治戒嚴屠殺千人數年所練新軍盡覆焉蘇州之役則發難於兵丁觀劇爭半價而遂至開衅友邦賠欵了事今茲清江浦之役其發難所自尚非吾之所能知也雖然國家之養兵其意非欲以維持一國之治安耶乃今也一國之治安反由國家所養之兵擾之且不兩月而擾至於再三焉中外古今詭異之現象未或過此矣吾於軍事上之智識毫無蘊蓄豈敢妄有所論顧俯仰事變有不能已於言者輒述所感貢當局一反省焉

所感一　吾國疇昔右文而賤武致軍士不知自愛軍政之敝其根本實在於是言新法者乃思所以矯之夫矯之誠是也然矯之不以其道則弊即生於所矯而滋益甚者往往有焉矣側聞各省將弁之待新軍也若衰嫗之撫其驕兒若懦夫之畏其悍妻苟務容悅之而已夫若是則足以收右武之效矣乎治軍者以令行禁止爲第一

時評　十八

義從軍者以親上死長爲第一義。自古未有驕兵而能用者。數年以前。學校學生屢起風潮。於是辦學者懲羹吹虀。壹以媚悅學生爲事。識者猶亟非之。而況於軍事以威令爲本者乎。今將弁之容悅軍士也。豈其果愛之重之。不過慮稍拂其意。動輒鼓噪而已之差缺。行將不固耳。故不顧國家治軍之本意若何。惟以噢咻爲敷衍之計。其所自爲謀者良得。而驕縱之習。已深中於軍隊中。而不復可用矣。

所感二　驕之與惰。相緣者也。惡勞好佚。生民大情。不有綱紀以督率之。雖士君子猶將自暇逸。而況於未嘗學問者耶。頃聞各省之新軍。其偸惰往往視前此之綠營防勇爲尤甚。至有赴操時乘肩輿者。有僱火夫代持鎗者。雖未必各處盡然。然其弊畧可覩矣。昔歐陽文忠論宋代兵制之弊。謂今衛士入宿。不自持被。而使人持之。禁兵給糧。不自荷而僱人荷之。驕惰如此。況肯冒辛苦以戰鬭乎。近今營規雖敗壞已極。然此等現象。惟京旗、駐防等有之。綠營、防勇猶未至此甚也。而不料乃見之於新軍。試觀今世之軍國。其所以勞苦其軍者何如。普王腓力特列。其軍政爲萬國所師。蓋士卒飲食之菲。與操作之勤。殆非他國人所能一日堪。即其太子之在伍也亦然。今日之德國皆賴此也日本軍人每遇夜雪必起演習其在滿洲隆冬野營人僅給一氈蓋一方面導以文明之精神一方面鍊成其野蠻之體魄故所嚮能有功也吾國舊軍其文明精神雖缺乏而野蠻體魄尚足以自豪今新軍之野蠻精神未見其有所進於前而野蠻體魄之固有者則既喪之矣是壽陵餘子之學於邯鄲而失其故步也

所感三　徵兵制度之優於募兵爲今世言軍政者所莫能易雖然徵兵制度與國民義務教育制度實相輔而始得行不可不察也夫義務教育非徒教之使爲兵已也然導之以國家思想使其明確了解且累年積月以漸漬之使深入銘刻於心不能拂去及徵之爲兵則彼更以國家公人之資格發揮其平昔之所養有動則爲國家而動耳於國家利益範圍之外而欲導之以非禮非義安可得耶不寧惟是當其受此七八年之義務教育則已取處身接人對國家對社會之種種常識擇其要者而指授之又教之以尊重秩序服從長上及其成年而爲兵則不衷於理自賊賊人之事斷莫之肯蹈也而復有曾受高等教育之將校以身作則而以法節制之則亦安

時評

有游佚亂暴不知自重乃至以乾餱之愆詒國家之戚如今茲蘇州廣州之怪劇者耶不務端其本而欲效他人之一節以自文亦安往而可夫今茲之新軍什九皆出於募也雖然吾觀此而知將來雖改募爲徵其結果亦若是則已耳

所感四　新軍滋事有司必張皇其辭而相驚以革命黨乃率他軍以草薙而禽獮之天下之可痛莫過是矣夫各國革命之舉往往起於軍隊即數年來俄羅斯希臘皆其最近最顯之殷鑒吾豈敢謂現在中國之革命黨不煽動軍隊吾又豈敢謂中國將來之軍隊決不被煽動於革命黨雖然以現在所發生之事實論之吾有以明其不然也凡民之爲亂也或迫於飢寒鋌而走險或激於愛國之狂熱甯以身殉二者有一而復遇梟雄之夫煽動之則其禍立發苟不然者則煽動者雖有蘇張之舌無能爲功也我國歷代之亂機屬於前項者也俄土希諸國之亂機屬於後項者也而今之新軍則兩皆不足以當之以言夫迫於飢寒耶吾國今日誠民窮財盡而新軍之餉糈尙優鮮衣美食游行廣衢猶所至受社會之尊敬欲誘之於殺身滅門之路譚何容易以言夫愛國狂熱耶則今之新軍豈嘗稍受教育而知國家爲何物者並

二十

國家且不知而愛心何由而生使其能有俄土希諸國軍人所有之常識知有國而鮮愛之則又非今日浮薄無行之革命黨所能煽動矣由此言之則各處新軍之滋事純不含有革命的性質而其咎全在長上之所以教誨節制之者不得其宜此事理之至易見者也今之張皇而薙獮之者豈其不察於此直乃幸災樂禍捕此風吹草動之機會小題大做涸千百人之血以易其一階之進嗚呼古之以兵端難者而一將功成萬骨枯君子猶痛歎之況乃羅織無罪之人以爲一己之祿利者哉不有人禍必有天刑不報諸而身必報諸而子孫人生幾何何必作此喪心害理之事以致魂夢無一日之能安也且國家之養兵也爲用之故養之也非如豚犢養之以供臠割也今茲之舉得毋豚犢新軍也耶狐埋之而狐搰之見者猶以爲笑今絞全國人之膏血以養兵復拔取其健者以編諸伍而其究也不過以供巧宦之豚犢此寧可爲痛哭者也

嗚呼往者不可追矣而後此相類之現象吾恐方日出而未有窮信如是也則迨三十六鎭之告成而民與兵皆無噍類矣吾常謂中國所以自求滅亡者多端而練兵與居

時評 二十二

一焉夫豈謂兵之不可練然若今日之所以練兵者則舍速亡之外吾決其一無所獲也

宣統二年二月十五日稿

再論錦愛鐵路問題

（參觀第三號本論）

滄江

吾於錦愛鐵路事曾有所著論近聞我政府以日俄兩國直接間接反對之故頗思中輟此議道路所傳未知信否吾以為我政府若實有所見於利害比較之間則宜舉宜廢誠有可商榷之餘地**若見脅於他國而幡然以改此大不可也**凡國交上可以互相束縛其行動者惟在條約吾與日俄之鐵路條約雖有禁平行線之文然錦愛之與南滿東清皆非平行線南滿之風馬牛不相及固無論矣即其與東清之關係雖曰縱切齊齊哈爾而過然一縱一橫範圍迥別日俄若欲藉口干涉

終不能得正當之理由明甚若欲向甲國借款辦一路而必須待命於乙國則直縣鄙耳何國之爲此風一開紛紛效尤將何以待之爲今之計能移此款以辦張恰鐵路最善也若不爾者則正以他人抗議之故我不可無以應敵所謂騎虎者難下也吾固言之矣此路若辦理得宜誠爲東三省起死回生唯一之良方吾於此路非絕對的反對也但必附以條件始能贊成耳其一則與美國所定借款合同須無損主權其二則有一殖民公司與之相輔此二事若能辦到則於政治上及國民生計上皆可以得良效果所餘者則財政上增加負擔之問題耳然使第二事能辦到則十年樹木之計亦豈終不可以爲償今此事由我賢大吏倡始於合同之條件當能大有所斟酌**吾所望者不辦則已既辦則勿爲其偏而爲其全必須麗以一殖民公司**路成一段則內地移殖之業與之俱進此則非直東三省之利也至於殖民公司之辦法如何則普魯之行於其西鄙者最精善而事事悉可以步趨我大吏而有意也吾將更端以貢所懷

時評

笠

澤茫茫

雁影微

玉峰重疊

護雲衣

長橋寂寞

看寒夜

只有詩人

一舸歸

著譯

中國古代幣材考

滄江

此吾兩年前舊作也雖考據之文匪裨實用然治史學羣學生計學者咸不廢此亦且饒有趣味足以解頤故采以入報中　著者識

貨幣之職務有四。一曰交易之媒介。二曰價值之尺度。三曰支應之標準。四曰價格之貯藏。故凡文明稍進之國。莫不有貨幣。以其功用至鉅。舍之無以前民用也。既有貨幣。則不得不選定若干種物品以爲制幣之材。其物品最能完此四種職務者。則其最適於爲幣材也。今世各國其幣材率用金銀銅諸金屬。而尤於其中選最貴之一種金屬以爲主幣。而以其他金屬爲從幣。（主幣從幣日本人譯爲本位貨幣補助貨幣）凡以其最能完此四種職務而已。吾輩生當今日。數見不鮮。視爲固然。殊不知即此區區選定幣材之方法。亦幾經進化。

然後止於至善其在古代無論何國皆不解用金屬蓋金屬隱於礦中不易發見卽復發見而化分以取純質其事尤難此非文明已開學力稍深之民不能從事也吾嘗讀歐美碩儒所著貨幣論記述各國前古所用之幣材光怪陸離至可詫異因搜討先秦遺籍倣其體例綴爲此篇因以明進化之軌轍示羣治之不可封於故見以自卽安而歸結於今日中國之必當用金以爲主幣畧言其所以然之故好學之士或不以玩物喪志相誚耶

第一項　貝

考古代凡濱海之國其人民皆喜用貝殼以爲幣材西史所述地中海沿岸諸民族用貝之跡歷歷可稽卽今日印度洋南太平洋諸島民尚多用貝者其影片屢見於各地志而用之最盛者則莫我中國古代若矣考古代人民所以喜用貝者其原因蓋有六

一　其文采斑爛可觀爲狉獉之民所同嗜

二　其質堅緻經久不壞可以貯藏而無損其値

三　其量么小便於携運且便於數計其一枚之單位可供最小交易之用而層累

之。亦可供較大交易之用。故適於為交易媒介。

四　其每枚大小畧相等。彙集之而稍分等級。可用為價格之尺度及借貸之標準。

五　其物為天然產物。不能以人力任意製造驟為增加。而得之頗需勞費。故其價格變動不致甚劇。

六　其得之雖需勞費。然比諸採礦范金為事較易。故文化未深之民。未解用金而先解用貝。

坐是之故。無論何國。古代人民。皆喜用貝。而我國其最著者也。我國自伏羲建國於黃河上游（都陳今河南陳州府也）其後沿河東徙。漸及於沿海膏腴之地（神農都曲阜今山東兗州府　帝堯都陶今山東曹州府）時則漁業與獵牧耕三業相並。故採集貝殼。為一時嗜好所共趨。及夫交易之道漸開。因公認為媒介之良品。故古代之貨幣。雖命為貝本位制焉可也。

說文貝字下云。『海介蟲也。居陸名猋。在水名蜬。象形。古者貨貝而寶龜（謂以貝為貨以龜為寶也）周而有泉。至秦廢貝行錢』此說若確。則用金屬為貨幣實自周始。前此實皆用貝。即周代亦不過貝錢並用。貝之不為幣。實自秦而始然耳。此徵諸文字而可知也。我國凡生

著譯 四

計學上所用之字無論爲名詞爲動詞爲形容詞十有九皆從貝蓋古代之生計組織生計行爲無一不以貝爲標準也試取說文所示之訓詁擇要而詮索之。

賁 飾也 按此爲貝最初之用蓋以爲飾也其後好飾者漸多乃爲交易媒介

賄 財也 按此會意兼形聲字也有貝則謂之財故从貝从有有亦聲所有權之觀念起然後財之觀念隨之而起也

財 人所寶也 按今世生計學所謂財卽英文之 Thing 或 Goods 其意蓋指凡物之能養人欲而給人求者以人所寶一語示其定義最爲確當而古代所謂財卽有貝之謂也

貨 財也 按廣韵引蔡氏化清經曰貨者化也變化反易之物故字从化然則後世以爲貨幣之專字亦有以也

資 貨也

賑 富也 按西京賦鄉邑殷賑蓋富饒之謂匡謬正俗曰振給振貸字皆作振振卹救也俗作賑非

賢 多財也 按舊本作多才段氏玉裁正之謂賢本多財之稱引申之凡多皆曰賢後世習其引伸之義而本義反廢耳

賀 以禮相奉慶也

貢 獻功也

贄 見也 按段氏云當作所以見也相見以貝爲贄今俗所謂見面禮

贐　會禮也

齎　持遺也

貸　施也

貣　從人求物也

賂　遺也

賸　物相增加也一曰送也副也

贈　玩好相送也

賜　予也

賚　賜也

賞　賜有功也

贏　有餘賈利也

賴　贏也

負　恃也从人守貝有所恃也一曰受貸不償（按人守貝則有所恃此貝字非解爲貨幣則無以明之）

著譯

貯 積也

貳 副益也

賓 所敬也 按相敬者必有餽贈故賓亦从貝

賒 貰買也

貰 貸也

贅 以物質錢。从敖貝。敖者猶放。謂貝當復取之也。按漢書嚴助傳賣爵贅子以接衣食如淳曰淮南俗賣子與人作奴婢名曰贅子三年不能贖遂爲奴婢此不過贅之一種其實凡以物抵押者謂之贅放貝而當復取之放貝即貸錢與人也

質 以物相贅也

貿 易財也

贖 貿也

費 散財用也

責 求也从貝朿聲 按責字篆作賚盖兼有約束之義謂與人約束而向之索貝也故訓曰求周禮小宰聽稱責以傅別稱責即今之舉債古無債字也凡負債謂之責因引申爲責任之責又引申爲責罰之責

六

賈 市也段氏曰市者買賣所之也因之凡買凡賣皆曰市漢石經論語曰求善賈而賈諸今論語作沽者假借字也引伸之凡賣者之所得買者之所出皆曰賈俗又別其字作價古無是也按古代以貝爲價格之比準故價古作賈其文从貝也

販 賣賤買貴者

買 市也

貴 物不賤也

賤 買少也按貴賤本指物價以凡物對於貝之價言之也後引申爲上下階級之義

賦 斂也按此亦彤聲兼會意字以武力使人獻所有貝謂之賦凡賦稅皆以主權者之意強制執行也

貪 欲物也按欲多得貝謂之貪

貶 損也

貧 財分少也

賃 庸也按庸者今之傭字任用也用他人之勞力而酬之以貝曰賃今日本人猶名傭工之工錢曰賃銀

賕 以財物枉法相謝也

購　以財有所求也

貲　小罰以財自贖也

以上皆許氏說文貝部所解之字也。（其未錄者十字）其他見於徐氏新附者。如貺、賜也。贍、給也。賻、助也。賽、報也。賺、重買也。錯也。（省作賺集韻云賺市物失實也）貼、以物爲質也。貽、贈遺也。賵、贈死者也。賭、博簺也。凡九字。（賊字不見說文。本義謂竊人之貝。傷害其所有權也。引申爲凡賊害之義。又賓字在宀部。其訓曰珍也。从宀玉貝缶聲。此字蓋稍後起。其時已以玉與貝並爲貨幣矣。又說文有𧶠字而無賣字。𧶠下云。衒也。後人省爲賣也。又說文無贊字。贊字卽含贊字義。）由是觀之。凡中國文字與生計學有關係者。大率皆从貝。則貝爲古代最通行之貨幣。且行之最久。其事甚明。

古代以貝代表百物。其跡更有極著明者。說文員部員字下云。『物數也。从貝。口聲。』（口字說文別爲一部訓曰回也象回帀之形其字讀爲羽非切圓圜等字从之與口字異）金壇段氏釋之云。『从貝者。古以貝爲貨物之重者也』然則古代以貝指物數。問人之富。則數貝以對。此與今日計財產者。言有金銀幾何。圓無以異矣。从口者。衆象其回帀之形。後世貨幣。皆以金屬鑄爲圓形。名曰圜法。亦取象於貝也。

古之用貝者皆累而貫之。說文毌字下云。「穿物持之也。从一横毌。毌象寶貨之形。」貫字下云。「錢貝之毌也。从毌貝。」古者以二貝爲一朋。漢書食貨志云。大貝壯貝幺貝小貝皆以二枚爲一朋。詩小雅。既見君子。錫我百朋。是也。（說文有賏字从二貝烏莖切其形與音皆近於朋竊疑百朋爲百賏之謂）毌正象二貝相並之形。以一横貫一象繩。以繩穿二貝也。是毌字已函貫義。貫乃後起之字。加貝以明之耳。而後此變爲刀。變爲錢。皆穴孔以備穿而持之之便。實則皆濫觴於穿貝也。後世累千錢而貫之。而一貫遂引申爲一千之名。若語其朔。則兩貝耳（說文實字下云富也从宀从貫貫貨貝也多蓄成貫之貝則稱爲富此亦貝本位制之確證）

以上所舉之字。未必皆起於一時。其爲夏商周間孳乳寖益者蓋甚多。然凡屬財富之意義。無不以貝表之。蓋貝本位制之時代甚長故也。

第二項　龜幣

說文云。古者貨貝而寶龜。禮記云。諸侯以龜爲寶。史記平準書云。人用莫如龜。漢書食貨志云。貨謂布帛及金刀龜貝。是古代以龜爲幣。（以其介爲幣也）歷歷甚明。據杜氏通典。言神

著譯

農時已用之。其信否雖不可考。然漢書食貨志言。秦并天下。凡龜貝皆不爲幣。然則秦以前。皆用爲幣甚明。易曰。或錫之十朋之龜。然則殆與貝子母相權。十朋云者。謂所錫之龜。價値十朋。卽二十貝也。（鄭康成詩箋。言五貝爲朋。與漢志異。未審孰是。若從鄭說。則値五十貝也。）龜之所以適於爲幣材者。〔一〕以其質經久不壞。〔二〕以其得之頗難。〔三〕以其可以割裂也。以其得之較貝爲難。故可高其値。以與貝相權。然亦以此。故其用不能如貝之廣。其可以割裂。雖便於貝。然經割裂。則其價必損。又不如貝之有常値也。

古代龜幣

古代用龜幣以全龜爲之者固多。然割裂之者亦不少。蓋勢之所趨。不得不爾也。光緒二十五年。河南湯陰縣屬之古牖里城。有龜板數千枚出土。皆契有象形文字。爲福山王氏懿榮所得。推定爲殷代文字。而莫審其所用。余以爲此殆古代之龜幣也。（參觀拓本周

十

官龜人職云。既事則繫幣以比其命。繫幣之義。杜子春鄭康成各異其訓。雖未敢望文生義。然或卜餘之龜。用以爲幣。亦未可知。牖里出土之物。或古代人民所窖積。如後世之藏鏹也。其所契之文字。或所有者自爲標識。如今銀塊之有鑿印。期票之有裏書也。此說若信。則古代龜幣之盛行。可以概見。

第三項　皮幣

刻畫獸皮以爲貨幣。泰西各國古代。莫不從同。蓋太古人民。類以獵爲主業。皮爲其較所易得。而毛采足以供翫飾。靭質可以經久遠。又得之益需勞費。其價格變動不劇。故以。爲幣材。其用尙適。各國所以廣行之。蓋以此也。我國書契所記載。已自獵業時代以進於農牧時代。故皮幣之用於民間者。不甚可考。見言幣制者亦罕道焉。（漢食貨志通典記古代錢幣皆不及皮）然尙行之於聘享餽贈。其用亦等於貨幣。蓋皮幣之爲物。經割裂則其價大減而獵業漸衰。得皮不易。全端之皮。所値日昂。不適於爲普通交易媒介之用。而古俗相沿。猶以爲寶。故專用之於大禮重典。而不與尋常貨幣同視也。儀禮聘禮云。官陳幣皮北首西上。又云。庭實皮則攝之。毛在內。又云。致命張皮。又云。受皮者自後右客。鄭康成謂天子之孤用虎皮。公之孤用豹皮。諸侯相餽皆以虎豹皮。若聘賓覿諸侯。諸侯待使臣。及使臣與所聘國之卿大夫相覿皆用麋鹿皮。凡此皆最隆重之有價物品。卽貨幣之變相也。士昏禮納徵用儷皮。亦所謂以貨財爲禮也。（孟子曰事之以皮幣亦以貨幣相賂贈也）秦漢以降。獵業益衰。微得皮益難。而金屬之幣材漸盛。皮幣之廢。理有固然。而漢武帝時。乃以白鹿皮方尺緣以藻續爲皮幣。命值四十萬。強王侯宗室朝覲聘享必用之。（見史記平準書）是爲逆人情之所習。強賦賤價之物以高價。其不能通行宜也。

第四項　粟　帛布

吾國古代。常以粟及布帛縑絹等爲幣。此雖近於實物交易。然亦有當別論者。蓋彼時之粟帛等兼有兩種資格。其一爲直接消費物品之資格。其二則爲幣材之資格也。周官旅師職云。掌聚野之鋤粟屋粟間粟而用之。廛人職云。掌斂布絘布總布質布罰布廛布而入於泉府。載師職云。凡宅不毛者有里布。閭師職云。凡無職者出夫布。孟子云。廛無夫里之布。職幣職云。掌式灋以斂官府都鄙與凡用邦財者之幣。粟也。布也。幣也。（幣卽帛）皆後世所謂貨幣也。

以粟爲交易媒介。其象實等於實物交易。故自古言幣材者。多不及此。然稽諸經傳。其跡歷歷可見也。周官司市職云。國凶荒札喪。則市無征而作布。鄭注云。有災害物貴。金銅無凶年。因物貴大鑄泉以饒民。國語云。古者天降災戾。于是乎量資幣權輕重以振救民。管子云。湯七年旱。禹五年水。湯以莊山之金鑄幣而贖人之無饘賣子者。禹以歷山之金鑄幣。救人之困。由是觀之。年凶鑄幣。三代同符。夫貨幣多。則其價賤。貨幣少。則其價騰。貨幣價賤。則百物價騰。貨幣價騰。則百物價賤。此一定之學理。古今中外所莫能外者也。然則當年凶物貴之時。而反增鑄貨幣以益之。毋乃等於抱薪以救火耶。而古代以此爲唯一之政策。且行之而灼著成效者。何也。殊不知古代以粟爲幣。全國所有之粟。以一部分供民食。以一部分資幣材。當歲凶粟乏之時。而兩者之用。皆不可須臾缺。則民病滋甚。故廣鑄幣以濟其窮。使疇昔專資幣材之粟。得受代而卸此職務。舉其量以悉充民食。則一國生計。賴此而蘇也。此與今世諸國。當恐慌時代。多發紙幣者。同一作用。然苟不知當時以粟爲幣之制。則此理殆無從索解也。

中國以布帛爲幣材。其歷史最長。唐虞以前。殆已有之。（通典謂起於神農）三代及春秋戰國間。其用蓋極盛。故錢。謂之布。亦謂之幣。布者布也。幣者帛也。貨幣二字。今成爲交易媒介物之專名。貨之材則貝。幣之材則兼布帛而言也。然則貝與布帛。殆可稱古代幣材之二大系統矣。

漢書食貨志云。『周布帛之制。以廣二尺二寸爲幅。長四丈爲匹。』而周官載師職『凡宅不毛者有里布。』鄭衆注云。『里布者。布參印書。廣二寸二尺以爲幣。貿易物。詩云。抱布貿絲。抱此布也。』禮記雜記。『幣一束束五兩。兩五尋。』鄭康成注云。十个爲束。兩兩者合其卷。是謂五兩。八尺曰尋。兩五尋。則每卷二丈也。合之則四十尺。今謂之匹。錯綜諸說而參覈之。則當時所謂制幣者。略可見也。凡布帛以匹爲單位。每匹以兩端相向對卷。卷各一端。兩卷而成匹。故匹亦謂之兩。（匹者匹耦之意。與兩同義。今從一端循摺而謂之匹。非古也。）而其長則四丈也。匹之五倍爲束。故一束爲二十丈。經傳所屢稱束帛者是也。二分匹之一爲卷。十分卷之一爲布。亦謂之幣。鄭衆所謂布廣二寸長二尺者是也。其廣其長。皆當每卷十分之一。當每匹二十分之一。此普通貿易所用也。故曰貿易物。此種布幣。以二十方而值一匹。以百方而值一束。束帛爲典禮用。不以施諸貿易矣。由此觀之。則當時幣制。

有法定畫一之單位單位之上有倍數位單位之下有補助位子母相權與今世之幣制系統極相似不可謂非時代之進化矣

古代所謂布者乃度量衡之名而非物品之名申言之則布者非與帛對舉而與卷與端與匹與兩與束對舉也就其可舒而言之謂之布就其可卷而言之謂之卷就其兩相對卷而言之謂之兩謂之匹一布一卷一匹皆一段也特其段有大小耳春秋左氏昭二十四年傳云錦二兩魯人買之百兩一布謂以普通幣帛之百兩乃能買此錦一布也卽以四百丈之帛乃能易二尺之錦言其貴也後世習用之則以帛之賤者名爲布矣

夫龜貝皮等皆爲天然產物不能隨人意以畫分其形質其伸縮力極弱貝之與粟雖其形幺小可隨時增減其量以爲計數然僕僕數算而秤量之亦滋弗便惟布帛由人工織造故可懸一定式以爲鵠以之爲量度價格之尺度則標準確而免鬨爭指數易而省煩費此與金屬貨幣之由秤量制而進爲員數制者頗相似古代人民便而習之蓋有由也布幣之用既廣後此雖鑄金屬以代之而仍沿舊名曰布曰幣矣後儒因古

著譯

人名錢曰布。不解所由。乃强以布散之義釋之。是未稽其朔耳。漢書食貨志云。貨布於布束於帛。如淳注云。布布於民間也。李奇注云。束聚也。此皆望文生義也。今者不名布而名幣。甯得曰敝於幣耶。鄭司農所云布參印書者。考漢書平帝紀如淳注引漢律云『傳信用五寸木。封以御史大夫印章。其乘傳參封之。參三也。』此所謂參印書者。疑亦同此。印三印於布之封面。所以檢姦僞也。故晏子云。如布帛之有幅焉。爲之制度。使無遷也。禮記王制亦云。布帛精麤不中數。幅廣狹不中量。不鬻於市。夫使布帛僅爲交易之目的物。則何必於其數量斤斤焉爲制度以干涉之。而使不得遷哉。徒以其爲交易媒介物。故必須由國家檢定。俾得斠若畫一也。準此以譚。則國家造幣權之觀念。濫觴於是矣。一布之廣二寸。其長二尺。實不適於爲衣料。然則當時此項之布。殆以交易媒介爲其唯一之職務。舍此以外。不爲他用矣。此亦爲今世之貨幣性質酷相類者也。

幣制既以匹爲單位。匹亦謂之兩。故兩之名最爲通行。周官媒氏職所謂凡嫁女娶妻入幣純帛無過五兩。春秋左氏閔二年傳所謂重錦三十兩。昭二十六年傳所謂幣錦二兩。所謂百兩一布。皆其例也。兩本爲布帛幅長之名。不爲金屬重量之名。後世雖鑄金作幣。然民久習於布帛之兩。不能驟易。故襲其名曰兩。秦始皇鑄錢文曰半兩。謂此錢一枚。其値半兩也。半兩卽十布也。

由此觀之。則周代八百年間。幣制殆可稱爲布帛本位時代。其他物雖亦兼爲幣材。而爲用總不如布帛之廣。此實中國古代史一特色也。各國古代所用金屬以外之幣材。雖有多種。惟未聞有用布帛者。則以蠶業爲中國專有之文明故也。秦漢以後。金屬貨幣雖盛行。然布帛之用。猶不廢。直至明代。而布帛始不爲幣材。徵諸唐宋明史。其官俸皆言縑若干匹。信而有徵矣。

第五項　禽畜

泰西古代各國。多以家畜爲幣。而我國則不概見。蓋緣彼都古史所記。皆游牧遷徙之蹟。而我則蚤進爲農國也。雖然。其蹟亦非無一二可尋者。古者相見必以贄。贄之文从貝。亦所謂以貨財爲禮也。周官大宗伯職云。作禽摯。孤執皮帛。卿執羔。大夫執雁。士執雉。庶人執鶩。工商執雞。皮帛既爲貨幣。則羔雁等亦爲一種之貨幣無疑。聘禮言幣或用皮。或用馬。士昏禮言納徵用束帛儷皮。而納采納吉請期皆用雁。是皆古人以禽畜爲幣材之證。孟子言事之以皮幣。事之以犬馬。事之以珠玉。皮幣珠玉既皆爲古代貨

著譯　十八

幣。則犬馬亦爲古代一種之貨幣明矣。漢武帝鑄幣。鑄馬形於其上。亦猶希臘古幣。鑄牝牛形。皆沿古者用畜之習。而以金屬代表之也。

第六項　器具

各國有以器具爲幣者。而我國古代之例證。更爲顯著。其最盛行者。則軍器與農器也。

齊法貨

古代部落戰爭甚烈。人人所不可缺者。則護身之兵器也。然冶鑄之事。非盡人所能。故人多欲出他物。以易取之。久之遂成爲交易媒介之用。其後。雖錯金以鑄專供幣用。而猶沿其名。且模其形。故古代錢謂之刀。而齊太公所鑄法貨。（如上圖文曰齊法貨）作刀形。而小之。後儒不察本末。乃謂刀之名取義於利民。（漢食貨志如淳注云名錢爲刀者以其利於民也）失之遠矣。民習於以刀爲幣。故雖鑄新幣。而猶作刀形。凡以代表刀而已。其意若曰。此幣一枚。即與刀一柄同値也。

農器亦然爲人人所欲得之物而非人人所能造故咸欲以他物易取之久之遂成爲交易媒介之用其後雖鑄專幣亦沿其名且模其形徵諸錢字之語源而可知也說文錢字下云銚也古者田器詩周頌臣工章庤乃錢鎛毛傳云錢銚也然則錢之本義與銚轉注絕不含有錢幣之意甚明然則銚果爲何物乎銚字爾雅釋器作斛郭注云古鍬字方言云廊謂今鍬也然則錢即銚銚卽鍬古者以農具之錢爲一種交易媒介之要具後此鑄幣仍象其形而襲名曰錢觀古代之錢其形與今之鍬酷相類則其命名之所由可以見

錢

矣錢爲本字周代或稱曰泉者乃同音假借字後儒妄以如泉之流釋之(亦見漢志如淳注)實嚮壁虛造也後世之錢圓周方孔此乃鑄造技術之進化形雖變而稱不改於是錢鎛之名遂爲錢幣所奪而世無復知錢之本爲何物者矣

吾嘗考古代地中海沿岸人民所用銀幣有作魚形者印度洋沿岸人民所用銅幣有作刀形者(其形略似我古代刀幣而尤類澳洲土人所用石刀)又其銀銅幣有作海藻形者魚刀海藻皆其地前此一

種幣材及鑄金爲幣仍象其形以代表之（說本德人羅查生計學原論）因以悟吾國錢刀之得名亦同此理東西一揆人情固不甚相遠也

第七項　珠玉

管子稱古者以珠玉爲上幣漢書食貨志言秦幷天下始不以珠玉爲幣則球玉之充幣材久矣然其爲物所値太奢而毀壞極易一有破損價値全失實幣材中之最不適者也故雖在前代已不曾行羣治稍進遂受淘汰遺跡所存無甚可考大率以供藏襲之資備享餽之用耳朝覲會盟聘饗必以圭璧爲禮蓋猶是玉幣之遺意而爾雅釋器云玉十謂之區郭璞注云雙玉曰瑴五瑴爲區是則古代用玉計數法之可考見者也

結論

由此觀之古代之貨幣非自始即能用金屬以爲材也金屬之用實最後起然遂能凌駕諸品獨占優勝者何也吾固言之矣貨幣有四種職務惟最能完此職務者最適於爲幣材欲完此職務奈何是當具八德一曰爲社會人人所貴而授受無拒者二曰攜運便易者三曰品質鞏固無損傷毀滅之憂者四曰有適當之價格者五曰容易割裂

且不緣割裂而損其價值者六曰其各分子以同一之品質而成七曰其表面得施以模印標識者八曰價格確實而變遷不劇者而前此所用龜貝皮粟布帛禽畜器具珠玉諸品於此八德者或具彼而闕此或具此而闕彼終以資格不備而見淘汰惟金屬則悉備之故其用獨專也而金屬之中賤金之資格又不逮貴金故銅鐵不如金銀銀又不如金（非以其價值之鉅也謂其具幣材之諸德耳不然珠玉鑽石之值豈不更鉅於黃金哉）夫金則八德咸備矣銀亦幾於具體而微而其所缺憾者則以輓近數十年來全世界銀塊之出產太盛而需要之增進不能與之相應故其價漲落無常而於第八項所謂價格確實之德蓋闕焉故二十年前各國尚有以金銀兩種並爲主幣者今則惟金獨尊而銀則夷而爲從與銅同位原則所支配大勢所趨赴雖有大力莫之能抗也今者交通盛開生計無國界欲爲國民謀樂利終不容逆時以取敗亡我國方承圜法極敝之末流我　后我大夫亦既知頒定幣制之不可以已顧頗聞廷臣之議猶復有主銀而不主金者此猶生秦漢以降尚矜矜然欲貨貝而寶龜也蔑有濟矣吾因考古縱論及此若主金闢銀之議他日更當爲專篇以闡發之

著譯

少小知名翰墨場
十年心事只淒涼
舊時曾作梅花賦
研墨於今亦自香

二十二

調查

中國現行鹽政說畧（續第六號）

明水

第三 鹽稅

本朝鹽稅因時而殊隨地各異欲悉數之更僕難盡今概分兩種一對於製鹽者而課稅一對於鹽商而課稅是也由前之法則有按丁按畝之分雖然國計所入其屬於此項者微細已甚故實無足輕重由後之法則有鹽課鹽釐之別而鹽稅收入强半皆屬此種今請分別記之

（一）鹽課

鹽課者鹽稅也未有釐金以前所謂鹽稅者惟鹽課耳然亦分兩種有對於鹽商之引而賦課者謂之正課有對於僻遠之區所製土鹽就引徵收者謂之包課其後國費日增官紀日弛於是名目繁興課額雜進故或分徵鹽官衙署之經費或加派巡丁緝捕

之俸給而雜欵之名自茲以起又加派育嬰救貧之資學校提防之費更進而貸官銀於鹽商而收其利息此後不問其清還本息與否歲徵以爲常是爲帑利故現今鹽課中有正課雜欵帑利之別而包課反不在此數則其苛碎有足驚者

至鹽課稅率因各行鹽地而各異然爲年年歲計不足之故已漸次增加比諸往昔固自不同矣考髮匪未亂以前每斤課稅少者不滿一文至多不過九文普通爲一文至三文之間自中日戰後最少則山東之二文半後增至四文而以七文爲普通其十文以上之稅者約居全國十分之三甚有至十二文者蓋較前由三倍而至十三倍也況其後鹽釐復興其差益不止此矣

（二）鹽釐

鹽釐之制起於軍興以後其賦課之法與夫稅率則亦各省不一其軌雖然大概於一省之內有徵兩次者有徵四次者又有自他省入境之鹽則收入境稅由本省出境之鹽則收出境稅在鬻鹽之地則征落地稅故運鹽益遠則釐稅益加而其苛重煩雜識者久嗟商民之無告也

(三) 鹽稅收入

夫以苛重之稅率煩碎之方法絞商民之脂膏以爲政府之財源其每歲所得果幾何乎吾國會計之制未備欲確查之殊非易易故有徒舉鹽課者有徒舉鹽釐者有兩項合計者眉目不清錯亂已甚今特綜合情事考覈大數則鹽課約七百餘萬兩鹽釐約六百餘萬兩或與實數不甚相遠乎

然而此數之內某地之鹽稅額爲若干乎是亦不易詳知也惟就各行鹽地域之稅額與嘉慶五年及光緒十七年之各鹽鹽課額又證以外人所查得者以計算之則兩淮鹽最多其數在六百萬以上四川長蘆兩浙廣東等地次之各一百萬兩山東最下僅得三十萬兩耳其他各鹽位此之間

依右所考則吾國全國鹽稅其總收入爲一千三四百萬兩度亦相去不遠今者更進而取其所收入者以消費總額與稅率相對照則果適當否乎夫產鹽總額本無可考然以政府所定各鹽之發行引數與正引量及耗鹽量以推算之亦不難得其大略蓋全國之正引量合爲二十六萬萬八千三百七十八萬四千九百五十斤而耗鹽量合

爲二萬萬六千七百二十四萬六千九百四十斤故消費總額其爲二十九萬萬五千一百三萬一千八百九十五斤乎以課稅率比之除山東福建兩省外鹽課每斤五文以上十二文以下故加以鹽釐蓋在十文以上二十四文以下全國平均總不下十三文課稅惟在正引不及耗鹽則對於正引量以每斤十三文計當得三百四十八萬萬八千九百二十萬四千三百五十文今折銀一千六百文爲一兩則爲二千一百八十五萬餘兩較諸實收額多出八百四五十萬兩也此何故乎以臆見度之則有二因

一私鹽之充斥也吾國私鹽之風古今同病獨至近日其勢愈熾所以致此者亦有三故鹽稅太重一也鹽商承銷二也官吏舞弊三也三因相合私鹽之勢遂滔滔而不可遏聞之久於鹽務者謂私鹽之額約占官鹽十之三恐非虛語

一生產之額不及豫定之額也政府往往對照各區之產鹽額而定各鹽之引數引量其實所豫定之額果不超出生產額以上乎是未可知也以引數稅率及私鹽等各各詳算則山東廣東河東兩浙甘肅五地之鹽其生產額與豫定額固不甚相遠然兩蘆兩淮二地則實額已下於豫定額矣何以言之長蘆引數六十六萬二千四百九十七

引稅每引三兩四分五釐。故雖除却釐稅。其收入豫定額尙且在二百一萬七千三百三兩以上。較之實收約多二倍。兩淮亦然。故私鹽之額雖約計占官鹽十之三。然生産額決不到豫定額十分之七五。可斷言也。福建四川雲南之三鹽產額有定。不須重算。此外蒙古鹽輸入者大凡四千萬斤。故中國全國生產之鹽約二十五萬萬六千萬斤。所消費者約二十六萬萬斤。此豫定額所少正十分之一也。

夫鹽之生產額少於豫定額者已十之一。加以私鹽最少占官鹽十之三。則吾國鹽稅收入所以不及豫定之額者。抑何足怪。

第四 鹽之種類

吾國所行之鹽。因產鹽地而分爲十區。今舉其種類。略有說明。亦考鹽政者所宜有事乎。

(一) 長蘆鹽

直隸向爲斥鹵之區。全省泰半適於製鹽者。而長蘆鹽卽直隸鹽也。今有鹽場六。都轉鹽運使駐天津以總筦之。長蘆製鹽之法有二。煑熬法曬乾法是也。曬乾法所製之鹽。

味雖劣而價賤。適於貧家。故多製之。

其行鹽地則因於交通之便否。而跨直隸河南兩省。非以行政區域爲限也。專賣之法。則採官督商辦。鹽商之數百三十餘名。引數六十一萬二千六百五十有七。其他有所謂官辦者。蓋鹽商以專賣權還諸政府。而官自行專賣者。萬二千有奇。懸岸引三萬二千六百三十。其販賣於行鹽地內者。法定鹽三萬萬六千四百三十七萬三千三百五十斤。耗鹽法許每引五十斤。法定總消費額爲三萬萬九千七百四十九萬八千二百斤以上也。

(二) 山東鹽

山東沿海皆鹽。鹽場有八。製鹽之法。與直隸同。而曬乾尤多。其行鹽地跨山東、河南、江蘇、安徽四省。

山東之行鹽有引鹽、票鹽二種。一募引商使之專賣。一給票僻地人民。使爲小販也。其法定發賣額一萬萬八千五百五十一萬六千斤。消費額二萬萬六千三百九十一萬二千四百八十斤。

（三） 兩淮鹽

兩淮者。淮河之南北也。以產鹽聞。其鹽場二十有三。淮北鹽用曬乾法。淮南鹽用煮熬法。其行鹽地頗大。爲江蘇安徽江西湖北湖南貴州河南七省。用票。其法定專賣額九萬萬五千六百萬斤。消費額十萬萬五千百六十萬斤以上。

（四） 兩浙鹽

浙東浙西。謂之兩浙。鹽場三十有二。皆煑海爲鹽。如吳王濞時也。其行鹽地爲浙江江蘇安徽江西。募商給票以行專賣。其法定發賣額一萬萬二千六百八十七萬八千二百斤。消費額一萬萬三千四百六十四萬斤。

（五） 福建鹽

福建鹽場現存者十有四所。法用曬乾。其行鹽地僅福建浙江兩省。其專賣之法用票。查嘉慶十七年報告。福建全省產鹽一萬萬三千二百七十八萬斤。

（六） 廣東鹽

廣東鹽場二十有一。以廣東廣西福建江西湖南雲南貴州爲其行鹽地。專賣用引。每引許重二百六十四斤。法定發賣額二萬萬二千百四萬八千五十斤。消費額約二萬萬四千三百十五萬二千八百五十五斤。

（七）河東鹽

河東者。黃河以東之地也。卽指今山西省。其行鹽地限山西、河南、陝西三省。募引商以專賣之。法定發賣額一萬萬六千二百七十四萬二千七百五十斤。民定一萬萬七千九百一萬七千二十五斤。

（八）甘肅鹽附蒙古鹽

甘肅之鹽。出自鹹湖。其行鹽地僅有甘肅、陝西兩省。募引商以專賣。與他省同。

蒙古亦有鹹湖。故亦產鹽。其鹽行於直隸山西北部。以及陝西渭水流域。而甘肅爲最多。其額不下四千萬斤。

（九）雲南鹽

雲南之鹽。出自鹽井。除廣南開化兩府食粵鹽。東川昭通曲靖等屬食川鹽外。皆用之。向不用引而用票。法定發賣額四千三百三十七萬八千六百斤。消費額五千六百三十九萬二千百八十斤。

（十）四川鹽

四川鹽井最多。其數在八千內外。故雖非海隅。而產鹽特盛。其行鹽地爲西藏、四川、湖南、湖北、貴州、雲南、甘肅。川鹽有官運商運民運之別。因行鹽地而異。商運則用引。其產額諸說不一。據川省鹽吏所調查者則爲四萬萬六千九百四十八萬七千二百二十斤。意者可信歟。

第五　鹽商

鹽商原僅一種。今別之爲三。引商票商總商也。引商者。即向來之鹽商在戶部領有鹽帖。而以其業傳之子孫世世爲之者。是也。票商起於道光。始行於淮北。蓋無論何人。苟納一引之稅者。即可鬻一引之鹽。而引數與土地非所問也。

總商一名總綱。鹽商團體之長。而官所任命也。其職在統一鹽商。遇有紛議。則爲之審決。蓋立之以通官商之情。勿令隔膜也。又量度行鹽地內需鹽幾何。每歲在所定之鹽場。購之以分布於部下之鹽商。而使之鬻於各行鹽地。且有督率鹽商納稅之權也。要之鹽商雖有三種而無論其爲引商、票商、總商皆頗濫用其特權以謀不正當之利益故其富甲他業今雖少殺固仍在優勝之地位以言夫弊則有不可勝窮者非於此制痛加改良吾國鹽政終無澈底澄淸之日而國計所入亦終無起色也

第六 結論

吾國自漢初以迄今日二千年來無不行鹽專賣法然論鹽政者皆痛詆之以爲非計及至 本朝論者亦陳陳相因特苦無善法坐是明知其弊餘於利而不能改是果無善法乎哉今言專賣之不善者皆曰各行鹽地法令不一課稅煩苛轉苦小民鹺吏營私與奸商相結而鹽商又復濫用其權以謀私利遂欲以製鹽之業移諸齊民買賣自由不復徵稅惟於竈丁就場完課以永絕專賣之弊其論固善然案之實事果可行乎鹽商把持一也國帑缺乏二也官與竈丁相結舞弊三也且今日鹽政所以日壞者非專賣之罪而不善專賣之罪也論者不揣其本而齊其末吾未見其當矣本報對於此事頗有所見已登諸論說中今不復贅聊述鹽法狀況以供國民之參考而已 (完)

(二月十九燈下述稿)

中國記事

吏部咨查新政人員出身學術　吏部以各省派辦新政人員。日益繁多。其中除洋務軍政各差。曾經訂有專章照辦外。其餘各項差使。均屬未經釐定。若任其漫無限制。則能通各項專門學術者。既少措施。其庸劣者。反得濫竽。用人不當。新政安望有起色。特咨行各督撫飭令藩臬提學勸業巡警各該管監司大員。將各該管人員出身學術詳細。會訂簡章。列冊咨部備核。以免用違其才。至于各新政司道缺內各科員。以及遣派各處辦理新政人員。亦應儘先擇其諳通該項新政者。慎重委派。俾盡所長而展厥施。庶無辦事扞格之弊。不得再以全非熟悉之員。濫竽充數。除由部釐定限制專章通行遵辦外。特先咨查具覆。以憑彙核辦理。

法部清查罰鍰辦法　法部尚書廷用賓。因本年爲成立各省城商埠審判廳之期。各州縣應一律遵行罰鍰新章。以爲推行新立之基本。現接度支部咨會。請設法清查罰鍰。以杜弊竇。惟此非別項財政可比。斷無預算清釐。擬暫先通飭各省所有各屬罰鍰數百。均須按季詳細呈報該管上司彙報本部查核外。並按期開單送交本省各地方自治局所隨時將遺漏私減嚴查懲辦。以爲暫行辦法。將來再行隨時以期研究改訂完善。

清理陸軍財政處之辦法　陸軍部通行各省設立清理陸軍財政處。已志前報。茲將該部原電照錄如下。本部奏准遵照上年預備憲政原案。設立清理陸軍財政處。調查各省旗新舊陸軍正雜經費。各省已設督練公所。或僅設兵備處者。於該公所或兵備處內。附設調查陸軍財政局。如兩項均未設立。則由藩司綜其事。於向管兵備軍需事宜人員內遴充總辦。或會辦各一員。將履歷報部。由部加札任事。其軍需大綱分俸餉、器服、營造、武學、馬政、驛站六門編輯。原奏案內本年二月即應試辦。次年軍費預算爲期已迫。望從速開辦調查。並希將貴省宣統元年所用經費。按照前開六門。查明正雜額支活支共用銀兩總數若干。先行報部備查。除將章程咨送外。特電聞。

部議蘇路與滬甯接軌　郵傳部照會蘇路公司文云。查火車本交通利器。必須各路在在銜接。客商取其便捷。不招自至。而後乃有路利之可言。滬甯通車以來。間歲經營。

漸形發達。良由中有蘇州無錫鎮江江甯諸勝。又輪船上下。凡有急切事務者。中途舍舟登陸。徑捷爲多。其效顯呈。人所共曉。蘇路告成既久。通杭亦非一日。聞每日載運所入。尚復不敷支銷。貴公司公益同關。自必思設法維持。高掌遠蹠。但滬杭客貨有限。將來大較。略可逆覩。竊意長此不變。航路價目愈減。勢必致路累愈深。脈絡鮮通。害中心腹。甚非計也。刻下若能速與滬甯接軌。上承楚尾。下逮浙東。在滬甯不過多一尾閭。而活水導源。蘇路實大受其益。本部爲期路政發達起見。官商何所區分。相應照商貴公司查酌情形。將滬蘇接軌事。卽行擇勘路線。妥籌辦理。以便交通而收利益。至如何取線。作何辦法。並俟議定見復。再行飭知滬甯路局。互商聯絡之法。盼切施行。

錦愛鐵道里數暨經費　東三省總督錫良有電達郵部。報告錦愛鐵道里數暨敷設時豫算之經費。略云。自錦州起向西北。進出朝陽地方。更向東北。入小庫倫。經鄭家屯。轉進再西北。向洮南府。復東北進。經齊齊哈爾。直達愛琿。其自錦州至小庫倫百九十七英里。其自小庫倫至鄭家屯二百十八英里。其自鄭家屯至洮南府百四十一英里。其自洮南府至齊齊哈爾。百五十八英里。其自齊齊哈爾至愛琿二百五十英里。合計延長綫九百六十四英里。其數設之豫算費六千五百萬兩。

宜萬路工之艱鉅 川漢宜萬鐵路。早經動工。計該路先修宜昌至香溪。共分九段。按工程師陸耀廷所勘估路綫。共長二百八十里。需欵銀一千餘萬元。該路層巒疊嶂險工浩大。其間以第五段山峒石工為最艱。至少須四年後。方能竣工。

漢冶萍煤鐵廠鑛公司之成效 漢陽鐵廠。自改設新鋼爐後。各省鐵路所用鋼軌。以及附屬各件。爭向漢廠訂購。幾有應接不暇之勢。上海等處機器廠翻砂廠需用生鐵無論矣。日本及南洋各島與夫美國西濱太平洋各省。亦無不樂購漢廠生鐵。舊有化鐵爐兩座。日出二百數十噸。又將舊小鋼爐一座拆去。另造大鋼爐四座。自調和爐開後。每日應可出鋼二百餘噸。今春第三號大鐵爐及第五六號大鋼爐均已告成。出貨必可日增。美商大來洋行。邀同美國施押杜省西方鍊鋼廠總理來華。商訂一二十年合同。每年需購生鐵數十萬噸。漢冶萍公司總協理暨董事會公同酌議。先以七年半為期。每年定買馬丁生鐵至少三萬六千噸。多至七萬二千噸為度。已訂合同簽押。其所需翻砂鐵在外。聞美鋼廠猶以為未足。來電請益年限噸數。漢冶萍因化鐵爐目下只有大小三座。所出生鐵。自己鍊鋼。及應酬各埠。及日本香港南洋各島。翻砂生鐵。已無多餘。倘幸第四大爐脚地已經做好。趕緊加工砌造。一年可成。下年即可多鐵十餘萬噸。除一半鍊鋼外。倘可輸出一半。萍煤去冬已日出二千噸。以六成煉焦。餘售生煤。萍洙鐵路。展至昭山湘公司。現已日夜趕造。今冬可竣。輪駁即可常年通行。董事會議添造大鋼駁二十艘。悉川淺水小輪船拖帶。以後多運。即可多出焦煤。大半供給漢廠及鐵路自用。外銷僅十之三四。漢口各公司江輪近已訂定專用萍煤。而外洋之海船來漢者。亦免繞道往日本門司等處裝煤回國。美國西濱日本等處均欲購用萍焦。此外漢口以及長江下游原有之銷場。不待言矣。廠礦出貨既多。則成本驟減。獲利愈厚。綜計公司生意。戊申年四百餘萬兩。已酉年已增至六百餘萬兩。今年添開鋼鐵大爐。自用煤焦加倍。外銷亦廣。必達八百萬以外。可預卜也。

中國紀事

楊柳風微約暮寒
野禽容與只波間
道人心性如天馬
可愛靑絲十二閑

世界紀事

英國上院改革問題 英國首相阿斯歒之上院改革案。自由黨員之意見。未能一致。或云此計畫定當實行。或云非得保守黨之協助。恐難奏效。故尙多疑慮。至下院之反對黨。對此改革案則備極嘲笑。

英國之財政 英國之財政態度。趨向極度節約主義。官民皆甚贊成此意見。

英國貿易之妨礙 法國政府向於英國輸入之貨物。特示寬待。惟其新關稅以西歷四月初一日實施。因此關稅。英國輸出之貿易大受打擊。泰晤士報痛言英國於關稅上之政策。全不注意。故凡外國關稅有變動時。本國貿易常被損害。

英國自由黨之勝利 下院議員伊邦氏之補缺選舉。以西歷三月七日舉行。自由黨員噶賓士得八千九百二十票當選。次票則爲勞働黨員哈遜。得二千二百十票。

德國海軍改革 德國之戰鬪艦隊。決將其本部自波羅的海移至維廉海府（此地乃德國之北海軍港）德國之海軍戰略。從此又開一新時代。

德意兩相相會 德國宰相與意國新外務大臣。會於輔羅連士。兩國對於三國同盟之政策。及曩在羅馬商議之件。彼此意見皆已一致。

法國海軍擴張 法國代議院決議本年於私立造船所。建造戰鬥艦二艘。期以三年內竣工。海軍卿德拉必烈聲言此兩艦之艦型。可匹敵美德兩國之最新製者云。

德法飛行器 德國建造飛行器。勝於法國者甚多。法國上院。特於此事詳細討論。

意國新內閣 前總尼那內閣之大藏大臣盧沙斯。新拜組織內閣之命。其外部大臣則爲苗利那。

俄國豫算案 俄國今年之歲出豫算。已出於議會。其細目則宮內省千六百萬羅卜。上下兩院五百萬羅卜。政務院三千四百萬。內務省二億五千五百萬。大藏省四億二千三百萬。司法省七千四百萬。外務省六百萬。文部省七千五百萬。交通省五億五千萬。商工務省三千八百萬。教務省八千五百萬。陸軍省四億八千萬。海軍省七千九百萬。公債償還四億二千三百萬。臨時費一千萬。非常費一億二千三百萬。至歲入豫算。則爲二十五億六千八百九十六萬五千百四十四羅卜。

俄國大吏極東視察　陸軍大臣斯邦那輔交通大臣盧夫拉輔農商務大臣古林遜等不久即來極東巡視云。

俄國海軍計畫　俄國之海軍費定於十五年間每年七千萬磅擬造大戰鬭艦四艘於古倫士達軍港附近造海軍根據地且一切軍艦於本國建造之。

俄國氣球艦隊　俄國增設氣球艦隊及氣球協會之議案國民議會經已可決。

俄國議長之演說　俄國國會新議長厥克輔就任時演說謂國會政治實於俄國絕不適宜俄國於有立法權之國民代表團體外只要對皇帝有責任之鞏固政府云。

芬蘭自治之剝奪　俄國政府之芬蘭立法權限制案云芬蘭議會之權限只能及於地方政務至芬蘭之立法仍須服從俄羅斯帝國之立法權惟芬蘭議會可選舉帝國參議院議員一名及國民議會議員五名此限制實與曩日所發表之布告文大相違背芬蘭之自治將至有名無實故芬蘭人最後之手段擬對一切政治機關實行抵制以圖挽救云。

土耳其海軍擴張　土國決意擴張海軍其新造之軍艦英國包攬建造令國內三大

造船公司分任之。其建造之費。將以土國政府之國債證券支給。

土勃協議成功　土耳其勃牙利兩國大臣協議之結果。於一切重要問題。皆已妥協。至所謂重要問題。關於經濟上者。實占多數。惟通商條約及兩國連絡鐵道之限域。仍須審議云。

美加關稅協約　美加關稅協約。經已發表。加拿大以美國許其輸入品納最低之稅率。故亦許美國之輸入品。以四十種爲限。適用此稅率云。

美德博覽會之中止　柏林擬於今夏開一美德博覽會。以對抗倫敦之日英博覽會。前月祗有延期之議。頃決議中止。因德人對於此博覽會。甚爲冷淡。不肯與美合辦。因此之故。甚害美國之感情。

日皇分贈徽章　濤貝勒此次東游。既備受日本官民之歡迎。日皇爲聯兩國之歡。於西歷三月二十九日。特遣德大寺侍從長。以各種徽章。呈贈濤貝勒及其隨員。濤貝勒叙勳一等。贈旭日桐花大綬章。侗將軍叙勳一等。贈旭日大綬章。李經邁哈漢章良弼叙勳二等。贈旭日重光章。徐致善兆寶來彭燦昌叙勳三等。贈旭日中綬章。

文牘

山東巡撫孫寶琦奏詳解幣制三疑二誤並酌擬單數本位及平色法價等差摺

奏爲詳解幣制疑問。並酌擬單數本位及平色法價等差。繕單條陳。恭摺仰祈 聖鑒事。竊維釐定幣制。關係全國財政。比年中外臣工。研究幣制畫一之策。本位用銀。僉同無異。而平色法價。猶待詳細審定。以歸至當。臣嘗求其遲迴審愼之故。以爲事實上之疑問有三。而根本上之疑問有二。非先洞澈此五端。則顧慮多而實行難。延宕既久。積弊更深。補救愈晚。不揣冒昧。輒就管見所及。分別解釋。敬爲我 皇上陳之。一議抵制外幣而生疑問也。有謂龍元與墨幣相等。故可依傍而行。若與歧異。轉使墨幣暢銷。故宜籌同等之幣以抵之。有謂不能抵制外幣。正由平色相若。中國向以兩錢分釐計數。仍應不廢兩數。而特變重量加足成以勝之。臣查各國幣制。除有專約聯盟之外。並不從同。現在浸灌各省之外幣。非僅墨幣一種。平色價值各殊。抵不勝抵。但求依傍而行。恐操縱之權。仍不在我。十成足色之幣。各國所未見。日本銀幣僅淨銀八成。不聞以此而敗於外幣。竊思抵制有二說。將爲抵制價值。歟各國國際交兌有一定比例。不以市價高下而受虧折。且銀幣恆隨金幣爲漲落。皆論金幣之純分不論銀幣之平色。中國不用金本位。終無價值相抵之一日。故整理幣制。雖暫主用銀。而必預爲用金之地。此非歲月之間。所能幾及者也。將爲抵制輸入歟。各國法令。非本國銀幣。公私不得通行。凡銀行存儲外國金幣。計淨金分兩。而不計枚。並須於分兩中扣除鑄費。乃能抵公私存欵。及紙幣兌換預備金之數。若外國銀幣。直無所用之。以法價比例不同。既不便於市場。而國際交兌。用金不用銀幣也。欲排除外幣。當問國幣信用若何。果能維持法價。公私交付。無絲毫阻隔。則一國出入。悉以國幣爲主。外幣非所必需。不禁自止。是抵制外幣。一在本位同等。一在法價堅定。無論爲一兩爲七錢二分。或別定平色。皆與外幣全無關係。竟置不問可矣。一議因革習慣而生疑問也。現鑄龍元。習用雖久。然進出口貨。向論磅價。而交付則折合市銀。銀行票號錢莊營業之最關錢幣者也。其資本皆以銀計。至官府出納。則從不以元爲主。間或搭用。仍展轉折算。以歸庫平分量。是現鑄龍元始終與生銀並行。與外幣雜用。未能獨立爲唯一易中之品。而其所謂習慣者復各地參差不齊。當其成爲習慣之初。莫非爲趨便利而起。設更有便利於此者則習慣立移。今不求其所以爲便且利者。而但曰因習慣。必謂因習慣以立法。用力倍省收効倍易也。乃以臣視之。則無論爲因爲革。而其辦法次第。一一相同。何也。凡行新幣。其處置舊幣。惟有兩法。曰收廢改鑄。曰定價並行。改鑄非期月之間所能畢事。則必先聽並行。而後逐漸收廢。以歸畫一。兩法又實只一事。今各省龍元。重量雖同。而銀色市價互異。欲就習慣。只能取一省爲準。其銀色不同者。終必改鑄。無疑也。龍元皆明鐫省分重量。既失統一。更違圜法。計枚不計重之本義。今鑄新幣。豈宜更蹈此失。則新舊平色即同。而形式顯異。爲畫一計。亦終必出於改鑄。無疑也。就官府出納言之。用七錢二分。固必舉一國則例改訂。以從幣制。卽用一兩。而向之徵銀一兩者。平色火耗。各省不同。而折錢合價更多弊混。官役支薪。軍營支餉。並非盡準庫平。改行新幣。其必釐正舊章。以清積弊。又無疑也。然則用兩用七錢二分。或別定平色。皆須明定法令。方能通行。夫均之求畫一而已。固當擇其便且利者而爲之。又何必拘牽習慣也。一議籌補鑄費而生疑問也。中國需幣甚多。國欵歲入有限。新幣必積有成數。乃能照章開辦。則難在鑄本。生銀向無足色。舊幣流布已廣。新鑄改鑄。皆須貼耗。則難在鑄虧。臣以爲皆不足慮也。中國向無統計。需幣究應幾何。僅出懸擬。今開辦之初。斷不可於期月之間發行鉅額新幣。蓄浮於所需。則幣價濫。不及所需。則市面荒。不如隨鑄隨發。行之以漸。得徐察供求之緩急。以時消息之。則勢舒而費省。其費所自出。先就國家公欵。預計部庫及沿江沿海各省常存欵項。以分配天津廣東江甯湖北四局。每日盡力鼓鑄。可成七百萬枚。而交通甚便近者。往來不出十日程。但令此欵能停頓十日半月。則新幣已成。可代銀支發。苟周轉得宜。爲數不少。次則購銀鑄元餘利。從前不廢銀塊。故所鑄無多。畫一以後。銀塊無用。則必全行投鑄。然開辦之初。亦必須外購生銀。方能周轉。購銀鑄幣。自有利益。次則發行紙幣餘利。此項紙幣。一準新幣單數本位。其額以前項所估能停頓之欵爲限。專供銀與幣之周轉。而通公欵。不能停頓之緩急。其票息亦專供維持幣制之用。此三者猶不給。則借短期國債以補之。再照債額加發紙幣。即以債欵鑄幣抵兌。而收票息以償債息。計必有餘。此項債欵本非以供消費。則拔還有著。斷不至滋流弊。合以上四欵。鑄本雄厚矣。若鑄虧則統全局以計之。未有不能彌補者。特鼓鑄之初。決非取利之時。及新幣以次發行。法價定而信用堅。新幣與舊幣生銀之間自有貴賤之別。從來法幣價値未有不高過雜幣與淨銀者。即以龍元而論淨銀只六錢四分有奇。而價常七錢上下。甚或至七錢二分以上。此猶未有完全法令不足爲法幣而比價若此。故各省以銀鑄幣。從不聞有虧折。但不可視爲營業投機之事。蓋大利在國與民之隱於無形。不在貪一時之鑄利也。以上三事皆今日調查幣制應有之疑。一經解決。當可洞澈。若其義有類似。而誤會更易。索解轉難者。則根本上之疑問。尙有二端。一則斟酌足成減成而生疑問也。各國幣制。皆以法令明布。各品幣之淨質幾何。雜質幾何。重量幾何。故但有淨重體重之分。並無足成減成之別。有之自我龍元誤鑄七錢二分之文而來也。於是內加外加。加成一疑問。鑄幣一兩。而內加銅質。其淨銀不足一兩也。則名與實不相副。鑄幣一兩。而外加銅質。其重量不止一兩也。則文與重不相符。不知加銅以堅幣質。不以冐銀價。然供求相需至急。銀銅竟有等價之時。故幣與生銀市價有高過其體重者。而兩品幣之法價比例。則質貴之幣。必依淨重。質賤之幣。或依淨重。或依體重。或斟酌兩重之間以定之。要取色高不增鑄虧。色低不損幣値。而整齊全在法價。維持全在信用。故現在金銀市價遠過各國定本位之初。而法價如故。其銀幣少者加銅一成以內。多者至二成。而信用相同。私燬私鑄從生質之貴賤而起。不從成色之高下而生。則又防制在法令。而操縱在銀行矣。一則較量權法圜法而生疑問也。用銀計重。用幣計枚。其爲持籌立算。兩者相同。而銀之標準在權。故必倚權以並行。幣之標準在枚。故能舍權而獨立。然自用幣言之。必與權法相離。法價有一定標準無兩歧也。而自鑄幣言之。又必與權法相準。分兩之名可廢。輕重之實難欺也。中國之半兩五銖。歐洲之馬克佛郎古倫。其始皆準權鑄幣。卽重如其名。而其後皆與權法相歧。求其相歧之故。必從法弊而來。及其從事整頓畫一。則或革之使復舊權而民便。或因之定爲幣重而民便。要取便民。不泥計重計枚之成說。在幣制其定之後。權法圜法。任其各爲沿革。不相牽涉。而非所語於今日之幣制也。今定幣制。不用七錢二分。則就權法分兩而視國民生活程度。以爲高下。大至一兩。小至一錢。皆權法也。取權法以齊輕重。而非據權法以爲標準。他日進行金本位。則由銀幣法價以定金幣。直不與權法相謀。若權法必須改定。亦與銀幣無害。今日必借此以明程度之比例。而其標準仍在生活與幣制由計重而計枚。所謂進化公例者。固未嘗相背也。以上五端。其不足爲畫一平色之障礙。而阻新幣之實行。事理甚明。自無所用其牽顧。臣愚以爲今日改良辦法。對於外宜預爲用金計。以冀與諸國國際抵兌。此臣所以議虛定單數本位。爲金銀轉移遞嬗之樞紐者也。對於內務求與國民生活程度相適。而便於公私簿計立算。此臣所以議用五錢銀幣而五錢以上不敢主持者也。謹擬上單數本位幣一等。銀幣四等。鎳幣兩等。銅幣五等。附紙幣兩種。繕具清單。並將其應行重要事宜。分條臚陳。恭呈 御覽。當此庶政維新之秋。非先定幣制。則財政萬難整理。蓋全國度支出入。與人民身家財產皆與幣制息息相關。況世界經濟實業之競爭。各國同入一市場。即利害共蒙其影響。故英美德日各國商約。皆有畫一幣制之條。若再因循。長此紛亂。非惟優勝劣敗之可憂。正恐藉詞干涉之不免。臣久思建白。研究未詳。再四推求。始敢冒昧上陳。伏懇 聖明鑒納。飭部核奪。早日施行。大局幸甚。謹繕摺具陳。伏乞 皇上聖鑒。謹 奏

謹將酌擬幣制單數本位平色法價及應行籌畫事宜繕具清單分條臚陳恭呈

御覽

謹擬單數本位幣一等

曰一金。此虛位也。以紙幣代表之。析一金爲百分。析一分爲二十文。鑄五十分以下各等銀鎳銅幣。依分文之數遞換。而以五十分銀幣兩枚。合抵一金。專備紙幣兌取之用。

查各國以金爲本位。其本位同。而定單數之法不同。有用金而實以金幣爲單數者。英金計磅。而銀幣皆單數之分數是也。有用金而仍以銀幣爲單數者。法德等國。計馬克佛郎古倫。而金幣皆單數之倍數是也。有用金而虛設一單數。不鑄金而以紙幣代表之者。如美之他拉。日本之一圓。皆名爲金幣。而實無幣。其金幣皆單數之倍數。其銀幣皆單數之分數是也。中國將來行金本位。於此三例何擇焉。不可不預爲之計者也。

預備用金。必以蓄金爲最急。而現在生金外溢之數日多。金價日貴。其勢未有所止。將來用金。又以購金爲最難。如何而後用金之範圍可稍約。則鑄金之數目可稍省。此當籌及者也。今日用銀。欲其周於用也。則患銀少。他日用金。又加入金幣。則金銀總額。溢於應需之數。又患幣多。轉不能不收廢銀幣。此又當籌及者也。印度墨西哥用銀之地。以次改金本位。中國收銀鑄幣。則中國爲受銀之尾閭。而銀賤。將來用金而銀無可消納。則銀更賤。銀賤而金愈貴矣。則物價隨之。此又當籌及者也。而虛定單數之法。皆足調劑之。消息之。故擇用第三例無疑也。

一國之中。用現幣之多寡。視信用之厚薄。金融之通滯。實業之盛衰。生活之高下。非僅據丁口爲比例也。英國實業最盛。生活最高。而其用現幣之額。乃比德法爲少。信用發達。金融活潑也。德法以銀計數單位較低。尋常工價物價。在馬克佛郎十枚以上。皆需金幣。故用金多。其所鑄金幣之額。比丁口多七八十倍。此非金少之國。所能辦到者。今定用五錢銀幣。若卽以五錢爲單位。而積十進位。以鑄金幣。則金幣皆分散。以供尋常小數之消費。不能聚集。以增殖實業之資本。金不能聚。則紙幣流行不暢。而金融機關之運用滯。故虛定一金爲單數。使十倍單數之金幣可稍大。則分散之時少。而後以銀行操縱之。既可收縮用金之範圍。卽能化少爲多。以擴充實業。故虛單數本位者。省約現金。聚集資本之一策也。

日本改金本位較遲。其先本有一圓銀幣。卽改金本位。乃悉舉而廢之。通用半圓之幣。而專以紙幣代一圓。美國亦祗有半他拉之幣。而專以紙幣代他拉。均可引爲確證。今預懸一單數本位而命曰一金。金者金屬之通稱也。用銀則以此爲銀之成數而有五錢之銀幣。以表其實用。金則以此爲金之根數而有十倍之金幣。以副其名。是單數虛而非虛。本位改而不改。旣金銀遞嬗無形之中。而更具伸縮調和之妙。蓄銀不能代金。而紙幣能代之。以紙幣兼代兩幣之用。卽以紙幣兼補兩幣之缺。市面銀幣多。則紙幣出而銀幣入。銀行金幣多。則金幣積而紙幣信。三者互相出入。皆以紙幣爲樞紐。使金銀兩幣溢額不及額之患。有所消息。而疾舒之勢均矣。中國進出口貨價正負相差日遠。至逾國家一歲之歲入。此固非發達實業。不足抵制。然所謂差者。非比較物之數量。乃比較價之貴賤也。而貴賤之權衡在幣。今日蓄銀以鑄幣。卽更無餘力出銀以收金。而旣非以貨價易銀。必金出而銀入。卽金貴而銀賤。銀額增而物產之殖不增。則物賤。用金者以貴金得賤物。則物賤之利歸外人。將來用金。又出銀以易金。而銀無所消納。且有不能得金之苦。旣得之矣。金價貴而物價又隨之。外人本以金易貨。以貨得金。一出一入。全無影響。則物貴之害又歸我。而生活愈下之人。受害愈甚。未能料其危險之所至也。今虛懸一單位。而極力發達紙幣之信用。凡國家出入宜多用本位紙幣。使流通甚急。無兌現之暇。則現幣可少鑄。而銀金貴賤之勢可稍抑。蓋新舊過渡時間。直無異暫以紙幣代本位。雖治標之法。亦目前救急之計也。

謹擬銀幣四等

曰五十分 重庫平五錢。淨銀九成。銅一成。陽面中鐫大清銀幣。上邊鐫五十分。下邊以兩枚換一金。陰面中鐫龍。邊鐫宣統某年造。準錢一千文。每句中留空。或隔點。以下同。

曰二十五分 重庫平二錢五分。銀色同上。陽面中鐫大清銀幣。邊鐫二十五分。以四枚換一金。陰面中鐫龍。邊鐫宣統某年造。準錢五百文。

曰二十分 重庫平二錢。銀色同上。陽面中鐫大清銀幣。邊鐫二十分。以五枚換一金。陰面中鐫龍。邊鐫準錢四百文。

曰十分 重庫平一錢。銀色同上。陽面中鐫大清銀幣。邊鐫十分。以十枚換一金。陰面中鐫龍。邊鐫宣統某年造。準錢二百文。

五十分銀幣。今日實用之單位也。凡單位高下。當視分數之多寡。不論位數之大小。分數愈多。則分合愈便。生活高下。皆能相適。英德單位。相差至二十倍。非其生活程度。果相差若此也。先令分數少。馬克分數多。其比較在單位以下之分數。不在磅與馬克之單位也。日本以淨金二分為單位。照金銀二十八倍比價。不過得銀五錢六分而析爲千釐。視德之馬克。以一錢三分餘淨銀析爲百分者。相差一倍矣。論者猶嫌其過高。我國生活之能力。恐猶未逮日本。自遠不及英德。今析一金爲百分。而以一分換錢二十文。其分數差於日本者。約十之二。似與今日生活程度相宜。且小之由文以至千。大之由分以至百。無論將來生活若何。而虛實兩單位皆能就之。計分計文。各以十進。立算之法。亦與從來習慣相適。惟小至一分。乃與二十文爲比例。然兌換之數。非進退分合之數矣。

謹擬鎳幣二等。

曰五分 陽面中鐫五分。邊鐫大清宣統某年造。陰面中鐫龍。邊鐫二十枚換一金。每枚準錢百文。

曰二分半 陽面中鐫二分半。邊鐫大清宣統某年造。陰面中鐫龍。邊鐫四十枚換一金。每枚準錢五十文。

鎳幣鑄利甚鉅。其成色爲鎳二十五分。銅七十五分。其重量當調查現在鎳價以定之。不可徒據外國鎳幣爲比例。如日本鎳幣重庫平一錢四分。以二十枚換一圓。德國鎳幣稍輕於日本。而十枚換一馬克。馬克之去一圓遠矣。及其用至青島。重不滿一錢。而十枚換一大銀圓。則去一馬克更遠矣。

此種鎳幣。色澤最精。而中國向無市價。但能堅保法價之信用。不嫌取利稍多。惟鼓鑄宜有限制。而最要者。在能換大銀幣。然後信用可保也。其使用亦以一金之額爲限。

謹擬銅幣五等

曰一分　陽面中鐫一分。邊鐫百分換一金。每分換二十文。十字上下隔點。左右相背環書。陰面中鐫大清銅幣。環抱雙龍。

曰十文　陽面中鐫十文。邊鐫二百枚換一金。陰面中鐫大清銅幣。環抱雙龍。

曰五文　陽面中鐫五文。邊鐫四百枚換一金。陰面中鐫大清銅幣。環抱雙龍

曰二文　陽面鐫大清銅幣。陰面鐫二文。

一文　陽面鐫大清銅幣陰面鐫一文。二文一文。居中鑿空。則銅質均於四圍。其體可稍厚亦便貫串。

近年銅幣發行太濫。價値大減。市銀一兩。有換至二千文以上之時。至少亦常在千七八百文上下。將來發行新幣。限制銅幣使用之額。則銅幣更落。今定以五十分銀幣換千文。實爲酌中之數。其十文銅幣。不可多鑄。故添鑄一分及五文兩種以補之。現因市面少一文二文之錢。幾至無一文二文之物價。故此兩種不可不有。而又不可太多。非特鑄費貴。又防錢價賤也。五文以上三種。限用至二千文止。

二文一文。限用至二百文止。至從前各省鑄銅幣。每用日本鑄成銅板。以圖省工。銅板之値。僅六七文。而加鑄變爲十文。以圖獲利。於是官鑄無限。私鑄愈多。今鑄新幣。務求精美。模式不宜全與日本相同。以杜私販銅板之弊。制錢所存無幾。聽其自行自廢。蓋良窳參差。斷難定價。既不在各等助幣之列。視同貨物。原無害於新幣也。

謹擬紙幣兩種

第一種兌換紙幣四等

曰壹金 正中書金額。上橫書大清銀行兌換紙幣。下橫書法定單數本位一百分。左直書宣統某年造。右直書銀行監督。下留空白。書監督名。蓋印簽押。左右各以大字直書編號。背面上下。各以數字橫書編號。四角各以數字小書金額.

曰伍金 同上。惟去法定單數本位一百分九字.

曰拾金 同上

曰百金 同上

以上四等紙幣。尺度各分廣狹。使易別識。花紋宜精密。於京師設廠鑄造。其壹金紙幣。但書法定單數一百分。明其爲兌取五十分銀幣二枚。而不書兌取五十分銀幣字樣。以將來兌取金幣亦同用也。兌取務宜立應。以保信用。惟遇非常緊迫。得臨時發令限制數目。而壹金紙幣。則無論如何。皆盡數兌取現幣。不得限制。以其爲單位也。其發行之權。與維持之責。皆委之大清銀行。然必改訂銀行條例。增加股本。一切照各國中央銀行辦法。原有官股。應售出歸民。將來續收新股。其所入股金。可就近交局鑄新幣。收股若干。隨發紙幣若干。而積存股金備兌。則同時既加鑄幣資本。又使幣紙流通。而現金聚於銀行。其紙幣發行額。應如何限制。現金抵兌額。應如何預備。臨時定之。

第二種國庫紙幣一等

曰五十分銀幣（橫書大清二字爲一排。國庫紙幣四字爲一排。直書五十分銀幣一元。右旁書準繳各項國庫。其年號編號如第一種式。左旁書度支部。下留空白。以備書名蓋印簽押。紙色染紅。以別於第一種。）

此項紙幣。專繳國庫銀行。得限制兌現幣者也。而官府則無論何時。必須收納。不得拒卻。並不得折扣。凡鑄幣之款。出自部庫。及各省公款者。新幣未出。以國庫紙

文牘 十六

幣代支。故其額卽以鑄欵之額爲限。估本省能出欵若干。交幣局報明之後。卽由部發國庫紙幣若干。鑄成之後。以新幣交銀行。許折零息。本省收入國庫紙幣若干。卽向銀行兌現幣若干。銀行得以國庫紙幣。作爲發行第一種兌換紙幣。預備抵兌金。各省向銀行兌現幣。須分別定期。於期前告知銀行。其折息卽從告知之日截止。告知之前。息歸各省。交兌之前。息歸銀行。若銀行於前項新幣。收到之日。能積存不支。得照數加發第一種兌換紙幣。若各省所交國庫紙幣銀行不能存留。卽徑繳國庫以抵結所收前項新幣之數。其由他項所得之鑄幣欵應歸入第一種紙幣。由銀行辦理。不可與此種紙幣相混。

謹將應行籌畫重要事宜分條開列恭呈 御覽

開辦前預備事宜四條

一將各省舊鑄龍元及外國流入雜幣。分化淨銀。依新單位百分之數。比較製爲新舊幣比較表。再將國家出入之欵。逐項查出。分別某欵應增於舊例百分之幾何。某欵應減於舊例百分之幾何。製爲出入畫一表。與新幣制。皆先期頒布。使家喻戶。曉俟辦理就緒。已將開。鑄再確定新幣發行。期而發行之期。須早三個月。或半年。預先宣告。俾公私有所準備。從發行期起。畫一表即應實行凡國家公欵。照表列分數收付。不許拒而不受。更不許論價折算。其比較表俟至新舊幣引換期及舊幣廢止期分別辦理。

一公欵出入。向有平餘火耗貼色扣成種種名色。官吏多恃此以支公用。將來實行畫一表。若不明定辦法。使官吏足以自給。勢必百計保守舊弊。即嚴參罰於發覺之後。已墜信用於發行之初。故畫一出入。必須確定官吏公費。使勿再求之加扣之中。然後畫一表可以實行。

一發行新幣。全恃銀行。開辦之前。應將擴充銀行辦法議定細章。先增股本。而以股本收銀鑄幣。股本卽以新幣本位計。不計庫平。而以庫平一兩抵一金。蓋前條比較畫一兩表。皆以一金作百分。是國家出納本以一金抵庫平一兩。今日收股本。他日發股息。雖有銀與幣之分。而於股東毫無增減。其鑄幣餘利。如發股係隨市價賣出。則歸入公積金。如發股係照股票金額。則於新股第一次派息時。以餘利加入還予股東。是股東不惟無虧。而且得以生銀買新幣。入股者必踴躍樂從矣。

一開辦之初。如設印刷局以造紙幣。設分化所以驗銀幣。皆事之最重要者。而印刷局需費更多。此項經費。雖爲鑄幣而設。究非以之鑄幣。宜由度支部另行籌欵。印刷局本是營業性質。將來原可獲利。且關係至大。萬不能不自辦。若由他國或商家代造。流弊頗多。紙幣小有差失。不堪問矣。

管理鑄幣事宜四條

一詳查各幣局每日需工需煤及出幣確數。以便分配幣料。否則工多鑄少。或停工代鑄。而耗費多也。各局各定一符記。印於本局所幣鑄空隙中。以便考驗。或用號碼。或用支干字。不宜如從前制錢之用同福臨江等字。

一管理造幣各局。各派監督。仍受督撫檢查。再由部隨時派檢察委員周巡各局。無定員。亦無定時。其檢查法。每批新幣出鑪之日。由督撫派一人會同監督隨意取幣連化驗三枚皆符。再取三枚。一封存本局。一送部。一送京師分化所再驗。初驗爲防弊也。不符必改鑄再驗考技術也。若不符。非機器壞。卽技手低。卽時派員檢查改良。若果有弊混情事。自應另行懲辦。

一鑄幣模型。宜由京師總廠發出。不許各省自刻新模。旣到。卽封還舊模存庫。刻模技師。宜優給養老俸。雖退職。仍令在局當差。此非專爲防弊。蓋模出一廠。技出一人傳授。而技師聚於一處。則模刻無二式也。

一私金代鑄。須明定鑄費。列表宣示。其交銀領幣之期。及眼同化驗生銀新幣。宜有定章。其銀出自公欵者。由出欵衙門。派人會同化鍊。出幣後。會同驗收。以舊幣改鑄時亦然。凡購用幣料。如銅鉛之屬。皆不由幣局自辦。

新舊幣收支引換事宜二條

一新舊幣並行之初。以法令維持畫一。則信用在國家。以資本調劑平均。則操縱在銀行。而私人交易。有不能盡干涉者。除郵電鐵道輪船舉凡在政府監督範圍者。得以法令制之。悉遵畫一表之分數。其餘皆不强迫。預布特別條例。凡以財產債務涉訟事在新幣發行期後。皆據畫一表及比較表判斷。其營業註冊者。股本資本不違條例。皆批駁之。則市價必能以漸整齊。

一銀行引換新幣。原與國家收支性質不同。故宜分期分辦。一爲法價引換期。凡以舊幣繳國家者不得拒。而向銀行索換新幣者。銀行不得應之。惟應則必遵法價。不許增減。一爲強制引換期。凡以舊幣換新幣者。銀行必應之。但銀行亦得照法價支出舊幣。而國家不得支出舊幣。一爲引換截止期。國家仍照法價收舊幣。而銀行則得照市價收買。但所收買舊幣。不許再支出。蓋截止引換。則作爲生銀。無法價矣。其比較表中所列外幣。經國家指定某種許照法價繳課。則銀行亦須照法價引換。惟不得強制。其未經指定者。無論何時。銀行得照市價收買。以上各期限。均從宣示日起。扣滿半年實行。

發行紙幣及清理各省鈔票事宜三條

一銀行紙幣。專由大清銀行發行。亦即由銀行兌換現金。惟遇金融迫急之時。可發令限制兌換數目。蓋預備抵兌之款。不盡爲現幣。而稍僻遠之地。每有轉輸不及之時。不得不設此變例。此項紙幣。國家原無必收之義務。而遇銀行停兌時期。

則收納一切公款。又宜先儘紙幣。國庫紙幣。銀行亦無必兌現金之義務。而國家則無論何時不能拒人繳課。要之非萬不得已。則國家收支。銀行兌換。於兩種紙幣辦法。總宜一律。以保信用。

一銀行發行紙幣。須預備抵兌金額。各國通例。皆不過現幣十分之三四。其餘得用有價値之證契。中國儲蓄風氣尚未發達。各處存款頗少。而國家公款。不盡由銀行出入。各國中央銀行。非特一國歲入。全寄其中。卽私財儲蓄。亦比他行爲盛。不啻擧全國之力以維之。今非擴充預備金。紙幣恐難暢行。應令各省將出入之款。凡銀行所在之地。皆歸銀行。明定收發撥解章程。各省可以取息。銀行可以營利。各行商業。可以加本。而銀行紙幣。可以加額。不然。僅增股份。爲數無幾也。

一各省官設銀號錢局所發鈔票。應速調查確數。及存現款多寡。若能相抵。則撥歸大清銀行。徑以新幣引換。剋期完結。設無計彌補。則惟有兩辦法。一由本省領國庫紙幣。以漸收舊票。以免市面恐慌。於舊票則平均分期引換。繳部於國庫紙幣。則分年拔還。此猶借部債。以整理地方財政。或實業之一辦法也。一由本省製公債票如數引換舊票酌予債息而本省收入之款得以債票搭繳視入款與虧款之多寡須若干年方能繳足以定搭繳成數及債期此項債票不得抵部庫解款其本息仍由本省籌還此猶借地方公債而均其擔負於全省之人之一辦法也至商號所出紙票只能由銀行酌量與該號通融辦理各地方情形不同若猝然下令一律禁絕必致紛擾惟預定廢止期限使出票用票之人知所準備自能漸減國家不必代爲經理也

幣制調查局顧問員周金箴上度支部論幣制書

敬稟者竊職道接奉鈞劄委充幣制調查局顧問員自維譾陋何裨高深惟既蒙採及葑菲敢不就平日研究所心得探考所折中撮其大要敬爲陳之一幣式須求利便也自統一圜法改鑄國幣之議起或主一兩或主七錢二分互有精詣各衷一是大半因此問題以致幣制至今未定職道以爲銀幣宜便商民之行用金幣應通各國之匯兌墨元龍元流行已久若仍鑄一兩五錢之幣是名爲畫一幣制實仍沿用生銀分兩折算紛擾流弊滋多此幣式之必宜以七錢二分爲斷者一也一衡數必宜消泯也從前

全國用銀。不得不以衡計兩錢之名。緣是而起。今既改鑄國幣。則一切宜以幣計。斷不宜再存衡數之舊。以淆觀念。其法當先從官家入手。凡從前賦稅俸給各項。均令各衙門量情酌改。列表另定。其畸零不整者。儘可略加增減。以取成數。官家倡之於前。商民踵循於後。衡數既除。幣制始能獨立。但使立法公允。令出維行。金融機關。自必操之在上。此衡數之不適於圜法。亟宜獨斷者二也。一金價必宜預定也。現今東西各國均主用金。我國民間生活程度較低。出納纖微。似難驟用金爲本位。然對內一面。不妨先鑄銀幣以取流通。對外一面。必須先定金價以泯畛域。日本田尻博士有言曰。四鄰强大之國。通商貿易之上。咸用金本位。而介在其間者之一國。獨孤立保存銀本位。是謂孤立本位。不便不利莫甚焉。此言最爲我國對病之藥石。亟宜乘此劃一幣制之時。毅然改定。以塞百年之漏巵。而與列强相抵抗。不然。以貴臨賤。我國財政無有不爲挾持者。顧此事較之酌定幣式。難且數倍。從預備一方而言。則獎勵卝政。吸收金塊。既需持久之宏圖。就臨時一方而言。則確定價格。交通匯兌。又需相機以酌劑。然其事雖難。其效至鉅。大勢所趨。有不能不相與同化者。此定金價爲維持幣制之要綱。擬請速定政見。

者。三也。一、輔幣必宜限制也。初定金價之時。所鑄金元無多。民間行用。自當仍以新銀幣爲主。是爲金銀複位之制。所有畸零小數。不能不用輔幣以承其乏。然輔之云者。祇可補主幣之缺。不可侵主幣之權。其學說既已爲東西通人所公認。是宜設法限制。并將從前通用各幣。逐漸收回。以保新幣之信用。如果舊幣漸消。輔幣限制。則一切幣賤物貴私鑄私消之諸弊。皆不禁而自絶矣。此輔幣爲主幣之助。不可不一同注意者。四也。約而言之。中國名爲銀本位。實則爲銅本位。民間賣粟布用錢。納丁糧用錢。完釐捐用錢。前數年制錢缺乏。各省以銅元餘利。歆動政府。濫行鼓鑄。又暗購日本銅餅。自鑿印花。但求漁利。獨多不顧。鄰私倒灌。於是昔患錢貴者。轉患錢賤。小民血汗之資。向積三四日工資。可易銀洋一元者。現積五六日不可得。斗米尺布。又悉以洋計。其病在民。州縣以征於民者。大率錢多銀少。不敷解庫。征銀解銀之議。又格於輿論而不行。民窮官瘠。賠累不貲。謹厚者率求解任。巧滑者設法取盈。其病在官。外人以我爲用銀之國。墨銀輸入外。每歲以大條銀灌輸各埠。購我生貨。剝我重利。而我之購機定械。布疋器皿。以及大賠欵常年數千萬。悉以金計。於是金格益高。銀價益落。即無甲午庚子之役。

貧匱之勢已難自存重以大創其涸立待是其病不僅在民不僅在官而直在全國職道之愚以爲劃一幣制之議斷不能再事游移劃一之法舍十進位定金本位無辦法誠能明發上諭自宣統三年正月起制錢五文以上用銅幣銅元五枚以上用小銀幣小銀元五角以上用大銀幣大銀元五元以上用金幣一切鑄幣發鈔之事悉集權於度支部凡平色火耗銀銅貼水之事一律劃除淨盡犯者以違制論國取諸民民貢諸國斠若劃一然後此十銀元之金幣可與各國之金幣衡量作價通融匯兌永無操縱抬壓之弊救急之法莫要於此是否有當伏候鈞裁

橋下松陵綠浪橫
來遲不與白鷗盟
知君久對青山立
飛盡梨花好句成

叢錄壹

雙濤閣時事日記

雙濤

▲二十七日

美國費爾特費之勞傭者約十二萬人擬爲大同盟罷工現方著著準備決於本來復六日（陽曆三月十二日）實行居實行時則市中一切給役凡需人工者當悉停止全市黑暗騷擾之象可以想見據勞傭黨之計畫非至勝敗決定後斷不中餒云各國報紙咸稱此舉爲有史以來最大之勞傭戰爭有心人亟欲觀其後效也

二月

▲四日

讀官報發鈔江侍御春霖違劾馮汝騤朱家寶張人駿朋比謾欺及專劾慶親王老奸竊位多引匪人諸摺慨然想見其爲人摺中引包拯奏議彈章有至七上得請而後已

者。謂區區之心竊願效之。議者或謂其僅對於一二人之事。刺刺不休。未免小題大做。甚且詆其欲沽直名。此皆非能知侍御者也。侍御摺有云。方今國會未開。諭旨又禁言官毛舉細故。臣慮言路諸臣。小者謂不必言。大者又不敢言。仗馬寒蟬。習爲容默。而二十二省之憲政。倚辦疆臣之手。敷衍文書。無人舉發。頒布憲政。期以八年。恐未至八年。而天下事已敗壞於督撫之手。而不可收拾也。又云。樞臣賢否。實爲治亂攸關。又云。敢懇聖明。攬天下才。極一時選。古人夢卜求賢。版築屠釣。皆立作相。欲建非常之業。必用非常之人云云。綜觀諸摺。所言皆關大體。而字字是血。句句是淚。洵至誠憂國君子之言也。不圖餔糟啜醨之世。尙有此朝陽鳴鳳。臺垣有光矣。今侍御去矣。宋明諫官之批劾權貴。雖廷杖瘐斃。相接而繼起不衰。所謂往車雖折。來軫方遒。而國之傾而未顚決而未潰。恒賴乎此。嗚呼。侍御去矣。臺諫諸公。毋讓侍御獨爲君子耶。

日本人之論。每謂中國欲行憲政。當廢都察院。而我國學子。亦多有附和其說者。夫以法理論之。則立憲國有國會與政府相對峙。政府事事須對於國會而負責任。誠無取都察院以參於其間。而臺諫動以箇人無責任之言。牽掣當道。亦不能謂絕無流弊。雖然臺諫之言采用與否其權固在君主非如國會對抗政府之力有憲法以爲之規定蔑視國會即爲違憲也然則臺諫雖稍讙呶於政體抑有何障害視之與報館之言論等不亦可乎竊謂政治上之監督機關與其闕也毋甯稍濫我國將來若能如英國行完全之政黨政治則都察院洵爲無用之長物若猶是大權政治則此機關未可輕議廢棄也抑此又爲八年以後言之耳若在今日則政治上獨一之監督機關惟有此院院中諸君子實應行將來國會所行義務之一部分國家前途於茲托命焉諸君子其思所以自處矣

▲五日

江侍御之黜也陳趙胡三給御合詞請收回成命不省以致激動全臺公上言路無所遵循請明降諭旨一疏士氣之昌差强人意考言官風烈莫盛於宋明而以一人之去就起全臺之公憤者尙未之前聞此次之摺聞不署名者僅一人此實與全臺無異臺中自是增一段名譽之歷史矣顧嘗論之以宋明氣節之盛乃未聞有全臺一致如今日者其故蓋別有在宋明權臣無論若何專恣要莫不有畏憚言官之心必雜置私人

於言路以爲已援故其言路恒分爲政府黨與非政府黨之二派今也全臺皆不黨於政府洵屬千古美談然亦可見言路之不足輕重而政府視同無物也久矣嗚呼是亦可以觀世變也

▲七日

英國改革上院案已提出於國會其大指則變世襲的而爲選舉的此案若通過則將來英國上院之性質當與法國畧同矣英國當一八三二年以前上院恒爲皇室與政府所倚重自選舉法改正後純變爲政黨政治於是上院非成爲無用之長物即出於離立之中間改革論之起三十餘年於茲矣格蘭斯頓羅士勃雷諸老輩以畢生之力鼓吹之時機未熟蹉跎不成今茲其或遂成矣乎

東報稱哲布尊丹巴此次大助政府攻擊達賴喇嘛因達賴去年至庫倫時與彼大生意見今故報復云此誠一佳消息黃教之大宗有四一達賴二班禪三章嘉呼圖克圖四哲布尊丹巴而哲布尊在蒙古之勢力尤極大其有所言蒙人奉之如響也吾曾言今次之變必須利用章嘉以謀善後所以不言班禪與哲布尊者蓋以班禪已爲英所

利用。且確知哲布尊久已爲俄所利用也。今哲布尊知尊 朝廷。更能以章嘉與之戮力。則藏事庶可定矣。雖然。哲布尊此舉。其或受人嗾使與否。仍未可知。君子不逆詐。不億不信。與其潔不保其往。謂宜大獎之。以勸來者矣。

▲八日

美國此次議會提出一種新稅目。曰奩資稅。凡奩資在千金以上則稅之。最少者稅千分之二十。多者以累進率遞增。其嫁於外國者。則稅之加重云。此實自我作古之新稅目也。遺產既有稅。則奩資亦宜有稅。同爲財產移轉。受之者同爲不勞而獲。一稅一否。洵爲不公。此稅若行。他國必將有踵之者矣。且美國女子近最喜嫁與歐洲各國中落之勳爵子弟以求虛榮。其重課之也亦宜。

讀督辦鹽政大臣奏定各種辦事章程。不過多添些差缺而已。不見有一毫之根本改革。所謂新政。大率如此。爲之一歎。

環玦隨波冷未銷
古苔留雪臥牆腰
誰家玉笛吹春怨
看見鵝黃上柳條

叢錄 貳

江介隽談錄

野民

唐薇卿方伯聯

唐薇卿方伯（景崧）廣西人。光緒丁未官臺灣布政使。攝行巡撫事。賦性坦率。推誠接物。迨割臺議起。臺人忠憤不忘 本朝。願備藩屬。建臺灣國。循共和故事。公舉唐公爲大總統。勒兵拒日。嗣以窮島孤懸。兵甲不繼。遂致敗績。公乘歐舶南渡。由廣州灣而歸。平生豪奢愛客。得錢隨手輒盡。既歸。寄居粵東。門可羅雀。有客過談。輒大喜。晚年貧益甚至爲書院山長以自給。近歲病卒。年六十有五。公官臺灣時。嘗題戲臺之後臺聯云。眼前燈火笙歌。直到收場猶絢爛。背後湖光山色。偶然退步亦清涼。不謂二語竟成語讖。吁。保持危疆。背城借一。固一世之雄也。安可以成敗論之乎。

唐公又有一聯云。安得廣厦萬千。種竹權爲留客地。倚徧迴欄十二。惜花仍是愛才心。

此乃爲臺灣時作。緇衣之好。形于話言。雖末途淪廢。倏焉殂謝。而城內談士頌聲不衰也。

黄季度秋花圖

黄季度主政紹憲。南海人。以部曹羈宦京師十餘年而卒。喜交游。以善畫知名。閩縣王旭莊觀察藏有季度舊繪秋花圖卷。圖中所繪乃玉簪花卷中有盛伯希王廉生諸公題跋。丙午之秋。鄭海藏先生歸自龍州。旭翁持以示之。海藏題云。四兄示我秋花本。光緒之初朝士題。玉碎瓦全休更問。自搔短鬢向巖棲。此詩海藏樓集中棄而弗錄。余以有關故實。特錄存之。

陳亥亮詩

陳亥亮戶部熾。江西瑞金人。宦游京師。俶儻不羈。甲午後感觸時事。多所陳述。遂見憎于權貴。沈滯下僚。鬱鬱不稱意。庚子五月病卒京邸。陳伯嚴孜功與有雅故。以詩挽之云。罪言杜牧佯狂廢。遺行東方世俗非。蓋傷其不遇也。戶部著有裒春林屋詩集。專宗唐賢。清雋可誦。錄其發贛州云。離思不可極。江湖春水生。高雲坐超忽。寒雨入平明。獨客倘南去。雙流方北行。梅花五嶺遠。辛苦越鄉情。紅梅云。十日新陽暖。臨春亦自開。居然避風雪。忍使沒蒿萊。豔色已知重。繁憂仍未裁。空山斷來往。爲爾重裴回。歸舟漫興云。窮冬草樹憺無色。時有霽雪明前峰。凍雲渺渺見鴻雁。寒波瑟瑟凋芙蓉。百憂紛集坐難遣。萬里獨歸何所容。愁心欲賦忽已暝。遠林月上聞淸鐘。林居云。林居事幽屏。煩慮忽已蠲。披尋矧多暇。光景方流連。居側饒隙地。繚以周迴垣。呼童蒔雜木。差次無陌阡。春來一以長。藹藹西窻前。長蕉對瀟灑。穉竹相便娟。辛夷將木蘭。窈窕如比肩。侵晨微雨過。新翠披疎煙。涼風適何來。蕩此高日暄。獨往成久立。勝概誰與言。

胡漱唐絕句

胡漱唐侍御 思敬 江西新建人。家富贍而工文章。入柏臺。彊直敢言。爲時所重。嘗于友人處見其書屏二絕句云。四山日落風蕭蕭。集賢峯下逢歸樵。塔鈴半空答人語。無數老鴉飛過橋。大姑日暮潮落遲。蜑船女兒歌竹枝。持螯一笑雙眼白。山色過江來索詩。是詩淸峭不羣。邁往不屑之韻。自見于言外。

彊邨詞

湖州朱古微侍郎自號上彊邨人。初爲詩。尙鍛鍊。繼棄而爲詞。專學夢窗。神契往哲。在國朝詞中自成一家言。其彊邨詞集中有隸西山行偶書。調寄阮郎歸云。水墟花瀨上彊邨。雙谿溜竹分。鬢絲供得十年塵。飛泉淸角巾。　挖瘦策。理空綸。重尋釣石溫。年年含笑待歸人。春山淸淨身。上彊邨。湖州地名。先生自紀其釣游之地也。漁家傲云。繞榻書籤兼畫橙。朦朧散帙何曾竟。老去不禁茶力猛。微睡醒。風鑪煎朮供秋病。　萬里碧雲生雁興。行行書破靑天影。樓月半升簾薄暝。闌獨凭。商音滿耳無人聽。先生曾督學廣東。遂致病濕。久屏茶經。故詞語及之。

叢錄　叁

春冰室野乘

春冰

高文良公夫人之能詩

高文良公（其倬）爲康熙朝名臣。其夫人蔡氏。名琬。字季玉。綏遠將軍毓榮之女。而尚書珽之妹也。將軍平吳逆有大功。而尚書在雍正朝。與李穆堂侍郎。謝梅莊侍御。以名節相砥礪。爲田文鏡所搆下獄。幾死。夫人濡染家學。博極羣書。詩詞之外。兼通政術。文良歘歷中外。奏疏文檄。出自閨中者居多。文良巡撫江蘇。與總督某不合。屢爲所傾。而文良卓然孤立。終不肯稍附和。偶詠白燕。得句云。有色何曾輕假借。對句未就。屬思久之。夫人詢其故。具以告。乃援筆代爲屬對曰。不羣終恐太分明。蓋諷之也。夫人詩集不傳。世僅傳其九華寺一章曰。蘿壁松門一徑深。題名猶記舊鋪金。苔生壓鼎無香火。經蝕僧廚有蠹蟫。赤手屠鯨千載事。白頭歸佛一生心。征南部曲今誰是。剩有枯禪守故林。

蓋爲綏遠作也方三藩之始叛也朝廷猶沿開國故事以諸王貝勒督軍不肯委兵柄漢大臣然是時去開國垂四十年當時百戰健將代謝已盡子孫襲爵者席承平久皆不知軍旅爲何事卽八旗勁旅亦稍稍脆弱故吳逆席卷湖南江西所至如破竹諸大帥皆擁重兵雲集荆襄不敢遣一旅度江與賊角幸三桂已老頗持重不敢輕進使從諸將計以偏師濟江而北勝負之數未可知也諸帥旣無功朝廷始不得不用漢人於是綏遠及趙王諸將始乘時而起克藏大功然滿諸帥忌之愈甚趙襄忠被劾幾不免賴 聖祖仁明始得保全而綏遠竟罣吏議奪爵削職於是棄家歸空門謝絕賓客長齋奉佛以終九華寺實其杖錫處也

郭華野遺事

郭華野總憲琇康熙中由江南縣令行取御史其劾明太傅珠一疏至今爲人傳誦聞其上疏時適直太傅誕日賀客滿堂郭公旣遞封事出朝卽命駕之太傅宅求見蓄自行取入都未嘗一履時宰門太傅聞其來則大喜不啻王毛仲之得宋璟也急延之入衆愕然胥謂此老崛强何忽貶節若此郭公入長揖不拜而數引其袖若有所陳太傅

盆嵩曰侍御亦有詩章相藻飾乎公正色曰非也彈章耳因出疏草以進太傅受讀未畢公徐徐長揖曰郭琇無禮應罰自飲一巨觥趨而出有頃太傅聽勸之 旨下矣嗟夫使華野生於今日亦不過追隨二霖後款段出都門耳太傅雖以好貨聞然其優禮士大夫又豈今人之所及耶

畢太夫人訓子詩

國朝閨秀能詩詞者多而學術之淵純。當以婁東畢太夫人爲第一。夫人姓張氏。名藻。字子湘。秋帆制府之母也。其父本循吏。夫人禀承家學。湛深經術。制府之撫陝西也。夫人留居山東。以詩貽之曰。讀書裕經綸。學古法政治。功業與文章。斯道非有二。汝久宦秦中。洊膺封圻寄。仰沐 聖主恩。寵命九重賁。日夕爲汝祈。氷淵愼惕厲。譬諸欂櫨材。斲小則恐歛。又如任載車。失誠則懼躓。捫心五夜慚。報答奚所自。我聞經緯才。持重戒輕易。敎勅無煩苛。廉察無苛細。勿膠柱糾纆。勿模棱附麗。端己厲淸操。儉德風下惠。大法則小廉。積誠以去僞。西土民氣淳。質朴鮮靡費。豐鎬有遺音。人文鬱炳蔚。況逢郅治隆。陶甄綜萬類。民力久普存。愛養在大吏。潤澤因時宜。撙節善調理。古人樹聲名。根柢性情地。一一踐其眞實。心見實事。千秋照汗青。今古合符契。不負平生學。弗存溫飽志。上酬高厚恩。下爲家門庇。我家祖德詒。箕裘罔或墜。痛汝早失怙。遺教幸勿棄。歎我就衰年。垂老筋力瘁。曳杖看飛雲。目斷泰山翠。二百七十字。爾雅深厚。粹然儒者之言。當爲　國朝閨秀詩第一。太夫人之卒也。　高宗嘗賜御書經訓克家四字以褒之。故制府遺集。以經訓堂名。惜制府晚年。竟違母訓。而諂事和珅。其督兵征苗時。又與福文襄比。驕奢侈泰。庫藏爲虛。身後竟遭籍沒之慘。而遺裔亦式微矣。制府嘗以此詩手蹟。泐諸陝西撫署。昔曾得其拓本。今憶而錄之。書作行楷。大半寸許。字體方嚴。殊不類閨閣手筆也。

穆相權勢之重

順德羅椒生尚書惇衍。涇陽張文毅公芾。雲南何根雲制府桂清。三人同年登第。入翰林。年皆未弱冠。且同出湯海秋農部房。海秋爲之狂喜。賦三少年行者也。時道光末造。穆鶴舫相國彰阿執政。炙手可熱。張何兩公皆附之。獨椒生尚書絕不與通。散館後。初考試差。三人皆得差。　命既下。尚書往謁潘文恭。文恭問見穆中堂否。曰未也。文恭駭然曰子未見穆相先來見我。殆矣。尚書少年氣盛。不信其說。亦竟不往。次日。忽傳 旨羅惇衍年紀太輕。未可勝衡文之任。著毋庸前往。另派某去。人皆知穆所爲也。其權力回 天如此。 國朝已放差而收回成命者。尚書一人而已。實則張何之年。皆小于羅也。考是年登科錄羅十九張十八何十七

道光末。五口通商之約。穆一人實專主之。王文恪既薨。祁文端尚力爭。然文端在軍機爲後進。且漢大臣。不能決事。故穆愈得志。然王祁兩公之忠。 宣廟未嘗不深知之。傳聞和局既定。 上退朝後。負手行便殿堦上。一日夜未嘗蹔息。侍者但聞太息聲。漏下五鼓。 上忽頓足長歎。旋入殿。以硃筆草草書一紙。封緘甚固。時宮門未啓。命內侍持往樞廷。戒之曰。俟穆彰阿入直。即以授之。幷囑其毋爲祁寯藻所知。蓋卽 諭議和諸大臣畫押訂約之廷寄也。自是 上遂忽忽不樂。以至棄天下。文恪尸諫遺疏。爲穆黨所易。已志前。文恪諸子。旣賣其父。後來文恪墓志。撰文者仍穆彰阿也。於力爭和議事。竟不及一字。文恪其不瞑矣。

金簡

曩客都門。助友人纂輯會典。檢得一故事。絕可笑。乾隆某年月日。 上諭內閣。本日召見都統金簡。見其補服獅子尾端。繡有小錦雞一隻。訝而問之。則對以奴才以都統兼戶部侍郎。侍郎係文職二品。然照例文武兼官。章服當從其尊者。故繡此以表兼綜文武之恩榮耳。章服乃國家大典。豈容任意兒戲。金簡著交部議處。此事殆可入笑苑。然亦可見當時重文輕武之心理矣。金簡本朝鮮人。入仕中朝。隸內務府旗籍。一女入宮爲嬪。後仕至尙書。爲人精幹有巧思。武英殿聚珍板程式。其所手剏也。朝鮮人入仕中國。自唐已然。高仙芝乃至任將相封王爵。而唐末崔致遠且登進士第。佐節度幕。入爲朝官。後復啓請還仕其國。亦曲許之。柔遠之意。至爲厚矣。明成祖賢妃權氏。亦朝鮮人也。金簡之仕於本朝。自非剏舉。但何以不入漢籍。不用本國籍。而必入內務府旗籍。則書缺有間。莫明其故矣。

赫承先求應鄉試

赫德仕中國五十年。而不入國籍。不易章服。且仍食本國男爵之俸。亦創例也。赫之子名承先。酷慕中國科第之榮。其父乃爲延名師。教爲制藝。京師人有見其課稿者。飽滿暢達。居然二十年前好墨卷也。試帖楷法。亦端謹不率。癸巳 萬壽恩科。必欲援金簡故事。以內務府籍應試。執政者顧堅不許。赫嬲弗已。乃藉慶典恩數。賞以三品銜候選道。而卒不許其應試。一時翰苑中人。皆失望懊惱。蓋承先果入場。則必無不中。中後贄敬必可獲巨萬也。吾國外交上有至不可曉者。國權所繫。輕以予人。絕不少惜。獨此等虛榮所在。乃竭力以爭之。可謂不識輕重矣。

丁韙良被騙

西人旅居中國者。其機械變詐。往往有出人意料之外。以余所聞德貞騙丁韙良事。其一端也。丁韙良爲同文館總教習十數年。於吾國官場慣技。揣摩純熟。恭慶兩邸。及總署諸堂官。皆與之相得。丁爲人小廉曲謹。自教授外。公私外交。一無所干預。故華人皆樂就之。德貞者。英人也。精於醫。爲人搏圖有機智。光緒中葉。西人之來華營路礦者。皆以德爲主謀。德亦廣交遊結納。權貴大奄名優王公貴戚。無不得其歡心。與丁爲莫逆交。丁乃援之入同文館。充醫學教習。同文館定例。總教習月薪千金。各科分教僅三百金而已。德之壻歐禮斐者。略諳普通學。來華依其岳謀一席地。德薦諸赫德。使爲國人長。歐見總教習之獲多金也。羨之。欲去丁而篡其位。謀諸德。德頷之曰。當徐圖之。勿汲汲也。又半歲。丁忽肩上生一瘤。延德診視。德視之曰。無妨也。不數日愈矣。語畢。背而拭其睫。作飲泣狀。詧爲丁所見。固問之。德乃慘然曰。吾二人交好如弟昆。吾見君得此危疾。不忍以實告。而又不禁其心之痛。不圖乃爲君所覺。今不得不以實告矣。此證無生法。吾力能保百日。百日以往。藥餌無能爲矣。爲君謀。不如急請假歸美。用吾藥猶能抵家與妻子相見也。丁如其言。匆匆請假行。未抵舊金山。疾已霍然矣。抵家後。竟不復發。方訝德之妄言。謀束裝作西渡計。忽得友人書。則歐禮斐已膺關聘。坐皐比。月享千金矣。始悟德之賺己也。實則歐于普通學外諸科學未諳門徑。故事總教習必通各國語言文字。始能稽核課程。歐則英文外一無所知也。及丁再至華。德已前卒矣。

文苑

與葛倉督書

秦樹聲

同旅春明承服嘉聞一日之雅缺焉累載其爲蘊噎曷任言楮然懿識鴻行上嬹宸鑒淸概素味下傾曹流矧以鯫庸而無馳戀炎陽司序道履怡勝秉攝持之誥贊平準之策散衿通寄休有徽明樹聲太行之獶無已於義戰神倉之鼠有時而技窮季女春飢翠璠有淚騷人夜嘯紅蕙爲粻顑頷匪唏淤阻維蔽謹遣門隸持奉券至屬瀆厮扈爲平鼓概自天零雨終須靈岳之雲長安乞米更修平原之帖伏希眷逮幽照末私庶庚郎二十七鮭長足於糟食檀公三十六計無資於沙籌

與魏枚㪺太史書

前　人

江山半壁微一木之支風雨高樓話六合之表百年鼎鼎而君子道消羣司譨譨而夷羊在牧古之志士能不隊心惟儉德辟難與時休適僕讀書寡益學道無成既怵腐儒尤惡邊見關山直北塵忝於阜比草木淮南告凶於虎尾似曾氏去武城之寇非鄒生

文苑　二

與梁苑之賓屬。二聖蒙塵。百寮高枕。六蓼耿不祀之慮。風人有苞稂之吟。僕與執事。遠迹太上。遯身遐志。悱惻其思。脩翼卑棲。但有歎咤。仰屋而睨。則昆陽之瓦欲飛。以寫我憂。則魯國之醪。百榼亂離瘼矣。爰其適歸。擬少留滯。拱俟北音。童筶所程。班馬之芬。以自消息。惟愛護。不宣。

九月十九日游石景山紀行

堯生

出城

山色催人曉出城。喜聞啼鳥報秋晴。初陽照影生春思。綠樹連郵問酒名。僻地乍經無舊識。寒疏一路送西行。故鄉此日黃花節。雨後沙原正早耕。

八里莊

樹遙人語見郵莊。沙路依稀過草堂。小坐一餐如旅客。出城八里屬良鄉。寺經劫火空留塔。秋老山容漸有霜。不負騎驢尋酒店。寒花十日古重陽。

白象庵

石子浮沙路外寬秋前一雨定溪灣停車野婦來看客趁隊駝鈴自出山樹下逢僧知寺近市中當午尙門關春風約畧靑羊路何處花潭屋數間

玉石景山

槐樹蕭蕭靑石枯寺門一徑向山隅時淸土木留殘照地勢金元接大都勝代九龍移內豎靑山萬馬護浮圖古今無限秋風老遙望昆明水一湖

山半

蘚砌無人綠一壇尋碑且作表忠看當風小憩疲山路瀹茗前朝話石闌壞壇草荒猶有路渾河秋老不成瀾瀨行摘取松濤去一夜蒼龍伴枕寒

由天空寺歸至八里莊

一徑松風客出門老僧留飯習寒溫好山秀過碧雲寺破廟今成黃葉邨傍晚關城急僮僕豐年隨地足雞豚林間一墖來時路下馬還期倒酒樽

摩訶庵

徑欲攤書住此中涼宵宜月更宜松（白果枝）登臨大野高低樹落日西山千萬峰爲惜

文苑 四

清詩懷老妾。因竹坡前輩句念蜀中偶看明畫說神宗。登車古栢紅牆路。日暮愁心寄晚鐘。

以石景山松寄延眞閣主

蓉峰家世本清芬。采藥行將白鹿羣。君有蓉峰采藥圖伏莽乍驚仍作客。近事寒花如我共思君。昨尋石景穿黃葉。間仿山人贈白雲。一院松風消永夜。濤聲應向枕間聞。

以松贈瘿公訂戒壇之約

出郭風微曉不寒。沿郲黃葉向桑乾。苦吟秋色生驢背。斜照山名問馬鞍。山近潭柘畏晚却尋歸路急。快晴應共故人看。將詩寄取蒼龍爪。明月何時宿戒壇。

堯生侍御新游石景山歸以小松見寄媵以詩兼詢戒壇游約次韻奉答　瘿公

偶厭鞬屝犯薄寒。風林萬葉戰秋乾。蒼山挂眼煙橫郭。瘦馬歸人月在鞍。頗怨履綦運我約。尙持高節與人看。詩魂久落青峯外。散策從君問石壇。

送莆田侍御

回首天閶萬馬瘖。裂麻往事足沈吟。夢中宣室尤前夕。歸路慈烏繞夕陰。琨玉秋霜酬母。志。青天白。日。見。臣。心。安仁別有閒居意。再賦長楊儻不任。

花朝集江亭遂登城墻晚眺

郊坰潑溢知春半。草樹青微覺候遲。各苦。端。居。厭。牢。落。便。同。高。詠。作。芳。時。清。觴。梵。外。非。塵。事。屑郭。陰。中。有。履。綦。九陌。風。光。餘。一。関。風光。昵。我。慰。孤。羈。

爲章曼仙題先德銅官感舊圖　　昀谷

曾。侯。不。掃。靖。港。恥。憤。極。甘。從。屈。平。死。公。能。料。敗。復。手。援。患。難。平。生。一。知。己。我。聞。季。路。拯。人。溺。受。牛。足。爲。魯。邦。式。佽。飛。力。挽。舟。中。危。拔。劍。歸。來。分。執。圭。中。興。諸。將。屹。千。纛。僂。指。功。名。半。同。好。懸。知。高。節。抗。仲。連。平。原。田。單。不。能。報。日來江國蒼烟深。銅官山下波淫淫。數星。明。滅。烟。波。外。照。見。當。年。過。去。心。

示貞長　　咉盦

秋雨淚一線。能使百草殤。微霜不著頭。能使髮改蒼。思君昨日言。舊割忽發創。平生酸辛。事。徧歷九迴腸。譬如四百病。取之一一嘗。齎粉短夢間。燈簾夜荒荒。柿葉翻。故枝。索索。鳴。空。廊。知君沈苦吟。給侍不在旁。

還諸貞長詩卷　前人

學詩如學佛。成就有大小。出入一切魔。歷久得正道。諸絳通宿慧。所獲異獦獠。今觀少日作。往往露鱗爪。宅神在高明。駛筆赴幽窈。墮地拾殘柿。要令仰山飽。風吹黃白花。韶景自然好。綺語務去盡。瘦乃過郊島。用知上乘禪。不必鏤肝腦。自檢舊篋詩。益歎漫郎老。

虎邱狂飲贈洪鷺汀　倉石

鷺者雙眸子。觀空類古狂。叢憂澆鹵酒。閤淚坐春光。僧磬晚何遠。巖花幽更香。新詩誰寄與。先合弔吳閶。

題畫　前人

野坫投荒三四間。渡頭齊放打魚船。數聲鴻雁雨初歇。七十二峰青自然。

樓居雜詩　畯菴

樓外三峯不世情。四時向我斂雲屏。平生浪費尋山屐。何似支頭看送青。

建領千里走灘聲。滙到雙流瀨頓平。入峽海潮還出峽。和沙淘盡可憐生。

長年手澤付緘扃集古思編久未成卻累人間求搨本荒濱終媿未銷聲敢嫌池淥照鬢鬖庭樹親蒔盡出檐障得驕陽偏礙月故知人事不能兼

倦尋芳 閏花朝 己酉

蟄庵

露房隔曉煙臉酣春芳意深淺幾度凝粧偏是故家驕慣彈鶴池臺曾試豔舞鸞鏡匣重勻面黯消停正扶頭手怯畫眉心遠 似迤邐愁年堪綴窺戶輕盈酥潤香暖別淚羅衣依約小蘋初見坊巷絲楊勝縮結斜陽籠馬游應倦便歸來莫因循夢闌鶯囀

玲瓏四犯

伯沆

庚戌上元前一日伯嚴先生招游半山亭諸君子有詩余和壁間王夢湘舊題

澹日草薰疏風雲活山亭眉際如舉挾書捫碣意一笑成今古山翁醉眠甚處料當時鶴棲無主側帽孤尋亂松斜照惟有石泉語 茶烟裏浮漚聚檢苔廊墨暈吟思偏苦髯絲清磬老夢影南朝去殘僧漫話爭墩事早愁入春城簫鼓誰說與催歸又昏鴉繞樹

文苑　八

夢江南　仲可

深院悄。鎭日畫簾垂。簾外桃花池畔柳。更無人處鷓鴣啼。風雨自淒淒。

浪淘沙　前人

芳草引迴汀。鬢影青青。淡雲微雨正清明。隔住紅樓天一角。只是鵑聲。花外織流鶯。蛺蝶頻驚。夕陽着意做新晴。只怕晚風羅袖薄。闌檻休憑。

采桑子　前人

黃昏幾陣瀟瀟雨。綺閣疏櫺。孤館寒更。付與春宵各自聽。紅鵑啼瘦清明節。飛絮冥冥。嫩葉青青。一樣東風兩樣聲。

果能設誓更名。一任指揮。永不相背乎。夫人聞言有難色。猶豫之狀現於面。期期曰。我我必須遵汝之命耶。梅答曰誠然。女曰若妾少有觸忤定遭訶譴耶。梅畧一思又應曰然。約束規條。總宜凛遵。但汝年尚稚。吾待汝亦如小孩。今明告汝。吾國中習技女徒皆刻苦自持。不能縱情奢侈。任意揮霍也。女曰天乎。且容我思之。梅曰汝慎自擇之。勿貽後悔。又曰。吾欲吸煙。汝不厭乎。女曰否否。吾夫亦常吸者。無所礙也。時梅善那探懷出一煙捲。燃而吸之。無聊中聊以烟作戲。張吻吐之。使作圈形。而砵他利士夫人。則斜倚窗前。手托玉腮。作沉思之狀。忽於夜闌萬籟俱寂之中。聞車後有馬蹄聲。女驚起曰。人馬何來。豈追者至乎。先生衛我。吾盡從汝言矣。梅善那閒閒答曰。勿張徨。毋使我乘汝之急。而奪汝之自由也。來者料非偵騎。大類鄉農從村肆中飲罷歸耳。且再細思之。一經畫諾設誓。則成鐵版文章。無可改移矣。梅此時拒之甚力。而夫人則就之愈急。且戰慄其聲言曰。吾計決矣。一惟君命是聽。梅善那曰。夫人宜自三思。因此事亦關于我之安危。一入意境。則須以眞正學徒相待。不能少有假借。以誤吾事也。女答曰。妾思之已熟。願聆訓辭。時女與梅對坐。疊其雙手置於梅之掌上。斂容靜聽。梅覺其手冷若冰。微微顫動。梅善那乃徐徐口授誓詞。女長嘆一聲。作無可奈何之狀。於是依言設誓一遍。旣畢。梅卽正色告之曰。今而後。汝知汝之於我居何等地位乎。女乃低聲抑氣答曰。妾知之。妾爲君之徒也。意國優伶之例。妾亦頗諳悉。凡師所教授而有利於師者。歌台舞榭。惟命是從。所入之貲。不得自私蓄。悉以奉師。稍有乖忤。夏楚是甘。此卽妾之認狀也。梅善那曰。汝厠吾門牆。尙不至如是之苦。以汝之伶俐。吾將使汝高樹一幟。壓倒群芳。汝宜緊記。汝身不復爲砵他利士男爵夫人。汝今乃是依士梯梨伶女。汝試依我言覆念汝之新名。勿使遺忘也。女遂如命。連誦依士梯梨者再。少頃。彼新拜之師。忽呼曰。依士梯梨。（此後砵他利士男爵夫人俱以是名。）夜已將闌。可以睡矣。女聞其新名。心中一驚。勉強應曰。昨夜在古連路老婦家。竟夕不能成寐。今亦倦欲眠矣。女言時。梅義士已將一位擺好。取車中一張粗氈厚疊以代枕。命之斜靠暫行安息。旋取一長外套覆之。細語曰。汝且放懷。此後沿途一切事。余自任之。勿須憂驚也。女聞言如釋千觔重負。於是微歎一聲。閉其星眸。不數分鐘時。已沉沉睡去。時梅見女睡熟。諦視久之。悄自語曰。吁。此可憐蟲。殊累人。余自此長途間。又多一重累心事矣。以頃間所言。當非禍水能害人者。

余當教掖之以爲余助。以冀共履坦途也。于是斜倚不眠。坐以待旦。

第四回　觀曉日聞悟衞生經　聽幽禽闡發聆音理

未幾天將黎明。梅呼女曰。衣士梯梨。天將曉矣。起起。女星眸微啟。呵欠而言曰。吾猶倦甚。欲少眠。梅曰。前臨山徑。車行甚緩。正可易衣。遲則天明無及矣。女乃强起。是時已至一站。停車易馬。梅曰。汝欲靧盥乎。吾往取水來。遂下車取冷水。至。女靧盥訖。梅又往取衣箱至。隨手將車旁窗簾放下。告女曰。吾命御者驅車緩行山徑。汝可從容易服。言訖遂下車。仍傍車行。不離左右。是時車已入兩山之間。曙色萌動。朝霞欲昇。葡萄連山。濃綠洸洸。亘空一碧無際。山泉清澈。流出于林間。水淺沙明。蜿蜒徐注。阻于亂石。輒濺濺有聲。清于絲竹。悅耳洗心。不知身在塵境。蓋此泉發源雖微。而奔軼下山。成渠匯川。下注則成聖河之巨浸。舟楫之通途也。梅因歎曰。古語有之。其始也簡。將畢也鉅。凡事皆然。寗獨水也。行行久之。車方下山坡。宿霧盡銷。晴空無雲。日輪隱隱躍出海中。鮮若火齊。朝氣不寒。呼吸俄頃。令人神爽。梅暗思導引之士。往往以呼吸朝日爲引年之秘術。衞生家亦謂每日徒步日光中。及日照房櫳。常曬被褥。皆爲卻病之良方。誠哉不誣也。

斯時車已駛平至原。馬行漸緩。梅趨近車窗輕呼曰。衣士梯梨畢乎。曰畢矣。手捲車簾。啓車門。梅復登車。見女已易裝。宛然一學校十五六齡之女學生也。頭戴草冠。辮髮後垂。白衣皎潔。裙不掩骭。指間猶束指環。梅指曰。誤矣。速去之。女曰。此我之舊物。不忍捨棄。梅曰。貯之箱中。女啟箱。梅將其衣物一一檢視。復問曰。汝更有何物。悉以示我。女探懷出一繡花囊。乃貯銀幣及佛郎者。梅曰。畀我。我爲汝代存之。女曰。師乎。此吾之命脈所繫者也。梅叱曰。誰貪汝物者。吾將爲汝代存于杜來施素識之銀行。俟抵意境則取還汝。女曰諾。遂畀梅代儲之。梅隨取零星佛郎還女曰。此可儲之身畔。以備不時之需。女接而貯之衣袋。梅又曰。汝需用之衣服作一束。以備隨時取用。頃所着之衣裙亦另包裹爲一束。毋與尋常所需之衣物相雜。所有珍物亦另作一包。以備寄存于銀行。女如命一一分置訖。乃將衣箱扃鐍。謂梅曰。迎面層峰疊嶂。車行甚緩。將入山徑。妾亦欲步行以稍吸空氣。舒散筋骨。不審吾師許否。梅笑曰。一國受人箝制。尚欲發舒國力與人并驅。何況一身閉置車中。跼促不適。自宜一舒散也。吾當與汝偕行。遂呼御者曰。將至山徑。吾等欲下車步行。瞻眺可暫停車。御者既停車。梅先躍下。乃扶女同下。又謂御者曰。汝可驅車先過山相待。御者如命驅車前行。二人緩步後隨。女久坐車中。心神振蕩不甯。今得足履平地。筋骨頓覺暢適。載欣載奔。行步逾健。時屆初冬。山間楓林。彌望如畫。落葉槭槭。風吹有聲。所幸山風不大。行路尚不覺寒。行行已至高原。遙見山下村落。炊烟縷縷。噴薄林外。正農家早炊時也。忽聞林際鳥聲清脆。如新炙笙簧。梅謂女曰。汝善歌乎。凡曾在學校讀書者。當必能之。女曰。稍習之而未能善。梅曰。試歌我聽。他日登舞臺。此亦要事。吾雖非鍾期。頗善聆音。若有不中律呂處。吾當爲汝指疵。女遂歌古詩一闋。梅曰。音節殊佳。然善歌者學人之歌而能畢似。非善之善者也。大凡善歌者必須先善聽聆音察理。會心于微。乃歌中第一要訣。音雖有天籟人籟之殊。總不外風聲鳥聲泉聲樹聲數種妙音而已。入于耳而會于心。嫻其節奏。調其律呂。而發之于口。盡捐繁響。妙寫新聲。能裂金石而遏浮雲。則善之善者也。汝其識之。其次則莫若舞。汝能舞乎。女曰。吾僅赴跳舞會二三次。因吾夫甚忌此事也。梅曰。得毋汝有授汝夫忌汝之因乎。女曰。師乎。言未畢而緋紅暈頰。遂不復言。梅亦不更詰。又詢之曰。汝能德語。亦能意語乎。女曰。幼時曾于教堂學校中略習。而未能嫻熟。梅曰。意語爲本地風光。乃舞臺交際場中不可缺者。俟至杜來施城時。當買意文一冊。俾汝學習。此去杜來施已不遠。可速行。防有巴黎驛車早至也。女曰。請少待。獨趨入林。少頃而返。笑顧梅曰。從今少却一累心之事矣。梅曰何耶。女曰。護照吾已碎裂投于林中。片片隨風作蝴蝶飛矣。梅亦笑而獎之曰。可兒可兒。二人遂循山坡而下。共登車。車循大道而行。不一時已抵杜來施驛站。站旁旅館林立。已有夥伴來接。梅指定一旅館。遂將衣箱交付。偕女下車。亟詣旅館主人處賃定一房。俾女棲止。覘其鄰房皆空無居人。因巴黎驛車尚未到也。梅囑旅館僕人將衣箱安置訖。又命其熾炭于火爐中。館僕既去。梅命女啓衣箱。將包裹之珍物取出納于懷中。悄謂女曰。吾往銀行寄存各物。即歸來用膳。汝可閉門焚衣裙。女唯唯。梅忽又厲聲曰。汝又忘却別師之禮耶。女急鞠躬致敬。梅乃去。女焚衣訖。忽聞門外馬嘶聲。巴黎驛車已至。店主偕一人入隔壁房。店主曰。何久不見。其人曰。卒卒鮮暇。近事大忙。店主曰。何事忙迫若此。其人曰。實告君。余已投入警察長屈鐸部下。今奉派來此查訪事件。君曾見有黃衣婦人由滿他路至此者乎。店主曰。吾未之見。君與此婦人有何關涉耶。其人曰。此少婦乃砵他利士男爵之妻。現被控告鴆夫謀產。此婦狡猾殊甚。竟竊取縫婦之護照更名逃逸。被警長查知根柢。懸賞萬金以捕之。遂派吾踪跡至此。店主曰。君眞財星照命哉。眞可賀。眞可賀。其人曰。此婦已來此乎。君毋隱飾。店主曰無之。我乃言可預賀君耳。其人曰。此房留下我住。我今且往別家旅館查察。去女隔房備聞其言。慄慄危懼。噤不敢聲。若墮陷穽。俄聞呼開門聲。則梅善那歸矣。女憂心稍釋。急起開門。悄述其事。梅曰毋畏。若有人問汝時。汝可云吾師不許我與男子交言。祗此一語却之。毋多說。遂大聲曰。汝欲出游買物。亦無不可。俟買物歸來用膳亦尚不遲。遂同出游歷古城。稍買物件。及購意大利文法一書歸。梅略指授書中名詞。館僕已來請用膳。梅偕女至餐室。匆匆食畢。携女至上車處。曰驛車將至。汝在此候之。吾回房取物。即來。梅甫去未幾。有一商人衣服樸質。趨前帶笑問曰。小姑。汝今晨從滿他路至此者乎。女曰。先生恕罪。吾守吾師嚴誡。不敢與男子共語。其人曰。汝及笄之年。而體態娉婷若此。無怪汝師防閑甚至。然稍言亦何妨。女作驚惶狀曰。吾師至矣。若見汝與我共語。吾且爲汝受夏楚也。其人悵悵而退。曰。妮子誠膽小若鼷哉。吾且詢其師。少頃梅至。其人遂向梅善那脫帽致敬曰。大樂師。非從巴黎來乎。吾亦似曾相識。梅曰。吾近曾訪吾友古廉武君于巴黎。殊不識君也。其人驚謝而貌益恭。磬折而問曰。大樂師從巴黎來。途中曾見有黃衣婦人乎。梅曰吾于滿他路曾見之。後此則不知。因滿他路只賸車一乘吾已僱來也。其人無言告別而去。梅遂携女上車。一輿裝美少年亦同時上車。乘客甚多。三人坐處相近。梅語女曰。衣士梯梨。車中無事可習文法。毋廢時愒日也。輿裝少年以同車旅客無可共談者。覩梅風度蘊藉。遂脫帽向梅爲禮。出名刺授梅。梅接而閱之。其刺書曰。駐守馬利亞戍兵隊長符連施士辣地士奇。梅亦出名刺敬以授之。辣閱竟大喜曰。君即帕高利士大樂師乎。僕曩歲于美倫大舞臺曾瞻風采聆玉音。極爲心折。乃倏隔累年。君亦風塵況瘁。容顏清減。與昔畧殊矣。梅遜謝不遑。二人沿途或論文史或說音樂。言談甚洽。彼此恨相見晚。薄暮至一站。車暫停易馬。旅客皆下車詣餐館用晚膳。梅遂邀辣同餐。又介紹衣士梯梨與辣相見。三人同桌食。正食間聞人談巴黎事。一人曰。法之新王頒布憲法。君民一德。絕內亂之萌。國勢將日强盛。一人曰。據余近聞。意人亦將聞風起義。脫奥之羈靮而獨立也。其人曰此訛言也。意大利有辣地士奇將軍率兵戍守。意人何敢效飛蛾之赴燭。自趨死地耶。梅因問辣曰。足下尊姓亦是

國風報第一年第八號目錄

國風報

大清郵政局特准掛號認為新聞紙類
日本明治四十三年二月十三日第三種郵便物認可

每月三期逢壹日發行

宣統二年三月念一日

第一年第八期

定價表

費須先惠逢閏照加

項目	報資
全年三十五冊	六元五角
上半年十七冊	三元五角
下半年十八冊	三元五角

零售每冊	二角五分
本國郵費	每冊四分
歐美郵費	每冊七分
日本郵費	每冊一分

廣告價目表

一面	半面
十元	六元

惠登廣告至少以半面起算如登多期面議從減

宣統二年三月念一日出版

編輯兼發行者　何國楨

發行所　上海福州路　國風報館

印刷所　上海福州路　廣智書局

分售處

北京琉璃廠東桐梓胡同廣智分局

廣州十八甫國事報館

廣州雙門底廣智分局

廣州十八甫廣生印務局

日本東京中國書林

國風報

各省代理處

- ▲蕪湖 徽州碼頭 科學圖書社
- ▲四川 成都府學道街 輸文新社
- ▲四川 成都 正誼書局
- ▲四川 成都會府東街 華洋冬報總派處
- ▲四川 成都南紗帽街 安定書屋
- ▲湖南 長沙 羣益圖書公司
- ▲湖南 常德府 申報館
- ▲南京 城夫子廟 啓新書局
- ▲南京 城淮情橋 莊嚴閣
- ▲南京 城花牌樓 崇藝書社
- ▲南京 城花牌樓 圖南書社
- ▲江西 省城洗馬池 開智書局
- ▲江西 廣信府文昌宮 益智官書局

- ▲福州 督署後 教科新書館總派報處
- ▲厦門 關帝廟街 新民書社
- ▲溫州 府前街 日新協記書莊
- ▲溫州 瑞安太平石街 廣明書社
- ▲蘇州 觀前街倉橋浜 瑪瑙經房
- ▲楊州 古旗亭街 經理各報分銷處
- ▲常熟 常照派附處 朱乾榮君
- ▲常熟 寺前街 海虞圖書館
- ▲常熟孚記書莊
- ▲星加坡南洋總滙報
- ▲金山世界日報
- ▲澳洲東華報
- ▲紐約中國維新報
- ▲香港 中環砵甸乍街 致生印字館

國風報

各省代理處

▲蕪湖 徽州碼頭 科學圖書社

▲四川 成都府學道街 輸文新社

▲四川 成都 正誼書局

▲四川 成都會府東街 華洋冬報總派處

▲四川 成都南紗帽街 安定書屋

▲湖南 長沙 羣益圖書公司

▲湖南 常德府 申報館

▲南京 城夫子廟 啓新書局

▲南京 城淮淸橋 莊嚴閣

▲南京 城花牌樓 崇藝書社

▲南京 城花牌樓 圖南書社

▲江西 省城洗馬池 開智書局

▲江西 廣信府文昌宮 益智官書局

▲福州 督署後 教科新書館總派報處

▲廈門 關帝廟街 新民書社

▲溫州 府前街 日新協記書莊

▲溫州 瑞安太平石街 廣明書社

▲蘇州 觀前街倉橋浜 瑪瑙經房

▲楊州 古旗亭街 經理各報分銷處

▲常熟 常照派報處 朱乾榮君

▲常熟 寺前街 海虞圖書館

▲常熟 孚記書莊

▲星加坡 南洋總滙報

▲澳洲 東華報

▲金山 世界日報

▲紐約 中國維新報

▲香港 中環砵甸乍街 致生印字館

國風報第一年第八號目錄

張家口停車場

諭旨

三月初七日　上諭雲南迤東道員缺著魏家驊補授欽此監國攝政王鈐章軍機大臣署名

初八日　旨馮國璋現在穿孝其所管鑲白旗漢軍副都統着塔克什訥兼署欽此監國攝政王鈐章軍機大臣署名

初十日　上諭京師自去冬雪澤稀少今春又復雨澤愆期現已節屆穀雨農田待雨孔殷朕心實深寅盼允宜虔誠祈禱本月十二日派肅親王善耆敬謹前詣大高殿恭代拈香時應宮派貝勒載濤詣昭顯廟派貝子溥倫宣仁廟派貝子銜鎮國將軍載振凝和廟派鎮國公溥佶同於是日分詣拈香以迓甘霖而慰農望欽此　上諭增韞奏查明浙江各屬田禾被災請將應徵地漕等項分別蠲免一摺上年浙江杭州等屬田禾被水旱風災受傷致成災歉及歷年沙淤石積尚未墾復各田地塘若將應徵地漕照常徵收民力實有未逮加恩著照所請所有仁和等二十州縣成災十分各田地並仁和等三十州縣及嘉湖並歉收民屯學沙牧各田地與富陽等十三縣及衢所沙淤石

積各田地塘應徵宣統元年分地丁等項正耗錢糧漕臼等項米石暨沙牧學租銀錢分別蠲免緩征其被災各縣蠲免銀米各災戶已輸在官者准其留抵次年新賦至秋收減色之於潛等廳縣及黃岩台州衢州各衛所與被災歉各州縣所未完各年舊欠暨原緩帶征地漕屯餉各銀米均著遞緩一年徵收以紓民力該撫即按照單開各廳州縣衛所田地塘頃畝分數應蠲應緩銀錢米石各細數刋刻謄黃徧行曉諭務使實惠均沾毋任吏胥舞弊用副朝廷軫念民艱至意餘著照所請辦理該部知道單二件併發欽此　上諭雲南勸業道劉孝祚著開缺送部引見欽此　上諭雲南勸業道員缺著袁玉錫補授欽此監國攝政王鈐章軍機大臣署名　上諭貴州貴陽府知府員缺緊要着該撫於通省知府內揀員調補所遺員缺着連培慶補授欽此監國攝政王鈐章軍機大臣署名

十二日　上諭湖南巡撫岑春蓂已有　旨開缺派楊文鼎暫行署理楊文鼎著迅赴署任毋稍延緩欽此　上諭陳夔龍奏舉劾屬員一摺直隸清苑縣知縣黃國瑄天津縣知縣胡商彝署吳橋縣知縣南宮縣知縣呂調元南和縣知縣姒錫章故城縣知縣

姜宜泰既據該督臚陳政績均著傳　旨嘉奬宣化縣知縣江宗瀚擅行苛罰物議沸騰遷安縣知縣劉道春縱容家丁不孚輿論候補通判李松材相驗草率民受拖累署樂亭縣知縣候補知縣趙巽年廢弛捕務不洽輿情候補知縣姚和羹操守不謹奉差舞弊均着即行革職束鹿縣知縣馮宗岱才具竭蹶難膺民社著以府經歷縣丞降補候補知縣石盛明調驗癮疾私帶烟末昌黎縣教諭黃樹棻嗜好難除罔知自愛均着革職永不敘用餘着照所議辦理該衙門知道欽此　上諭聯魁奏特參戒煙不力各員請　旨嚴懲一摺新疆候補通判李士澄署新平縣知縣候補知縣胡桂齡候補知縣李瑞禾候補從九惠敏署伊犂鎮標甯遠營中軍左哨把總儘先守備周學祥署伊犂鎮標中營左旗右哨把總儘先千總張得勝署伊犂鎮標左營右旗左哨把總儘先千總朱得名均屬烟癮甚深戒除不力著一併革職永不敘用又片奏糾劾庸劣各員等語奇臺縣知縣楊力熾措置乖方幾釀重案善善縣知縣尋選馭下不嚴控案纍纍均著開缺各補阜康縣典史熊仲禹行同市井有玷官箴著即行革職餘著照所議辦理該衙門知道欽此監國攝政王鈐章軍機大臣署名

十五日　上諭前因京師雨澤稀少當經派肅親王善耆虔詣大高殿恭代拈香並派貝勒載潤等分詣時應宮等處拈香虔誠祈禱仰荷昊蒼默佑連日得沛甘霖朕心實深寅感允宜敬謹報謝用答天庥本月十七日仍派肅親王善耆敬謹前詣大高殿恭代拈香時應宮仍派貝勒載潤昭顯廟仍派貝子溥倫宣仁廟仍派貝子銜鎮國將軍載振凝和廟仍派鎮國公溥佶同於是日分詣拈香行禮報謝仍冀頻邀鴻貺甘澍應時以慰農望欽此監國攝政王鈐章軍機大臣署名

十七日　上諭河南巡撫吳重熹著開缺另候簡用欽此　上諭河南巡撫著寶棻調補迅赴新任毋庸來京陛見欽此　上諭江蘇巡撫著程德全調補迅速來京陛見未到任以前著陸鍾琦暫行護理欽此監國攝政王鈐章軍機大臣署名

十九日　上諭奉天巡撫著即裁撤東三省總督錫良著兼管奉天巡撫事欽此　上諭四川提督著田振邦署理欽此　上諭伊犁將軍著廣福補授希賢著補伊犁副都統欽此監國攝政王鈐章軍機大臣署名

論說

國家運命論

滄江

文選有李蕭遠運命論。其大指以國家之治亂興亡。皆原於命。而人事無所用其力。雖其人與其文皆非甚有價値。然實可以代表我國數千年之理想也。吾以爲國家積弱之大原實此說有以中之。乃反其意以作是篇。

吾國先哲。以尊命爲教。故曰樂天知命。曰居易以俟命。曰不知命無以爲君子也。既以此洗心自律。而復推以論世道之汚隆國運之興替。故曰道之將行也歟。命也。道之將廢也歟。命也。又曰行或使之。止或尼之。行止非人所爲也。吾之不遇天也。又曰夫天未欲平治天下也。又曰國之存亡天也。此義之深入人心者二千餘年於茲矣。夫士君子懷瑾握瑜以生濁世。所至輒見厄。挾持撥亂反正之道術。而坐視國家之顛覆生民之塗炭。曾不得一藉手以振救之。萬不得已。而歸之於天於命。以自廣。毋使幽憂狂易以

戕其生此誠達人素位而行之義而亦吾生平所常拳拳服膺者也雖然以云眞理則當有辨

夫所謂運命者謂有一造化主立乎吾上以宰制之耶將謂任自然之數莫之爲而爲莫之致而至耶如謂有宰制者以立吾上微論此爲吾人言思擬議所不能及其果有與否未易輕信也藉曰有之則此宰制者必其偏萬國而無私覆亘百世而未嘗改者也則何爲偏有所厚於英俄德法美日諸國而有所薄於我國何爲偏有所愛於虞夏商周漢唐宋明之盛時而有所惜於今時此理之必不可通者也夫以大公無我之造化主而降福降殃隨地隨時種種差別爲事至不可曉若必欲圓此說者則惟當曰各隨其人之所感召而予以相當之報耳夫既曰感召則主之者仍人也非天也指感召爲運命則運命非一定者而無定者也此如賞罰之權雖操諸君上而感召此賞罰者仍由各人之所行謂受賞受罰繫於運命焉不得也是故謂有造化主以宰制運命無有是處

如謂自然之數莫之爲而爲莫之致而至也則自然界之科學近百年間已發明無復

餘蘊蓋自至洪以迄至纖無不爲因果律所支配既無無因之果亦無無果之因此理蓋徧適於自然界一切現象絲豪無所容其疑難者也脫有見因不見果見果不見因者則或吾儕淺學而不及察耳或粗心而熟視無覩耳或合數異因而結一果或一因而分結數異果或因與因相消等於無因果與果相償等於無果其本相雖至賾而不可亂特吾儕迷於參伍錯綜之數莫得其朕耳或今日所現之果出於過去積久之遠因爲吾儕所已忘或前此所造之因其果當現於將來爲吾儕今日所未及見耳故他國之所以榮我國之所以悴前代之所以治今世之所以亂其間必一一皆有因果之關係而非出於偶然蓋自然界之法則斷無所謂莫之爲而爲莫之致而至者也是故謂以無意識之自然演成運命無有是處

問者曰如吾子言則國家之盛衰存亡非由運命當純然以人力能左右之矣吾今將設數難以詰吾子

第一難　中外古今諸國往往有先識之士熟覩其瀕於危亡亦嘗奔走號呼以思救之而效不覩卒以仆滅其故何由

第二難　若曰其時奔走思救之者。其人非豪傑。不足以任此艱鉅也。然豪傑曷爲不以其時生於其國。則誰實使之。

第三難　況稽諸歷史。國有豪傑而無補於亡者。不可勝數。至如孔孟之聖。見尼於公伯寮臧倉。而不得不援天命以自解。夫使力能造命。宜莫如孔孟。且無奈何。若曰此由不得位使然。而孔孟曷爲而不得位。是終不可解也。

第四難　若曰當時之君主貴族。與孔孟之道不相容也。而孔孟曷爲必生於微賤。而不生於君主貴族之家。且君主貴族中。曷爲終無一豪傑與孔孟志同道合者。欲不歸諸命。其焉可得。

第五難　且古今之亡國者。往往雖有賢君而不得行其志。或遭不虞之禍。而大業隳於半途。非天實不弔。抑又何說。

第六難　又況水旱疾癘。敵國外患。猝然而至。釀成禍亂。以迄於亡者。所在多有。誰謂爲之。

釋之曰。今欲總答諸難。則不能不稍徵引甚深微妙之義以爲論據。蓋自來言哲理者。

以佛說爲最圓滿。我佛常言宇宙一切現象皆由業力相續而成。衆生以法因緣故常起造種種善惡諸業。所造之業則爲種子依於法性由種發芽展轉成果謂之業報。報與業應無少差忒不能逃避。衆生今日所受之苦樂皆前此造業之報也。今日所造業其報又受之於將來。但業亦有二種。一曰不共業。二曰共業。不共業者箇人所造之業其種子還爲個體所攝持者也。其將來所受之報謂之正報。共業者各人所造之業其種子散布於社會者也。其將來所受之報謂之依報。（依者謂各人所依止之世界也即指社會一切境界）此其義雖極奧渺非吾儕凡夫所能測知。雖然運命之奧渺而難測知則亦相等耳。凡治學問者而究極至於第一義勢必言語道斷。非憑藉信仰之力則無以爲論據。而佛說則世界諸哲中之最可信仰者也。然又非徒盲信而已。蓋自近世科學日昌而在在皆足以證佛說之不誣。他勿具論。即如所述業種之義自達爾文一派言生物進化歸本於細胞遺傳之理已與佛說之粗迹脗合。而物理學家所稱物質不滅尤足與斯義相發明。若夫共業依報之義則吾儕苟能稍留心以觀察社會現象將隨處可得其朕。蓋吾儕自出胎託生於此社會則無往而不受此社會之薰陶感化束縛馳驟。近而家庭鄉黨遠而全國全世界莫不與吾有關係而吾生之苦樂榮悴受其支配者不少此卽依報之義也而吾一生數十年間所言所行所發意又無在不播爲種子還以熏習此社會就其最切近者論之但使其人有子女數人則遵天演遺傳之理法其子女必稟受其種性之一部分子復有孫孫復有子故其人雖死而其種性固日已蔓延矣況乎猶不止此雖以極僬鄙之夫要必有其家族與夫常所交往者若干人則其人之嗜好性質必有幾分爲此若干人所感而化之者而此若干人復以其所感者還感他人卽此展轉相引而熏習力所及已非巧曆能算若其人能力愈大活動之範圍愈廣者則受其感化之人愈衆乃至一鄉化之一州郡化之一國化之其力尤偉者則數百年數千年猶且繼續化之所謂堯舜興則民好善桀紂興則民好暴至如東漢以光武明章及區區數儒生之感化能成獨行名節之風魏晉間以何晏鄧颺王衍王戎輩數輕薄少年之感化能率天下以爲禽獸歷史上之陳跡罔不類是其效力最久遠者尤莫如將一己之思想騰諸口說發爲文章以傳於後有若孔墨孟荀老莊申韓屈宋賈董馬班鄭王李杜韓歐周程朱張諸人雖在百世之下讀其書則精神爲其所攝而與之俱又凡歷代

之當國執政者其人雖死而其事業之一部分恒緣附於其所剏因之制度以傳於後而足以範圍後世之人凡此皆佛說所謂共業也皆一人造業而種子播於社會舉社會之人同食其報者也吾之絮絮論此非侈談玄遠之學理凡以證明佛說之極可信而吾將據之以解決國家運命之一問題云爾

由此言之**則國家之盛衰存亡非運命使然實乃由全國人過去之共同業力所造成而至今乃食其依報者也**

其或有坐視危亡竟莫振救者非運命限之使不無可救也其國人爲罪業所蔽漠視公衆之利害莫思救之或救之而不力也又或以業重故智識蒙昧思慮短淺雖欲救而不識所以救之之途也豪傑之不以其時生於其國者非天之降才有所悋也以業力故其國所傳來現行之制度風俗學說乃至社會上種種事實皆限制豪傑使不得發生也或雖有一二豪傑卒無救於亡而其自身且摧折抑鬱以死者非果豪傑之不能與運命抗也以全國人爲罪業所蔽故不肯與豪傑共同活動或反嫉豪傑如仇讎

故豪傑雖力竭聲嘶而所補僅乃萬一也夫現在全國人所受之依報實由過去全國人共同惡業之所造成今欲易之則惟有全國人共同造善業即不爾者亦當多數人造之以期善業之逐漸普徧然後乃有濟也今雖以一二豪傑造善業而舉國人方日日增造惡業以與之相消則豪傑縱有大力其與幾何夫豪傑終非能以一手一足之烈援天下溺也明矣而豪傑之所以爲豪傑則以其能以善業爲天下倡而已倡而莫之應則非運命之厄豪傑而衆人之厄豪傑也非豪傑無益於人國而罪業深重之國民不許豪傑以自效也若夫豪傑之往往生於微賤之家而繼體帝王及名門右族絕少概見者又非天之生才有所擇也深宮之中閥閱之冑久已習於驕奢淫泆柔脆蒙昧其遺傳性及其周圍之感化力皆不適於爲豪傑長養之地亦業力使然也脫忽有一二拔乎其萃者則其與彼社會之枘鑿愈甚律以適者生存之理固宜被淘汰又其特別業力使然也夫歷觀古今中外各國之所以興豈聞有專恃一君主或少數貴族之力者而國民乃或以失望於君主貴族之故遂謂國事無可爲而坐以待其亡此正乃爲極深之罪業所蔽養成自暴自棄之劣根性其受亡國之慘報固其所耳此外如

水旱疾癘諸災變。前此以爲天實爲之者。今稍有識者。莫不知其皆有所自來。而人力舉可以消弭之。徒以政事不修。故生此變。而政事不修之故。則由自暴自棄之人民自取之。無一非業力使然也。準此以談。則吾排運命而尊業報之說。果無以爲難矣。質

而言之。則國家之所以盛衰興亡。由人事也。非由天命也。

然則吾先聖昔賢之指此爲運命者何也。曰凡造業者。既必受報。無所逃避。無所差忒。自其因果相續之際言之。確有自然必至之符。無以名之。强名曰命。其以不共業而得正報者。則謂之爲個人之運命。其以共業而得依報者。則謂之國家之運命。此運命說所由來也。雖然。運命云者。由他力所賦以與我。既已賦與。則一成而不可變者也。業報云者。則以自力自造之而自得之。而改造之權。常在我者也。如曰萬事惟運命而已。則吾儕之自爲私人計者。誠可以終歲偃臥。不事事以俟泰運之來。自有彼蒼爲我雨金雨粟。而倘遇否運。則亦惟聽其壓我至死。而不一思抵抗。顧雖以至愚人猶不肯出此

論說 十

也獨至國家之盛衰興亡則壹諉諸運命氣數而束手以待之何其惑哉我先民之言命也曰造命曰立命書曰天作孽猶可違自作孽不可逭詩曰自求多福孟子曰禍福無不自己求之者荀子曰怨天者無志夫天而可違禍福而可自求則運命之非前定也明矣而造之立之亦視人之有志與否而已矣

今也我國政治現象內之則凡歷朝將亡之際其所以致亡之跡無不一一蹈襲之外之則凡世界已亡之國其所以致亡之具無不一一藏納之國中人士無論朝野上下智愚賢不肖咸曰國必亡國必亡問國亡且將奈何則曰聽之而已問國亡後之慘狀亦知之乎則皆曰知之知之則曷爲聽之曰運實使然命實使然雖欲不聽之又安可得也於是其黠者且務自封殖爭營逐於春氷朝露之富貴利祿以自娛如待決之囚且飲酒高歌也其愿者則惟長吁短歎憂傷憔悴如待僵之蠶奄奄無復生氣也 夫

國果必亡矣乎曰夫如是則安得而不亡而所以亡者非有他故則舉國人咸曰國必亡國必亡之一種心理

爲之耳易曰其亡其亡繫於苞桑舉國人咸曰國必亡國必亡則國宜緣此而可以不亡曷爲反以速其亡則徒以委心任運之故生出彼黠者愿者之兩種心理以中分天下使然耳夫彼黠者所操之術是無異病者自謂病不可治而飲鴆以爲甘也彼愿者所操之術是無異病者自謂病不可治而屏醫藥弗親也病未必死而弗親醫藥則可以馴致於死飲鴆則更無不死然則非死於病也死於自殺耳夫今日我國人皆謀自殺者也嗚呼我國民亦知我國今日所以瀕於亡者皆由全國人民過去業力之所造成乎自造惡業者必自受惡報無人能爲我解之惟更自造善業則可以解之而苟能更自造善業則善報之至必如響亦無人能爲我尼之也夫國民之不以國事爲事也且以國家政務爲一己富貴利祿之具也此正招亡之惡業而我國民前此造之已久者也曩昔不自知其將亡斯無責焉今亦既知之矣不務

其道乃從而傳益之是以前此所造之惡業爲未成熟而更助之長也。**故前此所已造者不過致病之業而今茲所現造者乃正趨死之業也。**夫人亦何樂於死傳曰人生實難其有不獲死者乎今病雖深矣然猶未死也而必合四萬萬人窮日夜之力共造死業以蹙之於必死之塗吾實惑之夫彼曹不知者則無責也明知之而效待決之囚飲酒高歌者此其人惡根深重地獄正爲彼輩而設無論國亡與否而彼輩於精神上肉體上終必直接間接受無量之慘報吾更無術以超度之也顧最可惜者則國中中流社會之賢士大夫其躬潔白之操懷忠蹇之節治經世之術抱匡時之才者實不乏人而或以**志不能帥其氣勇不能輔其仁**遂至徒事退嬰不圖進取自比於待僵之春蠶而助彼輩以共造亡國之惡業吾實痛之

吾生平向不持厭世主義。凡與吾游者多能知之。而或疑其爲無聊之

極思姑作此語以自壯而或者又曰其在前此國事之流失敗壞未至此甚猶有一綫兩線之希望或可以無厭世今則惟有共趨於此途而已雖然吾之所以自持者決不爾爾夫國家至今日亡之數什九而不亡之數僅乃什一吾方昔昔在噩夢中更安敢爲無聊之語以自壯者且無實而自壯謂之客氣客氣又可久乎至常人所認爲一兩綫之希望者則吾自始不希望之惟前有希望者故後有失望不爲不可得之希望則雖不得亦無失望也（如認預備立憲之詔書爲希望之類他倘有似此者）問者曰然則子之所謂不持厭世思想者毋亦效愚公移山精衛塡海明知其無益姑爲之以行其心之所安而已應之曰行吾心之所安則是也明知其無益而爲之則非也**無益之事吾必不爲亦必不勸人爲之**吾實篤信我佛之教墨守業報之說**以謂天下決無無結果之事**苟其事之性質爲有害者爲之而害必隨焉苟其事之性質爲有益者爲之而益亦必隨焉且如我國今日之現象實積多年多數人所造之惡業以致之今之所以僇焉不可終日者良由自業自得固無可怨懟亦復何所容其疑怪吾儕今

日惟有廣造善業以禳除之藉曰未能亦何可更造惡業**而明知國之將亡而不思救之者則吾之所認爲惡業也**（此非無善無惡之業何也見孺子將入於井而不援手其不得不謂之惡業明矣）夫造善業毋造惡業必當先自我始所謂行吾心之所安者此也至謂爲之而必有益者何也凡箇人所造之業必有一部分爲共業而能以力熏習社會夫旣嘗之矣今之惡報爲惡共業所造成而此惡共業亦不過由少數人造之而熏習徧於社會者耳今欲得善報亦惟熏習社會之共業使趨於善然此固非絕對的不能致者也今且就具象的事理以直捷指明之今之謂國必亡而無可救者豈非以失望於政府耶須知政府之人亦不過社會之一分子而政府之爲物則社會之所產出者也腐敗之社會決不能有健全之政府健全之社會亦決不容有腐敗之政府今欲責政府以健全吾誠無術矣社會欲自求健全則其權豈不在社會耶欲使全社會遽進於健全則吾誠無術矣欲使我自己爲社會中一健全分子則其權豈不在我耶夫我自己固眇乎其小也**曾亦思中國國家亦不過合四萬萬個之自己而**

成。人人皆發願自己造善業不造惡業而健全之社會出焉矣又不必其人人也但使有百分之一焉千分之一焉乃至萬分十萬分之一焉則其業力所熏習者已偉大至不可思議而謂似此之社會尙容有腐敗之政府得生存於其間乎吾固謂中國致亡之原因不全在政府也藉曰全在政府則所以易亡爲存者舍此道末由而信能行此則又必旋至而立有效者也今之君子不希望社會而希望政府不希望社會分子中之自己而希望社會分子中之他人故失望相踵也天下惟希望自己者惟能永無失望而已今之君子既失望於政府失望於社會之他人遂乃嗒然自喪頹然自放舉自己而加入罪業社會中以汩其泥而揚其波餔其糟而歠其醨即稍自愛者亦不過思遁逃於罪業社會以外然終已無術可遁則甘爲廢人以自斃於社會而已如是則社會安得不腐敗而國安得不亡 然則國之亡非運命能亡之而四萬萬人各以自己之力亡之也 夫以自己之力能亡之者則亦必以自己之力能存之如日不能是自暴自棄也凡持厭世思

想者皆自暴自棄之人也皆興於造惡業以亡吾國者也

問者曰如子言則吾國其必可以不亡乎曰嘻吾烏從知之此其權實操於國民國民欲存之則斯存矣國民欲亡之則竟亡矣吾固國民之一吾固不忍亡吾國者而豈敢謂人人皆有同心也問者曰子言不肯爲無益之事且不肯勸人爲之今子固不能以獨力救國亡且雖少數人之力亦不足以救國亡然則所爲者安得謂必有益乎應之曰能救其亡固大幸也藉曰不能則國雖亡矣而爲國民之分子者尙當有事焉歷朝當喪亂泯棼之世恒必有少數畸處巖穴之士在當時若爲舉世所棄者而先民之種性國家之元氣實賴之以傳於後乾坤之所以不息恃此焉此亦爲因果律所支配既造業而必有報者也夫此則豈復吾之所忍言哉所以有言者凡以明吾儕無論値何時勢處何境遇終不可有絲毫自暴自棄之心云爾　**要之中國之存亡惟中國人自存之自亡之西哲有言國民恒立於其所欲立之地位今我國民皆曰國　必亡國　必亡也則國乃將眞亡也已矣**

時評

軍機大臣署名與立憲國之國務大臣副署

滄江

我

朝自雍正初元設軍機處。遂爲一國大政之所從出。相沿至今垂二百年。顧未嘗有軍機大臣署名之制也。其有之則自　今上皇帝御極以後始。今茲之忽用此制。不知其用意之何在也。論者以爲當代各立憲國皆以國務大臣副署詔勅爲一重要之條件。今茲之舉。殆效法之。吾則以爲今茲之舉。與其謂之效西法。毋寧謂之復古法而已。考葉廷珪海錄碎事。稱齊朝之制。白案則尙書右丞上署。左丞次署。黃案則左丞上署。右丞次署。舊唐書劉禕之傳云。不經鳳閣鸞臺。何得爲勅。宋魏泰東軒筆錄云。錢惟演自樞密使爲使相。而恨不得爲眞宰相。居常歎曰。使我得於黃紙盡處押一箇名足矣。是六朝、唐、宋、凡詔勅皆由宰相署名。其所以必須署名之故。凡以證明詔勅之眞。防宦官之濫傳中旨而已。而今世立憲政體大臣副署之制。其立法之意則異。是所以

時評　二

明大臣之責任而使君主之神聖不可侵犯得現於實也蓋國中法律命令乃至一切大權行政無不以詔勅施布之雖齊聖之君亦豈得絕無過舉其有過舉苟人民默爾而息疾首蹙額以服從耶則大乖立憲之意將抗不奉詔耶則冒瀆神聖不敬莫甚焉於是創爲國務大臣副署之制其意曰君主不能爲惡者也而國務大臣則輔弼君主者也君主有過舉則惟大臣之輔弼無狀實職其咎而副署云者即以證明其已經竭忠輔弼之一種形式也即以證明此詔勅已得大臣之同意也故以有副署而大臣之責任緣之而生同時亦以有副署而君主之責任緣之而卸惟其然也故人民對於以詔勅發布之法令有所非難不爲不敬何也非敢非難詔勅非難大臣之輕率副署輔弼無狀而已惟其然也故大臣認爲不當發布之詔勅可以拒不副署非逆命也居輔弼之職者以道事君義宜然也爭之不得則辭職耳而欲强以違心之副署所不能也蓋一副署則已卽負其責任己不願負之責任雖君主不能强使負也有此精神以維持其間故大臣副署之一形式遂爲立憲政治中最重要而不可缺之條件也今之軍機大臣署名亦何取焉軍機大臣之奉　上諭則如寫字機器將留聲機器所傳之聲

按字謄出耳而於紙末必綴一行云某機器所寫甚無謂也以云復古耶彼唐宋之君往往浹月不視朝斜封墨勅之中旨屢下故非經臺閣不成公文其所以設此坊者亮非得已我　朝家法森嚴非有大故罔得輟　朝　君上日與廷臣前席論思雖微署名豈慮冒濫以云法新耶則署名之制必須與組織完備之責任內閣相依而始顯其用今體之不立而用將安麗夫吾非謂今之軍機大臣署名足以妨政也而獨於其所以忽行此制之故百思而不得其解且竊恐耳食者流謬以為近世立憲國所以示別於專制之一條件我固已行之也故辨其名實如右。

駁藏政策之昨今

滄江

西藏戡亂問題之發生倏將兩月緣革去罪僧勒朗結之故而生出種種反動緣反動之故而我駁藏政策隨而變遷一言蔽之則由積極的態度忽變為消極的態度也今請刺舉經過之事實而畧評之。

其一　積極政策之反動

時評 四

(一)已革達賴愬於英俄英俄兩國輿論皆袒之兩國政府皆為抗議的照會致諸我政府

(二)印度總督以國賓之禮優待已革達賴

(三)駐俄公使薩蔭圖上書政府請別賜法號與勒朗結召之歸國使撫柔藏民

(四)駐藏大臣聯豫報告政府謂印度總督將藉保護商埠之名派兵入藏請照會英使自任維持秩序之責

(五)理藩部奏請特派專使往加拉吉達宣明所以革勒朗結之故且與印度政府會商善後策

(六)印度大吉嶺之佛教徒開一大集會以滿場一致議決三條件(一)認中國革去達賴一事為侮辱佛教要求復勒朗結之職(二)要求中國撤回入藏之兵(三)要求將駐藏大臣革職

(七)新疆巡撫伊犁將軍烏里雅蘇臺科布多塔爾巴哈臺庫倫阿爾泰諸辦事參贊大臣等連名電奏謂蒙古人民不以朝廷舉動為然請召還已革達賴以鎮

撫之

其二　消極政策之趨勢

(一)照會英俄兩國辨明勒朗結之革職由於謀叛政府對於西藏內政決無變更

(二)增加軍隊從事鎮壓且使堪布安撫藏民又議開川藏鐵路

(三)撤回駐藏帮辦大臣溫宗堯

(四)命駐藏大臣聯豫在亞東江孜噶大克三商埠各派巡警二百名維持秩序保護外商

(五)川督趙爾巽在湖北軍器局調取過山砲快鎗彈藥等多數軍械以資征藏軍

(六)有　諭切責駐藏大臣兼川滇邊務大臣趙爾豐辦理不善撤還之使歸巴塘

以上各事剌取兩月以來中外各報所記載者諒皆不虛合而觀之其矛盾有足驚者古之善用兵者初則如處女繼乃如脫兎今茲反之初則如脫兎繼乃如處女自始未嘗謀定後動漫謂一二著可了及已成騎虎乃反趦趄而欲下此前後之矛盾也既續派軍隊汲汲鎮壓乃當最吃緊之時取首事最重要之人而撤還之此並時之矛盾也

時評 六

要之皆由未嘗徹始徹終通盤籌畫以致舉棋不定迷所適從嗚呼天下事豈堪一誤再誤吾念之滋悸也修川藏鐵路與派置巡警信爲要著顧吾所最憂念者修路從何處得欵藏中從何處得巡警耳今幸而英俄兩國於三年前曾有互不干涉藏政之協約尙予我以從容布置之餘地不然今日之藏豈尙我有哉雖然苟長此舉棋不定也則茲戔戔一紙其又可久恃也哉

宣統二年二月二十日稿

著譯

中國國會制度私議

滄江

此文爲余兩年前所著曾一登於某報某報以事中輟故所登者不及什一遽戛然而止去年東京學界創設諮議局事務調查會發行一機關報曰憲政新誌因舉全稿贈之乃得以所懷抱就正於國民此著者無上之榮幸也惟一年以來時事變遷余之所見與昔日亦不能不小有異同因取原稿略爲訂正再附本報讀者取憲政新誌所錄者參校之當益見其用意所存惟全文十餘萬言須連載十餘號始畢或致讀者生厭則余知罪矣

宣統二年二月　著者識

懸談

天下無無國會之立憲國語專制政體與立憲政體之區別其唯一之表識則國會之

有無是已我 德宗景皇帝外鑑世變內察輿情既已渙汗大號定中國爲立憲政體而期以九年之後召集國會大業未就 鼎湖遺痛舉國臣民思所以奉戴 末命而懲於執政者之慢而不及事也相率伏 闕籲請提前召集雖承 溫詔勉以少安無躁然自是國人益知國會爲立憲國民所一日不可缺等於日用飲食今而後乃得當以報 先帝矣夫無國會固不成其爲立憲然非謂憲法未布以前即不能召集國會今歐美諸立憲國彼英國爲不文憲法其國會發達於數百年以前固不俟論自餘各國亦大率先有國會而後有憲法其憲法什九爲國會所參與制定其憲法與國會並時成立者惟一日本耳我國立憲當盡采世界之所長豈必專師日本然則我 今上皇帝或俯鑒國民之誠求而於此一二稔中遽責以此大任亦意中事耳就令期以晚成不變前議而宣統八年之距今日爲時幾何然則我國民今日汲汲爲國會之預備已有日不暇給之勢研究國會實國民今日惟一之義務也矣

抑聞之。政治者。人類之產物也。而一國之政治者。又一國國民之產物也。凡人類有普通性。故政治大體之良惡。其標準固不甚相遠。凡一國國民有特別性。故政治細目之適否。其裁擇必因乎所宜。夫國會之萬不可以不立。此大體良惡之問題也。各國之所同也。國會組織之方法。當若何。權限之範圍。當若何。此細目適否之問題也。一國之所獨也。今世國家之能立于大地者。殆莫不有國會。但其國會之內容。無一國焉能與他國悉從同者。豈非以歷史慣習之互殊。現存事實之各別。其勢固有不容盡相師者耶。然則居今日而倡國會論。有必當注意者二事焉。一曰。各國國會共同之要素。宜如何吸收之。二曰。我國國會應有之特色。宜如何發揮之也。此中國國會制度私議之所由作也。

第一章　國會之性質

第一節　法律上之性質

國會者。國家之機關也。欲知國會之爲何物。必當先知國家機關之爲何物。欲知國家機關之爲何物。又必當先知國家之爲何物。

著譯 四

國家者何乎。自古迄今。學者紛紛論爭。爲說可汗萬牛。今不具徵辨。據今世多數學者所信之說。則國家者。一人格而爲統治權之主體者也。必根本此義。然後機關之說乃得明。蓋國家者。法理上視爲一人。雖然。乃法人而非自然人也。凡人類皆自有其意思焉。自有其行爲焉。自然人有然。法人亦有然。顧自然人之意思行爲。自發表而自執行之。其事至易見。法人之意思行爲。因其無生理上之性質也。故不能自發表自執行。而勢不得不假諸機關。欲明此理。莫如徵諸商事上之公司。公司者法人而爲權利義務之主體也。但公司不能自管理自經營。而必賴諸人。其人或爲司理。或爲董事。或爲監查。要之皆公司之機關也。此等人所管理經營者。非爲自己而管理經營。實爲公司而管理經營。此機關之說也。惟國亦然。有元首。有國會。有各種各級之行政官。有司法官。國家有具足之統治權。而分掌諸此等人。此等人之行動。非爲自己而行動。寔爲國家而行動。此國家機關之說也。

人身有各種機關。交相爲用而不相侵軼。腦司思。血輪司榮衛。四支司動作。耳目司視聽。有不備謂之不成人。惟國亦然。其機關必非單一也。而甚複雜。國會既爲國家機關之一。欲知其性質。必當先知其屬于何種類之機關。欲知國會屬于何種類之機關。必當先知國家機關之種類。

國家機關之分類有二法。一曰。就其機關之所由發生以分類者。二曰。就其機關之所有權限以分類者。

就其所由發生以分類。則國家之機關可分爲二類。一曰直接機關。亦稱獨立機關。二曰間接機關。亦稱委任機關。直接機關者。以特定之人。遇法律事實之發生。從于法律所規定而自然得就國家機關之地位者也。間接機關反是。必緣特別之委任行爲受他機關之委任而後得就國家機關之地位者也。此其例取證于私法上最爲易明。如爲人後者得繼襲其所後者之遺產。此所謂法律所規定也。所後者一旦死亡。此所謂法律事實之發生也。兩者相合而世襲遺產之權利。遂以成立。爲所後者雖無法律行爲。（如遺囑）而于此權利無損也。國家之直接機關有類于是。如前皇大行之事實發生。則憲法或皇室典範所指定當紐之人自應繼體。其所以得就此地位者。憲法命之而非別有他機關以命之也。故君主國之君主。國家之直接機關也。又如國會之議員與夫

著譯

共和國之大統領因有選舉中程之事實發生自然爲大統領爲議員其所以得就此地位者亦憲法命之而非別有他機關以命之也故共和國之大統領國家之直接機關也而凡立憲國之國會亦國家之直接機關也若夫間接機關則與此異必經他機關之法律上委任行爲而始成立如一切官吏之必經君主或長官之委任是也專制國之直接機關惟一曰元首立憲國之直接機關必二曰元首與國會故其機關之權由間接委任而來者必非國會惟直接獨立者乃爲國會此萬國國會共通之性質也就其所有權限以分類則國家之機關可分爲四類一曰大權機關二曰立法機關三曰行政機關四曰司法機關三權分立之說倡自孟德斯鳩論治者以爲立憲政體最重要之精神三權者何立法權行政權司法權是也雖然國家不可以無統一極端之三權分立不足以見諸事實故後之學者益以大權而爲四焉就普通之觀念則大權機關掌諸元首立法權機關掌諸國會行政權機關掌諸政府及其屬吏司法權機關掌諸裁判所信如是也則國會之性質可以一言而解無待詞費雖然謂國權之分科宜有此四者誠無間言謂此四權必分屬于四機關而絲毫不相雜厠則事實上萬不

六

可行而各國亦無此成例以國會論其重要之職權在于立法固也然指國會爲立法機關則無論按諸何國國會皆有名實不相應之點蓋立法權由君主政府國會三機關共同行之之國什而八九則不能指爲國會所獨有而近世各國國會之權能除參與立法事業以外尚更僕難數彼强指預算爲法律者爲無理之牽附無論矣其他依于批評質問議決協贊上奏彈劾事後承諾等種種方法對于一切之政治無洪無纖而皆得行其權則國會之性質跨通于政治之各方面而不徒限于立法明矣不甯惟是彼國會者于政治的權能之外往往明侵入于彼三權之範圍此則隨各國憲法所規定而互有異同者今概述之

一曰國會時而爲單獨之大權機關或與他機關共同而組成大權機關也大權機關之作用不一而其最重要者則改正憲法權也蓋憲法位于一切法律之上爲國家之根本法其有改正則國家之組織可緣此而大變更故此權實國家之最高權而持此權者卽于國家上得行其莫禦之勢力者也就各國法制考之則德國之國會爲單獨之大權機關者也英美法日諸國之國會皆與機關共同而組

成大權機關者也。考德國憲法皇帝對于法令不能行「不裁可權」不裁可權者。謂凡法律必經元首之裁可。乃爲有效。故元首對於國會決議之法案。苟不同意者。則可以不裁可而使之無效也。凡通過兩院之法案不必經皇帝裁可而直成法律。而改正憲法一依尋常立法之通例。故皇帝不能以不裁可妨害之。以法理論國會實一國最高機關。皇帝不過其從屬。國會雖變更憲法使皇帝失其地位可也。故曰單獨之大權機關也。但皇帝以普魯士王兼之。其權力非常偉大故此事實無從發生然此乃政治上之問題非法理上之問題也。英國改正憲法。亦一依尋常立法之成例。而英國尋常之立法君主及兩院皆有發案權。而君主復有不裁可權。故就法理上論之。英國實以國會與君主共同組織大權機關者也。亦就法理上言耳。若就政治上言。則英國國王。不行此不裁可權己二百餘年。故英國國會事實上實爲單獨之大權機關也。其他歐洲諸立憲君主國亦大畧相同。其改正憲法之手續。雖非皆與尋常立法之手續同。但君主與國會。皆有發案權。而國會之議決權與君主之裁可權相輔而完成之。則其以國會與君主共行此權明矣　美國改正憲法之手續最爲複雜。蓋得國會兩院議員三分之二以上同意。可以發議。得各州立法部三分之二以上同意。可以召集人民會議。至其議決之法。則或經各州立法部四分之三以上承認。或經人民會議四分之三以上承認。兩法任國會擇其一。由此言之。則美國國會雖不能以獨力改正憲法而提倡改正、參與改正。最有力焉。故曰與他機關共同而組成大權機關也。法國憲法之改正。或由兩院發議。或由大統領要求而經各院過半數之議決。則可以此起案。至其決議。則將兩院議員集爲一團。變其名曰國民議會。以其議會過半數之議決。則爲有效。故法國國會。亦與他機關共同而組成大權機關者也。但法國大統領無絕對的不裁可權。則國會之權。爲尤重矣。日本之改正憲法。惟天皇有發案權。而國會無之。其權視他國稍爲薄弱。然改正案非經國會之議決。不能有效。則此權非天皇所獨占亦甚明。故日本之國會。亦與君主共同組織大權機關者也。此其大略也。若其詳更于別章續論之。

二曰國會時而兼爲司法機關也。英國之貴族院。其得行司法權者有三。一曰審判貴族所犯特種之罪。爲刑事裁判所。二曰審判庶民院議決起訴之彈劾事件。爲彈劾裁判所。三曰審判特種之控訴事件。爲最高控訴裁判所。美國元老院執行司法權者有一。曰審判代議院提出之彈劾事件。俄國參議院其執行司法權者有四。一曰決定各聯邦對于帝國是否履行憲法上之義務。二曰各聯邦內所起

著譯

訴訟。其性質非民事事件爲管轄裁判所所不能裁判者。則裁判之。三曰調停各聯邦內所起憲法上之爭議。四曰各聯邦政府有拒絕人民之裁判者。爲受理之。法國元老院得行司法權者有二。一曰審判大統領及國務大臣之犯罪。二曰審判妨害國家安甯之罪。意大利之元老院。得行司法權者有二。曰審判叛逆罪爲高等法院。二曰下院彈劾國務大臣時爲彈劾裁判所。此其大略也。

三曰國會。時而爲行政機關也。德國聯邦參議院。其權力本在君主之上。故各國君主所有行政之大權。多集于其手。語其大者。則一曰皇帝締結條約。必須經參議院之承諾。二曰參議院得發布行政命令。三曰參議院得皇帝之同意。可以解散下院。其他如美國之元老院。其得參與行政權者亦有二。一曰大統領締結條約。必經其承諾。二曰大統領任用官吏。有一部分必經其承認。此外各國國會之兼行政權者。尚往往而有。於第　章更別論之。

準此以談。則國會權限之所及。如此其廣漠而複雜。且各國憲法所賦與于彼者。其廣狹又萬有不齊。然則就所有權限以類別國家機關。而欲確指國會之屬于何類。蓋亦

十

難矣雖然若棄小異取大同畧形式稱精神抽象的以求各國國會普通之地位性質則亦有焉曰國會者爲制限機關以與主動機關相對峙是已凡立憲之國家必有兩直接獨立之機關相對峙而此兩機關者其中必有一焉能以自力發動國權對于人民而使生拘束力若此者謂之主動機關又必有一焉不能以自己之意思直接以生拘束國民之力顧能以其力制限主動機關之發動國權非得其同意則不能有效若此者謂之制限機關其在前者則元首也其在後者則國會也故苟無制限主動機關之權者必非國會惟有此權者乃爲國會此又萬國國會共通之性質也

第二節　政治上之性質

前節從法理上以論國會之性質既已畧明厥概矣然欲使其性質益加明瞭則更非從政治上觀察之不可

競爭者進化之母此羣學家之名言而實天地間不刊之公理也人類始于競爭中於競爭終於競爭競爭絕則人類亦幾乎息矣社會濫觴于圖騰合無量數之圖騰經若干之歲月而成爲種落合無量數之種落經若干之歲月而成爲國家國家者實政治

勢力競爭之成果也及其既成國家之後而勢力之競爭並非緣此而減殺也非惟不減殺抑加激烈焉試觀中外古今萬國數千年之歷史舍政權競爭外復有何事實而其血污狼籍也則既若是矣夫競爭者於事寔上誠不可免於理論上亦誠不可無然使其程度過于劇烈且無終局決勝之途則國民能力將盡消磨而國將不可以立於是乎識者乃汲汲謀所以止爭節爭之法門中外古今雄主英相所畫之政策達人哲士所著之政治學書一言蔽之亦曰謀所以止爭或節爭而已於是乎有欲舉全國之勢力集于一點而此外之勢力則務所以摧鋤之抑壓之使其不堪競爭而日卽于消滅此專制論之所由起也夫專制論之在政治界固不能謂其無一節之理由亦不能謂其無絲毫之功德各國經過之歷史蓋未有不嘗食其賜者矣雖然社會日進化政治現象日趨複雜國中各方面之勢力日日句出萌達發榮滋長終非以人力所得强制制之愈甚蓄之愈久則其激而橫決也亦愈烈不旋踵間而勢力遂潰出此一點之外於彼於此過顙在山迫夫幾經慘憺收拾之以移于他之一點而其不旋踵而潰亦猶是也則息爭之策乃適爲獎爭之媒于是乎專制之道乃窮後起之哲積前古無量

經驗知夫爭之必末由息也而惟謀所以節之一方面使其人人可以競爭時時可以競爭在在可以競爭毋令其怨毒久蘊一發而失其常態一方面而爲之畫一範圍焉使其競爭行于此範圍之中而毋或侵軼以獎勵競爭之形式行調和競爭之精神此立憲論之所由起而有神其用之一物焉則國會也

國會之爲用凡以網羅國中各方面政治上之勢力而冶諸一爐而其用之尤神者則民選制度也國會非以杜絕競爭而以獎勵競爭國會者諸種政治勢力交戰之舞臺也而憲法則其交戰條規也其最顯著者爲君主與人民之爭兩造各有其强有力之武器互相制限而不得以獨恣其次顯著者爲人民與人民之爭各階級各地域各黨派各有其所認爲利害者莫肯相下而其勝負消長壹於選舉場中決之故國會者自選舉召集開議以迄閉會解散刹那刹那皆可謂在內亂交戰之中但昔之戰也炮火相見今之戰也兵不血刃昔之戰也陰詐相尚今之戰也鼓乃成列此無他焉昔也無所謂國際法上之交戰條規者存而今乃有之也

我先聖之教曰平天下又曰天下國家可均又曰不患寡而患不均不患貧而患不安

平均者實圖安之不二法門而前此無量數國家之所以常瀕于危皆國中含有不平不均之種子階之厲也然則欲平均其道何由亦曰委諸自由競爭而已夫勢力以競爭而相增長亦以競爭而相減殺此物理學之公例也如甲之勢力本優于乙乙懼劣敗也必伸張其勢力務與甲平迨乙既與甲平甲又懼劣敗也必更伸張焉使進一級甲進一級而乙之追逐而進者亦猶前也如是展轉相引而所進之級數遂罔知底極此相增長之說也競爭之始常欲盡敵而返人之情也雖然此惟敵之可侮者爲然耳若我之力自謂可以盡敵敵之力亦自謂可以盡我則我終無術以盡敵敵亦終無術以盡我則勢必各鈍其鋒而以交讓終焉此相減殺之說也故夫有國會之國其國會之勢力加大者其君主與政府之勢力亦比例而加大國會中各黨派甲派之勢力進于前者乙派之勢力亦恆比例而進於前此相增長之明效也君主以國會勢力之大而不敢蔑視國會國會以君主勢力之大而不敢凌轢君主其甲黨之視乙黨乙黨之視甲黨亦然此相減殺之明效也勢力相增長則全國各方面皆生氣勃勃精力瀰滿以之競于外而莫能禦矣勢力相減殺則無復相搏噬而常保衡平措國家于萬年不

拔之基矣此國會之爲用也

故就政治上以論國會則國會者代表全國人民各方面之勢力者也惟其代表人民之勢力也故不可不以人民選舉爲原則惟其代表全國各方面之勢力也故國中若有他種特別勢力亦不可以不網羅之其網羅之也或用特別之選舉法或用選舉以外之他法則因其所宜此皆例外也各國國會之組織其內容雖各各不同至其爲代表全國人民各方面之政治的勢力則無不同也

既明國會之性質則可與語中國之國會制度矣

（未完）

秦山越樹兩依依
閒倚闌干看落暉
楊柳梢頭春又暗
玉簫聲裏夜遊歸

調查

世界海軍調查記

明水

輓近世界各國有一事焉使其君臣上下皇皇夙夜不敢少休雖至傾國力以相追逐而終不甘稍後於人者其事維何則擴張海軍是已昔者列國之間固嘗欲以國際條約限制艦數蓋互相裁抑與民休息意甚善也然議卒不協自時厥後擴張之計如火斯炎如潮斯湧滔滔之勢罔知所屆而各國財政亦皆緣是困匱匪特財政而已即影響於政治而致蜩唐沸羹莫可究詰者亦此之由如德相彪羅得政十年聲望赫奕客歲忽爾挂冠則因德之財政日即危殆彪氏極慮精思擬爲加稅案提出國會掊擊者多遂負重謗以去也而所以致財政危殆則海軍之故也又如法國克里曼梭內閣亦因海軍問題國論大譁全閣瓦解不寧惟是彼英國者素以持重聞天下而政界中忽演百年未有之劇變迄今波瀾猶或未息豈有他故亦海軍爲

之導火線耳夫以財政則艱苦如彼政論復諠囂如此而列國政府曾不少恤必欲排萬難冒萬險以造成强有力之海軍是豈得已而不已乎毋亦世界大勢有驅之使不得不然者邪識時之士顧安可熟視無覩況吾國正議興復海軍知彼知己兵家所重故不厭繁冗分篇紀述其於海軍情事雖未能指諸掌然調查之勤或亦爲讀者所諒歟篇目列左

各國擴張海軍之趨勢（一）

昔者德意志皇帝嘗宣言曰「將來德意志不在陸地而在海洋」以此警策其國民

民亦各承其教而爭自奮躍曰將以求吾海上德意志上下一心君臣戮力故邇年德之殖民政策海上雄飛政策夾輔以行如車之有輪鳥之有翼也然而藉以達此目的之具則非有强大之海軍不爲功故於千九百年（光緒三十四年）突然發表一大海軍擴張案而期以十五年蕆事其後時勢推移畧有改易而此擴張之案竟不能圓滿以告厥成功至千九百零八年（光緒三十四年）忽又更其計畫爲第二次之擴張案期於必行限至千九百二十年（宣統十二年）造成大戰艦三十八艘裝甲巡洋艦二十艘小巡洋艦三十八艘水雷艇百四十四艘而當發布此案之際德皇復說明其理曰「吾德商工業欲於世界占一位置則不可不藉帝國之力以爲保護而此保護之責固帝國所不敢辭豈惟不敢辭帝國亦深知其要幾等於布帛菽粟之不可須臾離也爲此之故將來吾帝國必宜擁有此强大之海軍其理不待辨而明矣」此德國近年新興邁往之氣淩踔一世而激動世界競修海軍之動機也

夫德意志海軍之大擴張計畫固已聳動一世之耳目而刺擊最甚者厥惟英國所以然者英霸海上百年今之海權無有敢與英抗行者今德忽欲於地球上謀一海洋之

位置則捨代英外島觀所謂海洋者耶此英所以切齒德人之言而汲汲思謀自保也於是英以千九百零九年（宣統元年）定議限至千九百十二年（宣統元年）造成戰艦二十四艘裝甲巡洋艦六艘小巡洋艦六艘驅逐艦九十六艘雖所增加之戰艦每年合有六艘然英人杞憂方切猶以爲未足故客歲英下院提出海軍豫算案擬造「德列特那」型戰艦四艘（後改爲八艘）裝甲巡洋艦六艘水雷艇及驅逐艦各二十艘其時海軍大臣瑪堅拿揚言曰「凡一國之海軍所以保其國權使安而無危也雖然德之海軍果以如何之程度爲限乎今無從預知故欲定一計畫以永保國家之治安此其事殊非易易故此後英國尙宜造若干艘之「德列特那」型戰艦則一視德國程度如何以爲增減而已」而首相阿克士亦取其意而敷衍之反覆辨議蓋政府之意雖在擴張而一以德所擴張之度爲鵠而民間之意則不論德擴張者如何吾英必宜豫造絕强絕大之海軍隊以雄鎭宇內而隱銷敵國覬覦之心故英之朝野緣此而意頗不睦當時在野黨首領巴科（前任首相）即起而提議勸告政府宜更擴張其造艦計畫且言曰「若德國賡續其現在造艦之率則吾英優勢之海軍卽以千九百十年（卽今年）爲終極此後海軍勢力

純立於德國之下風故政府須預爲之防當於本年分即時起工建造德列特那型戰艦八艘此今之急務不可一刻緩也巴氏之論既出英國人心爲之一變而民論尤爲沸騰重以伯雷斯福爾凡有演說皆大聲疾呼於擴張海軍之不可緩其言有曰「吾英人乎爾其不可以今之軍備爲可高枕無憂也一旦吾英軍備之眞相暴露於天下則全英帝國皆將惶恐失措而蜩唐沸羹之象必有不忍言者吾英人如之何勿思」夫巴氏民黨之中堅也伯氏海軍之宿將也其言若此則所以鼓盪英人使不能不盡力以謀海軍者亦事勢之相迫而無可如何矣其後下院遂以政府所提出之案擬造戰艦四艘者改爲八艘其內四艘立命興造餘則斟酌情勢次第動工於是英國海軍擴張案遂告一段落然自時厥後海軍狂潮風靡全國不啻英倫三島而已凡英屬殖民地人心激動咸議獻納「德列特那」型戰艦於母國又開全英新聞記者大會創立全英國防會議此會議以西歷昨年七月杪開會八月杪散會議亘一月其決議事項中有太平洋艦隊宜加重勢力又對於澳洲東印度支那等三艦隊更加造「音灣西布兒」型裝甲巡洋艦（一七、二五〇噸）各一艘「布里斯脫爾」型二等巡洋艦（四、八〇〇噸）各三艘「里別兒」型驅逐艦五五○噸各六艘G型潛航艇三一三噸各三艘皆訂造以便分遣由此觀之英國人心之奮往其亦不可侮矣德雖欲掌握海權雄心勃發然此百年之海霸豈甘袖手任其所爲則將來大地玄黃之禍實未有艾耳況英國海軍向以兩國爲標準今益勉持舊制所謂兩國標準者蓋必保其海軍力能敵兩國强力之海軍也於是德意志海國之思恐亦徒託夢想意者近日美德之交頗稱輯睦而美國海軍之猛進尤出人意表則他日挫英於海上者必在德美相提携乎是未可知矣

歐洲兩强競修軍備固已若此則不徒爲世界一律觀而其餘波所激以次牽動使皆投於擴張海軍之旋渦中者又必然之勢也其影響最捷者則爲法蘭西法人覩事勢所趨有日劇而無日損也乃亦投袂急起先對於德而爲犄角之計於千九百零六年提議國會擬由該年起至千九百二十年爲止興造戰艦三十八艘裝甲巡洋艦二十艘偵察艦六艘驅逐艦百九艘水雷艇百七十艘潛航艇百三十艘此案之初至議會也皆以經費過巨相視錯愕而未有定議然法國欲維持在歐洲之地位則非有此强大之艦隊必難即安此案雖暫屈於國會乎而終必舉國一致者又可意料得之也至

當時所決議。則僅造「丹敦」型戰艦一七、七〇〇噸六隻耳。未幾而克里曼梭內閣。因海軍腐敗問題辭職。新內閣之海軍卿拉別列中將自就職以來。即銳意整頓海軍部內歷年之積弊。且於行政及軍令之兩方面。將爲一大改革。則法之海軍擴張案非久必再現於議會者。可斷然矣。

復次則意大利。意國近年。頗因財政竭蹶。各項行政。概從節約。故海軍亦無甚起色。雖然最近數年內國勢伸張。生計界亦有剝復之機。於是有興造戰艦四艘之計畫。一萬八九千噸者其二艘已動工。而意政府不自慊。更欲添造「德列特那」型戰艦四艘。他種戰艦九艘。其經費則擬募國債以充之。此計果行。至千九百二十年。意國海軍合戰艦裝甲巡洋艦可加多二十三艘云。夫意大利擴張海軍。所以如是其亟亟者。一因三國同盟德奧意三國同盟也終不可恃。一因與奧交惡。惡感日增。故不得已而竭蹶以從事。非東家強效西顰之類也。意之海軍軍令部長拔特羅中將。嘗昌言曰「吾意將來之戰艦政策。一視奧地利爲鵠。若奧議增二艘者。吾當增以三艘」斯言也。不啻明語其同盟國以棄玉帛而執干戈也。則平日奧之所以待意者。可見。而意之終不能一日即安而必有恃乎强勁之海軍者亦瞭如掌上矣。

然則其對敵之奧地利意態將何如此不待智者而知其必汲汲於擴張海軍也。奧國昔者防衛海岸之軍艦。向主小艦主義。今翻然廢止。而立「德、列、特、那」型戰艦之計畫。此前年當局者所公言於議會者也。最近之大臣會議。已議決興造德型戰艦四艘。及其他改革之案。亦皆就緒。將於今年提出議會。而必得多數之贊成者。自無庸疑。然此猶屬提議之案。未經國會畫諾者。若夫奧國已在建造中之戰艦。業有四艘（一四五〇〇噸）其二艘今年進水。此外三等巡洋艦進水者一艘。興造中者二艘。又有驅逐艦潛航艇若干艘。亦將次告竣。此其擴張之大畧也。然奧國比年財政頗困。故新艦經費。勢不能不乞靈於國債。而所以毅然行之者。則以昨歲合併波士利亞希祿威拿二洲後。軍備不得不增。其最注意者。則爲與意對抗。故不惜忍痛以爲之也。

不寧惟是。意大利比復整理軍港。如委尼士拉文拿安尼拿等。皆投巨資。重加修築。奧之軍港。如特里耳士。僅與威尼士隔一衣帶水。故與於修增戰艦之外。更不能不留意此事。故於最要之軍港中。必宜容二萬噸以上之戰艦。然後臨變足以自守。又修築海軍新根據地之達比安突尼。開整斯打克海峽。以接續達爾馬沙灣。復欲令士巴拉特、楂克拿兩港聯絡自如。而更新設卡達羅為軍港等。終歲擾擾。如臨大敵。則奧意兩國之國交。終必有決裂之一日。識者久已觀微知著矣。

復次則俄羅斯海軍。俄自敗於日本。其有力之海軍已掃蕩淨盡。其後復興之論甚熾。終於千九百零四年決議。以七年為限。興造戰艦十艘。裝甲巡洋艦十二艘。小巡洋艦十二艘。驅逐艦水雷艇若干艘。而裝甲巡洋艦已有四艘。於千九百零五年動工。然至千九百零六年忽將原案撤回。更變為九年之計畫。限於千九百十四年興造戰艦十三艘(內有三艘屬黑海部)裝甲巡洋艦十一艘(內有七艘屬黑海部)小巡洋艦四艘(黑海部)驅逐艦四十六艘(內有二十入艘屬黑海部)水雷艇十八艘。潛航艇十艘。砲艦七艘。其後應於該年內興工之戰艦二艘。忽又延期。但先修驅逐艦潛航艇耳。至千九百零八年。右所議決者仍有更易。而政府更提出賡續四年支四萬萬五千萬盧布。以為興修戰艦四艘。他艦若干艘。及修築軍港之用等議案。交與國會。然遭否決。故海軍復興之議。遂生頓挫。至昨年六月。在帝國參議院。此國民議會所否決之海軍豫算案。復有生機。政府即命加連西海軍造船所及

波羅的造船所速即從事蓋處遲則又有變動也此四艘之戰艦其排水量皆二萬三千噸巨艦也

當歐洲諸强傾全力以擴張海軍各不相下之際彼美利堅合衆國乘其新興之氣唾棄其前此之退嬰政策而標榜帝國主義以畫雄飛海上之策先縣古巴收夏威夷割菲律賓著著進取前後如兩國焉比年以來日以建設一大海軍爲事自前總統羅斯福提倡愈力基礎遂定不數年而進步之速有爲人意想所不及料者蓋前此世界所造之戰艦裝甲巡洋艦等其總數之中美國占十之六遂一躍而凌駕俄法德意爲世界第二之海軍國而其政策猶復擴張不已如千九百零七年則造「鐵拿威亞」型戰艦（二萬噸）二艘千九百零八年則造戰艦二艘驅逐艦十艘潛航艇八艘羅斯福任滿繼其後者爲塔虎特就任之初演說其政策即有維持海陸軍爲美國當務之急其言曰「强大之海軍者平和之屏藩也權利之防衛也我國政策素貴平和故如萬國裁判所萬國平和會等求避戰之法登斯民於仁宇吾極重之雖然今者各國無日不訓討軍實則吾雖重和平亦豈能毫無所備而以間隙以與人可乘哉」此實繼承前統

領之政策而益以擴張海軍為先務之急也故新統領之內閣就職無幾即興造世界無比之巨艦亞爾干斯灣、阿冥、兩艘（皆二萬六千噸）更欲造排水量三萬噸之空前大艦加以此後每年新造巨艦四艘故非久而美國海軍之飛躍實將壓倒世界雖英國亦瞠乎其後也吁盛矣

翻觀東隣之日本則又何如其戰後軍備為彼都人士所大聲疾呼者不在海而在陸不可謂非奇事也故如增師團修軍壘在在皆事更張獨於海軍則賡續戰前之計畫外所新設者不過補充艦艇等小興作而已然當彼明治三十六年（光緒二十九年）已有第三期擴張海軍案經費總額為九千九百餘萬圓其造成之戰艦則香取鹿島之兩艘裝甲巡洋艦則伊吹等三艘所餘之額將來仍當建造者則戰艦（二萬餘噸）一艘裝甲巡洋艦（萬七八千噸）一艘小巡洋艦二艘初定明治四十六年（宣統五年）竣工者今改為明治四十九年（宣統八年）又艦艇補足費一萬萬二千三百餘萬圓由明治三十七年起工其已造成者為戰艦薩摩將次造成者為戰艦安藝（明治四十四年竣工）裝甲巡洋艦筑波生駒鞍馬（明治四十四年竣工）巡洋艦利根（竣工未詳）所餘之額將來仍當建造者則裝甲巡洋艦（萬七八千噸）一艘小巡洋艦二三

艘驅逐艦潛航艇若干艘此外補充艦艇費七千六百餘萬圓富慶續至明治四十六年其所建造之戰艦已動工者兩艘（各二萬八百噸）裝甲巡洋艦（萬七八千噸）一艘小巡洋艦二三艘驅逐艦潛航艇若干艘是其大畧也雖較諸英德法所擴張者衆寡太不相侔然日本虎視東方有此亦足自豪其不亟亟以步人後塵者固自有在雖然大勢所趨日本亦豈能終忍不轉瞬而第四期擴張之案將又現於彼國國會矣

世界各國擴張海軍之趨勢畧如上述然內顧宗邦則自甲午喪師海軍掃地自時厥後國步日艱財政日絀亦無敢齒及此事者至於今日人方馳騁於洪濤駭浪中駕百丈艨艟樹其國威於異域而吾乃蜷伏雌守動輒得咎其或有一二樓船巨者孤棲獨泊弔影自憐小者送往迎來疲於奔命嗟乎人之度量相越豈不遠哉頃年以來憂國之士倡議復興於是有籌辦海軍處之設親貴游歷之舉國命所託記者敢有異詞雖然舉事期其有成故量力爲倘以吾今日國力凋耗至此雖復力竭聲嘶而成就者當得幾何進不足以言攻退不足以爲守則國家投此有用之資於無用之地者將復何爲善夫英海軍大臣瑪堅拿之言程度也故欲以敵人則知隣爲重無事乎冥行也今

吾環顧大地其海軍程度已至何等吾欲敵之力能逮否且世界之物值最巨者宜莫如戰艦一艘之費動累鉅萬以吾歲計所入悉以充海軍費不審能造兩艘否此在物質既已有然而樹人之費更無論矣此眞不可不察也然則吾國海軍可永不興辦乎曰烏烏可凡吾所謂不能辦者非不必辦之謂也特物有本末事有終始吾苟能上之整理財政下之厚裕民生百廢具興國本已立則以吾地大人衆雖復歲造十艘猶將恢恢有餘苟不揣其本而齊其末徒欲以兵力自雄便謂盡治國之能事則嬴秦當血食至今而突厥亦爲世界第一强國矣愛國之士必不其然若夫預養人材蓄爲異日之用則今日亦當有事而記者所日夜企望者矣

各國現在海軍力及其將來

列强擴張海軍大勢滔滔靡知所屆固如前所陳矣然而列强現在之海軍力優劣强弱比較如何將來之變遷當復何似是又不可不考也當日俄戰事未起以前列國海上之勢力英吉利第一法蘭西第二俄羅斯第三美利堅第四德意志第五意大利第六日本第七奧地利匈牙利第八此其大歷也雖然日俄戰後形勢全變俄國海軍除

黑海艦隊外殲滅已盡即有存者傷敗之餘亦復不成體段而日本則自此役後海權驟增爾來列國有怵於此皆以竭力擴張爲事德尤猛進美亦乘其殷富銳意圖强不數年間一躍而居英之次嗟乎何以得此哉循是比率將來代英以興者其此邦矣今刺取八大强國之海軍列爲一表以覘其現勢焉

◎英吉利

戰艦	四十八隻	七十三萬九千九百噸
老戰艦	十三隻	十七萬四百三十噸
一等巡洋艦	四十九隻	六十萬二千七百五十噸
二等巡洋艦	二十六隻	十六萬千八百十噸
三等巡洋艦	三十七隻	十一萬四百五噸
驅逐艦	百七十隻（內有二十一隻正在修造中）	
水雷艇	百〇七隻	
潛航艇	五十九隻	

◎美利堅

戰艦	二十七隻	四十萬三千六百四十三噸
老戰艦	四隻	四萬二千二百四噸
一等巡洋艦	十五隻	十八萬六千五百九十五噸
二等巡洋艦	三隻	二萬六百二十噸
三等巡洋艦	十四隻	四萬五千四十九噸
驅逐艦	三十一隻（內有十隻尚在計畫中）	
水雷艇	三十五隻	
潛航艇	二十四隻（內有九隻尚在計畫中）	

◎德意志

戰艦	二十七隻	三十七萬三千二百四十二噸
老戰艦	四隻	三萬九千四百九十六噸
一等巡洋艦	十一隻	十三萬七百四十五噸
二等巡洋艦	六隻	三萬四千二百四十五噸
三等巡洋艦	三十隻	九萬七千三百四十七噸
驅逐艦	九十三隻（內有十二隻尚在修造中）	

水雷艇　四十七隻

潛航艇　四隻

◎法蘭西

戰艦	十五隻	二十三萬三百八十九噸
老戰艦	九隻	九萬九千百六十五噸
一等巡洋艦	十五隻	十六萬九千二十七噸
二等巡洋艦	十二隻	七萬八千五百四十噸
三等巡洋艦	二十一隻	六萬六千七百七十三噸
驅逐艦	七十六隻(內有二十一隻尚在修造中)	
水雷艇	三百三十一隻	
大潛航艇	六十一隻	
小潛航艇	三十九隻	

◎日本

戰艦	十四隻	二十二萬二千百三十四噸
老戰艦	二隻	二萬六百三十二噸

一等巡洋艦	十三隻	十三萬六千二百十二噸
二等巡洋艦	四隻	二萬三千三百六噸
三等巡洋艦	十四隻	四萬六千六百十三噸
驅逐艦	五十七隻 此外在修造中者尚有四隻)	
水雷艇	六十九隻	
潛航艇	九隻	

◎意大利

戰艦	八隻	十一萬二千百二十八噸
老戰艦	六隻	七萬七百十七噸
一等巡洋艦	七隻	六萬一千二百十噸
二等巡洋艦	三隻	一萬七千三百三噸
三等巡洋艦	十四隻	四萬二百八十九噸
驅逐艦	二十九隻(內有十隻尚在修造中)	
水雷艇	百十隻	
潛航艇	十三隻	

調查

◎俄羅斯

戰艦	七隻	九萬七千六百三十四噸
老戰艦	五隻	五萬一千九十一噸
一等巡洋艦	六隻	六萬三千百六十六噸
二等巡洋艦	八隻	五萬二千六百十噸
三等巡洋艦	二隻	六千三百九十一噸
驅逐艦	八十隻	黑海驅逐艦十七隻
水雷艇	五十五隻	黑海水雷艇十五隻
潛航艇	三十五隻	

◎奧地利

裝甲艦	十五隻	十三萬四千五百八噸
其他各艦	十六隻	二萬六千九百四十七噸
驅逐艦	十二隻	
水雷艇	五十四隻	
潛航艇	正在修造中者八隻	

觀右表所述各國海軍現勢大略可覩矣雖然此種勢力果能維持至於何日亦觀世變者所宜留意也以歐美最近大勢論恐非久仍有變更但參照列强今後擴張之計畫鑑往知來沈機審變則將來事勢所趨有不難擬議得之者今夫列强艦隊其主力果何在乎一言以蔽之則舍戰艦與裝甲巡洋艦所組織以成者他皆偏裨而已故欲察海軍之强弱必於其主力是求然比較此主力又非徒以列國所有之戰艦裝甲巡洋艦取其隻數之多寡噸數之輕重而可遽然斷定也蓋近頃製艦之術日精兵器之裝置日變故有今日以爲第一等者明日忽降爲第二等又明日而爲第三第四等矣

然則當以何爲標準乎今據海軍專門家所立之海軍實力等級以定區別之法則列强將來之主力艦隊可比較以得焉所謂海軍實力之等級何凡艦隊有頭等精銳隊精銳隊及齡隊輔助隊之別頭等精銳艦隊者以備有多數之巨砲而新式戰艦在萬七千噸以上者與以十二吋砲爲主砲而新式裝甲巡洋艦在萬二三千噸以上者是也精銳艦隊者以頭等精銳艦隊以外之戰艦裝甲巡洋艦所組織者是也及齡艦隊者以上兩種艦隊所屬之諸艦苟超過一定之年限勢力耗減者是也輔助艦隊者不

屬以上三種之諸艦而有快速力及以一二等巡洋艦以編制之者是也凡由精銳艦隊落於及齡艦隊者以進水後十三年爲率其或因戰務而受大損或沈沒者則縮限兩年此推察海軍主力之大凡也（所言頭等精銳艦隊等名詞似有未妥然倉卒之際未暇細審錫以嘉名讀者諒之）

既知海軍實力區別之法則列國將來之形勢庶可得而言矣請先論英吉利彼英國者其海軍擴張案非如法德等國預立年限以定其計畫也但應於列國海軍之趨勢歲歲編豫算而已故欲確知英國將來之海軍究竟何如實無從臆測也惟據可信之調查則至宣統七年英國之主力艦隊大概如左

宣統七年 千九百十五年	精銳艦隊	戰艦	五十一隻？
		裝甲巡洋艦	二十七隻？
	及齡艦隊	戰艦	二十九隻
		裝甲巡洋艦	十八隻

惟英國於本年分內造艦之數戰艦八隻裝甲巡洋艦六隻又因英國全國國防會議之後殖民地各有所獻則或不止上列之數亦未可知其次則美國主力艦隊

宣統八年　精銳艦隊　戰艦　二十九隻
　　　　　　　　　　裝甲巡洋艦　九隻
千九百十六年　及齡艦隊　戰艦　十二隻
　　　　　　　　　　裝甲巡洋艦　四隻

是也。然本年分新造戰艦四隻業已興工。此後每歲造戰艦四隻著爲例。則繼長增高。將來必不止此數者。固自無疑。復次則德國之主力艦隊。

宣統八年　精銳艦隊　戰艦　二十八隻
　　　　　　　　　　裝甲巡洋艦　十八隻
千九百十六年　及齡艦隊　戰艦　十一隻
　　　　　　　　　　裝甲巡洋艦　五隻

法蘭西之主力艦隊

宣統八年　精銳艦隊　戰艦　不詳
　　　　　　　　　　裝甲巡洋艦　不詳
千九百十六年　及齡艦隊　戰艦　十隻
　　　　　　　　　　裝甲巡洋艦　九隻

雖然法當一九〇六年曾欲大增海軍與德均勢不幸為議會所格至本年海軍委員會始決議加修裝甲巡洋艦四十五隻故將來法國海軍勢力或在右表以上乎然因無從詳知故亦不能豫為之定也若夫日本至彼第三期海軍擴張計畫告成以後其主力艦隊何如

年份	艦隊	艦種	隻數	合計
宣統八年 千九百十六年	精銳艦隊	頭等精銳（大戰艦）	五隻	七隻
		精銳（戰艦）	二隻	
		頭等精銳（大裝甲巡洋艦）		七隻
	及齡艦隊	原為精銳（戰艦）		九隻
		原為精銳（裝甲巡洋艦）		九隻

以上所論自今日以至宣統八年世界海軍變動之大凡也然至千九百二十年即我宣統十二年德國海軍擴張案告成以後其變又將何如耶今據最精之調查以豫測其所至則宣統八年以後假設英國造艦方針仍以能敵兩國為標準則德國海軍全隊編竣之時英國所有之主力艦隊如左

宣統十二年（千九百二十年）

- 精銳艦隊
  - 戰艦 四十八隻以上？
  - 裝甲巡洋艦 二十六隻以上？
- 及齡艦隊
  - 戰艦 三十二隻
  - 裝甲巡洋艦 三十二隻

●美國海軍之主力艦隊●

宣統十二年（千九百二十年）

- 精銳艦隊
  - 戰艦 二十四隻
  - 裝甲巡洋艦 不詳
- 及齡艦隊
  - 戰艦 二十隻
  - 裝甲巡洋艦 十三隻

●德國海軍之主力艦隊●

宣統十二年（千九百二十年）

- 精銳艦隊
  - 戰艦 二十四隻
  - 裝甲巡洋艦 十三隻
- 及齡艦隊
  - 戰艦 十八隻
  - 裝甲巡洋艦 六隻

法國海軍之主力艦隊

宣統十二年
千九百二十年

艦隊	艦種	隻數
精銳艦隊	戰艦	二十八隻?
	裝甲巡洋艦	十八隻?
及齡艦隊	戰艦	十隻
	裝甲巡洋艦	八隻

日本海軍之主力艦隊

宣統十二年
千九百二十年

艦隊	艦種	隻數
精銳艦隊	頭等精銳（大戰艦）	五隻
	頭等精銳（大裝甲巡洋艦）	三隻
及齡艦隊	原精銳（戰艦）	十隻
	原頭等（大裝甲巡洋艦）	四隻
	原精銳（裝甲巡洋艦）	二隻
	（原頭等、原精銳合計）	六隻

觀此則宣統十二年。世界各國海軍變遷之大勢。如指諸掌。雖世運靡常。頃刻千變。或增或減。難可豫期。特就今日列國之擴張案。其彰彰在人耳目者。固已如此。則此表所載。雖不中不遠矣。惟俄國海軍。久有重興之計。然未得其詳。不敢妄斷。彼於造艦計畫、業已著著實行。客歲政府所提出於議會者。雖遭駁斥。而經帝國參議院所議決者。擬

先造排水量二萬三千噸之戰艦四艘今已興工由此觀之俄雖垂翼東溟終欲奮翮西海此大勢所迫有驅之使不得不然者獨日本於擴張海軍一事較諸各國頗覺岑寂觀表中所列則日本海軍至千九百二十年已遠落人後想彼因第三期計畫尚未蒇事故有所待耶是未可知也要之敵國並立無日不訓討軍實況今日世界競爭尤劇玄黃之禍正未有涯吾國民苟不及時振奮正本清源以固國本則至水深火熱之秋雖欲挽救豈可得哉吾述此吾有餘悲吾有餘懼嗟我兄弟邦人父母其亦知所警矣

（未完）

調查

晴窗日日擬雕蟲
惆悵明時不易逢
二十五絃人不識
淡黃楊柳舞春風

二十六

學部奏定各學堂管理通則

學堂各員職分章第一　第一節　凡學堂管理員教員均各有一定職守其分任事件當各斟酌本學堂情形詳定節目以便遵循　第二節　各員按照所定職務任事其有與他職守相關聯者當協同商酌辦理　第三節　學堂於定章各項職員外不得另立名目位置冗員　第四節　凡管理員必須以通曉學務之人派充　第五節

學堂當設會議室以爲隨時會議之用或教員會議或管理員會議或全堂職員會議凡會議時監督或堂長必須列席　第六節　凡教員當各按該學堂科目程度切實循序教授斷不可專己自是淩躐紊亂致乖教育之實際　第七節　凡教員當按照所定日時上堂講授毋得曠廢功課貽誤學生　第八節　凡各學堂內管理員及本國教員有不遵定章實力任事者在京由學部或督學局八旗學務處在外由各省提學使司查明分別撤退　第九節　凡小學堂每一班學生須有專任教員一人中等以上學堂凡主要學科必須有專任教員以重責成　第十節　小學堂正教員除本學堂外不得另兼他學堂教科其餘各項教員凡近在一處有學堂數所者亦可酌

量兼任惟係某學堂專任教員則須得本學堂之監督或堂長許可方能兼任　第十一節　凡各學堂教員因事請假逾兩星期者應自行請員代理逾一月者除親喪及患病仍准自行請員代理餘應由該堂監督或堂長另聘教員接授其初等小學以教員兼堂長者如有請假情事即由該管學區學董報明勸學所總董按照上開事項辦理　第十二節　學堂管理員教員如有明倡異說干犯國憲及與名教綱常顯相違背者查有實據輕則斥退重則革辦　第十三節　凡備有寄宿舍之學堂管理員非有不得已事故必須常川駐堂　第十四節　學堂放假期內辦事人員仍有應辦之事不得相率全行外出必須有一二人留堂　第十五節　管理員教員應確遵教育宗旨並遵照部頒各項章程及該管衙門各項通飭文件切實奉行如實有與該堂情形不合者應呈請該管衙門核奪示遵不得陽奉陰違視同具文　第十六節　學堂遇有與外間交涉事件除監督堂長外其他各項人員非經監督堂長之委任不得干預　第十七節　各項學堂聘用外國教員須由該堂監督遵照部頒式樣與該教員訂立合同繕具三分一存本學堂一交該教員一呈該管學務衙門如學部直轄之學堂卽呈交學部核定存案非學部直轄之學堂在京呈交督學局或八旗學務處在外呈交提學使司核定存案以後與該教員續約或辭退仍應由該堂監督報明該管學務衙門備案　第十八節　凡京外各學堂各員職分詳細節目該堂自行訂定後在京呈明督學局或八旗學務處在外呈明提學使司核定飭遵如係學部直轄各學堂

逕呈學部核定辦理
學生品行功課考驗章第二 第一節 學生品行應由管理員教員隨時稽察酌定分數登記於冊榜示時照章彙入人倫道德或修身科分數列於各項學科分數之首
第二節 考覈學生品行之法應確遵定章以言語容止行禮作事交際出游六項逐一考覈並遵照學部光緒三十二年九月通行京外考覈各學堂學生品行之文隨時隨事切實約束不得稍涉寬假 第三節 凡學堂考試及各科分數計算之法應遵照學部光緒三十二年十二月初六日奏改各學堂考試章程及宣統元年九月十九日奏定各項學堂畢業考試計分降等章程辦理
齋舍規條章第三 第一節 學生在自習室寢室俱宜遵循本章各條并受管理員約束 第二節 學生日間除上講堂操場外俱宜在自習室溫習功課每一自習室每星期應輪派一人爲值星生傳達條教 第三節 除假期外每日自晚七點鐘起至八點鐘自八點半鐘起至九點半鐘爲自習時刻在此時刻內學生務宜溫習功課不得擅離坐位 第四節 學生在自習室內無論何時不得聚談喧笑 第五節如無自習室之學堂可在講堂溫課由管理員教員輪流督視如教員全不住堂者由管理員按日督視 第六節 每日早六點半鐘起七點鐘早餐晚九點半鐘自習室畢課十點鐘一律息燈視地方之情形氣候之寒暖得將鐘點量爲挪移惟相差不得過一點鐘 第七節 每一寢室每星期輪派一人爲值星生聽從管理員之指揮協

同照料本室諸生之起居各事　第八節　寢室中器具被褥皆有一定位置每日由值星生檢點外並受管理員之查驗　第九節　凡自習室規則不實行寢室整理不清潔皆惟值星生之責

講堂規條章第四　第一節　教員學生一律遵奉光緒三十二年三月初一日欽定教育宗旨並光緒三十三年十一月二十一日整飭學務　諭旨每月朔由監督或堂長約同教員傳集學生在禮堂敬謹講述期於互相遵守　第二節　講堂每日功課至多者不得過六點鐘以外少者就本學堂情形酌定　第三節　學生上堂下堂按講堂坐位名次進退　第四節　教員到堂時全班學生同時起立致敬課畢下堂時同　第五節　教員每次上堂時須携帶學生姓名冊親自點名一過以驗學生到堂人數　第六節　講堂坐位皆按派定名次無得攙越　第七節　講堂上不得離位偶語及帶功課外一切書籍　第八節　聽講堂時務宜整肅不可伏案瞌睡不可欹側犯者記過　第九節　教員如有詰問須起立敬答答畢就坐詰問他生時不得攙語　第十節　學生如有疑義除教員詢及外俟正課授畢起立質問聽受教員講解　第十一節　授課時如有賓客來堂參觀由教員知照起立致敬仍照常授課聽講雖係親友均俟課畢下堂後方能接見敘談　第十二節　聞上堂號音後學生不得遲至三分鐘後始上堂教員不得遲至五分鐘後始上堂　第十三節　聞下堂號音時教員下堂後學生依次下堂聞號音後功課有尚未了結者亦不得遲至

五分鐘後始下堂　第十四節　凡學生因事遲到者須俟得教員允許然後入堂就坐　第十五節　每日每講堂輪派一學生爲値日生其上講堂上操場等禮節皆聽値日生口號務求整肅　第六十節　學生將上堂以前如遇有事故必須請假應向管理員陳明事由如上堂後猝患疾病及其他不得已事故必須下堂者須陳由教員許可方准退出講堂

操場規條章第五　第一節　聞上操號音卽更換操衣　第二節　更換操衣後卽在操場整列由値日生檢察衣服整齊與否　第三節　凡用器體操兵式體操皆順次至藏庋處取出器物始到操場　第四節　教員到操場時須親自點名一過以驗明本日到操幾人請假幾人　第五節　操畢服裝器物等皆須妥置原處不得任意拋置　第六節　學生如遇有事請假仍照上章第十六節辦理　第七節　學生操服應遵照學部奏定學生冠服章程製備

禮節規條章第六　第一節　行禮日期分四類一爲
皇太后萬壽聖節
皇上萬壽聖節　至聖先師孔子誕日（以上爲慶祝日）春仲秋仲上丁釋奠（釋奠禮節至繁祭器樂器學堂必不能全備宜酌採釋菜禮行之）二爲開學散學畢業三爲元旦及每月朔日四爲本學堂開設紀念日等　第二節　慶祝日應行禮節如左　堂中各員率學生整齊衣冠詣　萬歲牌前或　至聖位前肅立行三跪九叩禮畢各員西向立學生向各員行三揖禮散如是日設有祝會由各員或學生

恭致祝詞宣講尊崇孔教愛戴 大清國之義 第三節 開學散學畢業禮節如
左 堂中各員率學生整齊衣冠詣 萬歲牌前及 至聖位前肅立行三跪
九叩禮畢各員西向立學生向監督教員等行一跪三叩禮由監督等施以切實訓語
乃散 第四節 月朔禮節如左 堂中各員率學生整齊衣冠詣 至聖位前
肅立行三跪九叩禮畢各員西向立學生向各員行一揖禮退 第五節 學生冠服
應遵用學部奏定冠服式樣 第六節 學生到堂時初見監督或堂長教務等提調
教務等長及教員各員均行一跪三叩禮其餘堂中各員行三揖禮 第七節 學生
隨時隨地遇堂中各員須正立致敬 第八節 學生初到堂應具受業名帖於監督
或堂長教務等提調教務等長及各教員其對於監學檢察諸員亦均應執弟子禮
放假規條章第七 第一節 按房虛星昴各日爲星期例假聽學生自便出入但住
寄宿舍之學生除回家外至晚九點鐘時仍須回堂如其地並無家屬而在外住宿者
記大過一次設實有不得已事故應由監督或堂長察核情形辦理 第二節 凡住
寄宿舍之學生每日晚五點鐘後七點鐘前爲學生游息時刻有事准其請假外出然
必在七點鐘前回舍免誤溫習功課逾時始歸者記過 第三節 凡學生有事請假
除小學堂須由學生之父兄或戚族代請外其中學以上各學生無論假期久暫均須
在監學處請准領取假條塡明原由交監學後始准出堂 第四節 恭逢 皇
太后萬壽 正月初十日 皇上萬壽 正月十三日 孔子誕日 八月二

十七日慶祝行禮後放假一日其端午中秋節亦均放假一日　第五節　每年以正月二十日開學至小暑節前散學爲第一學期立秋節後開學至十二月二十日散學爲第二學期計年假暑假合七十日遵照部頒假期表辦理惟各省氣候不同准由各該提學使酌量伸縮但不得增加放假日數及全不放假　第六節　中學以上各學堂如遇舉行學期考試之時先期停課二日舉行學年考試之時先期停課四日俾資溫習各項小學堂此項停課日期應行酌減　第七節　凡各學堂開設紀念日及各項重要之紀念日與夫學堂所在之地關於風俗習慣上必須放假者亦可酌量放假但此項假日中學堂以上通年至多不得過十日高等小學以下至多不得過五日

各室規條章第八　第一節　學生在堂寄食管理員應與學生在食堂同餐聞號鈴即須齊集勿得遲留致他人久待　第二節　會食堂不得高聲笑語致起嘈雜　第三節　會食時無論管理員學生均不得在會食堂提議別事　第四節　憩息室爲功課暇時息游並飲茶之所談話笑話俱無所禁但不得喧呼戲謔有傷學人行檢　第五節　閱覽室爲學生閱報章及圖書之所　第六節　盥漱室爲早起或飯後盥漱之所多人共用務須先後順次不得攙越爭競如學堂因屋宇不敷不能備理髮室者除盥漱時間外可兼作理髮之所　第七節　儲藏室以藏圖書器具凡中學以上學生欲取閱圖書或器具時須由教員監學率領取用用後即行安置妥帖不得獨自往取任意損汚　第八節　行李室以藏學生自帶箱篋等物嚴行局鎖學生欲入室

取物者先告監學同往或監學派人監視不得一人私令取鑰尤嚴禁持火入內　第九節　凡存放物品於行李室者須於該物品上標明自己姓名以免誤認誤取至學生所帶貴重緊要物品仍須交由管理員收存　第十節　學生應接所專爲學生接待外客之所每日功課完畢有學生親友來堂探望者由門役報知得在所內接見數分鐘時但該親友不得擅自入內學生不得因客出外　第十一節　浴室於學生有澡身却病之益天氣炎熱之時尤宜一律勸浴以助衛生　第十二節　調養室爲學生有病調養之所堂中多人同居小病驗明後移居是室以便調養病重者出堂　第十三節　厠室宜距他室稍遠應飭人役逐日滌除厠外各處更宜嚴禁污穢

學堂禁令章第九　第一節　學生在學堂以專心學業爲主凡不干己事一概不准預聞　第二節　各學堂學生不准干預國家政治及本學堂事務妄上條陳　第三節　各學堂學生不准離經畔道妄發狂言怪論以及著書妄談刊布報章　第四節　學生不得私充報館主筆及訪事人　第五節　各學堂學生不准私自購閱稗官小說謬報逆書凡非學科內應用之參考書均不得攜帶入堂　第六節　各學堂學生凡有向學堂陳訴事情應由値星生或値日生代禀本學堂監督或堂長不准聚衆要求藉端挾制停課罷學等事　第七節　各學堂學生不准聯盟糾衆立會演說及潛附他人黨會　第八節　各學堂學生不准干預地方詞訟及抗糧阻捐等事　第九節　各學堂學生不准踰閑蕩檢故犯有傷禮教之事　第十節　各學堂學生遇

有本學堂增添規則新施禁令概不准任意阻撓抗不遵行　第十一節　各學堂學生不准傳布謠言揑造黑白及播弄是非　第十二節　以上各條犯者除立行斥退外仍分別輕重酌加懲罰

賞罰規條章第十　第一節　學生賞罰由教務齋務各員或教員等摘出請監督或堂長核定　第二節　凡賞分三種一語言獎勵二名譽獎勵三實物獎勵　第三節　語言獎勵者監督教員各員對各學生提出以溫語獎勵之或特班傳見以勖勉之　其應得語言獎勵者畧如左　一各門功課皆及格　二對各員無失禮在各處無犯規條事　三對同學者有敬讓無猜忌交惡諸失德　四於例假外無多請假　第四節　名譽獎勵者以講堂坐位置前座或加考語送各學堂傳觀等皆是　其應得名譽獎勵者略如左　一各學科中有一科出色者　二能恪守堂中規條幷能匡正同學者　三立志堅定不爲外物所誘者　四用功勤奮日有進境者　第五節　實物獎勵者由堂中購圖書文具暨諸學科應用物器以獎勵之　其應得實物獎勵者略如左　一各學科中有二三科以上能出色者　二能就各科研究學理者　三品行最優有確據爲衆推服者　四得名譽獎勵數次者　第六節　凡罰分三種一記過二禁假三出堂　第七節　記過者記名於簿以俟改悔　其記過之事略如左　一講堂功課不勤　二於各處小有犯規事　三對各員有失禮事　四與同學有交惡事（犯此條者記兩人過）　五假出逾限　六詈罵役夫人等不顧行檢　犯

法令　九

以上各條者均記小過其有情節較重者應記大過　第八節　禁假者於數日內無論何假不准出堂一步或三日或五日或十日俟監督堂長判定後監學奉行　其禁假之事略如左　一志氣昏頹講堂功課潦草塞責者　二於各處犯規不服訓誨者　三對各員傲惰不服訓誨者　四詈罵同學好勇鬬很者　五假出後在外滋事者

第九節　出堂者由監督堂長在講堂對衆學生宣其罪過斥出本堂　其出堂之事畧如左　一嬉玩功課藉端侮辱教員屢戒不悛者　二性情驕縱行爲悖謬不堪教訓者　三行事有傷學堂聲名者　四犯禁假之懲罰數次不悛者　第十節　凡學生一學期不曠課者記勤三個月不曠課者記次勤均於暑假及年假時揭榜宣示

第十一節　凡記小過三次併作大過一次記大過三次應即開除出堂

經費規條章第十一　第一節　經費分出欵入欵二種　第二節　入欵分經常入欵及臨時入欵出款分經常出欵及臨時出欵均須各按年月詳細列表以便核計

第三節　學堂內無論何欵概不准挪作學堂以外別項支用　第四節　每月經費至月終由會計員造具清册呈監督堂長查核年終在京凡學部直轄之學堂逕報部查核非學部直轄之學堂由督學局或八旗學務處轉報學部查核在外省者凡提學司直轄各學堂逕報提學司非直轄各學堂由該管地方官或勸學所總董轉報提學司仍由司彙案分報學部及督撫查核　第五節　出入款是否相抵或有贏有絀應於出欵之末注明　第六節　凡出入欵項均折合銀兩計算　第七節　出入欵均

報表冊應按照部頒式樣塡寫　第八節　凡管理學堂會計人員如於經費有侵蝕情弊被人揭發經該管學務衙門查明屬實除撤差外卽送交地方官按欵追繳若本堂監督或堂長以及別項人員扶同徇隱確有証據者應一律究辦

接待外客規條章第十二　第一節　無論何項賓客皆不得擅入堂內各地游覽　第二節　凡學堂有客來參觀時應由管理員接待　第三節　參觀人所帶僕從不得隨入講堂齋舍以內　第四節　學堂中除師生因學事或當節日聚會外應酬一切外客但備茶點無宴會　第五節　堂中人員親友不得擅自入內由門役通報准在客廳接見　第六節　堂中人員親友來學堂參觀者必由本員親導不得一人任意游覽　第七節　學生親友皆在學生應接所與該學生接見不得擅入內探望　第八節　學生親友有欲參觀者由該學生禀准管理員後派員接待　第九節　學生親友來堂時在上講堂時限內門役不得通報或學生見客時聞上堂號音聽役亦必請客暫退不得妨礙功課　第十節　堂中無論何人親友均不得在內歇宿

建造學堂法式章第十三　第一節　學堂地址不可在工場附近以妨有毒之煤煙塵埃等類不可在發生瘴氣之池沼附近不可與茶館酒肆戲園狎邪地方相近此三者於道德衛生均有大礙必須避之萬不得已亦須在半里以外　第二節　學堂地址之面積以廣闊爲要尤必向南土地宜乾燥附近宜有溝渠以便消溢其體操場之位置宜在學舍之南否則東南方西南方均可不宜在北方　第三節　學堂宜擇水

泉清潔之地必考究其附近之井泉河湖適用與否嚴定限制不得任意使用凡掘井以深爲度內周以不滲水之材料以防汗水之侵入上必用井蓋不可與便所及渣草堆穢水坑接近　第四節　學堂之周圍宜多植樹木惟不礙室內光線及風向爲要萬不可使室內有陰鬱之氣當以落葉樹與常綠樹交互栽植凡有毒之植物及果樹萬不可栽　第五節　凡學舍若有前後兩進則兩簷間之距離至少必倍於其屋簷之高　第六節　禮堂占最大之面積大約一千餘平方尺（約縱橫三丈以外）或二千平方尺（約縱橫五丈以外）　高等以上學堂宜用再展拓小學如不備禮堂得在講堂行禮　第七節　講堂過大者於學生視力及教員音聲均大害其寬當以一丈八尺及二丈四尺爲度其長以二丈四尺及三丈爲度屋簷之高以一丈二尺或一丈五尺爲度　凡在南方卑溼之地室內當設地板其地板離地之高以二尺爲度下則四面設透風之穴以透溼氣　講堂內油壁之色以淡黃及灰色爲宜　寒氣最烈之地方凡窗戶必設二重地板宜用雙縫宜設煖鑪　第八節　物理化學及博物之專用講堂其學生坐位宜用階段之式其各階段之高以五六寸爲度並宜特設暗室　第九節　窗之下緣離地以二尺五寸爲度窗門之高以五尺爲度窗之寬以二尺五寸爲度　凡窗必開設於相對之兩方爲宜若限於地勢或限於結構僅一方有窗者則窗必位置於學生坐位之左方不可設於學生坐位之前　凡挂黑板之壁不可有窗萬不得已亦必在三尺以外以使學生便於注視　凡窗之面積必有該室面積六

分之一以上之比例　凡窗內必用淺色布幔以蔽日光　凡窗扇不可用開闔式宜用左右推移式　第十節　凡迴廊以三尺深爲度不可過深使礙光線　第十一節

凡各講堂必備二門以便出入以防意外危險　第十二節　凡各講堂之門宜用一扇以外開爲度其寬宜在三尺以上　第十三節　凡各室中之通行巷以六尺寬爲度　第十四節　凡樓梯之寬以四尺爲度每步之高宜五六寸深宜八九寸宜設手欄　凡建築樓房十開間者至少必備四梯餘以類推　第十五節　自習室寢室之窗廊門巷梯均與講堂同　病室宜建於別所以便療養免囂紛爲主　第十六節

凡厠室與本室相距宜遠宜擇空氣流通之處並留意夏季恒風之方向其周圍宜設屏牆多植松杉等不彫之木以吸收其穢氣厠室之戶以上下透氣爲主若在有井之處宜相距二丈四尺以外　凡厠室在講堂自習室附近每百人必備大便所五小便所五在寢室附近每百人必備大便所十小便所五人數多者以此爲比例　第十節七　凡講臺之高以一尺爲度寬以八尺或一丈爲度深以六尺爲度　凡講堂學生之條桌條凳一人用者長二尺二人並坐者長四尺條桌之高以二尺或二尺四寸爲度條凳之高以一尺或一尺二寸爲度（小學所用之桌凳宜按其年齡分別製備）

第十八節　自習室之桌以長二尺四寸寬一尺四寸爲度下設二抽箱以便儲藏書籍圖器及日用文具　自習室之坐凳以上方八寸下方一尺爲度　第十九節凡寢牀高一尺四寸寬二尺五寸長六尺周圍以板爲欄高三寸下設二抽箱以便儲

藏履舄等物　第二十節　凡共同寢室每室以能容四人爲度深宜一丈五尺寬宜一丈以便四牀兩兩相對兩牀之端設衣櫃一座高宜六尺寬宜三尺分上下兩隔以便兩學生儲藏衣物之用每室必備方桌一小凳四　第二十一節　凡室內必設唾壺字紙箱　第二十二節　凡高等專門以上各學堂所有應備之各科專用講堂以及各種實驗室試驗場得由各該堂自行擬具圖說呈請該管學務衙門核定建造

附條　以上管理各則止具大要所有未盡事宜仍應由各學堂體察情形增訂詳細規條又如建築學堂法式以及他章所載各則其有止宜用於中等以上各學堂施之小學或不盡適合之處亦准由各該堂就本處情形呈明該管衙門察核辦理

文牘

憲政編查館奏行政事務宜明定權限酌擬辦法摺

奏爲行政事務亟宜明定權限以爲籌備憲政之本酌擬辦法。恭摺仰祈 聖鑒事。竊維君主立憲政體。統治權屬諸君上。而立法司法行政則分權執行。是爲立憲要義。謹案 欽定憲法大綱。君上有統治國家之大權。凡立法行政司法皆歸總攬。而以議院協贊立法。以政府輔弼行政。以法院遵律司法。仰見 朝廷博采成規。折衷至當。風聲所樹。觀聽一新。兩年以來。業經籌備事項。如開設諮議局。爲各省採取輿論之所。開辦資政院。爲上下議院之基。又法院編制法。亦經 欽定頒行。其京師東三省所辦各級審判廳。先已成立。各直省亦次第籌設。尅期施行。是立法司法兩大端。基礎已具。若於行政機關。不亟設法整理。匪惟不利推行。且恐滋生弊害。敬爲我 皇上縷析陳之。一曰行政權將爲立法權所操縱也。三權分立。固爲憲政之精神。而君主立憲國。則以君主統治大權。冠諸其上。三權之中。惟司法機關。孑然獨立。其互相維繫。而處於對待之地位者則立法與行政二者而已然徵諸實事則二者對待各不相下必有一焉隱握運用之權始劑於平其在議院政治之國則議會操縱政府其在大權政治之國則政府操縱議會不於此則於彼東西各國有明徵矣我國憲法既採大權政治主義則於議院政治絕不相容故造端之始三權機關必須同時設立不可偏廢否則立法之基先具既有以磨厲其才增進其識而行政機關襲故蹈常不能相副雖有人才無從歷練優劣相形勢必成以立法權操縱行政權之局而君主立憲主旨將破壞而不可收拾矣一曰行政之統系及責任不分明也凡國家行政同一之事務必以同一之官府統之統系既明責任自專方能定趨嚮而促進行現制有一事而分隸數部者有一官而兼轄諸務者互相牽制則召爭互相推諉則廢事至於宮府不分皇室事務與國家事務混而爲一職掌未定常設機關與特設機關動行牴牾綜此數端是行政之機關整理愈不容緩矣一曰國家行政與地方行政界限不明也行政事務何者應歸中央直轄何者應歸地方管理究其性質本有專司不容牽混現制每有應歸中央直轄之重要事務而以責諸地方者相沿日久遂難分析以致政令不齊無從畫

一上年各省諮議局開會。亦以界限不明之故。動輒有侵越權限之處。迭經各督撫以國家行政與地方行政作何區別電詢臣館。亦因標準未定。不能詳析指明。本年資政院召集在邇。若不先期詳爲規定。尤恐權限爭執無已時矣。一曰行政事類不分則財政無從清理也。籌備事宜。既有國家財政與地方財政之分。則國家行政事類。與地方行政事類。必先逐一畫分。然後行政經費。始有所據。以爲分配。清理財政。始能措手。預算決算。乃可實行。今則內而各部之計畫。外而各省之措施。俱以限於財力。不能進行。遇有要政。部臣不能爲謀。所需之經費。或令其自行籌措。或逕攤派於各省。究其歸也。往往以無欵可籌之故。要政因以不行。此尤臣等所焦思而重慮者也。行政關係之鉅若此。則整理機關。實爲本原。不容置爲緩圖也明矣。惟是治病者必察其源。治絲者先理其棼。方今行政之病。由於職掌不清。以致權限不明。則整理之法。必先規定職掌。以明權限所在。方能收整齊畫一之效。是畫分行政職權。又爲整理行政本原中之本原也。考行政之要義有二。一區分事務之性質。二區分執行之機關。國家行政事務。本極繁賾。必辨其類。以區之而立爲部。以統之。行政事類大別有五。曰內務行政。曰外務行政。曰財政。曰軍政。曰司法行政。其他事務。不在國家行政之列。即不屬國務統系之中。至分部之法。各國多寡不同。我國現制。設有外務部掌外務行政。度支部掌財政。陸軍部掌軍政。法部掌司法行政。而民政部學部農工商部郵傳部理藩部。分掌內務行政。較之各國。編制雖有異同。揆諸國情。折衷已屬允當。蓋五類行政之機關。缺一不可立國中外固無二致也。至於執行機關。約分四級。一曰直接官治。由中央政府依據法令直接管轄。或由部特設專員分赴各省。辦理直達於部者也。二曰間接官治。由中央政府委任各省官吏。遵照法令執行。不再由部特設專員者也。三曰地方官治。由各省官吏。遵照法令奉行者也。四曰地方自治。由各自治職遵照法令奉行者也。凡中央集權之國。不須設地方官治一級。以事統於民部之故。凡地方分權之國。不須設間接官治一級。以事分隸於地方之故。惟是我國情形不同。純然中央集權與純然地方分權之制。均難適用。揆時度勢。似以四級具備爲宜。臣等再四籌維。擬以各部現行職掌爲經。以四級機關爲緯。分別部居。列爲簡表。遇有應行改併增減之處。附加按語。纂成行政綱目一編。繕具清本。恭呈 御覽。俟命下後。即由臣館咨送各該衙門。逐條核酌。如有尙須量爲變通損益。及事隸兩部或數部者。由各該衙門分別會商。詳細簽注。限兩月內咨覆到館。再由臣館詳加釐訂。會同內閣會議政務處。覆核具　奏。請　旨欽定實行。此後籌備事宜。如釐訂官制。清理財政等項。悉據此以爲準的。其資政院暨諮議局權限。亦即以此爲範圍。庶幾綱舉目張。有條不紊矣。如蒙　俞允。即由臣館咨行各衙門欽遵辦理。所有酌擬行政事務明定權限辦法緣由。謹繕摺具陳。伏乞
皇上聖鑒訓示。謹　奏。

吉林巡撫陳昭常奏創辦經征局勻定府廳州縣公費摺

奏爲創辦經征局勻定府廳州縣各缺公費以清積弊而勵廉隅恭摺仰祈　聖鑒事。竊維設官所以治事。而辦公無費。何以懲墨而養廉。收稅所以濟用。非化私爲公。仍是病民而蠹國。伏讀光緒三十四年五月　上諭有人奏請勻定州縣公費以期久任一摺。所陳切中官場積弊。著各直省督撫體察情形。分別妥籌辦理等因。欽此。足見　朝廷整飭吏治之至意。欽服莫名。亟應欽遵辦理。查吉省府廳州縣進款。向以契稅牲畜稅兩項爲大宗。從前征收。漫無定章。每年額解無多。餘皆入己。上下相蒙。久成

習慣。以致財政紊亂。無從清理。臣 到任後。深知其弊。因卽飭司改訂稅章。並倣照湖北各省章程。添辦典、當、契、稅。令其儘征儘解。不准再有額解名目。核計全年收數。較之舊時額征。已盈數倍。本可卽此勻定各缺公費。但新政繁興。一切用欵。較費於前。不從寬撥給。又恐邊地民生瘠苦。未便遽增稅則。設所收不敷所出。虧累堪虞。故未敢輕舉妄動。暫准各屬截留一半。以資補助。嗣於上年八月間。准度支部咨行酌加契稅試辦章程二十條。當經轉飭遵辦。並將開辦日期。先後奏咨在案。惟是地方官事繁任重。稅務紛紜。斷難兼顧。旣不能親自稽徵。勢必委之書吏。若輩惟利是圖。罔知顧忌。作威作福。予取予求。縱敎立有科條。而陋規名目繁多。層層朦蔽。何可勝查。卽如牲畜稅一項。向章騾馬牛驢均按賣價值百抽三。豬羊每口抽銀五分。宰豬羊每隻抽銀三分。而調查各屬征收情形。於定章之外。復有局費票底各項名目。合計恒溢定章數倍。相沿已久。莫可究詰。此弊不革。民困何日可蘇。吏治何時克振。是非另行設局經征不可。且缺之肥瘠。必視稅之衰旺以爲衡。稅旺則取多用宏。盡歸私囊。缺瘠必多方羅掘。勢必擾民。天下庸有知足不辱之官。斷無毀家爲國之吏。始而不肖者旣漁利以開端。繼而自好者亦隨俗而免累。且新設各缺。非地曠人稀。即事艱路遠。邊荒要隘。籌備尤不容疏。既無利之可圖。咸相戒而裹足。若不下情曲體。尙何吏治可言。是則又非勻定公費不可。但此項公費爲數甚鉅。如果概由公家籌發。其何能給。臣熟籌審慮。委無善策。惟有即將此項稅欵撥爲勻定公費之用。挹彼注茲。庶可相抵。因飭度支司先於省城設一經征總局。各府廳州縣均設分局。將所有契稅牲畜稅概歸該局征收。定於宣統二年二月初一日一律開辦。即責成各地方官稽查。使其互相監察。以杜流弊而昭核實。惟吉省契貨價值。多係錢數。向按三千三百文作價銀一兩。今銀價昂貴。民力實有未逮。前經諮議局集議呈請依照市價增加前來。經臣核准按照定章酌入加錢一千文。以示體恤。紳民均無異議。所有稅銀仍遵部章辦理。至牲畜稅陋規業已革除。而局費票底錢文。向爲收稅人等辦公之費。勢難盡去。應參酌奉天現行章程。酌量減少。以恤民艱。著爲定章。俾資遵守。此創辦經征局之大略情形也。至各屬缺分繁簡不同。若不豫爲籌算。恐將來苦樂不均。即於吏治有礙。經臣疊次督飭司道悉心籌議。參以各屬報銷之數。酌中擬定。各府每月酌給公費銀一千兩。繁缺另加津貼。各廳州縣分最繁缺繁缺中缺爲三等。最繁缺擬每月酌給公費銀八百兩。繁缺七百兩。中缺六百兩。佐貳各缺亦一律普定公費。以免枵腹從公。遇閏按月照加。即由就近經征局按季撥給。以省領解之煩。自經此次規定之後。所有一切漏規概行革除。如再有私取民間分文者。即以贓私論。其向來各項攤款。自應由司另行籌撥。概免流攤。此勻定公費之大畧情形也。似此明定章程。劃清界限。近之爲飭吏安民之計。遠之爲阜財裕國之圖。庶於行政財政兩有裨益。但事經創始。有類更張。非謠諑煩興。即羣情疑阻。設非持以毅力。必不能觀成。非普以公心。亦斷難持久。今幸規模粗定。上下均無間言。將來收支各欵。能否相抵。誠不敢謂確有把握。而事關大局。要不能不勉爲其難。如有未盡事宜。仍當隨時變通辦理。以冀推行盡善。現據度支司詳請　奏咨立案前來。經臣覆核無異。除將章程咨部查照外。所有吉省設立經征局勻定各缺公費情形。謹會同東三省督臣錫良恭摺具陳。伏乞　皇上聖鑒。飭部立案施行。謹　奏。

熱河都統誠勳奏原設阜新縣治擬勘地移建摺

奏爲新設阜新縣治地處過偏難於控制現擬勘地移建以資治理而裨地方恭摺仰

祈
聖鑒事。竊查新設阜新縣治。當委員試辦之時。原定於鄂爾士板地方。東北之庫倫。正北之奈曼。兩旗均歸管轄。故設治尚稱適中。嗣又添設綏東一縣。將庫倫奈曼兩旗。亦均撥隸綏東。按其地勢。舊署所在。實覺過於偏西。雖設治已逾五年。街市人民。未增繁盛。今將修建衙署。興築監獄。若不另擇縣基。遷移改設。不特紳民諸多不便。抑且無裨治理。茲據勘得水泉地方。地處沃衍。山水環抱。形勢極優。且係往來通衢。商賈雲集。富庶景象。甲於全境。該縣界連奉省。與彰武、鎭安、東甯、義州。及熱屬之朝陽、建平、綏東。爲熱河東路門戶。關係綦重。而水泉又爲阜境適中之區。距離七屬邊境。均在一百餘里。洵爲衝要之地。移設縣治。與地方政治民情。均有裨益。由該縣姚致遠稟經前升任都統臣廷杰。飭據該管知府會同旗佐切實查勘繪圖貼說。稟准移設。其原設之鄂爾士板巡檢。兼阜新典史。現在縣治既遷。自應隨同前往。以重典獄。將來該處應否酌添分防。以資佐治。俟該縣遷移後。體察情形。能否兼顧。再行稟辦。所有購地移建各費。飭據該縣核實估計。約須庫平銀四千七八百兩。已由財政局先行墊發銀二千五百兩。爲購地買料興築之用。前都統臣廷杰因升任交卸。未及　奏報。移交前來。臣覆核無異。當飭該縣照估興建核實動用。一俟工竣。卽行繪圖造冊。呈候分別　奏咨辦理。除分咨政務處吏部度支部民政部理藩部查照外。所有原設阜新縣治現擬勘地移建緣由。理合會同直隸督臣陳夔龍合詞恭摺具　奏。伏乞　皇上聖鑒。敕部立案施行。謹　奏。

四川總督趙爾巽奏查明光緒三十四年分歲出入總數並上年清理財政情形摺

奏爲查明川省光緒三十四年分歲出入總數並宣統元年清理財政情形恭摺具陳仰祈　聖鑒事。竊查憲政分年籌備事宜單內開第二年應由度支部會同督撫調查各省歲出入總數。又清理財政章程內開光緒三十四分報告冊表。限宣統元年底陸續送部。宣統元年報告總冊。上季限下季咨送。惟春季報告期限經部奏准展至九月底到部。又辦事章程內開清理財政局開辦時。應由督撫督同該局總辦會辦及監理官親蒞司道局庫盤查存儲實數。核明造報各等語。查財政爲萬事之根源。清理乃預算之基礎。非調查出入總數。不能知一歲之盈虧。非盤查司道局庫。不能驗存儲之虛實非將光緒三十四年收支之項。按年彙編。不足以資總核。非將宣統元年以後之欵。分季造報。不足以便鈎稽。四者相輔而行。不能有所偏廢。是以宣統元年必須逐一舉辦。而後財政乃有端倪。川省自設局清理以來。業經奴才將籌辦情形。隨時　奏報在案。迨正監理官方碩輔、副監理官蔡鎭藩、先後到差。當經奴才督率該局總辦會辦同正副監理官親蒞司道局庫。逐細盤查。並調取各項簿據。稽核比對。先查各署局冊報存欵。是否實儲在庫。再查各該庫實收若干。實支若干。除支應存若干。其應行之數。是否與現在實存之欵相符。務令確鑿分明。造冊送部查核。一面由清理財政局將光緒三十四年分各項收支存儲確數。遵照部頒綱要。按欵切實調查。編送詳細報告冊。及出入總分表。並催據各衙門局所將宣統元年出入各欵。按月編訂報告冊。送由清理財政局彙編春夏二季報告總冊。詳經陸續咨部。其秋季報告總冊。現亦審編就緒。繕齊即行續送。至歲出入之調查。卽預算案之權輿。必須調查無遺。預算乃有依據。川省收支在千萬兩以上。欵目至數百項之多。頭緒紛繁。猝難就理。經該局添員趲辦。梳櫛會通。將光緒三十四年歲入之欵。分田賦、鹽課稅釐、茶課稅釐、土稅、關稅、雜稅釐金、雜捐、官業、雜欵、分爲十類。歲出之欵。分解欵、協欵、行政總費、交涉費、民政費、財政費、典禮費、教育費、司法費、軍政費、實業費、交通費、工程費、邊藏費、爲十四類。分別造冊報部。總計歲入共銀一千五百五十二萬六百四十兩零。歲出共銀一千五百一十六萬七千八百三十六兩零。出入相抵。雖存銀三十五萬餘兩。然內有補收預收借收者。有應解應發應還未支者。如逐加釐剔。所短尚數倍於所存。若至宣統元年年底結算。則不敷更鉅。蓋歲入如土稅之因禁減收。已失收入大宗。歲出如添撥之　崇陵工費等欵。添支之各項新政等費。又增百有餘萬。其宣統二年應解之海軍費。本省應籌之練兵及其他新政各費。尚不在內。繼長增高。日益虧短。取之本省。則人民之負擔必增。事未集、而浮議已起。求諸部撥。則內外之困難相等。欵未至、而征取頻加。中央所需。歲有添派報撥之欵。不容騰挪。於協餉之請減、請停。則議以照舊籌解。於指定之西藏經費。則奏令不准截留。收入者不但不能取盈。又復日見短少。支出者不但不能減免。又復逐漸增多。量入爲出之至言。既迫於時勢。而不能墨守。量出爲入之新法。又格於習慣。而驟難實行。財力日艱。例支已窮於應付。百端待舉。無米又何以爲炊。及今不圖。恐憲政之前途。亦將受其影響。此則奴才夙夜兢兢。又不能不望部臣於查明全國出入總數後。有以權度緩急。酌劑維持者也。現在宣統元年應辦以上四事。均已次第告成。以川省幅幀之廣。款項之繁。編造既無成規。交通又多不便。欲舉一省積年糾葛之款。彙核於數月之間。自非急起直追。斷難如期蕆事。是以奴才於開辦伊始。即定考核專章。以防其遲延錯漏。嚴立造報分限。以策其互相查催。今該局文電交馳。漏夜赶辦。卒能彙案編送。無誤限期。非正副監理之稽催有方。總會辦之督率罔懈。各局員之奮勉圖功。曷克臻此。從茲初基一立。自當益求精詳。一俟積弊廓清。即可確定預算。除仍督飭該局迅將次年應辦各項接續籌備外。所有宣統元年清理財政事宜均已辦就緣由。理合恭摺具陳。伏乞 皇上聖鑒。謹 奏

督辦鹽政大臣澤尚書奏遵 旨詳議摺

奏爲遵 旨詳議具奏。恭摺仰祈 聖鑒事。宣統二年二月二十四日。軍機處交出東三省總督錫良等電奏一件。 旨錫良等電奏。督辦鹽政大臣原奏章程。於用人行政諸端。不無窒礙。請酌量變通等語。鹽政關繫重要。必須內外相維。著督辦鹽政大臣。

會商各該督撫。詳議具奏。欽此。欽遵鈔交前來。伏查上年十一月十九日欽奉 上
諭。各省鹽務。糾葛紛紜。疲敝日甚。非統一事權。修明法令。無以提挈大綱。維持全局。著
派貝子銜鎮國公載澤。爲督辦鹽政大臣。凡鹽務一切事宜。統歸該大臣管理。以專責
成。其産鹽省分。各督撫均著授爲會辦鹽政大臣。行鹽省分。各督撫均著兼會辦鹽政
大臣銜。該大臣等務當和衷共濟。通盤籌畫。尤須體恤民艱。一切事宜。隨時奏明辦理。
以示朝廷整飭鹺綱。興利除弊之至意等因。欽此。遵經酌擬督辦鹽政章程。奏請通行。
並於原奏章程第三十四條。聲明本章程如有應行更改之處。由臣隨時奏明請
旨辦理等語。原以各省鹽務。糾葛紛紜。爲日已久。今朝廷以整飭鹺綱。統一事權之故。
特命臣督辦鹽政。事屬創舉。惟恐所訂章程。或於各省情形。不無扞格。自當隨時修改。
以利推行。乃自頒布章程以來。各省督撫。於遴員預保之條。已多遵照辦理。其餘應辦
宜。事亦均電咨商酌。照章施行。內外和衷。初無成見。茲據該督等聯名電奏。無非以用
人撥欵。權限所關。不得不加意斟酌。臣忝總鹺綱。但期無礙推行。何敢稍存固執。謹就
該督等電奏各節。分別核議。爲我 皇上縷晰陳之。一電奏內稱。運司鹽道。暨鹽局

總辦。既有事故。需員署理接充。勢必不容延緩。如由督辦鹽政大臣奏咨派署委充。鄰近各省。已難朝發夕至。邊遠省分。履任尤必需時。竊恐曠日持久。貽誤滋多等語。臣查原奏章程第十八條。運司鹽道。應行派署者。由督辦鹽政大臣。會同該省督撫。奏明派署等語。係承上文遴員預保而言。運司鹽道。遇有事故。應行派署。該省自有預保之員。即預保無人。亦可由該督撫臨時遴員電商。經臣核定。一面電知該省督撫。飭令赴任。一面會銜具奏。當不致貽誤日期。至各鹽局總辦。如因前辦之員辦理期滿。派員接充。即非刻不容緩之事。其遇有事故。急須派員接充者。亦可照派署運司鹽道之法辦理。近日浙江。出有溫處鹽局總辦一差。由浙江巡撫臣增韞電保三員。經臣核定電覆派委該省候補道黃祖經辦理。不聞因此貽誤溫處鹽務。是其明徵。此無庸過慮者也。又以電奏內稱。鹽務各員。向係按班序補。最爲公允。今以預保之員。酌量補用。其未經列保者。終身無補缺之望。未免向隅。至如雲南於提舉一官。向由知州通判升補。尋常委署。尤不拘鹽職。每經司道。就通省各員。反覆精選。尙難稱職。茲僅責鹽道就到省鹽職加考補用。更難收因地擇人之效等語。臣查原奏章程第廿一條。運司鹽道以下。分發到省各項班次人員。由該管運司鹽道。將銜名履歷。詳送督辦鹽政大臣。暨該省督撫查核。並加具切實考語。擇尤預保。遇有缺出。由督辦鹽政大臣。分別奏咨。酌量補用等語。既須查開班次履歷。即無躐廢序補之虞。所以必令加考預保者。正以整頓鹽務。冀收因地擇人之效。雲南提舉一官。既係向由知州通判升補。原奏章程於任用官吏一章。並無限用鹽職明文。即可就知州通判中遴員預保。如因知州通判。非鹽道所管。亦可移商藩司。遴選人員。轉詳核辦。至委署人員。照章由該管官遴派。更可由鹽道移商藩司辦理。再行詳報核准。至鹽官補缺。應如何分別缺分。酌定輪次之處。自應另訂詳章。會商吏部辦理。此正在籌議者也。一電奏內稱各省司道府等官年終密考。係由督撫親筆繕呈。何等慎重。若專將運司鹽道。咨由督辦鹽政大臣核定會奏。既不足以昭畫一。且所謂密考者。專備恭呈 御覽。如彼此事先商酌。再行核定。尚復何密之有。運司鹽道大計。及鹽務各官大計。甄別亦與年終密考情事相類似。應仍由督撫一併就近考察舉劾。較爲核實等語。臣查欽定會典事例吏部大計統例內載。乾隆九年議准鹽務各官。該鹽政會同督撫考核等語。臣奉命督辦鹽政。本有考核鹽官之責。況從前長蘆兩淮等處鹽政。與督撫並不同地。既可會同考核。則京外密咨相商。亦何不可。所有鹽官大計甄別。自應仍照原章辦理。惟運司鹽道年終密考。既據電奏聲明。未便事先商酌。應卽量爲變通。以重考核。查大計統例內載乾隆五十三年　上諭。嗣後各省督撫。於府道大計卓異。自應公同具奏。其密奏考語。務宜各抒所見。分別塡註自行陳奏等因。擬援照此例。嗣後運司鹽道年終密考。由臣與該省督撫。各抒所見。分別塡註。自行陳奏。無庸會銜。此可以酌量變通者也。一電奏內稱鹽務正雜新舊欵項。當此淸理財政之時。外省自不得擅動。然遇有緊急之需。亦不得不先行酌撥。俾免貽誤。其在受協省分。接濟未到。往往挪東補西。邊餉要需。無論何欵。先行湊撥。止能於年終奏銷。劃淸若非特別動支。亦難隨時咨報等語。臣查原奏章程第二十八條。各省鹽務無論新舊正雜一切欵項。應由運司鹽道。及經管鹽務委總局。詳請督辦鹽政大臣。核明咨部。候撥。外省不得擅動等語。係指該省未經奏咨核准有案者而言。前年十二月。度支部奏妥議淸理財政辦法摺。內聲明各省語涉財政事宜。自非軍務災賑。迫不及待者。未經部議。概不准行。是各省所管各項財政。非經度支部核准。均不應動用。況鹽政既奉　旨歸臣管理。一切欵項若未經部核覆。准其撥用。任令隨便挪移。是顯背清理財政辦法。臣亦不能辭其責焉。將來各省如果有緊急之需。必須動用鹽務欵項。飛電相商。自可酌量撥給。若平時並不咨報。卽行挪用。實於清理財政辦法不符。此礙難通融辦理者也。以上四端。業經通電各省督撫。詳晰申明在案。該督撫等公忠體國。成見毫無。但使有益鹺綱。斷不致稍持異議。惟事關十一行省。往返電咨。誠恐有稽時日。鹽政關繫重要。章程一日不定。卽辦事者一日無所遵循。設使各省辦理鹽務人員。在此新章未經定議之時。推諉觀望。別滋弊端。以致鹺務廢弛。課釐短絀。責成所在。咎實難辭。一再籌度。惟有將遵 旨詳議各節。縷晰奏陳。懇請俯賜 宸斷。明降 諭旨。飭下各省督撫。遵照辦理。鹽務幸甚。再該督等電奏內稱。鹽務糾紛。情形不一。茲僅略舉大綱。其餘詳情。仍由各省隨時分晰具奏等語。自係爲愼重鹺政起見。惟恭繹上年十一月十九日 諭旨。原以各省鹽務糾轕紛紜。特命臣督辦鹽政。以一事權。今該督等乃以鹽務糾紛。情形不一。不俟咨商。卽擬分晰具奏。萬一此疆彼界。各自爲政。深恐畛域顯分。轉非 聖諭和衷共濟。通盤籌畫之本意。應請飭下各該督撫。於該省鹽務事宜。務須遵照奏章。隨時與臣和衷商辦。會同具奏。俾免紛歧。愚昧之見。是否有當。伏候聖裁。所有詳議緣由。理合恭摺具陳。伏乞 皇上聖鑒訓示。謹 奏。

中國記事

于侍郎追論后號配天之不當　于晦若侍郎式枚有摺參禮部。謂議孝欽顯皇后尊號等事。有配天字樣。然歷考古今史鑑掌故。自來后號無上配天者。此二字惟帝號能用之耳。今事已定。自不能反覆原議。但臣如不言。恐天下後世。謂今日中朝大夫。無知典例者。摺上留中。按此乃溥玉存掌禮部時事。故論者謂溥之左遷都統。此摺其大原因也。

京師拿獲革黨　初七晚。在琉璃廠守眞映相館。拿獲革命黨汪兆銘黃復嘉二人。汪籍隸廣東。黃籍隸四川。皆曾在日本東京主持民報者也。

長沙亂事　湘省爲產米之鄉。歲常出其所餘。以供鄂桂兩省之民食而無不足。比年以來。東南江海諸省。偏災頻告。數購湘米。以爲挹注。而湘省民食。遂有竭蹶之象。去歲鄂境。歲收歉薄。波及于湘。而鄂中大吏。猶沿襲往時故事。資湘米以供鄂食也。于是奸商覷得厚利者。紛紛屯積居奇。而不肖官吏。復陰與首尾。時時私運出境。官商相倚。小民疾視而莫可如何。識者固早知亂機之不可遏矣。既而外人亦涎其贏息之厚也。相率攜巨金往收貯。無算。米價遂騰昂。乃至八十錢易一斤。而官吏猶漠焉不以爲意。方洋商初至。卽有告撫臣請照約嚴拒者。岑撫畏外人甚。弗敢較。湘民所由因乏食而遷怒外人也。

方未亂時。城中一貧戶。炊烟不舉者數日矣。始決計往城外覓工。於初三日出城。至次日返家。則其妻已餓斃矣。此人憤痛極。卽攜其兩子出城。投之江。已亦躍入。觀者莫不頓足。詈官吏之無良也。時米肆糧價一日數增。皆懸牌書早晚市價不同六字。懸之門。然尚未逾九十文也。是日有泥水匠二人持錢購米。肆主竟索價百文。匠駭問其故。肆主曰。巡撫准洋人購米屯積出口。故糧價奇昂耳。匠已大醉。卽怒詈巡撫不止。語爲警兵所聞。捕送警局。笞而荷之校。衆泥匠皆憤怒。立邀集木匠帮及鐵路之爲土方小工者。頃刻集數百人。衆議對付策。巡警道賴承裕聞耗。立馳往彈壓。勸令解散。且曰。不從者當以軍法從事。衆愈怒。大呼而起。毆承裕幾斃。亂者益增至數千人。卽往圍撫署。而亂事成矣。或曰。匠之購米也。在城外某肆。與肆主議價未協。怒相搏。巡士拘之入局。移時飢民數千圍局外。要求釋放。而局官猶不允。衆忿極。乃立毀局門。斃巡士一人。巡兵大隊至。捕爲首者兩人。繫以入城。衆隨之。遂毀總局。執巡長某縛而懸諸樹。一巡士見事急。乃去其號衣。僞作飢民狀。婉勸之曰。汝勿與彼爲難。彼不過承撫台意旨耳。衆乃釋巡長而趨撫署。

先是亂未作。長沙巨紳王先謙等。相率謁岑撫。請亟禁外人購米。且出示平糶。岑撫猶以與外人約期有定。日期未滿。不能食言。答之。僅允平糶之請。而尙不肯卽出示。實則省垣附近之米。已一掃而空。雖辦平糶。亦無及矣。飢民既擁至撫署。請釋所拘之人。且平米價。岑不允釋人。僅牌示每升減價至五十文。衆問糶米處。又牌示草潮門外米店。于是飢者紛紛往糶。城內外諸店米立罄。而亂黨猶麕聚撫署外。聲言被拘者未釋不遽散。岑撫乃親出諭之。衆環跽請。仍不允。竟返入內署。衆將隨之入。材官立開槍轟擊。斃旁觀者數人。衆始大變。岑又調常備巡防兩軍入城禦亂。此初四日夜事也。

初五日黎明。長沙府知府汪鳳瀛。率長沙善化兩縣令與饑民集議于席少保祠。商善後之策。已有成議矣。而岑撫忽又飭從兵開槍。一排死者三人。傷十九人。衆情遂立變

中國紀事 四

不可遏。羣往城內各火油店。刦取火油若干箱。傾諸頭二門而焚之。火勢大熾。門立毀。亂黨遂分趨各處。大清銀行。中國內地會。及韋斯爾陽兩教堂。首被毀。又毀倫敦教會。及禮拜堂。什器錢物。刦掠一空。天主教堂。及禮拜堂亦被毀。學堂之被難者。則蒙養院府中學堂。而提學司署亦與焉。此外洋行棧、輪船公司、日本領事署、鑄錢廠、各巡警分局、新關、郵局。先後于初五六兩日。焚毀殆盡。巨紳瞿鴻機余肇康兩宅。片瓦尺柱無存者。獨電燈一廠幸免耳。人謂所損傷者。蓋達八千萬金以上。嗚乎可謂浩刦矣。方亂之熾也。岑撫亟潛逃出署。以撫印交藩司莊賡良護理。而使人揚言撫帥已自盡。衆知岑撫已死。則朝廷決不能寬假。萬無和平收束之理。甯慫其所爲。以快一朝之忿。使岑撫持以鎭定。亂事固不至若是棘也。

初六日。官紳會議。一面籌欵購米。減價平糶。一面辦團練自衞。分派兵役。嚴拏亂黨。獲搶犯五名。立斬之。人心始漸定。此次捐欵極踴躍。三四日間。紳商共集近百萬。由商會會同乾益棧設局出糶。已糶出數千萬石矣。居民之紛紛遷徙者。莫不攜帶現錢。凡出紙幣之家。悉受其影響。而大清銀行官錢局。受累尤甚。外人於初五日黎明已雇舟逃去故無一人被害焉。

朝廷聞亂。乃開岑撫缺而以鄂藩楊文鼎署湘撫。聞湘紳有以文鼎與湘民無感情。而莊藩賡良實得民心。請以莊易楊者。政府未之許也。今各路調兵。已集長沙。而英法德日諸國。亦皆以礮艦上駛。各國索賠甚鉅。有　旨令督臣瑞澂會同楊文鼎妥速磋商。湖南善後事宜。則令前軍機大臣瞿鴻禨會同辦理云。

又長沙亂民。自此次解散後。逃往甯鄉。勾通該地之饑民痞棍。搗毀警局。焚燒信義會福音堂兩所。學堂三處。復又擁至益陽。益陽之饑民痞棍等。又從而應之。到處煽惑。焚燒腦威會教堂。又燒內地循道會堂。未司里會堂。故外人均謂長沙雖已安謐。而湘省亂事。尚恐蔓延未已云。

鬧荒彙記　邇來各省因米價昂貴。饑民多有藉端滋鬧者。如江蘇海州初八日巳刻有男婦四百餘人。闖入大豐公司。直撲麵倉。拋擊磚石。碰毀門窗。攜帶長繩。曳墜烟甬。後經淮揚道前往彈壓。拿獲滋事男婦三人。然後解散。又如湖北崇陽縣。日前有鄂垣米商。赴該縣購米。愚民見縣令不爲禁止。乃嗾使痞棍。聚衆數百。將米攔搶一空。崇陽縣派差彈壓。將痞棍拘押縣卡。痞等竟敢遷怒縣令。圍鬨衙署。將被拘之痞搶出。並將縣署賬房某兇毆而散。其餘如皖北霍邱縣等處。亦有鬧荒情事。饑民嗷嗷。就食無所。有挖枎杜採柳葉以充饑者。有久餓難忍自經於溝瀆者。最可憐者。有一王叟。就食於族孫。合家七口。盡行餓斃。於此可見交通未便。愚民以遏糴爲救荒之唯一政策者之無怪其然也。

胡侍御請整頓新軍 胡侍御(思敬)呈遞封摺一件。大意謂現在各軍官學識太淺。紀律不嚴。往往因最小事端。釀成巨變。非鎗砲從事。則淫刑以逞。事前既無防範。事後復可邀功。非請 旨飭由陸軍部會同軍諮處妥籌辦法。將各省新軍。切實整頓。將佐從嚴甄別。將來新軍成立日多。恐禍變之來。更未有窮期。摺上留中未發。

陸軍部擴充滿洲兵數 陸軍部近擬擴充駐紮全滿兵士所訂滿洲武員兵士章程云。當承平無事時。全滿須有步兵二十二營。騎兵九隊。礮兵二十七隊。礮一百三十五尊。消防隊三隊半。看守卒同之。共計步兵一萬一千零八十人。騎兵一千九百十六人。礮兵二千五百九十二人。消防隊一千八百九十人。憲兵及守卒。共一萬九千三百六十六人。倘一旦有事。則當再增步兵四萬一千三百二十八人。馬兵一千九百六十人。礮兵二千六百人。消防隊四千四百十八人。憲兵隊四千四百十八人。

度支部清查丁漕積弊　度支部會議各省丁漕流弊滋多。日前通飭江浙皖贛汴魯等省。速將關於丁漕種種弊端。切實清理。幷指定查報之件有四。一櫃價與市價之比較。二銀元折合之定率。三收納銅元之辦法。四妥定銀錢劃一價值。以上四項。通飭聲復實在情形。以憑核辦。

鹽政處派員考察山東鹽弊　上年都察院代遞學部右參議柯劭忞等東省鹽務違章私銷亟宜整理呈一件。現經督辦鹽政處查原呈所稱各節。於東省鹽務積弊。言之至爲詳盡。所擬辦法。似亦不無所見。惟是東省灘池散漫。產鹽則煎曬兼施。引地遼闊。行鹽則官商分運。課釐所入。歲在百萬兩左右。端緒既極繁賾。關係尤爲重要。自非遴派妥員前往該省。將鹽場銷市引界。一切情形。切實調查。末由得其要領。現特奏派度支部主事陶壎趙錄俊朱鈞聲七品小京官樓振聲。赴該省產鹽銷鹽及引界毗連各地。擇要調查。並飭該省運司轉飭所屬鹽務各官。於該員等查詢事件。及調閱鹽務一切案卷。隨時聲覆。毋得徇隱推宕。一俟該員查覆到日。再行籌擬辦法。奏明請旨遵行。

粵督請定律師專法 袁制軍片奏云。各國法庭。皆設律師。爲兩造代理一切質問詰駁等事。誠以恒人遭遇訟案。對簿公庭。外怵於官吏之尊嚴。內迫於一身之利害。往往言語失措。理雖直而情不伸。有律師則據法律以爲辯護。不獨保衛人民正當之利益。且足防法官之專橫而劑其平。用能民無隱情。案成信讞。立法至美。且近來通商各埠人民。延請外國律師辯案。已成習慣。將來收回領事裁判權之後。國際私法之交涉。日益繁多。使非養成多數辯護之才。尤恐相形見絀。臣督同司法研究館司道。遴選法政畢業生數十人。專開律師研究班。以資練習。擬請飭下法部。悉心核議。仿照日本辯護士法。訂定律師專法頒行。一面通飭各省審判廳。准用律師參與審問。似於司法前途不無裨補。

請派修訂中俄商約專員 俄國駐京公使照會外務部謂清俄兩國一千八百八十一年二月十二日締結之伊犂條約第十五條。關於通商條件之改正。可在俄京會議。應請奏派全權委員云云。聞政府即擬派駐俄薩欽使爲全權委員云。

遴員調查中俄界務　黑龍江中俄界約及商約在光緒七年訂瑷琿條約後。迄今已屆三十年期滿當接續改訂。外務部非常注意。議派妥員先行調查。業經部中派定錢紹雲宋友梅于振甫三觀察會同薩季謙欽使辦理。係以哈爾濱爲總機關。俾中俄兩國派員就近磋議。現兩帥以調查局總辦李蘭洲觀察家鏊精於俄文。曩任海參威領事。嫻熟外交。當咨准外務部。加派辦理。

歡迎江侍御　江侍御春霖棄官歸里。道出滬上。十五日三時。各團體在張園安塏第開會歡迎。預備立憲公會、請願卽開國會同志會、華商聯合會、商學公會、福建同鄉會、福建學生會、福州福寧商業公會、福建與化商業會、江蘇教育總會、上海商務總會、滬南商務分會、南市商團公會、上海商業研究會、南市商學會、凡十四團體。各舉代表到會歡迎。計到會人數。會員非會員。約在五千餘外。首由馬湘伯君致開會辭。次由沈信卿君致歡迎詞。旋由江侍御請葉惠鈞君代答頌詞。畢馬湘伯君演說。極言滬上人士歡迎侍御之理由。謂非歡迎侍御。蓋歡迎侍御之直道也。語極淋漓盡致。次沈縵雲君、鄭仲敬君、葉惠鈞君、蘇筠尙君、王搏沙君、均依次演說。反覆申論。均極言侍御之敢言直諫。實爲維持綱紀之大要。而海上歡迎者之衆。益以見中國人心之不死。中間尤以王搏沙君所言。爲侍御之直諫。即侍御之正氣等語。最爲痛快。五時散會。各代表乃請侍御攝影以爲紀念云。

世界紀事

英皇游法　英皇赴巴黎。與法大統領會談巴爾幹及波斯問題。

英首相之答辯　英國保守黨於下院極力攻擊首相阿斯奎士。質詰豫算案及上院之位置。首相答以此種問題。靜候政府處置。自見分曉。不肯將其計畫遽行發表。

英國財政決議案之否決　英國下院以對二百二十票之二百三十五票。否決反對黨之財政決議案。此案大意。擬改正關稅率。以對抗他國關稅率之暗敵英國者。且對本國之植民地。設置特惠稅率者也。

空前之英國海軍　英國海軍省明年之豫算案。其總額爲四千六十萬三千鎊。比較本年份之三千五百十四萬二千鎊。實增五百四十六萬一千鎊。此豫算可云英國海軍空前之大擴張。該豫算內。屬造艦費者。爲千三百二十七萬九千鎊。比較本年份之八百八十八萬五千鎊。實增四百三十九萬四千鎊。其中除一千一百八十五萬七百九十鎊。爲已造未成之軍艦之繼續費。其一百四十二萬九千四十鎊則爲新計畫之製艦費。以此金額新造之艦。乃大戰艦五艘。裝甲巡洋艦五艘。驅逐艦二十艘。潛水艇十艘。潛水艇母艦一艘。母艇二艘海防巡洋艦一艘。合計共四十四艘。其五大戰艦。每艘約二萬二千五百噸。而裝置十二吋砲十門。

英國極東艦隊之增加 英國近來決增極東之海軍力。其第一著手。先將現屬地中海艦隊之戰鬭艦二艘。派遣於極東。加入常駐中國之艦隊中。

英國議會之活劇 西歷四月十四日英國議會愛蘭黨與保守黨爭論極劇。殆近格鬥。保守黨中一議會至懷爆裂彈欲投之愛蘭黨議員。

廢止上院否認權之可決 英國下院以對二百三十六票之三百三十四票。可決廢止上院否認權之決議案。

濠洲勞働黨之勝利 此回濠洲之總選舉。勞働黨大博勝利。將來不獨於中日各國移民。大加限制。即對英國有技工之勞働者。亦定一種限制的法律。以限制其移住。

德國之飛船 德國之質柏林式空中飛行船。再由法國飛越比利時。比國人心深懷不悅。

俄國豫算與製艦費　俄國本年豫算案。計有四百二十四萬羅卜之餘欵。又議會自製艦費中減削一千五百萬羅卜。

波斯與俄德　德國向波斯提議數事。一供給其國訓練軍隊之將官。一於其國鐵道讓與特權。一訂借欵條約。現俄國出而反對不願承認。

法國製艦費之可決　法國擬於本年起造大戰鬥艦二艘之法案。上院以滿塲一致可決之。

法國船員同盟罷工　法國某汽船僱一亞剌伯爲火夫。該船之法國火夫。提倡同盟罷工。後被捕縛。現法國馬耳塞之海軍豫備兵同盟會大爲不平。反對此事。宣言同盟罷工。勢極披猖。各船業皆已中止。法國政府。擬以軍艦發送郵信云。

法國之總選舉　法國總選舉期。決以西歷四月二十四日舉行。惟舉國人民。對於此舉。皆甚冷淡。

羅馬法王與羅斯福　美國前大統領羅斯福抵羅馬時。法王令羅斯福誓約一切言動不傷法王之感情。方許其謁見。羅斯福厭行爲之束縛。拒其要求。多數之美國人深

世界紀事 四

喜羅斯福能示獨立的人格於世界云。

土國內亂 土耳其北部阿巴尼亞地方土民叛亂。占領該地之要害。肆行刧掠。土國政府已派遣步兵三十四大隊。從事鎮撫。且自希臘勃牙利兩國。得决不干涉之誓約。叛徒以勢力不支。卒降土軍。

南美之戰雲 秘魯與南美赫華爾國。爭論界境。不能解决。現舉國戒嚴。海陸兩軍皆爲出師之準備。勢必與赫華爾一决勝負。秘魯國領事。已於西歷五日。退出是國。惟西班牙政府。極力調停兩國之紛議。期以平和了結。

濤貝勒之留別會 濤貝勒以西歷初六日乘地洋丸由日赴美。出發之前一日。日本之王公大臣。開留別會於芝離宮。是日與會者。爲久邇宮東久邇宮北白川宮三親王。大山元帥、川村、乃木兩大將。內務大臣平田。海軍大臣齊藤。東京府知事阿部。東京市長尾崎。鐵道院副總裁平井。近衛師團長上田男爵。岩崎久彌及太倉喜八郎諸人云。

叢錄壹

雙濤閣時事日記

雙濤

二月

▲十四日

英政府提出限上院議決權案於下院。其內容凡三端。（一）上院、對於財、政、案。不能、否、認、不、能、修、正。（二）財政、以、外、之、法、案。苟在、下、院、連、續、三、會、期、通、過、者。雖、無、上、院、之、同、意。亦、得、成、爲、法、律。（三）議會、以、五、年、爲、一、會、期。泰晤士報大攻擊。謂此案若行。則上院實全等於件食云。此次英政府處騎虎難下之勢。非摧抑上院氣燄。實無以自存。而上院爲自衛計。必決死防戰。大約非再行總選舉。不足以決勝負也。然上院權利之限制。早晚。必。當。實。行。英國。終。必。成。爲。一。院。制。之。國。蓋。可。豫。言。耳。

▲十五日

廢五樓與德國某報館訪事語。言受事後將實行徵兵制度。且廣興軍事教育。但度支部計必反對彼將以去就爭之云云。其言實壯。雖然、凡百政策。必相待而始行。徵兵制度。亦豈如是簡單可舉者。況不從財政上立有方案。他事又安能議及耶。

俄奧兩國。關於巴爾幹問題。有所協定。雖其內容如何。未能詳悉。要之實歐洲國際政局日趨平和之兆也。蓋巴爾幹問題。實起於十九世紀之中葉。迄今垂六十年。未嘗一日甯息。而此問題實可分之爲二。其一、則巴爾幹半島內。各國緣政治之腐敗。人種宗教。國性之衝突。爲巴爾幹人民自身之憂患者也。其二、則列强之與巴爾幹有關係者。常生出政治上外交上之衝突。爲歐洲共同之憂患者也。所謂列强之衝突。舉凡全歐各國。殆無一能免。然其最緊要之脉絡。莫如俄奧對抗。自巴黎條約柏林條約以來。非惟不能緩和其勢。且常若加增之。去年奧人忽將坡士尼亞赫斯戈維納兩國吞併。幾釀俄奧之戰。終以奧與德有攻守同盟之約。俄人懾於德之兵威。不敢動。而兩國之積憾、日益深。今茲協約。其或能以交讓精神、一剖宿案耶。雖然、自頃一月以來。塞爾維亞布加利亞兩國王相繼朝於俄。俄人所以籠絡之者不遺餘力。煽動陰謀。路人皆見。恐巴爾幹小康之象亦不過暫支目前而已此等政局雖於吾國無關係然亦可見凡一國內政不修卽爲全世界擾亂之媒而列國之共同干涉時或出於不得已我國人不可不審所以自處也

▲十六日

江西之九南鐵路又向日本借債四百萬兩聞由東亞興業會社承借將來工程材料皆歸該會社一手包攬云一方面則湘鄂方以死力拒欵他方面則諸路紛紛議借吾國人之舉動無往而不矛盾也

▲十七日

東報稱濟江浦有新式軍隊二大隊於本月初十前後忽然叛亂鄂軍往勦僅乃敉平云入春僅四十日而新軍生事已三報矣吾常言中國將以練兵亡國嗚呼其毋使我不幸而言中也

美國人要求錦州附近開礦權聞已許可此錦愛鐵路生出之結果也

聞理藩部嚴劾川滇邊務大臣得旨召還其曲直雖非吾輩所深知然朝廷此舉得毋

近於殺晁錯以謝七國耶。舉棋不定。吾不知其所終極矣。

美國共和黨將有內訌之象。該黨之專政。垂二十年矣。當麥堅尼羅斯福執政時。勢若旭日中天。敵黨屏息不得一伸。塔虎特受事未及一年。而人心日去。孰謂立憲國不恃人治哉。

▲十九日

前年以劾親貴去官之趙（提學啟霖）。今茲因江侍御見黜。再抗疏嚴劾慶邸。留中不報。遂乞骸骨。許之。嗚呼、又弱一个矣。

東報稱撫順煤礦交涉事。我政府絕無準備。其所爭境界問題。日人繪一礦區附近地圖。提出交涉。我政府不以爲然。而始終未嘗能繪一地圖以相示。其所主張何在。漠然不能捉摸。惟一味遷延云云。噫、我外交手段如是。人之自由行動。抑何足怪。

叢錄弍

江介隽談錄

野民

江亭韻事二則

吳北山先生云。光緒丙申中秋。聱穀勝流。江亭（即陶然亭）醵飲。爲眞率之會。是日到者無慮百數十人。有召客小啓云。在昔少昊執矩。耿含生之精。纖河鼓輪。盪諸有之性。舒歛異趣。今昔增感。驗之秋月。則有然矣。若乃人海雜遝。軟塵坐飛。晨星闊稀。清酒斟酌。將以令節。暢茲雅遊。涼風始來。煙燧暫息。廣集學侶。旁招寓公。形忘主賓。序有少長。素襟晨舉。華筵夕張。勝地寫心。諒符元賞。況吾黨殊形共氣。俯仰六合。浮沈一身。絲竹中年。仿謝公之陶寫。風月今夕。接徐令之雅談。吹律則陽回。析凝則冰釋。微雲點綴。謂滓太虛。清光可娛。何假燈燭。人生行樂。又一時也。嗟乎。登高能賦。是爲大夫。落葉而悲。便成秋士。此之所集。與彼殊致。諸君子其亦有樂於是歟。此簡俊邁似六朝。不署名字。未識誰何手筆也。

北山先生又云。是日江亭秋集。左笏卿比部湖北人誤方音以陶然爲桃源。嘻曰。何處桃源。但流水潺潺。晚烟斜照。左固詩人。不謂信口吐屬。幽秀迺爾。頗肖詞中雋句也。

奧簃詩

海門周彥升徵君家祿一字奧簃。事親孝。交友信。樂易狷介。不肯與世浮沈。劬學寒餓而昌其詩。曾以明經授江浦訓導。又舉經濟特科。皆不赴。宣統元年冬病卒。年六十四。著述已刊者曰海門廳志。曰朝鮮世表。曰朝鮮載記備編。曰朝鮮樂府。此三種乃參吳武壯公長慶朝鮮軍事時作未刊者爲詩三禮字義疏證。穀梁通解。反切古義。壽愷堂詩文詞集。茲錄其春雨雜興云。畫舫瀟瀟雨。初聞二月雷。開窗當野水。卷幔受殘梅。春事花開落。溪聲客去來。漂搖孤壘在。巢燕與徘徊。偕王比部桐街西賞殘牡丹云。勝絕街西種。珍珠出寶胎。無人知愛惜。相見在塵埃。遲暮翻憐色。飄零始惜才。殷勤千萬意。何不在初開。正月初五日出門云。乍出逢多難。言歸爲老親。死生期奉母。貧賤復依人。大海扁舟雪。殘年獨樹春。下堂能不懼。前路有風塵。衡山雜詩二首。絡絲潭云。潭盈絲亦盈。潭涸絲亦涸。天下杼柚空。巧婦難爲絡。觀日臺云。義馭未臨時。燒天作奇麗。心訝金輪奇。不知浮雲蔽。浯溪雜詩二首。浯溪云。溪南松桂青。溪北沙水白。徘徊度香橋。何處漫郎宅。唐亭云。目厭清湘流。耳厭松歛聲。山中人已厭。游客正關情。七絶二首云。小閣罘罳牡蠣牆。井梧墜檻葉初霜。無人勸與金尊酒。絡緯機絲伴夜涼。講堂風日晝陰陰。自爇爐烟靜驗心。坐久不知風在竹。四圍苔色向人深。此二詩與翁爲人書扇未署題目疑是主講其里師山書院時作

半塘詞

臨桂王佑遐給諫鵬運湛深詞學。爲一代宗匠。導源有宋。揚風振藻。而乾嘉以來詞格佻巧纖靡之習。爲之丕變。故論詞者必盛推光緒一朝。給諫之功也。自號半塘老人。又稱半塘僧鶩。著有半塘定藁。錄其乙未燕九日作。調寄水龍吟云。東風不送春來。如何祗送邊聲至。斷雲閣雨。簾櫳似夢。冷清清地。鑪火慵溫。唐花欲謝。惱人天氣。更無端清角。乍淒還咽。直爲喚新愁起。　記得年年燕九。鬧銅街春聲如沸。香車寶馬。青紅兒女。白雲觀裡。節物驚心。淸游誰續。好懷難理。算勝他鐵甲衝寒。墮指向沙場醉。風雨時至。溽熱如炙。綠杉見投新詠。率賦以當報章。調寄塞翁吟云。萬木酣風處。空際暮色蕭森。

暗雨氣。小樓陰。聽高下蟬吟。雷聲忽送千山響。驚破衆竅如喑。看一霎。斷雲沈。卷舒本無心。 淸琴。商歌欸。苔痕細數。香徑渺。前游重尋。仕逐熱長安。襛纖。自髙臥世覔羲皇。散髮抽簪。濃霧未解。望裏懸知。猶鬱疏襟。鹿港香。調寄天香云。百和熏薇千絲裊玉。氤氳小葉初展。翠鏤筠筒。炷添螺甲。約略海南春淺。溫馨半袖。渾不數牟尼珠串。檢點西谿舊製。悵觸玉臺殘綵。 絕憐麝壓擣。偏怕螢腥等閒還染。算祇翠篝留得舊情一綫。芳訊依然月底。甚泛入槎風似天遠。纖縷縈簾。南雲夢翦。自注鹿港香以施氏製者爲上其封題曰氤氳奇柟線 初至金陵。諸公會飲秦淮。酒邊感興。索贈圜蔥石積餘和。調寄水調歌頭云。微風轉城曲。涼意乍先秋。不知今夕烟月何事爲人留。欲訪齊梁陳迹。但見珠歌翠舞。燈火夜光浮。孤嘯倚舷立。釃酒酹沙鷗。 興亡事。醒醉裡。恨悠悠。微茫空外雲氣直北是神州。爲問青谿舴艋。來往撇波雙槳。載得幾多愁。漫灑新亭淚，吟思渺滄洲。楊柳枝詞云。賦裏長楊舊有名。即看眉樣亦傾城。春風軟入朝元閣。莫更思量作雨聲。數詞窈眇沈鬱。意微旨遠。出入碧山稼軒夢窗淸眞諸家。給諫在諫垣時彊直敢言。辛丑 翠華幸西安放殛庚子禍國親貴。從其疏請也。按其時留京京官聯名具疏者凡三人給諫居首一爲朱古微學士祖謀一爲劉伯崇殿撰福姚也 旋投劾去南游。甲辰夏病卒于蘇州。

鄧鐵香鴻臚詩

歸善鄧鐵香鴻臚承修以孝廉起家。光緒中年爲吏科給事中。不避權貴。多所彈劾。仕途廓清。聲震朝野。與宗室寶竹坡侍郎廷豐潤張幼樵副憲佩綸瑞安黃漱蘭通政體芳閩縣陳伯潛閣學寶琛相友善。時有清流之目。迨寶張陳三公相繼罷免。鴻臚已班列九卿。出勘中越之界。旋謝病歸。家居未幾遽卒。年未五十也。南海某公挽以一聯云。中年折我海剛峯。天胡此醉。一老不遺楊復所。吾終安歸。摛詞典切。洵足以貌其生平。鴻臚詩不恒作。茲於友人處見其遺什錄存於此。吉光片羽。彌足珍也。湖光亭三首用杜工部秋日寄題鄭監湖上亭元韻云。孤亭餘落日。疏柳已成秋。水逼疑無地。雲閒不下樓。草齊看放馬。風定好橫舟。欲向仙源問。烟霞迷古邱。又郡城西畔路。舊侶日相過。江遠常遲客。亭荒半補蘿。涼秋歸雁少。微雨得魚多。小飲休辭醉。花飛可奈何。又名湖誰是長。天許作閒人。短髮時看鏡。浮生悟此身。檣留犀帶古。圖繪屐痕新。五百年間事。風流過眼頻。鴻臚之母某太夫人今猶健在。年九十餘矣。戊申之歲。德宗景皇帝遺

叢錄

使存。問嘉諤諤之臣。而施及其親。也士論榮之。

叢錄

春冰室野乘

春冰

延樹南宗伯之大節

光緒丙戌三月。孝欽太后率　德宗恭謁　東陵。至　定東陵。孝貞顯皇后陵也。鑾輿甫至未行禮。先詣配殿小憩。所司以禮節單呈進。　后閱之。色頓不懌。擲之地。命另議以進。蓋照例拈香進酒須跪拜。故　后不願也。是時高陽李文正爲漢尚書。聞命色變。戰栗不敢出一語。滿尚書延樹南宗伯煦獨奮然曰。此不能爭。國家何用禮臣。爲公不敢言。我當獨面奏。即肅衣冠入見。跪殿門外大言曰。　太后今日至此。兩宮垂簾聽政之禮節無所用之。唯當依　顯皇帝在時儀注行之耳。　后聞奏。失色。命之起。公對曰。　太后不以臣不肖。使待罪禮曹。見　太后失禮而不敢爭。臣死無以對　祖宗。不得請。誓不敢起。　后不得已。可其奏。公乃徐謝恩起。當是時。同列皆汗流浹背。公從容如平時。卒成禮而後歸。是科會試改十一日入場、蓋車駕初八日始還京也、

叢錄 二

鎮平王樹汶之獄

河南南陽府鎮平縣猾胥胡體安者。盜魁也。河南以多盜故。州縣皆多置胥役。以捕盜爲名。大邑如滑杞。隸卒皆多至數千人。實則大盜卽窟穴其中。平時徒黨四出。刼人數百里外。裒其所得。獻諸魁。大府捕之急。則賄買貧民爲頂兇。以消案。有司顢頇明知其故。而莫敢究詰。盜風乃益熾。而安兇猾尤冠其曹。一日使其徒刼某邑巨室。席所有以去。鳴諸官。案久未破。巨室廉知體安所爲。則上控司院。巡撫涂宗瀛。檄所司名捕之。體安大窘。陰與諸胥謀。以其家童王樹汶者。僞爲己。俾役執之去。樹汶初不肯承。諸役私以刑酷之。且迋以定案後決無死法。樹汶始應諾。樹汶年甫十五。尫羸弱小人。固知其非眞盜也。縣令馬翥者。山東進士也。聞體安就獲。則狂喜不暇審眞僞。遽馳牘稟大府。草草定案。當樹汶大辟。於時體安已更姓名。充它邑總胥矣。樹汶猶未之知也。刑有日。樹汶自知將赴市。乃大呼曰。我鄧州民王樹汶也。安有所謂胡體安者。若輩許我不死。今乃食言而戮我乎。監刑官以其言白宗瀛。宗瀛大駭。亟命停刑。下所司覆鞫之。卒未得要領。樹汶自言其父名季福。居鄧州。業農。乃檄鄧州牧朱刺史光第逮季福爲驗。未至而宗瀛擢督兩湖以去獄事遂中變河道總督李鶴年繼豫撫任開歸陳許道任愷者甘肅人也先爲南陽守嘗讞是獄又與鶴年有連於是飛羽書至鄧阻朱公俾勿逮季福且以危言怵之朱公慨然曰民命生死所繫曲直自當別白豈有相率煬蔽陷無辜之民以迎合上官者耶任愷使其黨譬說百端終不爲動竟以季福上使與樹汶相質則果其子也愷始大感知是獄果平反已且獲重咎百計彌縫之豫人之官御史者乃交章論是獄語頗侵鶴年鶴年初無意袒愷然出身軍旅素簡貴不屑親吏事又恚言路之持之急也遂一意力反宗瀛前議然樹汶之非體安則已通國皆知無可掩飾則益傅會律文謂樹汶雖非體安然固盜從在律強盜不分首從皆立斬原讞者無罪時樹汶入獄已五年初止爲體安執爨役或曰孌童也並無從盜事而讞者必欲坐以把風接贓之律於是樹汶遂爲此案正兇而官吏之誤捕體安之在逃悉置之不問矣言者益大譁劾鶴年庇愷於是有　派河督梅啓照覆審之命故事欽差治獄皆令屬官鞫之大臣特受成而已河工諸僚佐什九鶴年故吏夙承鶴年意啓照已衰老行乞休不欲顯樹同異竟以樹汶爲盜從當立斬獄遂成言者爭之益力吳縣潘文勤時長

秋官。廉得其實。乃奏請提部覆訊。且革馬義職。逮入都。於時趙舒翹方以郎中總辦秋審。文勤專以是獄屬之。研鞫數月。始得實。行具奏矣。而鶴年使其屬某道員入都爲遊說。某故文勤門下士。文勤入其說。遽中變。幾毀舊稿。仍依原讞上矣。趙爭之甚力。曰、舒翹一日不去秋審。此案一日不可動也。方爭之烈。文勤忽丁外艱去官。南皮張文達繼爲大司寇。文勤亦旋悟。貽書文達自咎爲門下士所誤。所以慰留趙者甚力。疏上。奉旨釋樹汶歸。戍馬義及知府馬承脩極邊。鶴年啓照及臬司以下承審是獄者。皆降革有差。而朱公已先以他事罣吏議。則任愷嗾鶴年爲之也。方三法司會稿時。豐潤張學士佩綸署副憲。閱疏稿竟。援筆增數語于牘尾。曰長大吏草菅人命之風。其患猶淺。啓疆臣藐視朝廷之漸。其患實深云云。聲下士大夫。莫不歎爲名言。一時督撫。皆爲之側目。其實此語亦有所本。當光緒丁丑。刑部治葛畢氏獄。給事中王昕。疏劾浙撫楊昌濬疏中大意。卽此數語也。

今禮部侍郎張亨嘉。於時以大挑知縣。需次東河。啓照之派員讞案也。亨嘉與焉。獨持議平反。不肯附和鶴年。黨比提部。部檄查取諸承審官職名。亨嘉請去已名。啓照不許。

乃請咨會試。陳牒刑部。述此案始末綦詳。以是免議。旋即於是科成進士。入翰林。義甯陳撫部（寶箴）時官豫臬。當朝命啓照覆訊也。陳公固心知樹汶冤。以啓照爲其鄉先輩。冀力爭得轉圜。而啓照中先入言。卒不從。及部檄至。有謂陳公可據此自辨者。陳公謝之曰。吾不欲自解以招人過也。遂同罣吏議。獄之起。當光緒己卯。訖癸未春始議結。今二十八年矣。豫人談斯獄者。猶曰。微朱公。樹汶無生理也。然體安卒無恙。（朱公號杏簪浙江歸安人禮部侍郞祖謀之先德也）

三進士出身之奇

本朝進士出身最奇者三人。皆在 國初。一杞縣任暄猷。明末團練鄉勇禦流寇有功。後仕福王。爲後軍都督。 王師下南京。投誠隸旗下。中順治壬辰進士。以磨勘被黜。後再中乙未進士。一邵陽吳芳崇禎己卯舉人。永歷中官至左都御史。歸命後。願以科第進。中康熙甲辰進士。一五河錢世熹明末官縣令。鼎革後。剃髮爲浮屠。久之復還俗爲諸生。康熙庚戌成進士。年已七十餘。

龐雪厓之遺愛

任邱龐雪厓先生塏。康熙朝詩人也。以翰林出守建甯。甫受事。浦城令以嚴苛激變。邑人乘夜焚冊局。殺冊書。先生聞信。馳往。傳學官典史至。集諸生於明倫堂。數令罪。論士民毋生亂。查倉庫及冊局收未焚書冊。變遂定。制府某。惡閩俗之悍。欲重懲之。而浦令與士紳有嫌。將羅織興大獄。先生大言曰。令實已甚。語可殺人以媚人乎。僅坐重辟一人流二人而已。浦人尸祝之。嗚乎。今安得其人耶。

曾文正公遺事

金陵之初復也。有蕭山一士人。自稱浙省教職。謁文正軍門。雄談大睨。不可一世。文正心奇之。偶談及下僚欺蔽之難。杜某正色曰。受欺不受欺。顧在己如何耳。某盱衡當世大人君子。惟有中堂至誠感人。人自不忍欺。若左太保之嚴氣正性。人不敢欺。然以較中堂已落第二義。至如某某諸公。則人即不欺而已。顧常疑其欺。或已被欺而反不疑其欺者。比比是也。文正大服。撫髀稱是不置。因語之曰。吾幕府諸賢子可徧謁之。月日其優絀以語我。某諾而出。次日復命曰。軍中多豪偉士。然某於其間得二君子人焉。文正驚詢之。則涂制府宗瀛。郭中丞柏蔭也。文正益心折。稱善。乃待爲上客。顧一時未有以處之。姑令督製砲船。未幾。忽挾千金遁去。所司以聞。請發卒追捕。文正默然良久。曰。休矣。置之。可耳。所司莫測其意。惘然退。文正乃咄咄。獨坐自循其須。曰人不忍欺。人不忍欺。左右皆匿笑。聞其人卒折節爲善士。爲諸生以終。

輓林文忠聯

林文忠之薨也。文宗御製聯語輓之曰。答君恩清慎忠勤。數十年。盡瘁不遑。解組歸來。猶自心存軍國。殫臣力崎嶇險阻。六千里。出師未捷。騎箕化去。空教淚洒英雄。讀之者莫不感泣。世傳文忠居恒常自誦苟利國家生死以豈因禍福避趨之兩語。不置。不知爲成句。抑爲文忠自譔也。

張文襄遺事二則

同光間某科會試場後。潘文勤張文襄兩公大集公車名士。燕於江亭。先旬日發柬。經學者。史學者。小學者。金石學者。輿地學者。麻算學者。駢散文者。詩詞者。各爲一單。州分部居。不相雜廁。至期來者百餘人。兩公一一紆尊延接。是日天朗氣清。遊人亦各興高采烈。飛辨元黃。雕龍炙輠。聯吟對弈。餘興未滐。俄而日之夕矣。諸人皆有饑色。文勤問文襄今日肴饌令何家承辦。文襄愕然曰。忘之矣。今當奈何。不得已。飭從者赴近市酒樓。喚十餘席至。皆急就章也。沽酒市脯。重以餕敗。飯尤粗糲。衆已憊。莫能興。則勉强下咽。狼狽而歸。有患腹疾者。都人至今以爲笑談。

文襄自言夙生乃一老猿。能十餘夕不交睫。其督蜀學時。一日出城。遊浣花草堂。偶集杜詩二語爲楹帖。欲繫以跋。因坐而屬思。稿數十易。終不愜。然已三日。夜。不寐。矣。侍者。更番下直。猶不支。因而僵者相屬也。而文襄從容。如平時。及揮毫落紙。則僅集本集句。四字而已。書成。始欣然命駕歸。

文苑

壽林琴南　堯生

海內如君老蒼涼此一杯梅華自春色霜月向人開遠望蜀山路江流天地迴萬松巒翠合日夕抱琴來

蘇溪聞雁寄孝懷　前人

秋江聞雁過之子在成都後約能來否當官百念俱愁心託明月山色化冰壺秀到無能說依稀似藐姑

贈仙嶠　曼陀

料理游山夢吾從向子平功名定何物暫住斗邊城閱世一長歎閉門無限情書成萬事畢猿鶴未寒盟

憶趙横溪　前人

憶公歸蜀日路迴北風涼感世灘非險登樓天欲荒苦心念家國餘事託文章無限聽

文苑　二

鵑意去來空自傷。

二月十八日雪　瘦公

兒童失喜喧呼母。白滿層檐雪壓扉。墮地忽驚鹽化水。舞空猶作絮盈衣。愔愔巷古妨流潦。惻惻寒多損夕暉。賸把茗甌消寸念。庭柯相賞莫相違。

春郊　前人

相從年少恣清游。又借風軒半日留。接座花光融四照。停杯茗話散千憂。郊坰隱隱成春閧。車馬喧喧向晚休。深淺風光量舊歲。未任歸騎醉扶頭。

始見白髮戲賦　亞舫

逝水華年挽不留。輕霜冉冉忽盈眸。三眠楊柳都如夢。一葉梧桐已報秋。中酒情懷羞攬鏡。凝妝滋味憶登樓。綠衣還有公言在。車騎東方坐上頭。

消渴歸來倦馬卿。琴聲鬢影罷將迎。養回枯木知無望。數到柔荑更可驚。漸覺留髡成世故。翻疑著眼未分明。仙年贏得鬢如戟。不識何鄉守此生。

遊仙四首案四詩語意各有其人似指近年罷歸之朝貴也　梁煥奎

內家詞賦女平章。恥說明妃塞草黃。獨有深恩承北第。敢將消息報東牆。六宮親眷猶攜手。四姓良家枉斷腸。永巷周迴春柳綠。可堪阿閣送斜陽。

春殿銜杯寵最多。天魔教舞醉婆娑。八千侍女拋紅粉。十二仙姬斂翠蛾。病骨已拚消藥臼。淚珠無奈隔簾波。瑤台斷盡羊車路。怕寫鸞箋譜怨歌。

霓旌飄蕩未央宮。溝水東西蹀躞中。不信銜碑生石闕。誰憐承露泣金銅。迷陽傷足情難遣。鴆鳥爲媒怨已空。休道婕妤工製作。至今紈扇委秋風。

綠幢朱幰轉森沈。海國旃檀定可尋。黃竹歌聲回八駿。長門心事悞千金。輕紈畫馬階墀埈。翠袖當熊輦道深。回首昭陽人第一。未應愁絕白頭吟。

游仙四首和辟園豔體

王闓運

楚國佳人號絳綃。芙蓉別殿鬬纖腰。不教茅許同珠籍。偏有斐樊到石橋。芝館烏龍驚繡帕。桃源仙犬吠雲翹。青童昨夜朝王母。一夕微霜蕙葉凋。

桂海爭傳蕚綠華。瑤池曾駐六萌車。一從月姊承恩澤。多少星娥足怨嗟。誰遣壞陵彈散雪。空持傾國對流霞。三山采藥愁眞誥。落盡天台洞口花。

文苑　四

聖女祠前寶扇迴。元君座上繡簾開。相從諸娣驚爲瑰。第一仙人鳳作釵。妬雪未消梔子結。行雲先罷牡丹鞋。洛濱明月漳濱雨。不踏金蓮不肯來。

瓊島天風紫電光。上清歸路到披香。錦書漫託青飛雀。綵仗偏騎白鳳皇。無復銀槎開夜宴。悔教菱鏡照春妝。華陽不是無丹訣。待得丹成海有桑。

戲和辟園豔體四首

易宗夔

花鈿侍從女相如。脉脉含情豔態舒。香夢纏綿鴛作幔。春光漏洩鳥銜書。不因錯結流蘇帶。底事輕迴油壁車。一捻明璫一惆悵。翠眉微斂錦屏虛。

南國名姝七寶妝。當年寵自擅專房。六宮粉黛搔殘盡。一騎紅塵意氣揚。祇恨病魔侵瘦骨。莫教靈藥滌愁腸。世人未解長門賦。終古梅妃在上陽。

蘭麝氛氳淡掃蛾。羨他長袖舞婆娑。仙姬消息通青瑣。群娣聯翩振玉珂。夜月簾櫳剛不見。秋風紈扇竟如何。間游洛浦仍無恙。羅襪盈盈踏素波。

宴罷瑤池謁至尊。霓裳鳳髻正承恩。南朝金粉應無匹。北地燕支乍有痕。何意香車如水逝。祇今寶鏡忽塵昏。銀箏初歇釵初墮。頹鬢雲垂欲斷魂。

戲和游仙四首

曾廣鈞

一點芳心暗自持璇宮深處漫相疑空中雞犬飛昇日上界鵷鸞歷刼時終古素娥愁
碧海祇今王母隔瑤池銀河悵斷填橋鵲午夜南飛自繞枝

電笑能回聖母歡函關紫氣接金鑾五丁力士惟驅石太乙仙人自煉丹城郭依然重
化鶴女牀何處更棲鸞蓬萊清淺瀛洲近風引舟迴欲到難

上清淪謫幾時歸金闕西廂鎖掩扉青鳥不來虛問訊白鷗難狎是忘機祇愁玉露侵
羅襪漫許緇塵點素衣望斷淩波微步影洛濱豔迹憶甄妃

天衢試騁五雲車游戲塵寰意態殊料有畫圖張素女可無書札問麻姑金蛇弄影攙
瓊樹寶馬驕行拂玉輿粉鏡從容方自玩豈知春夢醒華胥

文苑

迷神引 夜聞落葉聲感賦

大鶴

看月開簾驚飛雨萬葉戰秋紅苦霜颸鴈落繞滄波路一聲聲催羌琯替人語銀燭金爐夜夢何處到此無聊地旅魂阻

睠想神京縹緲非煙霧對舊山河新歌舞好天良夕怪輕換華年柱塞庭寒江關暗斷鐘鼓寂寞衰鐙側空淚注迢迢雲端隔寄愁去

辣地士奇。豈與辣大將軍同族耶。辣曰。美倫總督乃是家叔。僕今正奉家叔之命調入幕府爲參贊員。梅曰。足下旣爲世冑嫻悉韜鈐。名下定無虛士。因從容問曰。風聞美倫有增兵之說。信乎。辣頗詫其問。答曰。不知。因別述巴黎日報所載砵他利士男爵夫人事以爲談助。梅佯詫曰。可謂奇聞。適案畔有蠅飛過。女戲撲之。若爲弗聞也者。三人食畢。咸登車。車又前行。入夜。女倦而假寐。梅恐其着寒。持氈爲覆之。乃與辣同至車門外。閒吸雪茄共話。閒閒又談及時事。忽又談至音樂中人物。辣曰。吾聞美倫音樂部柯連士加。其色藝冠時。爲人稱道。吾深願見而竟未一涉門庭。則以宦海中人恐致見屏。轉不及顧曲周郎之容易縱談風月也。梅曰。是何難。俟至美倫時。吾當爲君導。俾知隔簾鸚語。亦解留賓。天台胡麻。不吝餉客也。女時假寐未熟。悉聞其言。暗思梅善那果名立身隱者耶。抑仍登舞臺者耶。殊令人無從窺測。繼又思命不逢辰。倏遭禍難。奔逃于外。一身飄泊。乃至下儕于優伶。他日以歌舞歡笑博金錢。亦等于柯連士加之類。俯仰隨人。毫無自主權。適爲清白家聲之玷。靦然人世。亦復有何趣味。思至此不禁黯然神傷。默默垂淚。倚車壁而沈沈睡去。直至紅日三竿。始聞師喚。則已行抵沙倫。

小說

第五回　拯溺人大同忘國界　敦友誼偶語漏軍情

翼日晨興車已將至沙倫。遙望沙倫河邊泊有小輪船一艘。乃開駛往來沙倫里昂二處者。女連日馳驛精神疲倦。今覩河水不禁色喜。梅乃慰之曰。衣士梯梨。少刻卽登舟。水程迅速。今夕可抵里昂寄宿旅店。匡牀安適。任汝鼾眠。一償連宵之屈曲車中。雷聲驚夢也。汝看前面輪船埠頭已相距不遠矣。其時辣在旁亦插語曰。我輩且到船上用早膳。我今已覺腹中餒矣。未幾車抵河干停歇。衆人匆匆下車。衣士梯梨緊隨其師左右。沿岸而行。適此處前夕偶遭颶風。河水盛漲。衆客紛紛登船。弔橋異常擁擠。女恐爲人擠跌。乃距數武外立俟。時辣已先登舟。女在梅之旁。悄問梅曰。師言不許與男子共語。今師所友之辣君。亦在禁例乎。梅曰辣公子人甚磊落。與言無礙。女連聲應諾。梅於是掖女行過弔橋。登船。船爲木質。外裹以鐵皮。船身狹而長。載貨甚多。乘客中有英美人數名。乃往瑞士遊歷者。梅登舟後急覓得一女管事。先與以五枚佛郎作酬勞金。託其照料衣士梯梨一切。梅向女曰。衣士梯梨。吾今往餐室預留一位。待汝汝摒擋事訖卽來。女應曰吾亦已饑。正如辣公子所云也。時辣地士奇方立其傍。乃目之而笑。閱五

三十八

分鐘許。衣士梯梨與彼二人同會於餐堂。乃坐於梅與辣兩人之間。且食且談。食畢。聯袂登船面。憑欄而觀。見水勢奔瀉。有若建瓴。蓋因風暴甫過。加以積雪初融。山間之支流。千溪萬壑奔注而下。船與濤迎。錨鍊直如一線。搖搖幾有欲拔之勢。未幾汽笛大鳴。解纜鼓輪而行。潮流迅急。沿河小舟。多阻礙水道。互相撐開移避。一時人語喧譁殊甚。船長亦防危慮患。遂大聲發號轉舵。衆船客不知何事。咸大驚異。辣地士奇曰。吾往船頭覘是何故。正向前行之際。忽爲大堆貨物所阻。辣乃猱升其巔。欲越而過。船長見之方欲喝阻。而輪船忽與一貨船相撞。其力頗猛。致辣地士奇立足不牢。翻身落水。當時衆女客見人落水。齊聲呼救。而各男客亦鬨動。一時忙將一大花梨木椅拋下。隨沒於水中。復擲下一籐椅。亦爲急流冲去。船長又忙又憤。且咨之曰。彼即能游泳若鳧鷺。吾恐與王亦須失一軍人矣。船長之語。蓋見潮勢奔騰。迅若急箭。傷其一生而九死也。幸彼一落水。便漂離船輪之外。不致爲輪葉輾傷。而所撞之貨船亦傷不甚重。少頃即已駛開。而船則鼓輪下駛。留辣地士奇於後。相距甚遠。女見之惶急。連呼曰。天乎。何不救之。梅在傍曰。嗟乎。彼必無幸矣。汝看彼掙紮之狀。有若嬰孩。安能脫此險哉。女覘梅面若有沈思之狀。梅蓋見此少年與弁。雖然有力如虎。而於泅水術則全然未解。其勢將占滅頂矣。復自念己固有嬉驚湍遏怒濤之能。今觀彼危亡。義當涉險拯救。今不能捨生以救人。他日烏能奮身以救國乎。於是卒毅然將上身衣服脫除。忙解革履。女見之驚曰。師往援彼耶。梅不答。即從船尾一躍而下。水花四濺。梅久不見形。船長歎曰。愚哉此意人。豈曾有約與彼同謁波臣耶。女則渾身戰慄。如失憑依。雙睛不轉。注視水面。未幾見梅泅浮而出。奮其兩臂自然之神力。向彼與員處游去。是時船因溜急。迄未停輪。轉過一河灣。兩人已不見蹤影。時女佇立若癡。追想其師。沿途之調護。無微不至。倘彼有失。則茫茫前路。復倚何人。憂惶切心。不覺簌簌淚下。傍有一婦人見而問之曰。小姑何哭之哀。為誰乎。哭彼與弁乎。抑彼意人乎。女哽咽曰。吾哭吾師。彼其死矣。婦曰。癡兒汝何哭為。吾勸汝慎勿隨之往。意恐彼居汝為奇貨。待價而沽。則汝苦矣。此等事吾見之已稔。吾曾於納鋪兒城中大劇場。為尚衣侍者。吾勸汝須聽吾言。免貽後悔。言時若甚據懷忠告也者。女默然轉視河面。探懷出綾帕拭淚。彼婦見之。詫曰。此兒當為貴家女。不然。安有此等貴重之綾帕耶。是時忽聞船長歡呼一聲。遽命停輪。船員應聲如響。

船卽停住。女亟舉目遙望。但見梅碧那以一手挽辣地士奇。鼓勇游來。女喜極欲狂。走至船旁。再閱少時。梅已近船。舟人先援輿員登船。女急以手撫之曰。公子生還。何幸如之。梅繼登船。女又目灼灼視之曰。吾以師爲騎鯨去矣。何膽壯乃爾。梅曰。累汝憂惶矣。雖然。見義不爲。安足言勇。吾知無妨。故敢躍下。不然。豈貿然殉辣君耶。蓋吾自幼嫺習水性。半生來慣泅驚濤。如履平地。嘗於地中海與善泅者相角逐。未嘗少挫。此次自吾視之。直兒戲耳。汝竟恐吾不免耶。女曰。然。吾心殊甚恐。梅曰。謝汝之意。吾久泅河水寒甚。吾且歸房。飲白蘭地酒以驅寒。言訖。遂與辣地士奇同入艙去。少頃。見其從窗中探首出來。且以毛巾蘸白蘭地酒自擦其腦。笑曰。今則全無恙矣。吾將與辣公子同往廚中焙衣服去。留下女在外獨坐。女沈吟自語曰。吾與師眞乃相依爲命哉。言甫畢。忽聞背後人語曰。異哉。吾未見學徒有愛其師如汝之篤者。旋又曰。嘻。知之矣。以汝如此嬌嬈之貌。汝師自必與汝接吻時多。而奉汝以拳時少也。此數語風送至女耳。女愕然變色。蓋言此者。正是方纔之婦人。於心不免惕惕。無何梅已出來。身上衣已焙乾。女見之心始少定。時辣向梅致謝其救命之德曰。君不存國界種族之見。捨命相援。此恩深於此海。縱我兩國國家日後或以兵戎相見。吾兩人之交情。不能忘也。遂出其手與梅相握爲禮。意甚殷勤。於是三人同立一處。閑話未幾。船抵里昂‖。梅遂掖女登岸。時女亟亟覷梅。欲言復隱。梅覺之。細語之曰。汝欲云何。女曰無之。梅曰無欺我。我方纔將行時。已覺彼婦人欲向汝言語。汝盡告我。女不言。面紅若朝霞。梅回顧彼婦人方下船橋。乃携女同至一僻靜之處。詰之曰。趣告我。彼人何所云。女慌急曰。請稍緩可乎。梅曰。速言勿遲。不能緩也。女曰。汝以爲彼言有可虞乎。梅曰然。雖極細事。或亦有大關係蘊含其中。可速言毋隱。俟吾揣測。梅愈迫促。女愈噤不肯發。而梅則再三敦迫不已。女不敢秘。遂將彼婦人之語覆述一徧。梅聽畢笑曰。吾初以彼婦人爲與偵探。欲以言聒汝以探我之秘密。今既不然。則亦無足介意。至于我之待汝一節。汝可放懷。吾但任保護之責。他無所容心于其間。我怕高利士。以一己之藝。能足以博取多金而有餘。何須更藉他人之聲技以爲利乎。梅言時意頗自負。又曰此婦人以爲我覬覦汝色。不知吾一向以師禮自待。汝此後只宜記吾之苛待。勿念吾之恩遇。則情自無由或生矣。女聞言連聲稱謝曰。師休矣。早知師心。幸毋作如是言。以重妾過。梅曰。汝總宜覷我爲汝之殘酷師傅

勸業日報出版預告

本報以指導國民振興實業爲宗旨而於勸業會事實記載尤詳凡出品人觀覽人及商學各界均不可不讀現定於三月二十日出版願購閱者請向本社發行所及各埠代派處預定可也本報之特色有七（一）**忠實之言論**無論指評時事勸告個人均負道德上之責任絕不蹈旁觀笑罵之習（二）**正確之主張**根據最近事實參照最新學理（三）**統系之記載**關於國計民生者錄之其無關重要涉及個人者不錄（四）**豐富之材料**各種新聞專件均以五號字排印開會時中外名家演說隨時刊布（五）**靈敏之機關**以各處協贊會出品協會各府州縣物產會出品所爲通信機關（六）**淺顯之文字**文字力避艱深一切術語方言均以普通文代之以醒耳目（七）**低廉之價格**暫出一大張祗售銅元一枚

南京雙龍巷　**勸業日報社謹啓**

上海掃葉山房新出石印精本書籍

陶淵明詩集 四冊八角
王琦註 李太白全集 二十冊三元五角
姜白石全集 四冊六角
硃批李長吉集 二冊一元四角
王琦註 李長吉歌詩 四冊八角
國朝文錄 十六冊四元
顧亭林詩文集 四冊一元
壯悔堂全集 六冊一元
原版石印 鄭板橋全集 四冊一元
龔定盦全集 六冊一元
張濂亭文集 二冊三角

◉歷朝名人詞選 六冊一函 二元二角◉

黃唐堂香屑集 現己印
王次回疑雨集 冊四角
原版石印 畫禪室隨筆 三冊八角
張文襄公書目答問 二冊四角
杜工部詩話 一冊一角
王漁洋詩話 一冊二角
趙甌北詩話 四冊五角
洪北江詩話 二冊四角
趙甌北詩鈔 現己付印
張船山詩鈔 現己付印
唐人萬首絕句 二冊四角

◉繪圖騙術奇談 四冊 八角◉

楊鐵厓三種 十冊二元
絕妙好詞箋 四冊六角
吳梅村詞集 一冊一角半
有正味齋詞 三冊六角
兩般秋雨菴隨筆 四冊六角
王漁洋香祖筆記 四冊八角
郎潛紀聞初二三集全 現己付印
竹葉亭雜記 二冊四角
蘇黃尺牘合刻 八冊五角
陳文恭公手札 二冊三角
有正味齋尺牘 二冊二角

◉本號開設上海北市棋盤街中五百十三號 ◉上海城內彩衣街 ◉蘇州閶門內中市

本號新印精本各書各省大書舖均有出售購閱諸君祈就近選取可也

◎外埠函購郵寄妥速◎

外交報特別廣告

第一次

各省諮議局通覽出版廣告

本會目的。在調查各省諮議局事務。自八月發行憲政新誌以來。認承海內外推許。加以獎飾。竊惟世界各國議會。每年有一會期之報告。日久者有議會史。凡此皆所以資考鏡也。今各省諮議局既已閉會。事雖創始。然其關係所及。上而政府之改革。下而一省之行政方針。在在有相維相繫之理。同人籌慮及此。乃發信至各省諮議局。請其將提出議決議案及經過大事彙寄。今已承陸續寄來。同人再四推求。以爲此皆各省人民代表精心結撰。各省可以互資攷鏡者正多。抑爲議員者身居一省。而他省經歷。諒無不欲考求。故本會除憲政新誌每月出版外。更發行附刊。名第一次各省諮議局通覽。月出一冊。有從本報五號爲始。今已出版。其頁數與本報一律。價目郵費亦復從同。但新誌有定全年者。則附刊量減半價。以廣招徠。海內外閱報　諸公欲購者。請於下列各處訂購可也。

上海西門外林蔭路江蘇教育會內諮議局事務調查會事務所

日本東京麴町區飯田町五丁目三十六番本會事務所

新出 化驗五金礦砂詳註

攷自神州古籍言卝學者始載於周官散見於諸子秦漢而降渺無嗣音迄今環海交通經時之彥講富强者莫不措意於此第考之不詳其效未著番禺鄺冠亭觀察曩歲留學美洲習知礦事慨我國礦化一門世無專書致學者苦無餉導因著爲化驗五金礦砂詳註凡四卷於雜質之合鍊原質之分提成色之類別施功之先後火化濕化之優劣量藥試器之纖微靡不條分縷析推闡無遺學者但按法驗習自可循序有功是此書也非僅爲化礦之津梁實足爲學堂之課本會稟

奉　前南洋大臣端制軍　批准咨請

學部 農工商部註冊立案禁止翻印並經　端制軍優加褒許賜以序文現已印成裝訂精美發歸本局經售每冊大洋貳元貳角想有志實業者定必家置一篇也

寄售處上海四馬路巡捕房對門廣智書局

梁任公先生著 **中國六大政治家** 第五編 王荆公

王荆公道德功業學問文章皆卓絕千古雖當時極與反對之司馬溫公亦深敬其人而宋陸兩大賢推崇尤至近儒則顏習齋李穆堂皆極力表揚惜宋史成於元代陋儒之手動挾意氣妄加誣詆致此偉人之眞面目不顯而吠影吠聲之俗論猖獗者垂千年任公先生生平最崇拜荆公特著此傳於其所行各新法皆一一參證以東西各國之政治學說而論其得失如靑苗法與國家銀行之比較保甲法與徵兵制度之比較凡此之類莫不推本窮源苟讀此編非惟於荆公一生之治績功罪了然卽政治上之學識亦當增進又遠稽當日時勢推原荆公所以不得不變法之由而論其變法所得之結果至如俗史誣詆荆公之言爲之參考年月推度事理用漢學家考據之法爲之辨明千載寃辭一旦訟直使人拍案叫快又荆公之文學震爍古今此編亦能擷其菁英下適當之批評示學者以津逮全書十餘萬言著者生平得意之作也精裝（每部一元二角）常裝一元

上海廣智書局發行

人造自來血乃人身之活寶

人生百體所賴以生長者血也如血多則百體強壯血少則百體衰弱設遇血盡則百體自枯是故凡人不能無血

血者誠乃人身之活寶也

然吾人欲究身壯力健之術者必以多血爲適宜若近今之衛生家雖常服各種補品而未得十分健壯者何也其故因我國理化未精藥物一道素鮮研究故自古迄今絕未發明不知以多血爲要義噫

此即吾身不強之由來也邇者神州睡獅抖擻初醒努力鼓盪我同胞之熱血奮振我同胞之精神能壯民力強國勢之人造自來血已經及時出現

無庸疑義速請嘗試

故再行謹告同胞凡有心虧血虛破金吐血面黃肌瘦頭暈眼花耳聾腎虧陽萎精枯四肢無力手足酸軟身虛腳腫胃弱脾薄以及婦女經水不調白帶赤帶頭痛腰酸五勞七傷諸虛百損之症者服之自然

壯心經多血液

請將下列服法試驗之自能奇功立見幸勿輕視蓋其中實有絕大之能力也我同胞凡購服自來血

須先試驗究有功效若何

可用小針刺破皮膚出血一滴滲在白紙上待服過七日之後再用前法將前者滴血之紙與七日後滴血之紙兩相比較後者之色必紅於前此則

最易最明之確證也

倘能多服

則血愈紅而人之體力愈健

又如腎虧耳鳴眼花者連服數日眼目自覺清爽耳鳴耳聾自可並除此即顯明有補腎之功效又如年老血衰或壯年勞傷過度體質虛弱面無血色者自必畏寒驟遇冷風即發寒噤者服之半月之後

血氣漸充體質自固

雖遇箭風

亦不覺寒冷矣

又有明見之確證如久患爛瘡而不易收口者自服自來血之後則瘡內之

肉刺日漸增紅

能常服收口亦易如婦女之經如白者服到一月經水當即增紅

如患冷經痛經亦能並除

凡患破金吐血者服之補血則可以之止血則不可然患吐血之人淡愈虧少若不培補則體質愈弱病勢日重尤宜常服以補之血時雖無止血之功然久服之心經壯

而吐血之患可以除根也

如腳氣水腫者步履艱澀亦血虛不充之故須連服當日則腫自消而步自健旬又

如患瘧疾者

服之旬日

立可除根

不發以上一切功效皆最易試驗者也

● 小瓶一元二角大瓶二元

每打

小瓶明二元大瓶二交元託局函購原班回件海內諸公如蒙惠購

請認 全球商標爲記內附五彩認眞券一張值洋一角方不致悞

● 總發行所上海四馬路老巡捕房對門青花石三層大洋房五洲大藥房并南北兩京以及各埠大藥房均有經售

拯我疾苦

上海婦人患血薄氣衰胸背疼痛嘔吐暈眩等症服韋廉士大醫生紅色補丸而獲全愈

上海海甯路一千七百五十八號長老會牧師俞國楨夫人前因血薄氣衰百病叢生勢甚危險諸醫束手已絕望矣後有女伴中曾服韋廉士大醫生紅色補丸而獲益者勸其購服是丸乃竟於困難之中而得此極大之救星也今據其自述云○余昔輭弱不堪四肢乏力身體消瘦面無血色胃口失調食不知味雖有嘉殽亦難下嚥或食少許輙欲嘔吐胸背疼痛骨節痠楚俯仰維艱身常畏冷食每作酸堅硬之物莫能進口日惟水漿聊延殘喘而已曾延名醫調治數月毫無效驗身體腦筋更形衰弱偶

上海俞國楨夫人服韋廉士大醫生紅色補丸而獲全愈

聞聲息心跳不甯頭痛目眩視物迷離更延他醫久服補藥病未少減醫乃東手一日有女伴來自言久患血薄氣衰諸虛百損賴韋廉士大醫生紅色補丸而獲愈者余思己病正復相似決意購此妙藥一為嘗試不料數瓶之後大有轉機神氣頓爽精力驟增胃口復原飲食易化無論何物輭硬可食身體強健腦筋有力頭不常眩亦無疼痛此皆韋廉士大醫生紅色補丸畀我新血之功效使余全體復原各病消除且自愈之後絕無復發故余甚願將全功歸之於韋廉士大醫生紅色補丸並[illegible]畧盡義務詳述始終登諸報牘俾世之患血薄氣衰等症亦可如余之服此妙藥而獲全愈焉韋廉士大醫生紅色補丸中國各處藥局凡經售西藥之處均有出售或直向上海四川路第八十四號韋廉士醫生藥局中國總發行所購買或向四川重慶白象街分行購買亦可價銀每一瓶大洋一元五角　每六瓶大洋八元遠近郵費一律不取

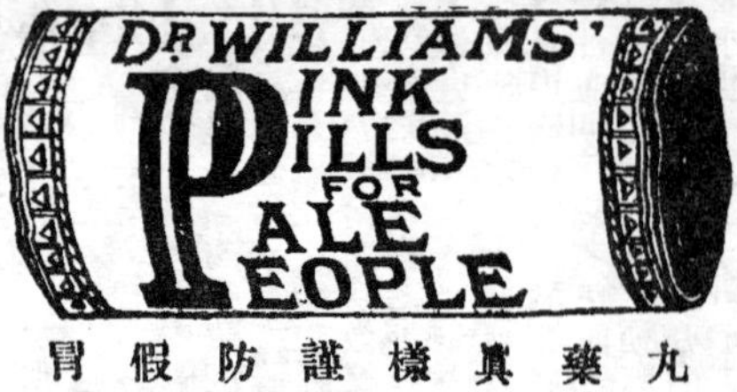

丸藥真樣謹防假冒

上海四川路第八十四號韋廉士大醫生藥局啟

大清郵政局特准掛號認為新聞紙類
日本明治四十三年二月十三日第三種郵便物認可

國風報

（每月三期逢一日發行）

宣統二年四月初一日
第一年第九期

定價表

費須先惠逢閏照加

項目	報費
全年三十五冊	六元五角
上半年十七冊	三元五角
下半年十八冊	三元五角

零售每冊	二角五分
本國郵費	每冊四分
歐美郵費	每冊七分
日本郵費	每冊一分

廣告價目表

一面	十元
半面	六元

惠登廣告至少以半面起算如登多期面議從減

宣統二年四月初一日出版
五月念一日三版

編輯兼發行者　何國楨

發行所　上海福州路　國風報館

印刷所　上海福州路　廣智書局

分售處

北京桐梓胡同　廣智分局
廣州十八甫國事報館
廣州雙門底聖賢里　廣智分局
廣州十八甫廣生印務局
日本東京中國書林

國風報

各省代理處

▲直隸 保定府西大街 萃英山房
▲直隸 保定府 官書局
▲天津 府署東 原創第一家派報處
▲天津 浦東小關大行 公順京報局
▲天津 鄉祠南魯報處 李茂林
▲天津 東馬路 羣益書局
▲奉天 省城交涉司對過 振泰報局
▲奉天 圖書館
▲盛京 昌圖府北大街 振泰報局
▲吉林 省城板子胡同 文盛報房
▲山東 濟南府芙蓉街 維新書局
▲河南 開封府城北書店街 茹古山房
▲河南 開封府西大街 文會山房
▲河南 開封府西大街 大河書局

▲河南 開封府西大街 教育品社
▲河南 開封北書店街 總派報處
▲河南 武陟三官廟街 永亨利
▲河南 彰德府 茹古山房
▲陝西 省城內竹笆市 公益書局
▲陝西 省城 萃新報社
▲山西 省城騾子巷 文元書局
▲山西 省城 書業昌記
▲貴州 崇學書局
▲雲南 城東院街沙騰巷口 天元京貨店
▲安徽 廬州府神州日報分館 陳福堂
▲漢口 黃陂街 昌明公司
▲安慶 府龍門口 萬卷書樓

國風報
各省代理處

- ▲蕪湖 徽州碼頭 科學圖書社
- ▲四川 成都府學道街 輸文新社
- ▲四川 成都 正誼書局
- ▲四川 成都會府東街 華洋冬報總派處
- ▲四川 成都南紗帽街 安定書屋
- ▲湖南 長沙 翠益圖書公司
- ▲湖南 常德府 申報館
- ▲南京 城夫子廟 啓新書局
- ▲南京 城淮淸橋 莊嚴閣
- ▲南京 城花牌樓 崇藝書社
- ▲南京 城花牌樓 圖南書社
- ▲江西 省城洗馬池 開智書局
- ▲江西 廣信府文昌宮 益智官書局
- ▲江西 南昌萬子祠裱畫巷內 廣益派報社

- ▲福州 督署後 教科新書館總派報處
- ▲廈門 關帝廟街 新民書社
- ▲溫州 府前街 日新協記書莊
- ▲溫州 瑞安太平石街 廣明書社
- ▲蘇州 圓妙觀西察院巷口 瑪瑙經房
- ▲揚州 古旗亭街 經理各報分銷處
- ▲常熟 常照派報處 朱乾榮君
- ▲常熟 寺前街 海虞圖書館
- ▲常熟 孚記書莊
- ▲星加坡 南洋總滙報
- ▲澳洲 東華報
- ▲金山 世界日報
- ▲紐約 中國維新報
- ▲香港 中環砵甸乍街 致生印字館

國風報第一年第九號目錄

柏古林口

諭旨

三月二十日　上諭鹿傳霖奏假期屆滿病難速痊懇請開去軍機大臣要差並續假一個月一摺鹿傳霖著再賞假一個月安心調理毋庸開去軍機大臣差使欽此　旨花沙布著賞給頭等侍衛作爲伊犂錫伯營領隊大臣照例馳驛前往欽此監國攝政王鈐章軍機大臣署名

二十一日　上諭興京副都統墨麒著充永陵守護大臣欽此監國攝政王鈐章軍機大臣署名

二十二日　上諭署理江北提督雷震春著賞給侍郎銜欽此監國攝政王鈐章軍機大臣署名

二十三日　上諭湖北按察使著馬吉樟補授欽此監國攝政王鈐章軍機大臣署名

二十四日　上諭本日軍諮處帶領引見之京師陸軍測繪學堂考列優上中等畢業學生朱受豫國勳景文黃秉德賁林鄧崇熙李華穰龔靖義陳忠元金耀秋馬景南臧焜庚厚王琇何其彬陳恕崔作枬均着賞給舉人授爲測繪副軍校王思輔王澄淸崇

福李廷棟劉衷道長銘于文蔚程立民張啓華林彰鑑保瑞靳星沅耿之翰陳文海張國林岳蓬壺駿壽愷宣統宇田兆霖恩懋黃鉞曹壯思周之章徐壽椿閔文煜文實靳光榮李先知廣興楊善培永麟張洤寶賢均著賞給舉人授爲測繪協軍校林超雙柱吉立嘎拉均着賞給舉人以測繪協軍校記名補用欽此監國攝政王鈐章軍機大臣署名

二十六日　上諭山西提學使著駱成驤補授欽此監國攝政王鈐章軍機大臣署名

二十八日　上諭楊士琦現在出差農工商部右侍郎著溥善署理欽此　上諭本日軍諮處陸軍部帶領引見之軍官學堂深造科考列上中等畢業學員郝福田著授爲工程隊正軍校江壽麒著授爲馬隊正軍校熊炳琦著授爲炮隊正軍校崔承熾着授爲輜重隊正軍校師景雲張紀朱鼎勳陳調元易兆霖馬毓寶均着授爲步隊正軍校胡叔麒楊瑚黼年學顏劉鼎臣翟殿林靳同明陳濤源方先聰張榮魁均着授爲步隊副軍校宋煥彩全斌均著授爲砲隊副軍校欽此監國攝政王鈐章軍機大臣署名

論說

幣制條議（上）

滄江

一本文爲鄙人對於我國幣制之意見原以按切事實爲主非侈談學理但制度之取舍必以學理爲衡苟於學理見之未瑩則無以定某種制度之當采不當采故篇中往往徵引學理非得已也

一貨幣爲生計學中最複雜糾紛之現象東西學者所著專書動數十萬言始能說明其概今此區區短論中既須自標所主張復須徵引以使人了解談何容易盡吾力所能逮而已要之國民當先求常識若常識缺乏則實難與論事非獨幣制也

一篇中之文務取通俗幾於參用白話凡欲使讀者了解而已若律以文章義法惟有慚赧　著者識

第一　論中國當急頒幣制之故

吾嘗著論謂幣制頒定之遲速。係國家之存亡。僅就一二事論之。未能盡也。然其重要既若彼矣。若具論之。則幣制所以必當速頒之故。蓋有三綱十八目焉。

第一綱　就國民生計上論幣制之當速頒。

第一目　貨幣爲交易媒介握全國生計之樞紐幣制不定則國民生計永無發達之期

第二目　幣制不定則物價無畫一之標準隨金銀銅市價爲漲落一日數變物價不與其供求之本率相應非漲而漲非落而落凡百商務皆含有投機的性質市場不能安謐

第三目　物價之對於貨幣既若是矣而甲種貨幣之對於乙種貨幣其漲落無定亦如之故爲兩重投機的性質

第四目　如是則一市之內混雜既不可名狀若甲市與乙市之交通甲省與乙省之交通其棼亂又更甚焉無異分一國爲數十百國國內之通商匯兌視對外之通商匯兌尤爲繁雜全國生計機關爲之凝滯

第五目　幣制不定故爲全世界銀價下落之大勢所壓迫物價日騰

第六目　幣制不定故濫鑄銅元濫發紙幣諸惡政相緣而起其極也至於百物騰踊一切金銀受格里森原則所支配盡驅逐於海外其在國中之法幣則無復睹

買力一國元氣斲喪以盡

第七目　幣制不定則銀行業萬不能興起一國資本無挹注增長之途馴至生產事業盡爲外人所奪

第二綱　就財政上及政治上論幣制之當速頒

第八目　幣制不定則一切稅率無確實之標準租稅行政萬無整頓之期中飽之弊無從剔除

第九目　幣制不定則預算無從編制施行卽强欲行之而繁雜不可言作弊亦易其究也與無預算等

第十目　預算旣成具文則國民監督財政之權無所得施立憲政體全然無效

第十一目　幣制紊亂之結果致物價日騰貨幣購買力日減則國庫每年由租稅定額所得之收入愈損其效用而財政之竭蹶愈甚

第十二目　以惡幣盛行故地方官吏賠累不堪勢必仍以他種貪汚手段取償於民長官雖明知之亦不能禁而吏治將日加壞

第十三目　若爲補國庫之不足或彌官吏之賠累而將各種稅率任意折算貨幣成色則其禍更烈於增稅必致民不聊生

第十四目　惡幣既已盛行將來若不設法補救則國遂將隨以亡然補救愈遲則國庫之受累愈重（參觀第三號論說論幣制須定之遲速繫國家之存亡）

第三綱　就對外政策上論幣制之當速須

第十五目　須定幣制我與英美德日諸國所定新商約洵爲專條故雖屬內政今已變成條約上之義務若因循不須長此紊亂則外國之干涉必起更進則必至干涉財政而後已

第十六目　幣制不定則以爲銀價漲落無常之故對於用金國之貿易金爲投機的性質而國際商業萬難發達

第十七目　以銀價下落之趨勢而我國入口貨物遠過於出口故我之虧累愈甚而每年償還外債本息之磅虧漏卮益不知所屆

第十八目　幣制不立則外國銀行紙幣無從抵制而全國金融機關終長爲外人

所握得以制我死命

由是言之則幣制之關係於國家存亡也至章章矣以幣制紊亂之故而致外國之干涉財政則國亡即不爾而稅制緣此不能整理國庫所入歲歲告不足則政府破產而國亡貨幣購買力日落百物騰踊民窮財盡救死不贍鋌而走險盜賊蠭起亂黨乘之則國亡即不爾而全國食力之小民皆轉死於溝壑則國亡即不爾而全國人皆俯伏於外國資本家金融家之下以求一飽則國亦終亡惡幣愈益充塞之後不圖補救則坐視其亡然愈遲則補救愈難至不可補救時而補救之或更以速其亡此皆其直接者也若夫以幣制紊亂故吏治更趨頹壞國民不能舉監督財政之實立憲政體徒有空名則亦間接致亡若是乎亡徵萬千而無一不與幣制相緣然則今日當舉之政雖萬千而頒定幣制實爲其最重要之一端可斷言矣

度支部於光緒三十二年所上議定幣制諸摺其大體蓋不謬於學理天下想望謂將立見施行而蹉跎數年至今反若音沈響寂嘗考厥原因其一蓋由築室道謀有强作解事之人倡異議以爲之梗其二蓋由無實心體國之人肯負責任怵於牽動之大改

革之難。瞻徇因循。得過且過。其三則亦未嘗實有見於幣制紊亂之害。以爲雖稍遲緩。即亦無妨。姑徐徐以待之。其四則未嘗通盤籌畫確定下手之方法。雖欲施行。而苦無其途也。吾故既極言須定幣制之當急。復舉當今時論所致疑之諸問題。一一根據學理。按切事勢。以述其所懷抱。冀當道一采擇。亦使我國民瞭然於茲事之利害。共造輿論以督責政府焉。

第二　論本位銀幣之重量

數年來貨幣問題論爭最劇者。則銀幣每枚重量。或主一兩或主七錢二分也。此本非幣制中最重要之問題。原不値得爾許劇爭。且欲論此事。又當有其先決問題焉。則本位問題是已。若欲定我國爲銀本位制。則銀幣重量問題。尙有討論之價値。若用金本位制。則凡所討論者。皆爲無效矣。夫國於今日之世界。萬不能復行銀本位制。至易見也。而嚮昔之爭一兩與七錢二分者。則其眼光僅見及銀者也。此其所以可笑也。吾所主張者。實爲度支部前此所擬定之虛金本位制。（詳說次號）故於銀幣之重量。原可不甚置重雖然凡行虛金本位制之國其國際匯兌雖以金計算而國內所行用仍以銀代金則雖命其最高之銀幣爲本位幣焉亦無不可（此理頗奧衍次號詳之）且欲行虛金本位制仍必須於施行前之數年先立銀本位以爲之基礎今所論爭者則此項本位幣也吾得取其說而評論之

主一兩者與主七錢二分者皆非有學理以爲根據也叩其說則曰取便民之所習安而已主一兩者之言曰吾國古來用銀皆以兩爲單位至今民間廣行之且官府出納著於憲典者無一不以兩爲標準因而仍之故一兩便主七錢二分者之言曰前此計兩不過銀塊而已既鑄成圓事當別論今沿江沿海多行墨西哥銀圓又各省多鑄龍圓其重量皆七錢二分宜因而仍之故七錢二分便此其說皆若甚辯要之皆不明貨幣之性質者也今世貨幣之性質以計枚不計重爲原則各種貨幣皆數其枚數以爲物價之尺度不衡其重量以爲物價之尺度也惟本位幣則以嚴格定其重量雖然所謂重量者指純重量非指總重量也何謂總重量舉一枚囫圇秤之所得之重量是也何謂純重量蓋凡貨幣皆不能專以一種金屬鑄成每枚必攙以他種雜質一二成純

重量者則將其所攙之雜質除出惟計其純金純銀重量幾何也我國前此除銅錢外別無貨幣其用銀皆計重不計枚此積習深入人心故至今議幣制仍斤斤然惟重量之計較而其所謂重量者又惟識有總量而不識有純量故有此使人發噱之問題發生。**苟非將此種舊觀念剗除淨盡則將來雖施行新幣而官民之行用者必仍一一取而秤之則是用有花紋之銀塊非用貨幣也**夫鑄幣所以必攙雜質者。以非是則不能堅牢也。所攙多少雖非一定試以銀九銅一計之則所謂一兩者其純銀不過九錢所謂七錢二分者其純銀不過六錢四分八釐耳以因習言之則一兩與七錢二分誠若有優劣之可言若九錢與六錢四分八釐則有何優劣之可言而論者乃視爲一大事而攘臂爭之眞乃大惑不解也考光緒三十一年財政處奏定章程則鑄一兩銀幣每枚含純銀九錢六分攙以雜質一錢合計總重量爲一兩零六分面鑄庫平一兩字樣若依此制則其純量既不足一兩其總量又不止一兩而強命以一兩之名吾誠不知其何據也當局者之意。豈不曰名價雖一兩。吾於每枚取其四分以爲鑄費。亦義所應得。非爲厲民也。殊不知實價小於名價。惟補助幣爲然耳。若本位幣則舍實價而名價無由立。此乃性質使然。非厲民不厲民之問題也。蓋補助幣以本位幣之價爲價。其所以能爾者。以本位幣先有定價耳。故得以法律規定若干枚當本位幣一枚。名價之與實相副與否。不必問也。若本位幣則自以其所含之價爲補助幣價之主宰。且爲凡百物價之尺度。則名卽實。實卽名。何從於其間更立差別。故如財政處之議。欲以九錢六分爲定量者。則將來新幣之重量。只能謂之以九錢六分爲一本位。而必不能謂以一兩爲一本位。夫一兩或可曰便民。九錢六分則何便民之有。若必欲以一兩爲本位者。則其總重量必應爲一兩一錢有奇。則其面上所鑄。應爲一兩字樣乎。將爲一兩若干錢若干分字樣乎。此論者所未計及也。彼主七錢二分者。其所見亦若是耳。

彼主一兩者。豈不曰人民所安習也。殊不思我國以度量衡制混雜之故。所謂一兩之重量。原無一定。以吾所知。則直隸有北京公砝平。市平。二兩庫平。天津公砝平。錢平。糧平。東錢平等。山東有濟錢平。東錢平。市平。貨平。周錢平。曹平。公估平等。山西有錢平。公平等。河南有汴錢平口南平口北平道錢平孟糧平等。湖北有樊城平沙錢平河錢平九八五平花平洋例平庫平九八六估平等。湖南有錢平湘公布平常錢平街市平等。江西有九三八平老河平錢平等。安徽有皖平估平等。江蘇有省估平鎮估平浦平上海曹平上海公砝平上海九八規平海關平等。浙江有曹平江北平等。福建有南台新平南台新議平新平庫平等。廣東有司碼平九九七平等。廣西有江碼平廟平等。雲南有滇市平等。貴州有錢平市貴平庫平等。四川有九七川平渝川平沙川平會平等。甘肅有蘭錢平涼紋平甘銀平等。奉天有瀋平西公砝平錦平等。此皆就各大都會所行用。隨舉記憶所及者。然其差別既已若是。其他各小市所用不同者何限。一市之中各行所用不同者又何限。而其銀色又各各殊別。雖同一平同一重量而價值往往懸絕。又不惟民間所用爲然耳。即官府之出納。其所謂兩者。亦處處不同。今欲悉就其所安習耶。則當一一而就之。如此豈復成爲幣制。若定以庫平足紋爲標準耶。則所便者惟向用庫平足紋之地。且其地中向用庫平足紋之人耳。其他之不便。如故也。便者一而不便者百。其所謂便安在。若夫謂七錢二分之便於沿江沿海者。其他之不便亦若是。

矣。要之持此說者皆由狃於秤用銀塊之積習全不識貨幣作用。苟所立新制不能將此積習打破則將來仍必秤衡而用之不啻於諸平之外又添一平諸銀色之外又添一色只以益幣制之棼亂耳。是故欲便民所習則便此者必不便彼便彼者必不便此均之不能悉便也則何必偏徇其一。夫幣制者欲以齊一國之不齊也所習既不齊乃因仍而欲齊之蔑有當矣。然則欲解決此問題亦惟有將便習之一念除去而徵信諸學理按切諸事勢而已矣。

欲徵信諸學理按切諸事勢則其所當研究之問題有五焉。

第一　爲交易運帶之便則每枚之重量以何爲最適乎。

第二　按照人民生活程度則每枚重量幾何最能與下級補助幣相應乎。

第三　爲國際匯兌之便每枚重量以何爲最宜乎。

第四　將來行虛金本位制此種銀幣爲本位金幣之代用其重量若干則可以免起格里森原則之作用乎。

第五　施行新幣時其重量若干則可以免前此債權債務之關係大生混雜乎

吾合此諸問題錯綜研究之則擬定本位銀幣一枚之純重量爲**六錢六分六釐**請言其理

就第一問題言之則每枚總量一兩已嫌其笨重若純量一兩再攙以雜質爲總量一兩一錢有奇笨重更甚若用吾說而鑄造時以銀九銅一爲成色則總量七錢四分與現在龍圓畧同最爲得中

就第二問題言之凡有系統之貨幣必本位幣與補助幣相維例如日本現行幣制以一小銀元當本位十分之一以一銅元當本位百分之一我國將來幣制系統必當仿之而現在當局所議亦實欲仿之者也日本最小之交易其所用者卽爲銅元故銅元實日本人生活程度最低之標準也而日本之本位貨幣一圓其重量爲純金二分現在金價約値銀三十八換內外故其本位一圓實約値銀七錢六分一銅元爲百分圓之一故所値約銀七釐六毛卽日本人之最小交易不能出七釐六毛以下也我國將

來之貨幣系統於銅元以下。尚須設一級更低之補助幣與否。此爲別問題。（第十一號論之）然現在以各省濫鑄銅元之故。格里森原則之作用。起制錢被逐。以盡人民無錢可用。以致最小之交易。不得不用銅元。故銅元亦幾已成爲我國人生活程度最低之標準矣。然銅元之法價例須當本位幣百分之一。故本位幣之輕重與人民生活程度之關係。實爲極密。使率今日習慣聽銅元市價時漲時落。則其束縛吾民雖不至過甚。然此豈復成爲幣制。他日幣制確立。則雖忍無量之苦痛。猶當維持銅元法價。此稍有識者所能見及矣。於其時也。試以一兩爲本位幣之純量乎。則銅元一枚之法價。應值銀一分。而人民最小之交易。亦必須用銀一分。其理甚明。日本國民富力倍蓰於我。而最小之交易用銀七釐六毛。猶虞竭蹶。今我最小之交易。乃必須用銀一分。我民其能堪乎。近年來百物騰踴。民之疾苦。已不可紀極。今更若此。幾何其不敺全國之民以轉於溝壑也。一兩之說。所以萬萬不能行者。實在於此。若用吾說。則一銅元法價僅當六釐六毛有奇。將來若能更鑄一種制錢。當本位千分之一者固善也。即不然而能增當五百分之一者。當二百分之一者兩種（即當五錢與當二錢）以調劑之。則民亦可以稍蘇矣。

就第三第四問題論之當今日萬國交通之時代國際貿易之盛衰實爲國民生計榮悴所關然欲發達國際貿易首當求國際匯兌之便利欲國際匯兌之便利則與交際最密之諸國其幣制宜不甚相遠以吾所計畫則我國將來行虛金本位制時每本位金幣一枚其重量應定爲純金二分零八毛十枚總量爲二錢零八釐實當七格林七八一九與各國貨幣相比對每十枚約當英國一鎊一喜林四辨士弱當德國二十馬克二他黎強當法國二十六法郎八十六銑鐄強當美國五打拉十八仙強當日本十圓四十錢弱以此爲匯兌中價除法國小有參差外其餘則或以十當其十或以十當其一或以十當其五或以十當其二十計數皆甚便易而此種銀幣在國內爲本位金幣之代用品定爲金一銀三十二之比價據現在時價以測將來趨勢尙不至起格里森原則之作用也（此其理頗奧衍讀者或驟難索解參觀次號論虛金本位制一段自明）

就第五問題言之此則持一兩說者最有力之論據也蓋幣制之精神雖曰以齊一國之不齊然當新舊嬗代時欲速其流通終不可太予民以不便我民用銀計兩已垂千年前此債權債務之關係大率以此相約束譬有某甲當新幣未行前欠某乙銀一百

兩。後此某甲欲償以新幣。若新幣每枚純量爲一兩者。則償以百枚。彼此皆無爭論。若重不及一兩。則不得不一一而秤之矣。是返於用銀塊之舊也。況國家所徵糧丁漕銀釐金關稅等。無不以兩起算。一一重新折算爲事。更煩雜乎。此用兩說之根據也。吾惟有鑒於此。故不惟不主七錢二分。並不主六錢四分。而用極畸零數之六錢六分六釐。其前此債權債務以兩起算者。則命以一枚有半而當一兩。一枚有半所含純銀爲九錢九分九釐。所不足者一釐而已。而疇昔尋常通用之銀塊。未必皆足色。故雖缺此區區。而於債權債務者兩無所損。民必安而便之。其有仍喜用銀塊者。聽兩造自爲議定。國家絕不干涉。然民之舍彼而趨此。殆有不待教而後能者矣。若夫前此用制錢起算者。則以每千文當本位幣一枚。百文十文以下以次類推。此則補助幣之原則。不待論也。如此則貨幣系統分明不亂。而下之換算制錢。既無與生活程度懸絕之虞。上之換算銀塊。又無與舊習扞格不入之患。外之通匯各國。更無投機錯紛之憂。所謂一舉而數善備也。

（此段已完全論未完）

不學孫吳與六韜　敢將駑馬並英豪
望窮海表天還遠　傾盡葵心日愈高
身外浮名休瑣瑣　夢中歸思已滔滔
三山舊是神仙地　引手東來一釣鼇

時評

湘亂感言

滄江

三月初五日長沙之變舉國震動環球側目其禍蓋未知所屆也胡文忠與張石卿書云人心思亂不自今日始亦不自今日止嗚呼是又不啻爲今言之矣今者禍固未弭也即曰暫弭矣而釀亂之種子不去終無一日可以即安而他日之繼起者且將未有已也故畧述所懷以資懲前毖後之一助焉

今茲肇亂原因據長吏所報告則曰由運米出省米價騰貴所致也此誠不失爲近因之一種若以爲原因僅在是斯大謬矣夫米價騰貴云者謂米價比較於百物之價而獨爲騰貴也故必凡百物價舉無以異於前而惟米價獨騰斯得曰米貴若百物之價以同一之比率而並騰米不過旅進於其間則當名之曰物價騰貴不當名之曰米價騰貴吾之所以首斷斷致辨於此者良以救治米價騰貴之策與救治物價騰貴之策

時評 二

截然不同。米價騰貴之原因較簡單。而治之尚易。物價騰貴之原因甚複雜。而治之極難故也。

湘亂之原因種種。自不徒在米價物價。然米價物價之騰貴。爲其直接近因。則無疑矣。但不知僅爲物價之騰貴耶。抑於物價普通之騰貴外。復益以米價特別之騰貴耶。若今年薪鹽蔬布等價貴於去年十之一。米價亦貴十之一。則爲普通之物價騰貴也。若今年凡百物價。皆貴於去年十之一。而米價獨貴十之二。則是普通物價既騰貴。而米價復特別騰貴也。今湘省之現象。果屬於前者乎。抑屬於後者乎。吾在遠未能確知。若僅爲米價騰貴。則宜專講平米價之治標策。若僅爲普通之物價騰貴。則宜專講平物價之治本策。若普通之物價既騰貴。而就中米價復特別騰貴。則宜兼用治本治標之策。然要之欲行平價之政策。則非先明價值變動之原因不可也。

凡測物價之貴賤。其法有二。一曰以貨幣之價值爲標準而測之者。二曰以勞庸之價値爲標準而測之者。必兩法並用。然後眞貴眞賤。乃可得見也。夫使凡百物價以同一之比率而並騰。則非物價之騰。乃貨幣價值之落耳。疇昔有銀一兩。於此持之足以易米四斗或易薪三百斤。今則僅能易米二斗或易薪百五十斤。疇昔有一房屋。於此每月出租銀二兩。可以僦居之。今則需索租銀四兩。驟視之。一若米價薪價房價之驟騰。

而不知實銀價之驟落耳。蓋以米四斗易薪三百斤。以薪三百斤易米四斗。今昔等也。以米八斗或薪六百斤售之其所得價足充此房之租今昔等也然則物價實未嘗變而貨幣之購買力僅得前此之半俗人不察倒因爲果則曰物價騰耳**明乎此理則知今茲湘亂實以幣制之紊爲其一大原**何以故頻年以來銀價下落我以用銀之國與全世界用金之國相貿易而輸入超過於輸出者歲値恒二千餘萬兩歲歲如是已亘二十年持銀以購外貨者其購買力僅逮前此三之一外貨之價既漲而內貨自不得不隨之故前此日用所需之物品以銀七兩能購得之者今也同一之物品必以銀十兩乃能購得之此生計日蹙之一原因也然銀價下落猶曰世界大勢煎迫非我所自致也**及濫鑄銅元之惡政行而痛毒滋益甚**湘省物價皆以錢文起算而疇昔行用制錢持千一二百文可以易銀一兩者今茲行用銅元必須持千八九百文乃能易銀一兩故前此有錢千二百文者可持之以易銀一兩同時卽持之以易米四斗今以銀價下落之故就使持錢千二百文依舊

時評 四

能易銀一兩而以一兩之銀易米已不足三斗復以銅元價落之故持錢千二百文僅能易銀六七錢以之易米不能及二斗夫人民之有此千二百文錢之富力者今昔一也而所能購得之物品今不逮昔之半夫安得不轉死於溝壑也故吾常謂 **中國若不行金本位制則全國將彫瘵以斃而政府濫鑄銅元其殺人之效更慘於毒刃** 聞者或以爲過今試察湘亂之由亦可以憬然悟矣

所謂以勞庸價值測物價貴賤者何也考各國生計界之現狀物值恒與勞庸之值同升降甲騰則乙隨以俱騰乙騰則甲亦隨以俱騰遞相爲因遞相爲果故雖騰而不爲病質而言之則雖謂未嘗騰焉可也例如有人於此每日食米一升而在十年以前米價每升值銀二分半而其人每日勞力所獲之庸銀平均得一錢則是以所入四分之一購米以其四分之三爲他用而足以自養十年以後米價漲至每升五分而庸銀亦漲至每日平均二錢則是其人仍以所入四分之一購米以其四分之三爲他用而仍

足以自養也如是則米價雖騰而實未嘗騰也或米價於十年間由二分半漲至五分而庸銀平均率十年間由一錢漲至三錢則就米論米雖其價爲倍騰而按諸實際則不能謂之騰而反應謂之落何也前此須以所入四分之一購米者今則以六分之一而已足也故比年以來歐美日本諸國其物價皆飛漲而識者不以爲憂反以爲喜蓋以其庸銀之漲率校物價之漲率有過之無不及也今吾國百物之價視十年前蓋漲至一倍有餘矣而庸銀之與之應者則何如全國庸銀升降之率今未經確實調查固無從深悉雖然**以大勢度之其必有日退無日進可斷言矣**

何也庸銀升降之原則與物價同恒應於供求之率以爲比例而勞力供給之多寡則以人口之增減爲其原因勞力需求之多寡則以產業之盛衰爲其原因我國民蕃殖之力優於萬國同光以來無大災變人口歲增之速率殆可想見新增加之人口非有新職業以位置之則無以爲養其事甚明今也我國非徒不能得新職業也而舊職業且盬見奪蓋凡百洋貨皆成自機器質美價廉我國舊產萬不足與敵前此凡用手工

所成之物品無所得銷路居肆之工倚機之女乃至一切恃手指以自給者悉啼飢矣工既不競商亦隨之國之石民惟餘一農而農業中凡須稍加人力者如茶絲糖油諸品無一不敗績失據全國中惟一之生產事業則天然之農產而已人口歲增而職業之範圍歲減得業之途歲狹勞力之供過於求歲甚庸銀夫安得而不歲微此在通國各省蓋莫不有然矣若以湘省特別之情形論之則洪楊之難湘中爲比較的完善之區前後百年無甚瘡痍其蕃殖力視他省當尤速前此承軍興之後湘軍徧布他省稍得殺其人滿之患今玆徵兵令行湘軍率皆失職歸籍益復與故鄉貧民爭業而湘人素稱守舊新式產業之不興視他省尤甚又不能如沿海之民餬其口於域外由此言之則湘中庸銀之率只有日退而決無日進益可斷斷矣夫以銀及銅元價值日落故雖勞力者所受之庸一如往時而其資生之具已減泰半兄乎其

更不逮也又況乎並至至微至觳之庸且求之而不能得也夫人雖以伯夷之淸陳仲之廉終不能食槁壤飲黃泉以自活吾民自昔以來其生事本已極觳矣十年以前舉其胼手胝足之所入僅足以免飢寒者今使所入如舊或且稍增焉猶將不免於半飽而況乎並此區區之所入而不能得之者且什人而三四也夫人而終歲僅得半飽則恆心固不可得保若並半飽而不能得則伯夷亦將爲盜跖而陳仲亦將從狐父游矣故今日中國人民之必出於作亂之一途實爲生計學之原則所支配無所逃避今茲湘變則其速發禍小者而已

夫人民生計之現狀既已若此矣使政府及大小官吏非有所以速其變則尙可以彌縫於一時而俟他日之補救也更有以速之乃始益不可收拾矣凡速亂之道有二一曰積極而速之者二曰消極而速之者如治病然積極速亂者譬猶進毒可以速死消

極速亂者譬猶忌醫亦可以速死而今之政府則兩者兼之也夫以日本人民生計之舒得業之易遠過我國而以課稅過重故彼中有識之士猶不勝其憂危況我國今當民窮財盡之時布縷所輸杼柚其空粟米之征粒粒辛苦**而當局者毫不察國力之所能任不審政治之緩急輕重**惟是浮慕新政之名目以自欺而欺民施令如牛毛揮帑如流水無一事使人民能食其利而所以朘削之者乃日出而不窮是直驅之於必死之途已耳夫國家必要之政務誠不可以不舉舉一政則必需財其取諸民亦非得已雖然取之以其道不以其道則其所繫於民命國脈者重矣**善取於民者必豐殖之然後取之而所取又恒必於其所豐殖者**今人民之生利機關政府絲毫不爲之設備已不能豐殖之以爲可取之資矣而所有租稅又無一能衡諸學理爲系統之組織故各國租稅務稍重富民負擔而減輕貧民負擔者我國乃適與相反惟敲削貧民誅求到骨而富者反毫無

所出試觀今國中最大宗之租稅莫如田賦釐金鹽課三項田賦雖徵諸地主而負擔實轉嫁於佃丁也釐金雖徵諸行商而負擔實轉嫁於小販及消費物品之貧氓也鹽課則猗頓黔婁歲納惟均者也夫國中貧民以農爲唯一之職業雖有永不加賦之祖訓而官吏相沿巧設名目十年以來田賦之暗增於舊者已不啻二三倍故負擔此賦之小農前此僅足自給者今則歲熯而號寒年豐而啼飢矣 **此米價騰貴之一直接原因也** 租稅原理凡必要品之消費稅必以增價之形式轉嫁於購物之人現行釐金爲全世界古今未聞之惡消費稅百物皆無所逃遁考成愈嚴則民之受害愈重 **此又凡百物價騰貴之一直接原因也** 其他各種雜稅名目迭出不窮而按其性質則無一非以病貧民而所謂最良之稅則如所得稅遺產稅地價差增稅等凡足以均貧富之負荷者則無一而能行以此言之則雖使所取於民者銖黍未嘗濫費所資辦之新政一切皆實事求是然且足以召亂況乃羌無故實而惟損下益上之爲務者哉 **此財政之紊亂吾所謂積極速亂**

者也大勢雖復如此然苟得一二良有司以滋之猶足以挽末流而復益以官吏非人直接間接以助天爲虐夫時局之艱至於今日有牧民之責者就使僅能淸愼自守而才識不足以任重應變則折鼎覆餗之患已無可逃何也今日彫瘵垂斃之生計界恃個人之力萬不足以生死而肉骨之凡百積極之設施皆不得不賴賢明之政府以助之長而善牧者首去害馬其權尤綰自國家故雖有循吏斷不能臥治以盡其職昔人謂無過卽有功者今實反之無功卽有過矣故今之官吏就使飭躬蹈常不踰矩範而卽此泄沓之習愚騃之舉已足以蹙全國於杌隉之途而況復寡廉鮮恥惟私是圖草菅斯民上慢殘下者也**此吏治之頹壞吾所謂消極速亂者也**

夫以全國生計界之現狀若此憔悴離瘼不可一朝所謂彫零鎩翮無所假於疾風零落春枯不足煩於霜露卽無所以速之者則亦不過稍延時日偷積薪厝火之安已耳今日且速之而速之且不一其途夫安得不潰而橫決也哉

諺有之知病卽藥**今日而欲弭亂惟有將各種生計機關大加**

整備將財政確立計畫而根本之根本尤在吏治若舉其最重要之條目則速頒幣制收回紙幣銅元等惡幣以平物價建設適宜之銀行政策增加資本之效力間接以助實業之發達使食力之民可以得業而目前第一義則尤在痛懲釀亂之官吏使天下觀聽一聳知　朝廷尚有紀綱不肖者得有所戒而人民怨毒之氣亦可以少平不此之務凡百補苴吾知其悉無當耳

（未完）

自古稻粱多不足
至今鸂鶒亂爲羣
且休悵望看春水
更恐歸飛隔暮雲

蒼譯

中國國會制度私議（續第八期）

滄江

第二章　國會之組織

第一節　二院制

第一欵　二院制與一院制得失比較

今世各國國會。大率以二院組織而成。或稱爲上院下院。或稱爲第一院第二院。或稱爲貴族院平民院。或稱爲元老院代議院。或稱爲參議院代議院。或稱爲貴族院衆議院。其用一院制之國。惟德國二十五聯邦中之十九小邦。與希臘、門的內哥、及中美洲之三小國耳。自餘各國。殆無不採二院制者。其故何由。試略論之。

國會制度。濫觴于英。各國踵而效之。不過近今百餘年間耳。故欲知國會之沿革。不可不求諸英史。而英國國會。則初本一院。後乃析爲二院者也。當一二一五年大憲章之發布本由貴族僧侶出死力以得之自此以貴族僧侶之兩分子組織爲一團體以參與國政實爲國會之嚆矢其後以亨利三世之專制釀成內亂一二六四年革命軍起一戰而勝翌年革命軍首領孟德弗召集國會于倫敦命每縣每市各選出代表二人實爲平民參與國政之始自此而國會由貴族的性質一變而爲貴族僧侶平民之混合團體其後平民之勢力日增至一三三三年遂乃異軍特起別建一平民院以與貴族院相對峙而貴族院遂還一二六四年以前之舊觀此蓋附庸蔚爲大國幾經變遷而成者也爾來數百年間政治現象雖百變而二院制確乎不拔至最近百年來遂爲歐美各國相率倣效浸淫以徧于世界此決非政治社會上毫無根據之偶然現象而實爲達國家之目的計有不容已之理由存焉不可不察也

國家之爲人格前既言之矣既爲人格則必自有其意志焉自有其行爲焉雖然國家者非如自然人有生理上獨立之形體也故其意思行爲不得不借機關以表見而承乏此機關者必自然人也國家行爲之機關當若何組織今且勿論獨至其意思機關則機關之尤重要者也當由何道以組織使完全實天下古今最難解決之問題也于

是有欲以單獨一人爲國家意思機關者。此獨裁政體之所由立也。此在國家幼稚時代。或可采用。及其進化達于若干程度之後。而欲恃不完全之人類（人類者不完全之上等動物也此西哲亞里士多德名言）以獨力而作成眞正之國家意思。在理在勢。皆所不能。此可積無數之經驗以證明之者也。一人既不可。其第二法則惟用多人。用多人則何種人當之乎。此又一難問題也。于是有欲以特別優秀之階級當之者。則貴族政體之所由立也。然少數貴族其不能作成眞正之國家意思。亦與君主獨裁相去不遠。其遺蛻不能久存于今之社會。又章章也。然則欲建設理想的善良政治。勢不可不以國民全體之意思爲國家意思。而合國民全體以聚議于一堂。在今日之國家。勢所不逮。故不得不以代議制度而自即安。代議制度果足以成眞正之國家意思爲絕對的善良之制度乎。是非所敢言。然以不完全之人類。安從得完全之政治。故謂代議制度爲現在所有最良之制度。決非過言。

代議制度之精神。其一。則在以國民全體之意思爲國家意思也。其二。則在使之能以適當之方法發表其意思也。爲達第一目的。則不可不使社會各方面皆有代表人爲

著譯　四

達第二目的尤不可不設置適當之機關以調和代表人之意思而二院制者實應于此二目的之必要而起者也。無論何國其國內必包含種種分子其分子皆各有其特殊之利益既有特殊之利益則此之所利或即彼之所害而利益之衝突生苟無以調和之則所謂眞正國家之意思者終不可得見雖然爲調和此等利益起見而欲設許多之獨立機關使各自代表其利益非惟事實上萬不能致抑許多獨立機關雜然並陳非惟不能謀調和也而愈以奬衡突故於一方面使之各代表其利益同時于他方面爲設一範圍以範圍內之壓制爲調和此二院之所由建也默察今世各國情實大抵于其國中有互相矛盾之二大主義存焉其在歷史上本有貴族之國其最相衝突者則貴族主義與平民主義也在聯邦制度之國其最相衝突者則聯邦主義與國民主義也如英如日屬于前者如美如德屬于後者而二院制卽以代表此二大主義而成立者也英日之上院代表貴族主義其下院則代表平民主義也德美之上院代表聯邦主義其下院則代表國民主義也此二院制第一之理由也。

然則其國苟無此等特別理由者。遂無取于二院乎。日是又不然。二院制之利尙有其通于各國者四焉請一一舉之一曰可以免國會之專橫也吾黨固絕對的主張國會而又絕對的不主張專制君主專制固專制而國會專制亦專制也以一院而成之國會最易爲黨派所支配苟政黨之道德不完全則易成爲國會專制而其弊不可勝言有兩院則彼此互相監督而其弊可以減殺也二曰可以防輕躁之行動也以今日人類之德智其程度猶遠未完全僅以一個之立法體爲國家意思機關則或認不確之證據以爲事實或蔽于感情而持偏見往往難免若有二院雖非謂能盡矯正此弊而所裨固已多多矣蓋常能以甲院之異同而促乙院之反省彼此互競而事理可趨于正確意見可趨于公平也三曰可以調和國會與他機關之牴觸也國家分設諸機關原出于不得已而諸機關之互相聯絡各保平衡實爲維持國家秩序之第一義而監督機關之國會與執行機關之政府常相衝突又事理所必至也其衝突若過甚則爲兩虎相鬥必有一斃或國會强政府爲其奴隸充其量可以流于無政府或政府强國會爲其奴隸充其量可以返于專制此皆歷史上數見不鮮之前車也二院制雖亦非能盡免此弊然以校一院則固減殺矣四曰可使優等之少數者得機會以發揮其能

力于政治上也。凡一院制之國會。勢不得不以民選之唯一方法組織而成。而僅恃民選之一方法。則有時或因選舉人耳目之遺漏。或優秀之人物不願競爭選舉。或以不投身政黨故而選舉不能制勝。以及其他種種理由。致優等之少數者不得立于政界。故必更有一院。為其議員資格不必純由民選以發生。然後能網羅全國之勢力以集于國會也。合此數端視之。則二院制確有其政治上之理由。而不得以偶然現象目之也甚明。

至二院制之害。則為議事遲緩也。國費增加也。有少數壓多數之虞也。缺統一也。此十九世紀前半紀法國人力主一院制時學者所藉以為口實也。然兩害相權取其輕。兩利相權取其重。近世學者辯之甚明。今不必枚舉之。

第二款　中國當採二院制之理由

二院制殆成各國國會普通原則。既已若是。而論者對于中國將來之國會。猶有主張一院制者。吾蓋習聞之。卽日本之博士有賀長雄氏亦其一人也。問其理由。不過曰中國之國體。既非如英日之有貴族。亦非如德美之為聯邦。既無分立二院之必要。且除人民平等選舉以外。亦更無他種要素以別成一院也。吾以為此似是而非之言也。無論二院之利。有通于萬國者。如前所述。即專就我國論。亦不能謂無特別必要之理由也。請以次舉之。

我國貴族制度自秦以來。幾度淘汰。至本朝而殆盡。故以貴族為組織上院之要素。吾黨所最反對也。（別詳本章第二節第二欵）雖然。吾國固君主國也。既為君主國。自不能絕對的無所謂特別階級者存。而國會者以代表全國各方面之勢力為目的者也。既有此特別階級。雖其勢力範圍不大。固不可不謀所以代表之。且中國國會者。非本部二十行省之國會。而全帝國之國會也。本部之外。尚有兩大區域焉。其面積埒于本部者。曰蒙古。曰西藏。本部階級制度雖消滅殆盡。而彼兩部。乃適得其反。舍特別階級外。更無勢力之可言。使國會議員純由人民平等選舉之一方法以發生。則此兩部者將永見屏于國會之外。非所以保國家之統一也。此我國國會應采二院制之理由一也。

我國雖非聯邦制。然以幅員太大。國情之複雜特甚。即以本部及滿洲二十二行省論。其氣候。兼寒溫熱三帶。其地勢。兼山谷平原海瀕三種。各省利害。絕非同一。且其衝突之點甚多非有以代表而調和之不足以副國家意思機關之實在人民選舉之下院其員額比例于人口大省之人口數十倍于小省而未已則各省所出議員之數勢不得不相懸絕雖以法理論國會當代表全國而非代表地方然豐于所昵而儉于所疏人之常情爲議員者亦安能免如是則保無以大省之利益犧牲小省之利益而國家均衡或自此破焉故于比例人口以行選舉之一院外尤必須有平均代表各省之一機關然後兩者相劑而適得其平此我國國會應采二院制之理由二也

此二理由乃其最大者尚有若干之小理由更于次節分論之若夫二院通于萬國之四利則亦爲我之所同雖無他特別之理由猶當采之況其有乎故我國將來國會應如各國普通之例分設兩院無可疑也至其名稱則英國日本以貴族爲要素故稱貴族院其非吾之所應采固無待言若參議院元老院等稱亦覺未適直名爲上議院下議院又嫌有軒輊于其間若稱第一院第二院則孰應爲第一而孰應爲第二者無已則稱爲國會左院國會右院似尚比較的平穩也以後卽用此名而分論之

第二節　左院之組織（舊稱上院）

第一欵　各國左院之組織比較

各國左院之組織。最爲複雜。且緣各國歷史上之差別。而大有異同。今舉英、法、德、普、意、美、日七國之制而比較之。

第一項　英吉利王國貴族院之組織

英國之貴族院。以左方之議員組織而成。

(一)合併王國之世襲貴族

(甲)公爵議員　二十五人

(乙)侯爵議員　二十二人

(丙)伯爵議員　百二十三人

(丁)子爵議員　二十七人

(戊)男爵議員　三百八人

(二)愛爾蘭選出之貴族　二十八人

(三)蘇格蘭選出之貴族　十六人

(四)僧侶貴族

(甲)大僧正　二人

(乙)僧正　二十四人

(五)法務貴族　四人

合計　五百七十九人

世襲貴族。緣其身分而有例得爲議員之資格。以其職爲世襲。故凡男子之爲人後者。於其所後者死亡之時。即爲議員。若未成年者。則逮其成年時即爲議員。

錫封貴族爲國王特權。然實際由大宰相奏請行之。其列于貴族者。以有勳勞于國家爲主。然時有出於政略上之理由者。又向例。凡平民議院長滿任。則列爲貴族。

愛爾蘭議員。由愛爾蘭貴族團體選舉。終身在其任。有死亡則補選。蘇格蘭議員。由蘇格蘭貴族團體選舉。每會期選之。會期滿則資格消滅。

僧侶貴族中。惟康特比里及約克之二大僧正。倫敦、達哈謨、溫治士達之三僧正。一就職後。照例即爲議員。其餘二十一名之僧正。須經上司之任命。乃得爲議員。

法務貴族議員。由國王任命。終身在其任。

第二項　法蘭西共和國元老院之組織

法國元老院之組織。自第三共和政治以來。已三變其制。據現行法律。則由各縣或殖民地選出。其數比例于人口。計選出十人之縣凡一。選出八人之縣凡一。選出五人之縣凡十。選出四人之縣凡十有二。選出三人之縣凡五十有三。選出二人之縣凡十。選出一人之縣及殖民地凡八。都爲三百十二人。

選舉會之組織　選舉會于各縣或各殖民地之首都開之。以左方之議員組織而成。

（一）其縣選出之代議院議員

（二）其縣之縣會議員

（三）其縣之郡會議員

（四）其縣各鄉市會所選出之代表人　此項代表人之數。比例于其市鄉會議員之數。如其市鄉會有議員十人者。則出代表一人。有議員二十人者。則出代表二人。其詳細見現行元老院選舉法第六條。

法國自代議院議員以迄市鄉會議員。皆由人民普通選舉。今元老院議員。由此等議員選舉。則元老院議員實普通選舉之間接選舉也。

被選資格　須爲法國臣民。滿四十歲以上。享有公私權者。惟前代君主之遺裔、現役軍人及受祿官吏。不得被選。（但現役軍人中。除海陸軍將官、參謀官、預備參謀官。不在此數。受祿官吏中。除國務大臣、各省次官、全權大使及公使、警察總監、大審院長、會計檢查院長、巴黎控訴院長、大審院檢事長、會計檢查院檢查官長、巴黎控訴

院檢事長大僧正僧正等不在此數）

議員年限　以九年爲期每三年改選其三分之一。

第三項　德意志帝國聯邦參議院之組織

德國聯邦參議院以帝國內二十五邦政府所任命之議員組織而成。計普魯士邦十七人。拜宴邦六人。索遜邦威丁堡邦各四人。黑遜邦巴敦邦各三人。米格堡沙侖邦布郎沙威邦各二人。其餘十七邦各一人。都凡五十八人。

德國聯邦參議院有最當注意者一事。則其所重者非議員之數而投票之數是也。例如普魯士得投十七票。其餘十七小邦各得投一票。但普國所派議員不必定派十七人。雖僅派一人。亦有投十七票之權。

凡投票每邦議員其可否必當同一。如普魯士議員贊成者其十七票必舉皆贊成。拜宴議員反對者其六票必舉皆反對。議員各自以其意見投票于一邦中而有異同憲法所禁也。此其法理無他。爲各邦之議員皆爲代表其本邦政府而來。其所發表之意思。即爲本邦政府之意思。一邦之政府不容同時而有相反之兩意思也。

議員年限無一定。由各邦政府可以任意隨時召還隨時改派。

第四項　普魯士王國貴族院之組織

普國之左院名爲 Herrenhons。蓋特別階級之意。今強以貴族院名之。其組織最爲複雜。今列舉之。

（一）王族議員（由勅選）
（二）世襲貴族議員（及年者不待勅選當然有此資格）
（甲）前代二王室之宗子
（乙）十八家故侯之宗子（此項故侯昔嘗在國內分土以治其後見滅于普者）
（丙）一八四七年列于貴族之侯伯子爵家之宗子
（丁）國王特賜與此權之貴族
（三）勅選終身議員
（甲）內廷四大官
（乙）由各團體薦舉而國王勅任之者　其有薦舉權之團體如左
（子）三大教會之僧侶貴族
（丑）各州伯爵聯合會
（寅）大地主聯合會（現今屬此門閥者凡十一家）
（卯）舊家富族聯合會
（辰）大學校（有此權者凡九校）

(巳)大都市(現今有此權者凡四十三市)

(丙)國王任意勅任者

其員數無定員其年齡限三十歲以上。

第五項　意大利王國元老院之組織

意大利元老院凡王族成年者例得爲議員其餘由國王任意勅選之但其所選者限于左方之資格。

一、大僧正及僧正　二、代議院議長　三、曾三度爲代議院議員者或六年間爲代議院議員者　四、國務大臣　五、國務大臣之書記官　六、全權大使　七、曾奉職三年以上之全權公使　八、大審院長及會計檢查院長　九、控訴院長　十、奉職五年以上之大審院檢事總長　十一、奉職三年以上之控訴院部長　十二、奉職五年以上之大審院及會計檢查院之評議官　十三、奉職五年以上之控訴院檢事長　十四、陸海軍大將中將及服役五年以上之少將　十五、在職五年以上之國務評議員　十六、曾三度任議長之縣會議員　十七、奉職七年以上之縣知事　十八、在職七年以上之學士會議員及高等教育會議員　十九、有功勞于國家者　二十、接連三年以上納直接國稅三千利黎以上者。

其員額無制限其任期終身其年齡滿四十歲以上。

第六項　北美合衆國元老院之組織

美國元老院。由各州之立法部每州選出議員二名組織而成。美國之初建。其加盟之州十有三。故其議員之數二十有六。至今日其加盟之州四十有五。故其議員之數九十。

議員被選者。須具三條件。(一)年齡三十歲以上。(二)九年以上爲美國臣民。(三)爲所選出之州之住民。

各州不問其區域之廣狹。人口之多少。其所選出之議員。不能逾二名。亦不得不及二名。如紐約州有人口七百餘萬。奈華達州僅有人口四萬。而有選出議員之權利。毫無差別。此謂之平均代表主義。與德國聯邦參議院所採之不平均代表主義絕相反者也。又謂之代表地方主義。與法國元老院所採代表人民主義絕相反者也。

其投票權委諸議員之自由。各州之立法部不得以訓令束縛之。故同一州所選出之議員。對於同一議案。甲贊成而乙反對。寔數見不鮮之事也。此又與德國參議院制絕相反者。蓋兩國建國之歷史及其性質。本有大相逕庭者存也。

議員之年限。以六年爲期。每二年改選其三分之一。故美國元老院亦與各國左院同。其性質爲永久的。爲繼續的。決無全部變更之事。恰如活水之湖。旋注旋洩。旋洩旋注。其內容之一部常無變也。加之每二年新選之議員。不過三分之一。比較的屬于少數。易爲舊議員所同化。故元老院之固定性益强。

第七項　日本帝國貴族院之組織

日本貴族院議員。以左方之五種人組織而成。

著譯

(一)皇族　凡皇族達于成年者不待勅命當然爲議員。

(二)公侯爵　凡有公侯爵者滿二十五歲。不待勅命當然爲議員。

(三)伯子男爵互選　有伯子男爵而滿二十五歲者。由同爵中互選。其中選者不待勅命當然爲議員。屬于本項之議員。其數不得過百四十三人。而在此數中。伯子男爵各比例于其總數而定之。

(四)有勳勞于國家及有學識者受勅任爲議員。　但其年齡須滿三十歲以上。其數不得過百二十五人。

(五)多額納税者　於各府縣中納多額之直接國税者。每十五人互選一人。其中選者受勅任爲議員。但年齡須滿三十歲以上。

日本貴族院議員。就其身分言之。可分三類。一曰皇族議員。第一種屬焉。二曰華族議員。第二第三種屬焉。三曰勅任議員。第四第五種屬焉。

就其取得議員資格之方法言之。可分四類。一曰依于法律之結果而當然爲議員者。第一第二種屬焉。二曰依于選舉之結果而爲議員者。第三種屬焉。三曰依于勅任而爲議員者。第四種屬焉。四曰選舉與勅任相待而始爲議員者。第五種屬焉。

其議員之年限。可分三類。一曰世襲者。第一第二種屬焉。二曰終身者。第四種屬焉。三曰以七年爲任期者。第三第五種屬焉。

第八項　比較

以上所述各國左院之組織。各具特質而無一同者。此蓋由各國各異其歷史。各異其國情。故由歷史國情所演之制度。自不得不異。此事勢之當然。無足怪也。雖然于樊然淆亂之中。折衷之以求其共通之原理。則亦有焉。

第一　左院所代表者　國會之目的。就法理上論之。則代表全國人民之意思也。就政治上論之。則代表全國各方面之勢力也。夫國家之人的要素。厥惟國民。然則國民所選舉而成之機關。其于全體意思為最近。其於全國勢力。亦為最強。此無可置疑者也。故各國國會右院。皆用單一之原則。曰、國民平等選舉。其所根據之理由。即在是也。雖然。用此單一之原則。而謂必能舉全國各方面之勢力。網羅無遺乎。則大不然。蓋各國歷史之發達各殊。其形而當其前此發達進行中。則于普通勢力外。必更有其特別勢力一種或數種焉。久蟠踞于社會中而不可拔。此種特別勢力之性質為善為惡。且勿具論。但夫既有之。斯不可以蔑視之。苟蔑視之。則國家秩序之破壞。或即由此生焉。各國國會之右院。所以代表一國中之普通勢力。其左院則所以代表一國中此種之特別勢力者也。

著譯　十八

此種之特別勢力其種類國國不同語其大者則有二一曰特別階級之勢力二曰地方區域之勢力

其以左院代表特別階級之勢力者則如前所舉英普意日諸國是也而其所謂特別階級者可分爲二大別一曰歷史上傳來之特別階級二曰天然之特別階級所謂歷史上傳來之特別階級者蓋前代之餘燼將絕而未能遽絕者也其在前代固嘗握全國莫大之勢力舍彼以外幾無復他勢力存及社會變遷進化物換星移一般人民之勢力句出萌達彼輩乃日立于退嬰之地位雖然取精用宏魂魄猶强百足之虫死而不僵其勢力終有未能盡侮者苟于普通機關之外別不思所以代表之則游魂可以爲厲而害將及于國家此其物維何在一般之君主國有一焉曰貴族而在疇昔政教不分之國更益以一焉曰僧侶前舉之英普意與夫歐洲多數國之左院大率以代表貴族僧侶爲主要者也而日本左院則以代表貴族爲主要者也此種歷史上傳來之特別階級其對于國家爲有害無利固無待言顧其存而勿廢則有不得已焉者矣

所謂天然之特別階級者此吾所杜撰之名詞也此名詞似甚駭人聽聞雖然物之不齊物之情也一社會中必有其才能學識嶄然優出于其儕者焉度量相越遂與常人劃然若兩階級此階級非有形的而無形的也非人造的而天然的也此階級之勢力非常偉大國家之生存發達往往賴之民選代議之制其目的固在得此階級之人然此階級之人僅以民選而得盡網羅之乎是又不然其人或前此久在行政機關有勳勞有閱歷者或爲軍人而盡瘁國防者或以教育等業爲其天職者或爲學者而專以發明學理爲愉快者或立身于實業界而指導國民經濟者此其人大抵不願競爭選舉故右院中往往無其位置然苟能集爲一團責之以參與國政之義務則其勢力之影響于國利民福者至遠且大故各國恆于其左院謀所以代表之普魯士意大利日本等國之勅任議員即據此理由而設置者也而英國國王有創設貴族之權亦爲此也

此兩種特別階級之外尙有其他之特別階級焉曰富族階級是也富族階級仍可納于前此兩種之中蓋有藉祖父之業以富者焉歷史上傳來階級之類也有自運

其才能以致富者爲天然階級之類也而普魯士有大地主及舊家富族之議員意大利有納直接稅三千利黎以上之議員日本有多額納稅者互選之議員凡皆所以代表此階級也

其以左院代表地方區域之勢力者則如前所舉德法美諸國是也構成國家之人的要素爲人民其物的要素則爲土地故土地之勢力其影響于國家者恒甚大今世無論何國其國境非自始焉而即若茲其厖大也蓋皆嘗有無數之小部落焉星羅棋布經若干歲月用種種併吞聯合之方法而始成今日之國家而當其未成爲今日之國家以前心目中惟見其有一地方之利害而此遺傳性由來甚久根柢甚深雖至成爲今日之國家以後而湔拔終不能以盡此種勢力亦在普通勢力以外以國民平等選舉之機關不足以代表之而此勢力之偉大不讓于特別階級使蔑視焉則國家將或緣此而失其衡平此勢力最顯著者則聯邦制度之國家也以其所建聯合之大國其歷史甚新而國內之小國其歷史甚舊也其次顯著者則幅員遼廓之國家也幅員遼廓之國家其中央政府與地方人民之關係甚淺薄一般人

民見不及遠故往往視地方利害較國家利害爲重也此二者本皆非國家之良現象然既有此事實則不可無以善應之各國恒以左院代表此勢力其理由爲此而已

代表地方勢力之法有採平均代表主義者焉如美國瑞士是也有採不平均代表主義者焉如德意志帝國是也平均主義其原則也不平均主義其例外也德國之採此主義純出于政略上之理由蓋由彼爲聯邦帝國以普王兼皇帝非藉此制不能維持也此稍治國家學者應能知之

其在聯邦國之左院必以地方勢力爲唯一之要素固已卽在單一國之左院亦未嘗不以此勢力爲重也其最著者莫如法國蓋亦以此爲唯一之要素焉然法並非如德美有不能不如是之理由特以彼之國情舍此別無可以爲左院之要素者耳故法國之左院其形式雖爲代表地方其精神實仍代表人民蓋其右院爲人民直接選舉而成其左院爲人民間接選舉而成也其他如英國有代表愛爾蘭蘇格蘭之議員如普國有四十三都市薦舉之議員皆含代表地方勢力之性質者也

著譯

今剌取若干國之制度。觀其左院所代表者。爲表如下。

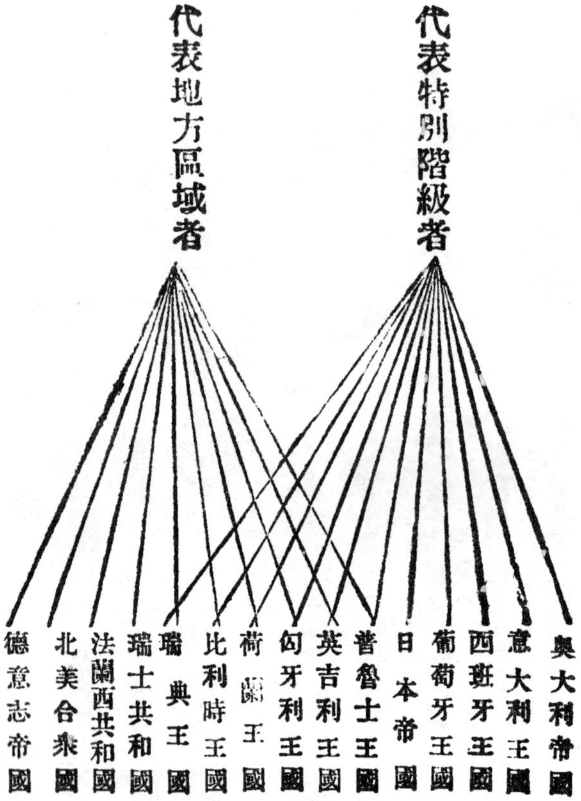

第二　選定左院議員之方法。

選定左院議員之方法。有通于各國之一原則焉。曰非如右院議員之由人民直接選舉是也。其有選定之權者。在英國則國王也。在法國則選舉會也在德國則各邦之元首也在普國則國王也在意國則國王也在美國則各州之議會也在日本則天皇也以上美法德意四國選定權之所自出參觀前欵所舉法制言下自明獨至英普日三國其議員多有不待勅命者乃謂其權在王及天皇何也蓋此種議員或自君主之血統而生而其世襲貴族之得有身分亦自君主予之故其得議員之資格實皆自君主也由此觀之無論何國之左院議員皆必有立乎一般人民以外之一機關以選定之此左院之特色也雖然此不過形式上爲然耳若語于實際則無論何國皆有人民之意思以隱于其後而爲此機關之原動力又不可不察也如彼法國左院議員之選定權在選舉會而選舉會實由人民所選之代議院議員縣會郡會議員及鄉市臨時所出之代表人組織而成是一般人民之間接選舉也美國左院議員之選定權在各州議會而各州議會由一般人民選舉而成也亦間接選舉也此其至易見者也英國此權在國王而國王之創設貴族必待大宰相之奏請然後行而立夫大宰相之後者則右院也立夫右院之後者則人民也是人民經三重之間接以選出左院議員也獨至德國聯邦及普

意日諸國既非間接選舉而政黨內閣之習慣又未確立故左院議員之選定權若與人民絕無關係然普國之勅任議員半須由各團體薦舉則人民參預者已多矣即其他諸國凡君主之行動無一不經國務大臣之副署而國務大臣必對于人民所選舉之右院而負責任然則謂左院議員之選定毫不參以人民之意思固不可也左院雖代表特別勢力而仍略受普通勢力之節制此其所以有調和之利而不致反揚衝突之波也

第三　左院議員之任期

議員之任期各國不同且即在一國中亦往往緣種類而生差別有世襲者如英國之貴族意大利普魯士日本之皇族日本之公侯爵普魯士之諸舊家宗子等是也有終身者如英國之愛爾蘭貴族僧侶貴族法務貴族意普日諸國之勅任議員等是也有設一定之年限者如日本之伯子男爵多額納稅議員及美法國之議員皆是也有不設年限者如德國參議院議員是也以上所列舉雖極參差然亦有通于各國之一原則焉曰無或同時而變更其議員之全部是也英德意日諸國不必論即如美法兩國其任期有一定者然或每二年改選其三

分之一或每三年改選其三分之一與右院之當總選舉時全行除舊布新者不同此蓋使左院有固定永久的性質防意見變動之太急劇爲國家百年大計應如是也

第四 左院議員之數 議員之數亦各國不同有取定額主義者如德美法是也有取不定額主義者如意大利是也有折衷兩者之間一部分定額一部分不定額而不定額之一部分中亦立一限制不能超此限以外者如英日是也定額主義惟專含代表地方之性質者能行之其有代表特別階級之性質者殆難採用然使于不定額中絕無限制常不免太爲政略所利用而損其價値如意大利嘗同時新任七十餘議員史家引以爲笑柄故採折衷主義者其有鑒于此矣

以上述各國比較竟請斟酌損益按以我國情實爲中國左院組織私案

(未完)

著譯

獨山梅花何所似　半開半謝荊棘中
美人零落依草木　志士顦顇守蒿蓬
停停孤艷帶寒日　漠漠遠香隨野風
移栽不得根欲老　回首上林顏色空

調查

世界海軍調查記（續第八期）

明水

各國海上之勢力（三）

列强海軍。其現勢如何。將來變遷如何。吾旣縷陳之矣。雖然。海軍者。用以爭雄於海上也。故其要在海而不在陸。然則布散之方面。果於何所。又列國在所必爭之地。得之則稱霸一世。失之則受制於人。如楚漢時之滎陽成皋者。果於何海。是又不可不審論者也。昔者法意與三國揚威海上之時。則地中海爲爭海權者唯一之中心點。其能制此海者。卽以明其爲世界之雄長國也。至於近代。西有美國。東有日本。先後勃興。故權力之域。昔之局促於歐洲一隅者。今且推而至於全球。雖然。地中海猶不失爲海權之中樞。英國以地中海爲國防最重之地。且與法角逐累年。故精銳之師。咸萃於此。然至最近之局忽生二變。其一則英法親睦。其一則英德交惡。緣是動機位置大異。今觀於德

國擴張海軍後列强在地中海之勢力而可以瞭然矣請表列之

英國戰艦隊	六隻
法國戰艦隊（常備）	六隻
同　上（豫備）	六隻
意國戰艦隊（常備）	五隻
同　上（豫備）	五隻
奧國戰艦隊（常備）	三隻
同　上（豫備）	三隻

由是觀之則法今將代英爲地中海之主人翁矣夫英法世仇也地中海又英之藩籬也今親仇撤藩以險與人者果何故哉一言以蔽之則德之海軍日强英不能不急其所急而思有以禦之也德海軍中人有恒言曰「他日於此必爲君盡一觴」其意蓋謂苟吾德與英宣戰之日至則舉觴以爲祝也夫以包藏禍心之德而又有强有力之海軍櫛比於北海且其勢又駸駸未有已則英之所以甯棄地中海而厚集其力於北

海以取犄角之勢者亦其不得已之苦衷也今比較英德在北海艦隊之主力則

英國海峽艦隊	戰艦	十四隻
本國艦隊	常備艦隊	六隻
	豫備戰艦	六隻
大西洋艦隊	戰艦	六隻
德國北海艦隊	常備戰艦	十六隻
	豫備戰艦	三隻

是也聞英國更欲創設北海艦隊以專力防衛又經營科士河口之羅篩斯爲北海第一海軍根據地三年以來工未少間德亦遽築奇祿運河使奇祿軍港與北海之威廉軍港連絡究不外欲一旦有事之際得集其海軍力於北海耳英德既已如此而法比亦欲以地中海艦隊分而爲二駐其半於北海以成鼎足之形則地中海之主力必將漸移而北者勢所不得不然也誠如是則歐洲海上之風雲必迸起於此乎

歐陸固如彼矣美洲方面又復何如今者世界海軍第二等國之美利堅其艦隊主力

置諸大西洋沿岸而割其一部以遊弋於太平洋若巴拿馬運河開通以後則此兩洋之艦隊應時分合出沒如意一朝有變舉其全軍以決雌雄眞使臂使指之類耳此美國國防上絕大之利益而亦地勢使之然也

若夫澳洲方面則地勢所關久爲英人之禁臠然自美艦過訪後人心頗震一九〇一年雖與本國訂約規定澳洲防備艦隊然於一九〇三年更改約添置多艦其常年經費則澳洲自任一半又以日本海軍驟强故所以使彼土人心恐懼憂危者不一而足故海防未備之論頗有所聞且有倡離英而獨立一軍之說者客歲全英國國防會議以後再增大艦多艘意者南天絕域或非久亦爲著名之海軍國歟

右所述者自地中海北海以及美洲沿岸南洋等所列國布置海軍之情大畧盡於是矣翻觀東洋方面則現狀果何如乎請一考列强艦數及其分布之方

吾國海軍徒存虛號俄之極東艦隊等於全滅今者惟日本海軍逐日膨脹以百八十餘艘四十八萬噸之大力雄視東溟而自日俄戰爭以來各國復一變前規昔主多派軍艦與日本頡頏者今則盡率以歸國即有留者微細已甚故東洋海軍幾讓日本獨

步。此眞世變之不可不察也。試舉例以明之。

英國在東方有艦隊二。一曰支那艦隊。一曰東印度艦隊。支那艦隊以香港威海衛爲重要根據地。屬此艦隊者。有裝甲巡洋艦四隻。一萬四千一百噸者一隻九千八百噸者三隻巡洋艦二隻。各四千三百六十噸此其主力也。外有通報艦一隻。驅逐艦八隻。砲艦七隻。河用砲艦八隻。東印度艦隊以亞丁、哥侖布、八打威爲根據地。屬此艦隊者。有巡洋艦四隻而已。五千六百噸者二隻二千百三十五噸者二隻客歲全英國防會議後。擬於此兩艦隊中。加派裝甲巡洋艦各一隻。巡洋艦各三隻。其他稱是。就令如此。亦不得謂爲甚優之艦隊也。

美國太平洋艦隊。稍有可觀。其重要根據地。則舊金山、菲律賓、檀香山也。屬此艦隊者。有裝甲巡洋艦八隻。一萬三千六百八十噸者六隻一萬四千五百噸者二隻巡洋艦九隻。九千七百噸者三隻三千四百八十七噸者一隻三千二百噸者五隻海防艦二隻。四千八十四噸者一隻三千九百九十噸者一隻驅逐艦七隻。砲艦五隻也。

德國東洋海軍。以膠州灣爲根據地。有裝甲巡洋艦一隻。一萬五千七十噸巡洋艦三隻。三千二百噸者一隻二千六百五十七噸者一隻二千六百三噸者一隻驅逐艦二隻。砲艦四隻。河用砲艦三隻也。

法國東洋艦隊。以西貢爲根據地。有巡洋艦三隻。七千九百九十五噸者一隻四千七百五十噸者一隻四千三百十三噸者一隻驅逐艦四隻。砲艦六隻。河用砲艦三隻。是也。

俄國太平洋艦隊以浦鹽斯德爲根據地有巡洋艦二隻。（五千九百五噸三千百六噸者一隻）砲艦一隻。驅逐艦十六隻。如是而已耳。

其他意大利有巡洋艦二隻。與國亦然。荷蘭有小戰艦四隻。巡洋艦五隻。及中國有小巡洋艦七八隻。砲艦數隻而已。雖有重興海軍之議。然方在籌辦中。則固遠哉遙遙也。

此東洋方面列國艦隊之大凡也。準此以談。則各國在東洋之海軍力。其配置之疎艘數之寡。已可概見。一若舉東方偌大舞臺。任日本獨執牛耳者。更或以爲中國立憲泰東和平不煩遠駐雄師徒糜國帑故紛紛撤歸者此皆昧於大勢之譚而後說之誤人爲尤甚也夫東洋者列國競爭最劇之地也他日世界無變則已如其有變必集矢於是此吾所敢斷言者然則各國何爲而驟然棄之乎曰、是亦有故彼泰西諸國昔日爭遣軍艦於極東者一則各欲維持均勢一則欲與日本頡頏故或一朝報警卽以此咨軍決雌雄而有餘今也日本海軍銳進而未知所止各國若欲與之抗行姑無論經費未易措也即得經費而此駐屯之軍港將安從求之此所以不謀而合相將言歸者勢也不獲惟是得諸日俄一役之經驗而使海軍家發明新義者其力為尤鉅何以言之蓋經是役乃知海軍主力不利於分割而利於團聚且巨艦遠航亦絕非難事也夫未戰以前俄國何嘗不有强勁之太平洋艦隊而豈知恃以經營遠略者反為成就他人功名之具及至大勢已去猶欲以波羅的艦隊為補救之圖初入敵境已成虀粉此其故非專在日俄海軍之優劣而實一分一聚之明徵也故各國有鑒於此而不能不急思更張矣又俄之波羅的艦隊向以為萬不能至東方者今則舳艫相銜涉重洋而無恙是知舟師遠徙絕非難事有此二故則老師費財於東方者眞為無用之長物耳其後美國艦隊溯洄太平洋一周更徵海軍大隊調度殊可自如各國信之益確遂毅行撤兵之舉故徒見各國兵力單微遂謂其勢委東方之權於日本之手者固為非是而以為中國事事振興他人不必以重兵相峙者尤太左計也

吾固言泰東為世界集矢之地矣然則他日忽爾變生各國海軍主力能遣至東方者其大勢何如此眞宜豫察者也今取世界諸國與極東關係最深者則盡人皆知為英

俄德法美矣蓋以彼諸國皆有殖民地於東方無論其爲貿易爲生計必不肯絲毫放過故苟起衝突甚或至以干戈相見則强弱之度可得言焉請先論俄俄除黑海艦隊外其他可全致之東方此日俄戰時所曾爲之者然喪敗之餘瘡痍未復重興之計須以歲時今日固無能爲之豫測者其次爲英英於東洋航路要港所在碁置故派大隊海軍較他國爲便然其國勢上固不許其全軍東指至少亦當留一部分與彼近隣之大海軍國相抗然英向持二國標準主義（謂其海軍力常能敵兩國也已詳今不復贅）故以其半留守以其半東遣者英之力固優優有餘也復次則美國美國雄長西半球隣近小邦皆非其敵故一旦出軍之際不如英之惟恐人襲其後是以主力艦隊當可全行若夫德則地形最勝縱令沿岸無備但能守而不攻則敵國雖以大兵相襲可保無虞故事變倉卒之際即以老朽之艦留屯本國而盡遣其精銳以力爭上游亦德之所優爲也至於法國與德異趣蓋其國防上非有强大之海軍則不能一日卽安然苟純取守勢多用魚雷潛航等艇橫斷敵路則本國守備亦非甚危故舉其主力艦隊之全部與德相若者以周旋於東洋海上亦未爲難所推論者大畧如此今更爲表以明之（參觀各國現在海軍力及將來一篇）

千九百十五年（宣統七年）

國名	精銳艦隊（主力）戰艦	精銳艦隊（主力）裝甲巡洋艦	及齡艦隊戰艦	及齡艦隊裝甲巡洋艦
英國	二十六隻	十四隻	十五隻	九隻
美國	二十九隻	九隻	十二隻	四隻
德國	二十八隻	十二隻	○	○
法國	不詳	不詳	○	○
日本（宣統八年）	七隻	七隻	九隻	九隻

千九百二十年（宣統十二年）

國名	精銳艦隊（主力）戰艦	精銳艦隊（主力）裝甲巡洋艦	及齡艦隊戰艦	及齡艦隊裝甲巡洋艦
英國	二十四隻	十三隻	十六隻	十六隻
美國	二十六隻	不詳	二十隻	十三隻

調查　十

德國	二十四隻	十三隻	〇	〇
法國	二十八隻	十二隻	〇	〇
日本	五隻	三隻	十隻	十六隻

觀右表所列。則宣統七年以及宣統十二年。英美德法所派艦隊之數。大畧可覩。然此不過近者五年遠者十年之推算耳等而上之則此四國者其東方海軍力當與年歲爲正比例就中日本勢力日微故彼中識時之士已大聲疾呼於擴張之不可已然猶未實行者蓋以彼第三期擴張案尚未蕆事不得不有所待耳他日急起直追必能並肩四强而不失爲東方一覇國者固無煩吾儕爲之深慮也。

要而言之最近海軍集中之地一曰北海一曰東洋而地中海黑海大西印度等洋不與焉北海所重英德之抗爭也而泰東一局則全視中國爲進退使中國而能自立也則泰東之局定使中國而不能自立終不免爲人宰割也則宰割後泰東之局亦定由前之說固吾日夜祀禱冀其有此一日由後之說則吾國將永歷塵刦而莫能自拔今當此既定未定之間正列强慘淡經營之會使吾君臣上下奮往勵精祈天永命則亡

羊。補。牢。計猶。未。晚。若復。泄沓。如。故。惟恐。不。亡。則奇。禍。之。來。豈待。旋。踵。孟子曰。禍福。無。不。自。己。求之。。者。又曰求則。得之。舍則。失。之吾。國人。將。以求。福。耶。求。禍。耶。如之。何。勿。思。

（未完）

調查

飛紅掠地送春忙
嫩綠成陰帶露香
聽徹曉天鶯百轉
卻隨飛蝶度橫塘

文牘

國會請願同志會意見書

吾國今日怵于內憂外患之紛乘。魂夢徬徨。淚血滂潰。上則伏　闕陳書。下則締羣置社。僉謂爲救亡之第一策。策略者非速開國會乎。夫速開國會之可以救亡。稍明政治學者。類能言之。但明哲能相喩以心。庸衆或未能相說以解。則吾儕不能不將此事之利害。綴爲緒論。宣示海內。齊大衆之聰明才力。羣趨重于此一途。凡人之欲締造一事業也。必其利害之識解既明。心力乃能堅定。籌畫之精神既淬。規模始克久持。後海先河始簡畢鉅。此各省要求速開國會者有同志會之設。而意見書所由刊佈也。雖然同志會者。爲政治結社。而與政黨相近似者也。此等結社。在東西各國。其灝氣英光。激越于朝野上下。人人視之。覺其與國家之關係。有如人生與菽粟水火之不可一日離。若在吾國則知之者尚鮮。茲者同人無似。乃欲吸納歐風。普被吾國。任重道遠。力薄勢孤。非共矢血忱。廣徵聲氣。新道無由光熙。嗚呼。國步艱難。靡所底止。卬須我友。黽勉同心。倘

國人果能一旦挽迴天厄感動　君心國會即開人心大定前途榮幸何以加玆是在同志之乘時奮勉而已爰揭三大論綱而叙述于後

一曰吾國若能速開國會可革一切貧弱之根源　夫吾國貧弱之原因雖多然其大要可約爲三一在君民情感不通一在官僚不負責任一在財政困窘而萬事叢脞悉由此起倘能速開國會則以上數弊皆可免除或者謂各立憲國不能聚國人議政於一堂何以開國會而君民即不隔閡國會非行政部院何以開國會而官僚即能恪恭將事國會非生利事業何以開國會而財政即能豐裕以上疑問人多茫然謹以次辯明如下

首論吾國若能速開國會即無君民隔閡之弊也吾國近來上下隔閡之弊雖較前稍輕然與各國相衡則迥有文野通塞之異秉政者因循鄙陋事事足以驟敗　朝廷勵精圖治之盛心激動人民赴火蹈湯之狂熱以致怨毒積於人心忠愛鬱爲孤憤故抱道自重之儒多不欲爲　朝廷用破格拔擢亦歸無靈而恢奇磊落之彥更迴翔排邊欲別樹勢力于一途流風所播故各省士紳爭路爭礦爭立憲爭外交權利幾乎日有

所聞奔走呼號羣情惶駭若皆有儳焉不可終日之概且各省或兵變或匪亂或饑民煽動亦時露挺而走險之機此種情形各國謂之惶恐時期爲須布緊急命令豫備戒嚴之時期最足以釀成變亂者也而吾國則日日有此危象當道反熟視若無覩爲吾儕偶一思及毛骨竦然夫吾國之所以釀成此亂象者豈　君有暴政耶抑官民之無良耶實由於有司擅虐　君恩壅于下宣民情阻于上達有以使之然也竊謂吾國若欲消彌君民之隔閡與官吏之壓制而收拾已去之人心除速立憲外無他法焉蓋專制政治皆主獨裁其執行政務者惟官吏人民則全退處於倚承命令之地是君主與官吏有關係與人民無關係其官吏能擅威福宜也若立憲國則有三種分立之機關其最要機關卽爲國會其下院議員卽選自民間者與行政部同立于君主統治之下各有憲法之護持例如君主發布命令則交議院公認議院編纂法律則呈君主裁可是君民常相接洽且議院對於君主有上奏建議之權對於人民有受理請願之責尤爲上下交泰之符夫議員者人民之代表也議員與君主既如此之聯屬卽全國人民與君主息息相通此立憲國根本結合之堅與專制國大異者也吾國速開國會士民

既有議政之權忠愛油然發生自當受國法之檢束斷不至東奔西突逸出範圍以倡橫議而全國人民亦覺既有代表參與政治彼亦各安職守不至出位代謀是國會一開四海歸心國是大定人人沐憲政之福矣故吾國召集國會早一日即早收一日之人心遲一日即增一日之荆棘凡即爲保存君權一事起見亦當速應人民之要求考各國憲政演進之前史即可知之日本於民氣未甚決裂之時而能早布憲政故君權獨尊於各國藩閥政治保存至今英國人民要求國會前後亘三百年王權民權互相搏擊國王屢革弑議會屢解散而始確定憲法致君權大被剝奪其政治流爲議院政治內閣流爲議院內閣法人要求立憲亦數百年而爲君主貴族所鉗制激成屢次大革命其後國民議會竟廢去王位而行民主政治綜觀以上三國其應人民國會之要求惟日本最早故君權最尊英國較遲故君權甚微法國更遲故人民一蹶而掌握國權而竟廢去君主追維往史得失瞭然夫吾國民性本極純良而 朝廷之深仁厚澤又足以覆育之似不至如歐美人民有暴起之事但國會早開一日則民氣更早平靜一日君權更早確定一日寥寥數十條憲法即可納民于軌物中又何必遲延不決必

欲民情破裂之後而始圖挽救乎若既經破裂則須布憲法時或即大起紛爭需爲事賊時不我留此吾儕所以爲當道深慮之

次論吾國若速開國會即無官僚不負責任之弊也夫立憲國之所謂責任內閣者指內閣對國會負責任而言若徒云對于君主負責任則官吏賞罰黜陟之權固皆操自君主不患其對于君主不負責任如此又何必創此責任內閣之一新名詞耶既云對國會負責任然則無國會之國家即爲內閣不負責任之國家全國政務無所統一質言之即無人負責任之國家此非官僚盡非賢明不欲負責任也實因各部政務之權限既不分明又無一人綰連帶責任之紐故不知各部責任如何負起全內閣責任如何負起也若立憲國則國會爲監督內閣負責任之法定機關其官僚若不得國會之擁護即無組織內閣之資格雖云組織內閣其名義出于君主之任命然必其人爲一黨派之領袖然後各部大臣能極一時之選必其人能樹勢力于議院然後行政不至受人之掣肘君主雖欲私其愛憎不可得也蓋完美之立憲國其總理大臣組織內閣時即須提出政綱政見宣示議院求表同情中間又須受議院之質問詰責若果有失

政又不能不受議院之彈劾甚或因不能得議院多數人之信用一議案之不能通過一責任之不能解除其內閣卽動搖或竟須辭職讓賢有此强大之監督機關糾之於其旁故內閣非純粹負全國之責任不可其大臣非確有才識資望不能當國此立憲政體晶瑩堅粹之特質也或者謂議會權力如此之大不免妨碍君權之神聖曰不然立憲國之議院與內閣同爲受君主之支配掌理其國權之一部有何厚薄軒輊于其中倘議院與內閣有紛爭君主或欲解散議院或欲解散內閣皆可審度時勢衡量是非以行其志議院既不能直接進退內閣尤不能要挾君主命總理大臣辭職然則議院之權力縱大仍是起伏於君權作用之中何能妨害君主之神聖耶且大臣如能通權達變不難投身黨中收爲已用例如英美內閣大臣與議院之聯爲一黨何嘗易起釁端故吾國若速開國會既有節制議院權力之法復可督促官僚之負責任全國政務靈活敏捷如身使臂臂使指恢恢乎有整齊利導之餘地舍此則別無使官僚負責任之道歐美各國研究政治亘數百千年學者殫精竭慮人民殺身流血始得此國會監督內閣負責任之一法制周行示我入聖出狂願國人毋徘徊卻慮焉

次論吾國如速開國會卽無財政困窘之弊也夫天下無論經營何事必恃有財源以資接濟私人之生存如此國家尤甚倘國家財政紊亂則萬事悉隳阻于冥冥中內憂外患相逼而來國其不國周以冢宰制國用唐以宰相兼度支吾國前代之重視財政典冊具在今世各國其萃全國之聰明才力以謀整理者卽此財政或以軍備握世界之霸權或以實業左右世界之大勢者皆此國內財政磅礴鬱積使之然也吾國承歷代之弊財政紊亂不可究詰此國家貧弱之大原因也近來朝廷知財政之關係國家榮枯極爲密切乃正度支部之名稱釐正部內各科之職守近來又曾奏派監理財政官分往各省清理財政以次又將清理鹽務此皆前此未有之創舉夫欲整理財政若不先察本國財政積弊則無論採用何國之完美財政制度皆無所適故吾國清理各省財政爲最得先後緩急之別者也雖然清理云者不過爲整理財政之創始若日後實行整理則節目浩繁萬非今日智識有限之監理官所能盡識例如劃分中央財政與地方財政制定國家公法收入與私法收入收回稅權釐正稅則定幣制募公債舉犖犖數大端皆非由國會議決酌別取舍編爲法規不能洽於民情垂諸久遠況欲整頓

財政則必增收租稅如此則互相關係之問題極多皆須同時解決尤非官僚一派人所能運用其機軸是非速開國會聚全國代表而共討論之不可蓋租稅者人民之膏血也欲多立名目吸取人民膏血非得人民之同意決無其他苛歛之方倘苛歛則大亂即蜂起危及國本矣歐美各國於前代徵收租稅時曾屢激成變亂故特召集國會畀以監督財政權按監督財政權其必規定憲法不可缺少者有三種一爲豫算案之決議二爲決算案之承認三爲額外支出之追認是也如能實行此三種監督之法則國費必用之於國利民福之一途無甚枉濫人民信用既深故踴躍輸將無所於吝且既得國法之保護與獎勵則人民生財之途大闢國內國外皆其競爭經濟之市場生利事業欣欣向榮故國家雖以大負擔加於其身亦足以挹彼注茲此立憲國授國會以監督財權之妙用也且吾國清理財政章程原期以三年蕆事今期限已去其半再歷年餘清理告終即須將全國財政困窘實情公布天下若無國會將憑何種機關以完公布之手續乎倘徒云由朝廷降旨宣布似難激發人民以急公赴義之血忱也夫費數年清理之力而不能使人民洞悉其中利弊以整理國家財政然則其清理之宗

旨安在殊所不解考埃及印度之亡由於財政窮蹙法國革命之起由於財政紊亂而深為吾國前途股栗焉竊恐遲日召集國會時議員對於財政一事卽將軒然波起不復可平況各國監督財政之耗或竟成為不祥之孼乎

二曰吾國事實上有決可速開國會之理由　夫吾國官僚反對速開國會其昌言於朝足以淆人聽聞者有三種言論一謂資政院與國會相似一謂人民程度不及一謂豫備各事尚未完全而速開國會之機為之摧挫似是而非不可不辯白焉

首論吾國資政院與各國國會其性質絕不相同或有謂此事無須剖辯者此自名為資政院彼自名為國會一為專制政體之議政機關一為立憲政體之監督機關今日人民之所以請願速開國會者正欲易專制政體為立憲政體而要求其早日實行釐天下臣民之望豈不知資政院與國會截然二物者奚辯為然吾國近來主持憲政之大臣所挾為反對速開國會之論據者不有曰資政院可以代國會乎不為剖辯明析轉恐足以聳要求速開國會者之心志而淆亂吾國民之耳目此所謂就問題而作答案也且非徒論列兩物之異同而已並剖辯兩物與國家相關之利害或可使當道瞿

文牘　十

然驚悟而亦藉以爲鞭策吾國民之一助焉閱者深察下文剖辯之內容可也

按立憲國國會之所以能監督行政而不被蹂躪者首在君主不負責任純以國會與內閣相對待也故君主對於國會祗有不裁可所議之事之權絕無强迫以遵命議事之權蓋國會所以能實行監督政府者雖恃有積極之權力而尤恃有消極之效力焉例如法律案之否決豫算案之削減超過豫算之決算案之否認凡國會所不協贊者政府卽不得而施行之故當國會與政府有極端衝突萬難調和之時君主或命其停會使之反省或因而解散之不然則聽大臣辭職從未有指定辦法强國會以必從者雖日本憲法所規定有天皇裁可之條然亦謂裁可其已通過之案非能强否決之案而亦裁可之使施行也今吾國資政院則不然按其章程第十五條有請旨交議之文是議案之提出全以君主之命令行之而其第十八條所規定至有大臣不以資政院所議之事爲然則分別具奏恭候 聖裁夫曰候 聖裁則是行政官已逸出責任外而以君主當其衝矣吾恐各部大臣雖如何溺職議員雖如何攻擊而行政官仍可逕行其志而資政院將等於具文萬一聖裁之後議員陳述異議則章程第五十三條之

効力生謂資政院爲有輕蔑　朝廷情形而　諭令解散矣資政院易於解散而大臣地位益鞏如磐石然則資政院惟有仰伺大臣之顰笑而已奚用是擾擾爲且夫立憲國君主之所以聖神不可侵犯者非以其不親政務有大臣代負責任代分勞怨乎今以資政院章程觀之直以君主代大臣負責任代大臣分勞怨耳則何其顚倒錯謬與立憲國家適成矛盾乎夫臣民之最當愛戴者厥爲君父今稍遇危難而即退處於原被地位而以君主爲之裁判幸而裁判悉當固頌天王聖明不幸百密之際倘有一疎或一徇政府之請而抑資政院則國民必移其不信任政府之心而叢怨於君主怨毒之積於人心者日益深上下暌離而國本動搖矣其危及於國家之前途者何如也此資政院性質與國會正義相反者一也

又各立憲大國其國會皆採二院制惟德意志帝國無兩院之形式然有聯邦議會以調和之足以隱收兩院制之妙用況聯邦組織與尋常國家原異吾國萬難援以爲例此外惟德意志之各小聯邦有採用一院制者因其國小而行之無弊也又如近來學者及英國政治家雖有主持一院制之說然其意欲汰去貴族院之一階級非謂混合

兩院爲一院此不可不細繹也吾國將來之國會如有主張一院制而不承認上院者吾儕誰不歡忭若如今日混合上下兩院爲一院則又遠不如採各立憲大國二院制之爲得也夫各國何以皆採二院制耶其第一理由卽欲兩院各表見其本來之精神不相牽雜若吾國資政院則性質極晦以全部議員論則爲官民混合以民選一部議員論則爲地方代表意志不浹議解各殊因官民混合之故則將來院中豫備議案將兩不相謀開議時不知贊成者爲何派人反對者爲何派人議決時必難得正確之解決因地方代表之故則彼此所研究之利害多重地方而輕中央非謂議員本有代表地方之性質也因彼初自田間來不能詳悉各省之情勢而又無統一之黨派使之投身研究故其流弊必至有代表地方之現象也夫各國議員之所以有統系的智識知以全國利害爲的者因有政黨之訓練故因多有以政黨爲本位而後被選爲議員故今資政院中民選一派議員既以各省諮議局爲本位則無政黨發生之餘地其議員不知注重全國利害明矣雖然研究至此政府或反幸資政院之可以打破民黨而自喜其用計之工然抑思政黨者議會之產物也主張資政院辦法者縱能制中央政黨

之發生然各省既有諮議局其能挫地方黨派之鋒乎地方黨派之貽害于國當于本書後節論之不知當道亦有所會悟否且卽代官吏派議員籌之亦極有害蓋資政院混合官民于一團意見既難一致則接觸益多感情益裂朝野兩派將從此各樹敵幟政府中將無人可以維繫民黨者立憲國之大患在此故當道卽爲保護官吏計亦當速開國會以遏朝野兩黨決裂之機倘必糅而合之紛爭其有豸乎此資政院與國會正義大相反者又一也

又各立憲國國會之議長係就議院選出之數人中而勅任之是議長本煦育于議員之中體制毫無軒輊且多有卽爲一黨派中之領袖者故議長與議員情感相通政見相同今資政院之議長副議長卽係原有之總裁副總裁論其地位則純由 特旨簡放論其品級則爲王公大臣及三品以上之大員與議員階級懸殊不相接洽若行政部院之有堂屬者然倘議員與行政官有辯駁時彼以純係官僚之故必與行政官氣求聲應而使議員之權力不伸考各國議院如上奏君主時原以議長爲總代全體議員無從叩謁堂陛今資政院之議長如此是下情不能上達雖云天王明聖斷難悉

隱微議員其有幸乎。此資政院與國會正義大相反者又一也。

合觀以上所辯各節。則資政院之設。非徒人民所不滿志。且不利于國家全局。不利于君上。不利于官僚。必演成他日種種破裂。恐爲主辦資政院與編訂資政院章程者意料之所不及。非吾儕之好爲危言也。其餘章程中之誤謬處極多。茲不及詳辯。

次論吾國人民無程度不足之慮。按吾國政府反對速開國會者。多持人民程度不足之說。此中亦分公私兩派心理。其存私心者。不必究論。若其存公心者。因鑒于各立憲國之名義。以爲吾民程度。猝難運用此種政治。與其欲速而不達。無甯循序以圖功。此派心理。固非徒限於官僚。卽在野士紳。亦多有之。夫此派人爲今日朝野所倚重之人。或卽爲他日黨派所擁戴之人。凝重光明。最足啓人敬愛。特其識解稍囿。吾儕當有以匡告之。度亦賢明者之所樂聞乎。蓋人民程度之足與不足。非可虛揣臆測。必當有一物以爲準繩。權然後知輕重。度然後知長短。理固然也。今謂人民程度不足者。不知以何物爲權。何物爲度。若持歐美人民之程度。以衡吾民之程度耶。則吾國之國會。非以之監督歐美政府者。所謂不成比例。且返叩吾國官僚之程度。與歐美政治家之程度又如何乎若持吾國官僚程度以律吾民之程度耶則吾儕縱不有意抑官而伸民然既同爲一國之臣民同受一國歷史地理政教風俗之感化未有朝皆俊傑野無賢才也且吾國素非貴族政治公卿皆出於韋布袞袞諸公當其未釋褐以前及既解組以後固純係等諸齊民前後猶是人也豈即入聖出狂入主出奴耶此固極平心靜氣之理論也若稍持人民程度與政府挈論長短則萬言難罄矣茲擇其概括者言之則吾國之風氣原皆啓發於地方而養成于士夫十年前主張變法維新啓沃君心濬發民智開今日憲政之幕者伊何人十年來主持全國風氣矯正輿論發揚國光以維持國家權利者伊何人吸納世界智識研求專門學問吐憲政之菁華握改革之樞紐者伊何人此固事實之炳若日星不待辯說而自明者若謂其所謂人民者指一般不識不知之人民言然國會中之議員固由人民所選舉之代表遵守　國家法令限有一定之程度者非人民皆可爲議員且選舉議員之人亦有法令上之限制非人民皆可選舉議員兩重限制皆極嚴明夢夢者流縱不知各國有所謂限制選舉之制度然豈未聞現今各省諮議局及城鎮鄉地方自治之有選舉章程乎又豈未目擊今日資政院

議員之選舉亦有定章乎。夫既於千萬人民中擇其少數之有程度者畀以選舉權。又於千萬人民中擇其少數有程度者畀以被選權。然則又何有人民程度不足之慮耶。按士爲四民之秀。爲吾國之恒言。今議員卽四民之秀者。何獨至今日卽等諸不足齒數之列。此眞淆亂國是之妄言也。且卽就與國會性質相類之事證之。如各省諮議局議員。自籌辦諮議局以訖諮議局開會閉會。其所辦理之各事。皆吾國日前未有之創舉。然而各省議員處之裕如。各有條不紊。亦足以表示人民程度之足。夫一省議員既能運用一省之議會。而謂一國議員不能運用一國之議會。吾不知其界限何在。雖然此種辯駁。吾儕曾屢著論宣之國中。不須備述。今固祇擇其犖犖大端言之耳。惟冀當道祛其反對憲政之錮疾。反省其己身之才學智識。則必有豁然貫通之一日。而不復敢輕論國家大政也。

次論籌備憲政各事無所謂不完全之慮。按籌備未完全之說。亦反對速開國會者之一種口實。吾儕誠不知其所指者爲何事。然就九年籌備案內所列各事觀之。其與召集國會有密切關係。非纂備完全不能開國會者。不過數事。且此數事。並無必須長時之籌備者例如憲法者爲國會權力之淵源應頒布于開國會之前固也然吾國將來無論其欲採　欽定憲法抑欲採協定憲法編訂皆易從事蓋憲法者根本法也固定法也與一切單獨法特別法手續法大有繁簡之不同犖犖數十條成文即可確定君主之體制與權力卽可規劃臣民之權利義務與各種機關之權限職務其餘細目皆可列之于他種法律中公法學者謂憲法最貴渾簡最貴有伸縮力此深明憲法與各種法規之區別者也況今日一般輿論多有主持採用協定憲法者推其用意以爲憲法若純由　欽定則將來人民必常倡改正之議反以牽動國本故不如採協定憲法之可垂諸久遠協定者由政府起草交議院協贊之謂也倘政府果能採納此說則吾國一面召集國會一面編訂憲法更易着手余故曰無論採照欽定憲法與協定憲法編訂皆易從事

次如議院法者爲規定議院一切組織與省議員之職務權限之一種法規也誠哉當頒布于開國會之前然議院法者實質法也性質明瞭作用簡單無學理之可研究按照議院之各事實隨手卽可編成若蒐集各國議院法而參互攷證則可更增完備矣

次如選舉法者。為規定選舉區選舉權被選權。及一切選舉事務與秩序之法規也。其當頒布于開國會之前。與議院法同。若其劃分選舉區域。調查選舉資格舉行選舉手續性質極雜辦理極難。且每次施行。須有多數官吏。管理擾動全國耳目造端宏大若一事未臻妥洽則編訂選舉法者無所憑藉誠哉不易從事非議院法之比此吾儕不能不承認者。然而吾國於此問題。亦有絕大之機會因各省諮議局已于去年開辦如調查選舉資格。規畫選舉區域舉行選舉手續等事。全國已大具規模且人民已有選舉上之知識與經驗縱云其中各節未能悉臻周洽然凡事創始極難改良極易既有各省諮議局為之先河則國會選舉事半功倍倘吾國未曾先開各省諮議局而一旦欲開國會誠非二三年不能豫備就緒今何幸各省熱心志士篳路籃縷以啓山林而中央按轍循塗坐收後效倘當道諸公猶謂國會難於速開奪海內殷殷望治之魄非惟理之所不順抑亦情之所難安也。

次如豫算案者。為政府對於國會所首先提出之重要議案。誠哉應豫備于開國會之前。夫以吾國財政如此紊亂。而各省清理財政。又未告竣。此豫算案似極難於編制。然而亦無難也。蓋清理財政。與編造豫算案。其精神上雖有密切之關係。其性質與事務實劃分而不相淆。因吾國清理財政者。以稽核現欵截清舊案爲要圖。編造豫算案者以推算次年全國歲出入總數爲主義。一爲改革財政根本之計劃。一爲審籌國用短時之出入。原屬兩物。不能因財政清理未終。遂謂豫算案無從編成也。況清理財政照部章所定。距今不過年餘。即可蕆事。度支部即可據各省報告。分冊彙成全國財政總編。決非難事。且查度支部奏遵擬清理財政章程摺中有云。分之爲各省者。合之即爲全國之歲出入。條理井然。而全國之豫算案乃成。繹此奏章。則清理財政告終之日。即全國豫算案告成之日。度支部固已承認矣。然則國會何以不能召集於一二年之內乎。若謂清理財政。未臻周洽。則度支部於奏請截清舊案中有云。塵牘山集。紛如亂絲。如此則雖延至宣統八年。恐清理亦無周洽之日。夫國會議員。亦祇求今後之歲出入不紊亂而已。決不至吹求舊案。責難當局。以負部臣開誠布公之初心也。按以上係爲開導政府之疑難立論。因恐其心有誤會。而堅拒國會之速開。若自法律言之。則無論國會速開與否。政府於今日。始終當編造豫算案也。蓋資政院章程第三條。曾訂明資政院有議決國家歲出入預算決算之權。豈度支部能不遵此定章耶。又豈將此事具奏上陳恭候　聖裁不提出豫算案使　君上之政令自相矛盾耶。由前說言之。則預算案無難提出。由後說言之。則縱不速開國會。豫算案亦當實行。此國人所當注意研究者也。

以上四節。所謂憲法議院法選舉法豫算案者。皆可從速籌辦於開國會之前者。文中已詳言之矣。若夫此外各事。皆可舉辦於開國會之後。且非開國會則各事無可舉辦稍明治理者。皆能詳悉焉。倘果能舉辦得宜耶。則國家大政由政府諸公主持足矣。何必再開國會耶。世界各國又何必創此立憲政治耶。願國人深長思之。

三曰吾國人若欲速開國會。當有政黨之預備　今世各國無不趨重立憲。立憲國家。無不倚重政黨。人多知之。夫政黨之發育也。大率有兩時期。或在國家將立憲之時。或在國家既立憲之後。因將立憲之國家。必漸洗除專制之毒。政府顯認人民以參與政治之權。人民亦勃生集會結社之志。而政黨乃得應運而興。此謂為將立憲時之政黨。若夫其國家既立憲之後。則政黨之發育更大。功用尤宏。國會為政黨所操縱之物。固不待言其甚爲者則國中政治蔚成政黨政治內閣蔚爲政黨內閣人才悉輻輳於其中互起伏以當政局如英如美其最顯著者如奧如意其次焉者此謂爲既立憲後之政黨按前之政黨亦可謂爲養成憲政之政黨後之政黨亦可謂爲被憲政養成之政黨

綜觀以上兩種黨派雖後之政黨聲勢磅礴可以顯握國權建樹偉大然使無前之政黨艱難卓絕開其先導則將並憲政而亦不能成立何有於以後政黨發育之餘地水源木本功不可誣況政黨者最貴歷史久長根蒂深厚以訓練黨人之智識與經驗及吸收國人之信用者也使一黨既成立之後內不破裂外無大敵則綿延無已可與國運相終始以繼續掌握其政權較之崛起新建之黨派其聲光之大逈不相侔固非謂立憲前之黨與立憲後之黨必劃分爲兩物而不可纘承其緒業也例如英國之統一自由兩大黨發源於三百年以前美國民主共和兩大黨成立於各州宣布獨立之初日本政友進步兩大黨一由於自由黨所改造一由於改進黨所改造亦創始於明治初年觀各國大政黨能以黨織組織內閣與佔議院之多數者皆有歷史上之根據非

偶然結合者所能比擬故各國先覺之士於國家將立憲之時無不爭先標立黨派以一面督促憲政之成就以一面養成黨內之丕基眞卓識遠見也

夫吾國今日固爲將立憲之國家吾儕處此時期理當仿效各國之先達名賢謀立政黨雖然政黨之地位與其精神固非一蹴所能幾者理當組織其類似之機關故吾儕在各省既陸續組織國會請願同志會而今日更在都中組織國會請願同志會總會也夫既標明爲國會請願同志會矣則俟吾國召集國會之時吾儕卽當改變此會而作他圖故今日不敢謂此會爲純粹之政黨揆之黨派之定義此可名之爲政團然與政黨之性質亦相去不遠矣故深願國中同志共集于此會中而宏濟大業雖然政黨一事在東西各國視爲庸言庸行凡抱政治思想者無智愚貴賤莫不投身從事若吾國人之對于此事則雖賢達之彥亦皆疑信相參縈心于利害之兩說而不能決然盡力此由於吾國人未目擊憲政之實用故並此與憲政相倚伏之政黨而亦不能深知理固然也茲者同人學識謭陋雖難道其精奧然就吾國今日之實情發明政黨關係之重大以與國人共討論之可也其他理論則有各國之國法學政治學國會史政黨

史。在非此書所能侈陳焉。

夫吾國人欲速開國會。何以必須有政黨之豫備耶。蓋立憲政治號稱多數政治。則督促此憲政之實行也。亦當以多數人為依歸。然徒云多數。勢甚渙漫。則必需有一結合之機關。政黨者。即結合多人督促憲政之機關也。故政黨成立後。憲政乃能從速實行。且憲政者。大抵為官僚所不慊。若無政黨表示其熱心毅力以盾其後。則雖云政府已承認立憲。仍將出以遷就敷衍。久之而專制餘威將翕闢開張。反汗立憲之成命。如俄土即其例也。然此係就政府一面言之耳。若夫人民之一面。其必需有政黨之處尤多。試就吾國人民情形約言之于後。

一吾國今日若有政黨。可以集合多省人士以擴充請願之聲勢也。考日本人民要求國會之時。國中九十餘團體聯合而為總要求。常駐東京之代表類數十百人。各地請願書達於元老院者凡七十餘通。全國靡然從風。政黨滿佈國內。而日本之憲政乃始成立。今吾國之土廣民衆十倍于彼。乃請願書之達于都察院者。不過數通。加入請願之團體不過二三。以此視彼。判若霄壤。此雖由于吾國交通梗塞。人民政治思想薄弱。

文廎

然使吾儕能激發血忱組織此黨于中央以為號召復有多數同志專往各省極力開

導使之共曉然于國會與國家存亡之關係則積誠所感全國人亦將風起水湧以為

後援請願書亦可增至數十百通總要之團體亦可以數十百計非至難之事也例

如日本當時主持請願之領袖亦不過十餘人為最有力其主持請願之機關亦不過

一二大政團為最有力此外皆係被動者今返觀吾國則何省皆有諮議局與教育會

商會之成立近來吾儕在各省又漸設有同志會而國中之小政團亦必逐漸林立合

而計之即數十百機關也皆可各舉代表上書請願又安見吾國人要求國會之聲援

不能與他國媲美耶是惟在吾同志會中人之奮勉何如耳況日本當時其君主貴族

原不欲立憲故人民之要求也非有極大之聲勢不可若今日吾國則朝廷久已頒

佈立憲之詔旨矣吾儕所續求者惟在時期之縮短收效甚易原不必膠執日本之

陳跡謂必鼓動全國然後能得朝廷之愈允他偷可以和平從事則以不傷朝野之

感情為最幸此同志會成立之理由一也

一吾國今日若有政黨可以養成他日大黨之精神與其基業夫政黨最貴有根蒂深

二十四

厚之歷史文中已略言之矣然所謂根蒂深厚者非必以一黨名與主義貫注終始即中途而有改變黨名改變黨綱之時亦無所妨礙其歷史例如英國之所謂保守自由兩大黨者其前日之分合變遷亦極複碎在十八世紀中或此黨分裂而成他黨或他黨中之一派別而加入彼黨數見不鮮然皆始終能成兩大黨之精神與其基業又如日本明治初年有所謂愛國公黨愛國社國會期成同盟者後曲折蜿蜒改爲自由黨今又改爲政友會又有所謂嚶鳴社東洋議政社鷗渡會者後曲折蜿蜒改爲改進黨今又改爲進步黨雖其中屢興屢仆參伍錯綜而始終亦能成兩大黨之精神與其基業就此觀之則同志會變遷之前途縱不能逆料然使能吸納多數人物于其中互相漸摩砥礪更以培養後起之人才則日後主持國中各黨者必多爲吾儕感情愜洽之人則吾國中黨爭始終不至過于激烈且愜洽既深政見一致多數人即可長爲一黨之行動而同志會或即可養成一大黨之歷史後日可與他之大黨互相提攜如英美之有兩大政黨者然而吾國乃無小黨分裂阻礙憲政進行之患此同志會成立之理由二也

一吾國今日若有政黨可以消弭地方黨派之弊害按吾國因幅幀寥闊交通阻隔之故各省人視本省之利害較為密切多置全國利害于後圖況現今各省諮議局成立之後而地方黨派更有潛滋暗長之勢良以國會未開無結合全國黨派之事實故各省人祇好退處地方謀立黨派以圖省治之整理此固有必至之符者今吾儕既于一面要求速開國會一面又組織此會則樹厥風聲各省人士必破其狹小之制度而共囊此遠大之規模以消弭前途無窮之禍蓋地方黨派其為害之最大者可使國勢分崩離析盤旋淪落于外人之權力中主權一去不復回外人均勢之問題起全國或即因而瓦解其害之小者亦必各地方各分握國家主權之一部尾大不掉中央政府將退處于無權今吾國情形實有此趨勢倘國人欲鞏固國權之統一則必先圖政黨之統一此同志會成立之理由三也

一吾國今日若有政黨可以矯正國中一切不正當之輿論按吾國近來之輿論淆亂極矣非馳于偏激鼓動風波即瞀于遠圖吹求細故積非勝是伐異黨同而恬不為怪雖其中亦有特達之士欲以眞解決紛難然以一二人力量孤危之故不敢顯樹敵幟

犯羣疑衆謗之衝趦趄囁嚅久之而即安于默退蓋縱欲不顧浮言力持正論然既明知不能挽此狂瀾又何必批一時之逆鱗致失一生對於社會之信用此所以正人君子一轉念間而皆不願主持淸議也此種情形則豈僅非國家之福抑亦私人言論不自由之隱痛故國中往往一極小之事因不能即時解決而浸成大憂雖有賢才無以善後此固屢見而不一見者也今若有一政黨之發生則可以漸矯正一切輿論不正當之弊蓋集合多數人平日研究既密臨事又以一黨派之勢力騰佈公議於國中力量大壁壘堅一切浮言曾不足以淆亂社會之觀聽且黨中尤可設立言論機關逐次袪除國人之矇蔽久之則輿論自可共趨於正軌國家大事皆迎刃而解此同志會成立之理由四也

按以上所舉四大理由皆係就吾國今日之應預備政黨而言若夫政黨關於國家之一切利益與夫吾國立憲後政黨之一切作用今皆不暇置詞恐陳論膚泛反使吾儕設立同志會意志不能發明故耳或者謂吾國衰弱情形之應速開國會與事實之能速開及吾民督促速開之法誠如此意見書中三大綱之所云矣但今日政府雖不顯

持反對國會之論。然未有以國家大事介懷者。樞府中未有力負責任。能表率羣僚者。監國縱云賢明而環顧盈廷。將恃何人以決大計乎。恐國會雖開。終成畫餅耳。曰此不足慮也。蓋專制政治之末運。大抵如此。非獨吾國爲然。倘此種國家之官僚。果能長此有人。力負責任。則人民要求立憲之心。必不堅定矣。例如英國歷代王權最盛。及至意慈米斯時代。則君權式微。政界凌亂不堪。而人民所要求之憲政。乃成立於是時。法國前代專制亦極盛。及至路易十六。闇懦無能。大權不振。而法人理想之民主政治亦成立。於是時夫國家之權力。不在朝則在野。倘在朝者果常有非常之人物。則在野者必屈伏而不伸。世界學者。皆謂立憲政治爲專制君主所激成。余則謂專制時代不過激成人民以希望憲政心理。至如憲政之確定。則必在專制日久而一旦不能保守專制之時期。然則吾國今日。正此時期也。吾儕更當乘此時鼓舞以要求立憲。何尚反引爲病乎。況吾國官僚。亦未必絕無賢明者。以京內外大僚觀之。其能忠貞體國。正色立朝者。亦有人。其能畧知治理。與世界大勢者。亦有人。惟今日混處於政務紛亂之時。則無由表見耳。倘吾民果能要求從速立憲。法律既嚴明。機關既完備。職務既分。劃則官僚若猶不負責任即不能安于其位不肖者日被淘汰賢明者日以超遷又何能逆料當道諸公即無一二可爲異日民黨所信任者耶倘人民既一面欲參與政權而一面又欲官僚之能鞏固政權非惟思想之矛盾亦非吾儕能力所能辦到者嗚呼吾民惟有確守一定之界綫冒艱難困苦以努力前進而已蓋吾國從速立憲之機日益發動若任此機之逸去則轉瞬風雲勃起外侮紛乘舉目河山將不勝今昔之感矣嗚呼吾民尚何迴翔審顧欲蹈違天不祥之轍乎此同志會之所以披肝瀝膽欲與邦人諸友共念此亂也

玉宇沈沈夜向闌
跨空飛閣倚高寒
一壺清露來雲表
聊爲幽人洗肺肝

中國紀事

軍機處通電籌辦平糶　十七日軍機處致皖鄂江浙四省電云南京武昌制台蘇州杭州安徽撫台申奉　旨近來沿江各省。年歲歉收米價騰貴。饑民艱於得食。以致人心浮動。伏莽潛滋。朝廷宵旰憂勞。總以先平米價。爲思患預防之計。而鄰近產米各省。率多禁止出境。自保鄉閭。恐無救濟之餘力。目前辦法。應聯合紳商。協籌欵項。採辦米糧。或迅購大宗洋米。設法平糶。以定人心而弭隱患。應如何通盤籌畫分別緩急。妥定辦法之處。著張人駿增韞瑞澂寶芬朱家寶楊文鼎迅卽會同商榷詳悉電奏。以慰廑念。欽此。

海軍處重訂各司職掌　籌辦海軍處前暫設第一二第三第四四司。嗣添醫務司。現洵貝勒以辦理諸務漸有端緒。各司名目職掌。應詳加釐訂。以符名實。所有原設第一司。擬名曰軍制司。掌海軍規制考績駕駛器械輪機等項事宜。第二司擬名曰軍政司。掌修造船艦建築工程等項事宜。第三司擬名曰軍學司。掌海軍教育訓練謀略等項事宜。第四司擬名曰軍防司。掌銓衡各省水師將弁並偵測等項事宜。醫務司擬名曰軍醫司。掌海軍衛生療傷醫藥及軍醫教育等項事宜。參贊廳內原設兩司。一爲秘書司。今擬名曰軍樞司。掌全處人員升遷調補差缺機密公牘函電及承發文件等項事宜。一爲庶務司。今擬名曰軍儲司。掌海軍經費暨服裝軍糧等項事宜。此兩司原擬專辦署內一切文牘庶務。故以之隸屬參贊廳。茲因機要事件日益繁多。各艦隊煤糧服用亦須籌畫。亟宜分別撥歸該兩司經理。與從前專辦署內事件者不同。毋庸設於廳內。俾與各司一律分任職掌。惟一二三等參謀官仍照留廳。以資佐理。此外尚有海軍軍事裁判風紀法律等項事宜。另設專司。名曰軍法司。以掌其事。

分科大學職員　分科大學經文兩科現已開辦。其職員亦已派定。茲將其清單錄下。

經科監督學部丞參上行走柯劭忞。字鳳孫。　經文兩科教務提調翰林院編修章梫。字一山。浙江海甯人。　毛詩教習學部參事官江瀚。字叔海。福建長汀縣人。　周禮教習學部員外郎胡玉搢。字綏之。江蘇元和人。　左傳教習戴德誠。湖南武陵人。　爾雅說文教習湖北候補知府王仁俊。字扞鄭。江蘇吳縣人。　文科監督吏部主事孫雄。

字師鄭。江蘇常熟人。　文科教習林紓。字琴南。福建閩縣人。郭立山。字復初。湖南人。史科教習。專講紀事本末。學部主事陳衍。字叔伊。福建侯官人。專講通鑑輯覽。饒叔光。字竹生。湖南人。　說文教習王仁俊。(兼充科學教習)　音韻教習學部奏調行走蔣黼。字伯斧。江蘇吳縣人。　再經文法商理工農等科。均講四書及大學衍義。教習爲在籍主事夏震武。字伯定。浙江富陽人。　醫科監督本請粵人屈永秋。刻未至部。故尙無開辦之期。

學部禁學生結昏異族　學部以近來留學生。時有與外人結昏之事。在尋常僑民。本不應禁止。惟學生則不可槪論。家室累重。則學問念輕。一也。外洋女子習尙奢靡。學生學費有限。二也。既娶外國婦女。則樂居斯土。易起厭忘祖國之思。三也。故日前特奏明。咨行各出使大臣。各留學生未畢業者。均禁其與外國婦女結昏。違者畢業時不給證明書。官費生追繳學費。

澤尙書籌辦蒙鹽官買　澤尙書近以蒙古一帶。所食鹽斤。任聽蒙民私自販賣。雖稍納課稅。其稅釐不及銷數十分之一二。急應清理。另籌辦法。當經函致都統溥玉岑就近碻查。旋接函覆謂蒙鹽產數極旺。供食蒙民之外。尚復行銷內地。如直隸之懷來涿州等八州縣。以及東三省西北一帶。均以潞蘆二鹽價値昂貴。素惟蒙鹽是賴。且除偷漏外。所納課帑。亦甚細微。若嚴加整頓。改歸官辦。必能歲得大宗進欵云云。澤尚書得覆後。又復派員前往密查。近得函復與溥所述略同。遂即奏明擬改官買。一面飭下溥都統先行收賣。一面再派監理等官前往設局開辦。蒙邊二千餘里。擬設局八所。並飭溥妥爲照料。已奉 旨依議。

鹽政學堂 澤尚書以鹽政需才孔亟。擬從速設立鹽政學堂。章程大致分爲兩班。一速成科。以十箇月爲畢業期。一完全科。以二年爲畢業期。但非鹽政專官。一概不收。此後鹽務官員。未得畢業憑劵者。均不准委差及補署各缺。現已購辦各國鹽法書籍及關於鹽務專門學堂之章程。以資取法。

各督撫再聯銜奏抗鹽政章程 前各督撫電奏鹽政章程。不無窒礙。當交督辦鹽政大臣詳議。嗣經該大臣遵旨覆奏。曾於初四日奉 諭應如所奏辦理。原奏已錄前號文牘門。日昨各督撫又有電奏來京。縷陳鹽政章程之種種窒礙情形。請交政務處會議。謂僅集權中央。而不揆諸吾國歷史及地方各種之關繫。以求適用。恐新章頒布後。督撫之命令。既有所不行。督辦之考察。又有所不及。將成散渙無紀之鹽政云云。奏上。奉 旨督辦鹽政大臣載澤會同各督撫詳細議覆。

商部對於勸業會之預備 農工商部以南洋已奉 旨簡派楊侍郎士琦爲該會審查總長。蒞場開會。專任審查及授與褒狀證書。關繫極重。所有蒞會一切經費。如建築審查室、建築分析室、建築審查職員住室。以及購置器械藥品製造獎牌。印刷獎牌紙筆文具印刷報告川資旅費薪水。並授賞式費用。以及各項雜費。需款甚鉅。叠經與兩江督臣往返函商。極力撙節。豫算須銀九萬數千兩上下。方敷應用。委係省無可省。特奏准作正開銷。俟事竣後核實送報。

又奏定審查總長督率審查員將會場陳列各出品。分別查驗。評定甲乙。給予褒獎。其最優等者給予超等文憑。次優等者給予優等文憑。再次則分別給予金牌銀牌。以昭激勸。其有自出心裁製造特別優美物品。足以利用厚生者。另行按照奏定商勳章程。奏請給予獎勵。以示優異。

津浦鐵路借欵已定　津浦路欵支絀。郵部與督辦大臣議息借德欵三百五十萬鎊每年周息五釐。已經成議。於二十一日在德使館簽押。

日人吉會路線之計畫　吉林至會寗（韓國北境地名）間鐵路。去歲中日兩國訂約修築。外交失敗。已鑄大錯。但開工與否。權尙我操。日人未便干涉。然東報已紀有某日人計畫此線之大畧矣。該路工程。大約分爲兩段。自吉林省城起至敦化止。約一百六十餘英里。自敦化起至會寗止。約一百四十餘英里。其中應開隧道五處。應築鐵橋五處。加以峯巒重疊。巖谷起伏。施工尤爲艱險。惟牡丹江朱爾多渾河及延吉一帶僅有平原。然到處皆有河水縱橫貫注。其工事仍非易易。至速亦須五年方能竣工。據某報所預算。每一英里假定八萬元。全線工費至少亦須三千萬元。嗚呼。此路若成。則吾所停辛竚苦捐大利以贖回之延吉。仍爲他人囊中物矣。

粵督奏論賭害　粵省以鹽餉抵賭餉之舉。既爲京外所反對。袁督日前又上疏痛論賭餉之害。畧謂賭餉一日不籌抵。賭禍一日不能剷除。諮議局選舉資格。凡營業不正者。應在剝奪之列。廣東則賭商且赴部注冊。地方自治。甫立有賭館。厠其閒。則非自治直自擅耳。裁判巡警。則不能執國法以干涉。簡易學塾雖開。此輩賭徒。決無心習學書算。尤可異者。賭之害。人人能言之。賭之利。則人人思染之。賭館既以報効爲美名。官紳遂以庇賭爲盡職。故欲治廣東。必先以去外邪爲入手之方。外邪莫甚於賭。去邪亦莫難於賭。然因其難而不爲。則愈積愈重。庶政終無就理之日。

溫大臣與達賴立約之眞相　初朝命四川派兵一千進藏。藏人疑懼。要求奏阻。不得請。則徵調番兵分布要隘。揚言圍欽署屠漢民。既而江達屯糧。復爲番人所燬。加以聯豫平日措施不當。尤失衆心。故藏衆專與爲難。停其供給。羅列罪狀十九欵。至溫大臣處控告。會我兵至藏界。轉戰而前。連獲勝利。達賴始憂沮。於是以正月二日。約溫赴布達拉山相見。面允三事。一將各處番兵立卽調回。二荷　恩封賞咨請奏謝。三仍尊重聯大臣。復其供應。而溫亦以四事答之。一川兵到日必不騷擾地方。二諸事和平辦理。三達賴教權不加侵損。四決不殺害刺麻焚毁寺廟。達賴以交換文牘。請溫回署商諸聯。聯固不允會銜。且删去和平辦理一欵。溫爭之不得。則徑以單銜具文咨復達賴。以爲此足安其心矣。初三日川軍前鋒騎兵四十人抵拉薩。聯卽用爲己衛隊。而新練士兵。且張聲勢以助之。達賴益懼。遂召集番官。秘議潛逃。溫先期得信。急詣聯商請派兵駐紮曲水。阻其西去之路。聯堅執不從。是日薄暮。邏者已報達賴出走矣。此溫聯齟齬之情形。卽達賴所由得脫之原因也。

世界紀事

英國之財政法案　英國度支部大臣佐治以正式提出財政法案於下院。自由黨員雖以佐治所編成之法案。能擁護自由貿易。且能排除財政上之障礙。極口稱道。惟保守黨則多方指摘。大不滿意。

英國之豫算修正　度支部大臣佐治爲塡補歲入不足額二千六百二十四萬八千磅。提出修正豫算。此回豫算案之變更。雖能統籌全局。頗動觀聽。然亦不過免除農事及其他生產稅而已。

英國新領土　馬來半島之德列卡奴。向爲獨立國。頃已劃歸英屬。

英國財政案採決　英國之財政決議案。下院用討論制限法。以八十六票之多數而採決。至所得稅法則滿場一致。決議可行。

澳洲兵備問題　澳洲政府。決於平時備陸軍八萬。半爲守備兵。半爲常備。皆編入軍籍。以編成隊伍。又戰時凡自十八歲至十九自二十五歲至二十六之壯丁。曾經訓練者。皆得召集合計可得十萬七千人之兵力。至軍事教育。則自二十歲至二十五歲者。每年須操練六日。又爲養成三百五十名之將校。建設一陸軍學校。各將校之任務。則定爲終身官。此校每年收養自十七歲至十九歲之青年一百人。各青年卒業後。與以委任狀。派赴英國或印度。受六個月之練習。凡承諾此委任狀者。須當十二年之服役義務。

德國飛行船演習　德國之軍用飛行船三艘。載高級武官數人。自奇約倫市飛行至漢堡。德皇及后。現駐蹕此地。時命演習。以供觀覽云。

德國建築勞働者之大罷工　德國之建築勞働者同盟罷工。同盟者之數。頃已達二十萬人。舉國因此事。頗爲紛擾。

德國議會閉會　德國帝國議會。以西歷五月四日行閉院禮。次期議會。則以十一月八日開會云。

俄國之教育費　俄國議會。決議支出一千萬羅卜。供小學校制度之費。議會則以西歷五月五日閉會。

俄國海員強逼召集　俄國新定之海軍法。謂凡平時揭俄國國旗之船舶。其一切船員。戰時皆須就俄國海軍之職務。不得違抗。

比利時之博覽會　比國普律賒市之萬國博覽會。現已開會。比國皇帝及后舉行開會式時。極口稱讚德國之出品。其產業勞働大臣哈巴謂德國之出品。能極工藝之精華。足為各國出品之模範。

美國文豪之追悼　美國文豪麥德雲逝去。合衆國及各國名士。皆有吊唁。其遺產約有百餘萬云。

平和問題與羅斯福　羅斯福與墺國皇帝及其外務大臣依連達伯。發揮軍備廢止及平和問題。意見甚洽。

芬蘭之新議會。　芬蘭議會新行總選舉。其舉出之議員。老年芬蘭黨四十二名。青年芬蘭黨二十八名。瑞典國民黨二十六名。社會黨八十六名。重農黨十七名。基督勞働黨一名。其中十五名乃婦人云。

土耳其皇太子出遊　土耳其皇太子現往歐洲。訪問各國之皇室。土廷此舉。乃係創擧云。

土國幣制改革　土國藏相宣言改革幣制之計畫已有成算。

波斯與俄德　俄國因波斯於威絡美亞湖與德國以航海權出而抗議且要求與以獨占權。

達賴與英俄　達賴喇嘛往游聖彼得羅堡已得英國政府之同意。

日本外債借換之成立　日本政府爲償還五分息之外債新在倫敦巴黎發行四分息公債。其契約已成立。於巴黎則四億五千萬法郎。於倫敦則一千萬磅。

日本潛水艇之沈沒　日本第六潛水艇。於從事潛水動作中。無端沈沒。德國皇帝及英法之海軍大臣等。皆致吊詞。以表哀悼。追後杳其沈沒之原因則由縱舵之損壞。凡潛水艇皆有縱横二舵云。

日本外務大臣赴俄　伊藤公爵與俄國大藏大臣克弗阿輔會談之要件。以伊藤遭難後。卒無成議。頃外務大臣小村擬與俄國政府。重申前議。其會見地在聖彼得羅堡。或哈爾賓尚屬未定云。

叢錄

歲晚讀書錄

滄

雪浪和尚語錄二則

梅長公問和尚。如此世界壞極。人心壞極。佛菩薩以何慈悲方便救濟。請明白提出。勿以機鋒見示。和尚以手作圓相曰。國初之時。如一錠大元寶相似。長公疾呼曰。開口便妙了。速道速道。和尚曰。這一錠銀。十成足色。斬碎來用。卻塊塊是精的。人見其太好。乃過一爐火。攙一分銅。是九成了。九成銀也還好用。再過第二手。又攙一分。是八成了。八成後攙到第三第四。乃至第七八手。到如今。只見得是精銅。無銀氣矣。長公曰。然則如何處置。和尚曰。如此。則天厭之。人亦厭之。必須一併付與大爐火烹鍊一番。銅鉛鐵錫銷盡了。然後還他十分本色也。長公曰。如此則造物亦須下毒手也。和尚曰。不下毒手。則天地不仁。造化無功。而天地之心。亦幾乎息矣。

和尙嘗示諸門弟子曰。天地古今。無空闕之人。無空闕之事。無空闕之理。自古聖人不違心而擇時。不捨事而求理。以天下之事是吾本分之事。以古今之事是吾當然之事。所以處治處亂處吉處凶。皆是心王游衍大中至正之道。今人動以生不逢時權不在我爲恨。試問你天當生箇甚麽時候處你纔好。天當付箇甚麽權與你纔好。我道恨時恨權之人。皆是不知自心之人。故有悖天自負之恨。又安知死死生生升升沈沈皆是自己業力哉。你不知自心業力强弱。不看自己種性福德智慧才力學行造詣機緣。還得中正也無。卻乃恨世恨時恨人恨事。且道天生你在世間所作何事。分明分付許多好題目與你做。你沒本事自不能做。如世間庸醫。不恨自己學醫不精。卻恨世人生得病不好。天當生箇甚麽好病。獨留與你醫成你之功。佛祖聖賢將許多好脈訣好藥性好良方好製法留下與你。你自心粗。不能審病診脈量藥裁方。卻怪病不好治。豈神聖工巧之醫哉。你不能醫。則當反諸己。精讀此書。深造此道。則自然神化也。果能以誠仁信義勉强力行。向上未有不造到聖賢佛祖地位。向下未有不造到英雄豪傑地位。今人果知此義。則自不敢恨生不逢時權不在我。自爲暴棄之人也。

滄江主人曰和尙可謂師子吼也已其所謂大爐火烹鍊一番者卽陸象山所謂激厲奮迅抉破羅網焚燒荆棘蕩夷汙澤吾輩心境陷溺旣久者非用此一番工夫則無以自進於高明而欲救舉世人心之陷溺舍此亦更無其道但當用何種手段以行烹鍊則吾至今猶未能得其法耳其箴流俗恨時恨權之蔽眞乃一棒一條痕一摑一掌血今國中頑鈍無恥之小人不足責其號稱愛國之士君子殆莫不以生不逢時權不在我二語自飾遂相率委國事於不問吾以爲疾風知勁草盤錯別利器時勢愈艱則英傑愈當思所以自效吾儕生此時天之所以厚我者至矣若權之云者則豈必其尸君相之位乃始有之一介之士皆可有焉特其種類及其作用有不同耳謂時勢地位可以困人無有是處其見困者皆自暴自棄之結果耳萬險萬難皆可拯拔惟舉國人皆自暴自棄則眞無可言者何也以其旣造此惡業力則所受之報未有不與之相應也

難者曰今旣舉國人相率以造此惡業力欲以一二人與之抗無異捧土以塞孟津亦何能爲然則謂時勢不能困人之說非也應之曰佛法最明熏習之義惡根固能熏善根以隨染善根亦能熏惡根以向淨而凡所熏者以一部分成爲箇人所得之業以一

部分成爲社會所得之業而應報之遲速大小則視其禀力之强弱何如孰謂一二人不足以易天下也彼聖賢佛祖豈並時而斗量車載者哉就令未能立挽狂流亦當期效於方來蓋社會之生命賡續而無極者也自古雖極泯棼之世未嘗無一二仁人君子自拔流俗而以其所學風天下而乾坤之所以不息吾儕之所以不盡爲禽獸皆賴此一二仁人君子心力之賜也卽國家之事一切不許我自效若乃自效於此則誰能禁之夫苟能自效於此則所效者已大矣是故人生在世終無可以自暴自棄之時而凡持厭世主義者皆社會之罪人天地之罪人也

雪浪和尚者明季大德與憨山大師同稱法門龍象者也

使法必行之法

商君書畫策篇云國之亂也非其亂法也非法無用也國皆有法而無使法必行之法嗚呼何其一似爲今日言之也數年來新頒之法令亦既如牛毛矣其法之良否勿論要之諸法皆有惟使法必行之法則無之夫法而可以不必行是亦等於無法而已是法治之根本已撥而枝葉更安麗也中國而長此不變則法愈多愈速其亂而已然則

使法必行之法維何則君民共守之憲法是已而舉其實必賴國會然則專制國遂絕無使法必行之法乎曰亦有之上戴英斷之君主而佐以公忠明察之宰相則法亦可以使必行君相苟非其人而復無國會則凡百之法皆益亂者也

治治非治亂

荀子曰君子治治非治亂也然則國亂將不治歟曰國亂而治之者非案亂而治之之謂也去亂而被之以治人汙而脩之者非案汙而脩之之謂也去汙而易之以脩故去亂而非治亂也去汙而非脩汙也（不苟篇） 嗚呼治道盡於是矣今中國之言治者皆案亂而治之之者也數百年來之積弊皆珍惜保襲之不肯損其毫末而日日施行新政不暇給此猶治病者未能袪寒熱邪感而貿貿然進以參苓其死於參苓必矣董子曰琴瑟不調甚者必解而更張之乃可鼓也為政而不行甚者必變而更化之乃可理也此去亂而被之以治之說也

君主無責任之學說

君主無責任為近世立憲政體之一大義而我國周秦諸子實已發明之慎子云君臣

之道。臣有事而君無事也。君逸樂而臣任勞。臣盡智力以善其事。君無與焉。仰成而已。事無不治。治之正道然也。人君自任而務先下。則是代下負任蒙勞也。臣反逸矣。故曰、君人者好爲善以先下。則下不敢與君爭善以先君矣。皆稱所知以自掩覆。有過則臣反責君。逆亂之道也。君之智未必最賢於衆也。以未最賢而欲善盡被下。則下不贍矣。若君之智最賢。以一君而盡贍下則勞。勞則有倦。倦則衰。衰則復返於人不贍之道也。是故人君自任而躬事。則臣不事事也。是君臣易位也。謂之倒逆。倒逆則亂矣。（民雜篇）尸子曰、夫使衆者。詔作則遲。分地則速。是何也。無所逃其罪也。言亦有地。不可不分也。君臣同地。則臣有所逃其罪矣。（發蒙篇）管子亦云。心不爲五竅。五竅治。君子不爲五官。五官治。（九守篇）又云、以上及下事謂之矯。又云、爲人君者。下及官中之事。則有司不任。（君臣篇）俱今日中國之患。全在有司不任而有所逃其罪。非直逃其罪。乃反責過於君。而其所以致此者。則以君臣同地而君代下負任蒙勞故也。三子之言。於君主所以必須無責任之故。發揮無餘蘊矣。

春冰室野乘

春冰

左文襄之遺議

左文襄戡定西垂。功名與曾李埒。然實有未盡滿人意者。其奏疏鋪排戰功。半屬子虛。所以奏廓清之績者。純恃招降以集事耳。肅州之役。一敗塗地。幾不能軍。幸虜酋無遠志。涎降人待遇之優。排衆議而就撫。關內賴以奏肅清。然亦危矣。近讀江都史繩之中丞念祖復程伯宇一書。其詆訶甚至。史晚節爲人不足重。而此書則不可謂非實錄也。今節錄於下。（上畧）足下來書。下詢邊徼漢唐之形勢。近代之變遷。每欲作札畧述近日攻剿之機。邊民流離之慘。輒咄咄不能置一語。嗟乎。塞則猶是也。漢唐守備之故形勢阻隔之險。久不復聞矣。方謂山遷河改。無事法古。安問當年形勢乎。　國朝乾嘉之間。撫馭箝制。漫不復稽。遑問漢唐乎。嗟乎。幸僕筆拙目短。不足準古證今。以報足下之命。不然。將歷攷其覊縻之失。而追錄其傾覆拙鈍之由。曲述其遁飾之隱。屠戮之虐。搜括羅織之苛。使九邊泣血之死聲。千里暴骨之慘狀。一旦而畢呈於足下之前。亦足下之所不忍聞也。足下乃謂僕之西行。可以有爲乎。昔者顏子將之衛。請於夫子。夫子曰。

嘻。若殆往而刑耳。僕雖不敏。獨不懼死于暴人之前乎。（下略）甘肅。僻處天西。風氣朴僿。士人僅知帖括。兵興十餘年。未有能著一書。以述攻戰之蹟者。文襄持節西征。又極力牢籠士大夫。結其歡心。使不持異議。故竟無一人能發其驕愎粉飾之情狀。嗚乎。使多忠勇不死。關隴可百年無患也。幕燕之危。巖墻之險。孰實爲之。江統徙戎之論。讀之有餘悲已。聞人言史少年時。目不知書。既貴。乃折節嚮學。此文鬱硉奡岸。直摩唐人之壘。非規橅兩宋以時文爲古文者所能。不可謂非奇士也。

嘉禾圖

乾隆二十八年七月杪。松江府境。暴風三日夜不息。禾盡偃。稻花全落。諸縣田有一粒不收者。有畝收斗許者。有及半者。則慶大有年矣。吳士盧元昌有詩紀之曰。困窮甘儉食。垂老過奇荒。百歲人稀遘。三吳事可傷。探丸竟白日。胠篋到黃堂。（時松江府署被刦）我粟無升斗。開門亦不妨。如此奇災。乃巡撫洪之傑不唯諱災不告。反取句容縣境青苗一束。繪嘉禾圖上獻。 詔書嘉獎。宣示中外。吳人銜之次骨。嗚乎。天下妄狠人。獨洪之傑也歟。

梁山舟遺事

梁山舟學士以書名乾嘉閒。平生深自矜重。不輕爲人作。乾隆末。入都祝嘏。道出山東。聞人言。運河盛漲。前途道阻。因詣撫軍某公。咨之。某公者。滿洲旗籍也。相見。卽盛言水勢之大。因暫留居署內館之後圃。膳飧豐隆。惟出入必經撫軍內室。殊苦不便。遂亦鍵戶不出。撫軍每三五日。必來省見。則言水勢未平。咨嗟不已。室中一無書籍。惟插架古法帖十數種。隃麋數十丸。縑素數百番而已。學士終日無事。因以翰墨爲消遣。如是者帀月。架上楮墨。亦畧罄矣。一日撫軍入見。喜動顏色。曰、水已全退。可行矣。遂張筵祖餞。酒半。忽顧架上楮素。歎曰。吾以王事鞅掌。友朋書債。皆堆積此閒。何日始能清理耶。學士乃言曰。吾在此無所事。已敬爲代償矣。撫軍佯驚曰。此皆遠近名士。慕我書名。展轉請求者。今一旦爲公汙盡。奈何。亟呼僮斥之。去更易新楮來。學士大愠。遽匆匆別去。旣首途。則前驛並無水漲事。皆撫軍飾詞欺之耳。然莫明其故。久之。始悟廿餘年前。官翰林時。撫軍方官筆帖式。嘗以佳紙求書。學士拒而不許。今故爲此狡獪。以報之。學士後與人言及。猶憤憤。遣人往覘。則撫署中四壁琳瑯。莫非學士手蹟矣。此公可謂惡謔。然殊未傷雅。成哲親王曾爲謝學士階樹作黃庭經小楷。爲生平極精之作。旗下一都統見而愛之乃以數十金購宋紙一卷親詣邸踞求王領之翌日卽送至某都統訝其神速方竊自喜展視了無一字惟一角有蠅頭小字三猝不易辨諦視之則你也配三字而已此則令人難堪矣

薛雲階司寇之法學

前明六部權最重爲部郎者率視外任如左遷 國朝官制無異明代而部權之衰則一落千丈矣士大夫起家進士任曹司二三十年京察注上考始得一麾出守同儕望而羨之眞有班生此行何異登仙之慨噫可以觀世變矣諸曹司事權皆在胥吏曹郎第主呈稿畫諾而已惟刑部事非胥吏所能爲故曹郎尙能舉其職刑部事統于總辦秋審處額設提調坐辦各四人主平亭天下秋審監候之獄必在署資深且深通律學者始獲充是選長安薛雲堦尙書允升官提調十餘年始獲外簡甫六歲復內擢少司寇洊長秋官掌邦刑者又二十年終身此官其律學之精殆集古今之大成秦漢至今一人而已嘗箸一書以 大清律例爲主而備述古今沿革上泝經義下逮勝朝比其世輕世重之迹求其所以然之故而詳箸其得失以爲後來因革之準書凡數十冊

各厚寸許。卷帙繁重。竟無人能爲任剞劂者。恐日久終不免佚闕矣。

尙書清癯疲削。若不勝衣。而終日端坐讀書無倦容。語音極小而清朗。每在稠人大會中。忽發一言。雖坐離數丈者。亦聞之歷歷。不啻促膝對語。而大聲雄辯者。其音反爲所掩。蓋壽相亦異稟也。嘗言士大夫一生學問爲一事。科名爲一事。官職名譽又各自別爲一事。兼是四者。古今殆罕。其人以王荆公之道德氣節。而宋儒至儕諸盧杞。包孝肅使生於兩漢時。在酷吏傳。亦不過僅居下駟之列。而至今婦孺皆知奉爲神明。名實何必相符。史冊安有定論耶。嘗爲嘉興沈乙盦述之。乙盦歎息以爲至言。

尹杏農侍御

桃源尹杏農侍御。爲咸豐朝直臣。戊午英艦抵天津。舉朝搶攘。無所爲計。侍御獨疏陳戰守機宜。先後八九上。樞臣主和議。卒格不行。最後疏上。奉　命隨同王大臣會議。鄭親王端華。厲聲詰責。侍御抗辨不少詘。由是直聲震天下。而權貴益側目。卒藉科場案去之。同治時再起。治軍河南。官河陝汝道。民懷其德。歿後入祀名宦。治績宣付國史館列循吏傳中。所著有心白日齋詩文集。集中警句如元祐一朝遺老盡。永和三月酒人

寺送軒
時來將相都論命。老去英雄只著書。（題馮林一鄧尉著書圖）烟花不爲哀鴻減。林木空餘燕歸。（春日師行有感）皆俛仰盛衰。欷歔欲絕。入之主客圖中。洵無媿色。

宰白鴨

折獄之吏。能使民無冤。固已難能而可貴矣。乃有一獄之起。有司明知其冤。而卒無術以平反之者。其慘痛更何如耶。憶某勸善書中紀福建一獄。至今讀之。猶爲酸鼻。漳泉兩府。頂凶之案極多。富戶殺人。輒以多金買貧者代之抵死。沿以成俗。毫不爲怪。所謂宰白鴨也。某大令官於閩。襄事福州讞局。嘗訊一門殺案。正凶年甫十六。而死者則偉丈夫也。檢尸格。鱗傷十餘處。必非一人所能爲。且其人尫瘠弱小。亦必非能殺人者。提案覆訊。則背誦供招。滔滔汨汨。與詳文無一字差。令異之。再令覆述。仍一字不誤。蓋讀之已成誦矣。知其必爲白鴨也。加之駁詰。矢口不移。再四開導。始涕泣稱冤。乃駁回其縣更訊。未幾。縣又頂詳。仍照前供。再提犯鞫之。則斷斷不肯翻供矣。令猶旁皇不忍斷。他委員共嗤其迂。乃代爲提訊。遂如縣詳定案。比臬司親訊。仍執前供。因訊爾年齒甚輕。何能下此毒手。則對曰。恨極耳。案定後發還縣。令遇諸門。問其故。則涕泣曰。極感公再生恩然發回之後縣官怒其翻供更加酷刑求死不可得父母又來罵曰賣爾之錢已早用盡爾乃翻供以害父母耶若出獄必置爾死地進退皆死無寧順父母之命耳令爾之失聲哭遂終身不入獄局云此與前紀王樹汶事極相類若樹汶者其眞有天幸哉

題壁詩

光緒癸未九月出都宿保定城西之大汲店旅舍壁間有一詩墨痕剝落烟霧糢糊署款有庚申冬初字蓋十餘年前蹟也字頗豪縱怪偉因諦視讀之其詩曰北去金輿萬騎扶長安城上有啼烏禁門晝閉宮槐冷蹕路宵嚴翠帷枯九廟英聲驚朔漠幾人留守重西都孤臣流涕朝天遠分作滄江老釣徒蓋 文宗北狩時感事之作也淸蒼激壯足以接武大樽惜署名處泥土剝缺不知爲何人作矣室中四壁堊刷新潔獨留此一方知非流俗人所爲召店夥詢之乃知店東故諸生見此詩而深愛之故不忍堊去也僻鄉中乃有斯人亦云難矣

又吳寄髯先生曾在荆巫間一山寺內壁上見一詩云大江東去盡蒿萊尙有黃花此

地開落木山空秋色老。平蕪天遠暮愁來。驚風沙磧盤鵰健。殘照關河過雁哀。薦記今朝是重九。獨攜樽酒上高臺。蓋亦金陵未復以前感事之作。沈鬱頓挫。饒有杜意。亦不得作者姓名。

石達開之日記

洪秀全諸將。兼資文武者。洪大全而外。惟翼王石達開。其上曾文正七律五首。前已載新民叢報中。達開之入蜀也。意欲由川南襲成都。甯遠府萬山中。有一鳥道。亘古榛蕪。未通人跡。由此北行。出山即在成都南門外矣。達開偵得此路。輕騎趨之。輜重在後。迷路相失。士卒皆餓。莫能興。遂坐困。致爲土司所獲。達開在獄中。述其生平事跡。及洪逆作亂以來。與官軍相持。始終勝敗得失之由。爲日記四冊。紀載最詳。今其書猶存四川臬司庫中。藩庫亦存副本。官書紀載用兵時事。率多爲官軍迴護。掩敗爲勝。迴非當時實錄。昔李秀成被獲後。手書供詞。凡七八萬言。爲曾軍幕下士刪存什之三四。計其關繫重要之語。已芟薙盡矣。達開此書。倘有人錄而傳之。其有裨史料者。當不少也。

夢巽

周禮有占夢之官。其術不傳雖神話時代之舊術。然必有精理奧義。為哲學家所當探索者。吾國人向以夢之休祥。為後事之徵驗自西士腦筋留影之說出。而舊說遂絀。然以蒙所聞。實有能見未來事者。精神上之作用。必有其所以然。今魂學尚未昌明。故莫能言其故耳。癸巳夏。余旅居京師。一夕忽夢覆車。驚而寤。心血猶跳盪不止。次晨入城果覆於正陽門外。車旁所見。宛然夢中景象也。腦筋留影之說。豈足以概之乎。吾國人向以科第為第一事。故夢之屬此類者甚夥。然大抵小說家附會緣飾之辭。什八九非實錄。惟有兩事。最為翔實。徐尚書用儀。錢尚書應溥。咸豐朝同直軍機。同應京兆試。場後。徐匿其稿。錢數索觀。終不肯出示。一夕錢忽夢讀闈墨。徐名在焉。夢中讀其文而識之。醒後竟一字不遺。次早入直。為徐述之。徐大駭。或曰。是必錢君竊窺君稿。故以為戲耳。然徐自言場中實自焚其稿矣。數日榜發。果如錢言。同治乙丑會試。吾師蘄州李百之先生士彬。中第三名。榜前有丁士彬者。夢觀榜禮部門外。已名在第三。惟其姓字獨小。且較他人畧低半字。不解其故。及榜發。竟落第。十餘日後。入城經禮部門。榜猶在。因趨近觀之。則第三名李字之上半。為雨所淋。僅存其下半之丁矣。乃大駭。丁與師故不相識。次日乃尋至師寓所。以夢告之。相與歎咤不置。前一事聞諸徐尙書之戚某君。後一事則吾師自言之。

戈登遺言

英將戈登。曾立功中國。隸李文忠麾下者十餘年。後歸國。死事埃及。吾國士大夫。語及戈。以爲不如華爾。然華不過一戰將。戈則具有文武才略。且其人實忠於吾國。不可沒也。其歸國時。當光緒六年。嘗上書文忠。論外交軍事甚悉。皆犖犖大端。使早從其言。何至有後來喪地失權之禍。不幸而戈所深戒者。吾事事莫不蹈之。今距戈去時。甫三十年耳。而每下愈況。遂至此極。戈登有知。應亦自歎其言之不幸而中也。戈所陳十策。爲撮其要於下。

一中國與外國議約。當在中國開議。　按吾國與各國立約。蹈此戒者。實不可勝數。馬關一約。尙不在內。

二與外國議約。須多用文字。少用語言。文書以簡明爲貴。或先將其意暗詢別國。因各國互相猜忌。若某欵吃虧。必爲指出。　按此策十年以前。猶可用。今則均勢之局已定。協以謀我。雖此策亦無所用矣。

三中國一日不去北京。則一日不可與人開衅。因都城距海口太近。無能阻擋。此爲孤注險著。　按此條蒙頗不謂然。雖然旅順威海之不守。戈固先見之矣。

四陸軍無勁旅。則水師無退步。今宜先練陸師再練水師。

五所購船礮。甚爲失計。當時若以購船礮之欵。盡購新式槍。較爲有益。俟陸軍練成勁旅。再購船礮。　按此二條今之海軍大臣聽者。

六中國有不能戰而好言戰者。皆當斬。

七應多方帮助華商出洋。徑向製造廠購貨。

八總稅司宜駐上海。專管稅務。不令攙越他事。若與外國公使議事。不宜令局外之洋人干預。　按後來赫德權力之膨脹。孰實使之。袞袞諸公。不惟負國負民。抑且無以對戈登矣。文忠在總署時。不喜與赫德商榷國事。殆猶未忘戈登之戒歟。

九當責成出使大臣。承辦外洋軍火。如與各國公使談論有不諧之處。當令出使大臣。在外商辦。　按十條中。惟此條無關緊要。

十亟宜設稅務學堂。令華人習學關稅事宜。以備代替外人。薪水宜照外人例優給。

按赫德總權政以來。垂五十年矣。而此條竟無人議及者。尚何言哉。

文苑

哭丁徵君叔雅

鄒崖

坐脫僧伽月半宵。單衾孤館儘蕭條。（君隱几坐化夜二更癭公促余至始易簀蒙半衾焉）一寒遂死陳無己。（冬雪不裘不爐剛葹曰死亦何必學陳後山不聽卒以此獲病）自序頗同劉孝標。（君鬱鬱於其室飄蕩江湖十載）朱噣羈魂終雨絕。（二月勸南歸遲疑不果至病深不能行矣）絳雲舊錄半煙消。（家藏宋元板書多散佚）海王村亦西州路。碎器何心問董窰。（青花瓷無人談矣）

南國朱黨處士多。百年風雅數潘（孺初）羅（季谷）。應知別有傷心事。可是不求聞達科。蒟花針悲目幻。木瓜鄺子問頭陀。涅槃我已輸靈運。遺種閻浮喚奈何。（余戲演閻浮種民之說君深信其然且援證甚博）

送江御史南歸三首

前人

彈劾頻聞到懿親。先朝得罪問何人。廷推未可歸西錄。家事終難預外臣。自分莠言誅少卯。不辭黨籍附安民。蕉園我欲焚遺稿。慟哭瀛臺淚滿巾。（己酉三月因陳改正實錄疏始與公訂交）

文苑

二

陳事風聞許諫垣臨軒　召對況　溫言好名未免知臣罪鐫秩何曾亦國恩毋
自能貧輕宰相朝無闕政愛林園　宮廷頤費調停苦應信移官豈　至尊
明朝歸去海雲鄉曲巷榕陰舊草堂七疏尙思包孝肅幾時復召顧涇陽以言報國謀
何拙再起還朝項更強好向武夷精舍築抽閒且學種茶方

大吉嶺火車聞印人夜歌惻然

前人

車行月明中風露夜悽緊四山悄無語千里迅俄頃穿橋葦荻響度隄林樾影鈴鐸時
一鳴燈電碧凄冷忽聞楚歌聲隨風度遙嶺一轉一迴腸哀哀天帝請悽然亡國音悲
涼淚如綆變徵忽歌燕楚些託思郢喚起國民魂中夜發深省餘音黯欲斷夢入荒寒
境神思愀愴悄推窻望參井野田雙白鷺飛上巖松頂

萬佛崖

前人

頹崖御鯨額陂陀覆龜背綫徑紆蟠蛇草樹荒蔚薈山雪乍融釋澗泉赴奔會荒陂足
渟滀村田資灌溉岩翠滴岸柳谿綠入畦菜湖鴨浴沙嘴塔鈴語雲外冒險步卻穩高
立見始大闊變生悲觀獵徼忘靜對恣探轉嫌貪久憩恐成愛聽泉洗耳根看雲悟世

態回首東天竺鷲嶺忽破碎保國無金輪佛土有興廢江山成古今傷心唯濺輩

大坪山　堯生

一松山頂秀言指仲兄家曲路鄰翁問開門稚子譁蔬香宜晚飯官苦說京華未滅兒時趣分叢認水花

山農　前人

白髮山中叟爲農道不貧鋤犂供世代兒女是天親種芋能經歲招猿自結鄰蒼松云手植巨茯大于人

老林口　前人

山路不知遠白雲心所親遙遙老林口烟火見居人怪石天爲古高田稻自春因聲謝樵父辟地豈無隣

仇英出浴圖　前人

春痕玉一池照影避人窺衣桁花前亮香雲露雪肌翠涵湘女怨紅韻洛妃辭小立羞明鏡芳情心自知

文苑　四

以乾隆青花瓷盆種牡丹　蟄菴

朝朝數葉復量枝。除却金盤芍藥詩。欲與此花添色相。千山秋翠越窰瓷。

漢建昭銅雁足鐙　前人

膩蠟銅盤又一時。銘詞猶見建昭遺。豈知寂寞書窗下。曾與陽平照舞衣。

贈歌者　曼陀

朱樓密坐不勝情。唱到琵琶煞尾聲。樓下水連樓上月。照人離別最分明。

過馬關望春颿樓感賦　悔餘

昔年上相此停驂。一髮青山水蔚藍。往事。漸。無。人。解。憶。春。颿。樓。外。度。春。颿。

念奴嬌　　彊邨

月下過叔問吳小城東墅乃七夕也歸來始覺之

樵風溪館有吳涯分席閑綠瀟灑滅燭自携涼月影來理茶瓜情話笛罷鴻歸簾開螢入一扇風無價疎星出沒薄羅雲意如畫　知是天上秋期紅牆碧漢隱隱飇輪駕巧拙不關吾輩事贏得清涼今夜針縷閑情槃花綺夢老去慵描寫高梧搖露遠空仙羽來下

六醜　　蜕庵

往歲客東京櫻花盛時輒與孝高曼蓀命屐游賞今春重游日本芳事依然俊游非昔徘徊花下悵觸無端賦此寫之

甚低鬟彈露夢影重扶春無力繞闌問花花愁如暗泣燕燕相識試話年時事墨江堤路響蹋青棠屐香雲暖護蠻春窄錦韉羞裙珠塵漲陌天涯玉簫人隔賸殘英戀鬢香惹簪纈　漂萍蹤跡亂鄉愁似織過眼韶光老成黯憶東風剗地狼藉便匆匆暗換玉

文苑

六

腴顏色驪游倦強停油壁誰說與春雨江南十里杏花消息號鵑苦似勸歸客祇落紅
解訴相思恨燕支暈濕

則可矣。今且勿言。辣公子在彼俟與我等握別。立候已久。速同去見之。辣見彼兩人來。遂迎前以手握梅曰。吾現欲暫緩就塗。俟星期一日乃行。君等何不與僕同居歐羅巴大旅館乎。梅曰吾因携此女徒。時須教誨。擬擇一清靜之處。今將寓於他拿士干旅館。明日請過我晚膳。彼此談心。如何。辣曰如命。惟今夕僕欲先作小東道。以少酬大德可乎。蓋微君援手。吾此時已飽魚腹久矣。尚能飽君之饌耶。梅曰。此何足介懷。但今夕征塵初拂。均須稍稍安置。統于明日午後領教。如君無事。我三人可聯袂偕遊。一覽此間風景。辣答言甚願陪侍。於是三人握手而別。時梅已僱定馬車一乘。遂與女同升車馳去。不一時已抵客店。兩人下車。女謹執弟子禮不敢少怠。此店乃古式。昔時爲里昂有名之旅館。今則非昔矣。然意人往來經此者咸寓居其中。則以店主人爲一意國婦人也。店主婦名秘里士滔。此時瞥見梅面。即喜笑相迎曰。梅君吾候大駕久矣。重見顏色。令人心脾俱爽。言次手一書遞與梅。隨命店傭速灑掃一雅潔樓房。以備梅住。又視女曰。此位姑娘。即君信中所言之高足耶。梅應曰然。時梅妨此老胖婦與之接吻。故纔一應之。即轉身向女曰。此店娘善照料旅客。甚爲周至。遂又向店主婦曰。爲此兒計。吾須要一合式之房。今且同去一看。何如。店主婦曰。卽可同去。遂導二人登樓。乃朝南屋三楹。中央大者爲廳。兩旁較小者爲寢室。地下砌以西式細磚。覆之以花毯。前面玻璃窗洞啓。簾幕新潔。中有火爐。方燃火。猶未熾。所陳桌椅。清潔無纖塵。纔坐定。梅已將適間之書閱竟。攢眉言曰。吾有要事。須暫出。衣士梯梨在此。賴汝照拂。彼有所需。望照與之。且備晚膳。令彼先食。吩咐畢。卽暗牽女裙。使行離數武。密語之曰。吾接此信。出門有事。須小逗留。或夜半始歸。汝膳後可早將息。無庸守候我也。時店主婦纔撥好爐火。正打開洋琴拂拭。梅喚之曰。此兒之衣。乃舊式者。殊不稱體。煩代定製一套。長短須適中者。務望囑縫工趕製。該欵多少。開賬交我照付可也。店主婦曰。此甚容易。吾店內僱有兩縫女。若要質樸者。不需多時。卽可製就。梅曰。甚佳。但須儉樸者。汝且看彼之衣服有何未備。卽煩照製。若能令彼著起看時。年紀似較畧輕者。則可矣。店主婦應諾。遂轉身謂女曰。小姑可進房去安息。女隨之往。見房內有一小榻。帳幔低垂。被褥精潔。較之車中假寐時。則天淵矣。未幾。晚餐已備。店主婦親手上饌。備極欵曲。飯後又帶一縫女來。度取尺寸。卽去從事縫紉矣。閱數句鐘。時已入夜。衣士梯梨因跋涉長途。勞頓。見榻思睡。

乃解衣就寢。忽憶房門未關。復下榻欲下鑰乃徧尋不見鑰匙。無奈將門虛掩。復回就榻。不能成眠。久之聞大門啓閉聲。少頃聞履聲橐橐上樓。認是其師之足音。心驚怯不敢遽睡。起坐床沿。靜察舉動。漸聞步向房門邊來。門響一聲。則已下鑰。女始悟已之一身。今已在他人掌握中。舉動絲毫不能自由矣。正思索間。忽聞琴絃撥動。蒼勁淒厲。隱隱有北鄙殺伐之聲。撫終一曲。又聞作歌。亦微寓同讐敵愾之意。歌罷。又聞悄歎一聲而言曰。國仇未報。何以生爲。幸天未絕意。得此時機。吾兄麥高曩以歌愛國之詩。爲奧人慘戮。兄乎。弟今誓雪國恥。兼復兄讐。在天之靈。當默佑也。言畢。啜泣聲甚哀。女隔房聽之明晰。始知其師不特爲義士。且爲意國謀獨立之偉人。而託迹於音樂家者。不覺肅然起敬。且自責曰。吾曩之揣測。殊輕量天下士矣。次日爲禮拜日。女早起。即偕店主婦赴禮拜堂。梅起獨坐廳事前。待其歸來午膳。迨至已逾十一句鐘。女始姍姍從外回。向師道早安。時女已著新製之淡黃布衣。裙幅則較舊略短。纔可過膝。裝成似覺年齡更稚。梅顧之微笑曰。衣士梯梨。汝回何遲也。女曰。久不聆聖經。不覺傾聽忘疲。又念我師徒塵勞僕僕。默爲前途之禱祝。是以歸遲。望師勿見罪。梅曰。汝敬禮宗教。爲前途祝福。庸何傷。吾固一奉教者也。深感汝意矣。遂移一椅命之坐。曰。時不早矣。余枵腹待汝午膳。諒汝奔走亦飢疲矣。且坐下休息片時。膳後再談。無何店主婦來進午饌。膳畢。梅取里昂新聞一紙令女閱看。女接過。卽見砵地利士男爵夫人之舊名大書特書於其上。下則述犯婦與情人同逃往意。末則記者獻策曰。若遣偵探邀之于馬些兒。必可就獲。女閱畢驚泣曰。網羅重重密布。奈何。吾安所逃死耶。梅曰。彼網羅雖密布。亦看汝觸之否也。但此等伎倆。吾已明若觀火。吾自有防之之策。使汝立于不敗之地。吾擬倩人繕寫受業願書及條約。使汝自行籤押。可以沿途示人。以杜人疑。女曰。有此願書爲護符。便可無虞耶。梅曰。此乃一端。吾尚擬日日教汝歌舞。高聲督責。使人聞之。庶可共信。事不宜遲。便從明日爲始。昨約辣君今日午後作郊外游。今已飯畢。料渠將次來矣。汝若願出游者。便可同去。女喜曰。過此半日。吾將受無量之拘束。今得盡日遊覽尋樂。吾固甚願從也。梅曰。既願去。便可速去裝束。女遂自歸房去。未幾辣公子已來約同出遊。梅延入坐下。卽呼女曰。衣士梯梨裝竟否耶。女應聲趨出。與辣公子爲禮。辣地士奇見其全換新衣。頭帶草冠。丰姿綽約。倍覺可人。卽起身答禮而言曰。小姑前者長途勞頓。

今已不覺疲乏否。女含笑答曰。然。妾之苦于陸行。亦猶君之苦于泅水也。君此時已無恙耶。辣笑應曰。託庇無恙。梅曰。可出游矣。途中再談。於是三人遂同出門。經歷數條小街。乃至河濱。其時河畔漲痕已減。波平如鏡。微風蕩漾。漣漪一碧。若千魚鱗。今昨隔夕。風物頓殊。殊可玩味。更彎環曲折數四。已至大街。商賈輻湊。行人雜遝。道上之人見女莫不目營心醉。梅于衆中見一人。頗類昨日船中之執役者。亦頻頻注視女。中心滋疑。預爲戒備。行行久之。乃至郊外。見水田千頃。東作方興。惠風扇和。麥浪被隴。春日郊行。頗饒逸趣。未幾。行近一山。沿徑而上。至山半。俯視里昂。已全景燦然在目。如一幅畫圖。遠眺層巒列若雲屏。有一高山。上凌霄漢。其巔白光隱隱。如鋪素練。女以手加額蔽日而望。問曰。此山上白氣何也。時梅耆那已行近其傍。答曰。此乃布朗山。山峯極高。終年積雪不消。故爾如此。蓋爲歐洲全境第一名山也。辣地士奇踴躍言曰。山後即美倫城。俟到彼時。吾將與君極暇豫之遊觀。梅君不曾許我爲我介紹與柯連士加相見乎。此女伶名震全歐。吾得與之一握手。亦不虛此生矣。梅未遽答。半晌乃曰。甚善。旋曰。吾聞公子將取道瑞士以往。意有諸乎。辣地士奇曰。然。吾明日首塗。君能偕行最妙。此乃最捷徑也。梅曰吾恐此女作歷征途。苦於跋涉。且吾尙擬至馬些見時。赴劇場演劇兩日。此乃吾初次登法國之舞臺。不可不小住流連。以饜此邦人之觀聽也。女聞言神情欣躍。急問曰師演劇果確乎。兩人見其稚氣可掬。皆失笑。辣曰帕高利士之歌。無怪其欲聞也。此女郎一片天眞爛熳。殊可人意。梅時乘間詢辣以澳國近事。辣亦侃侃直陳。少無隱諱。三人散步山間。流連風景。樂而忘返。迨至夕陽西下。乃尋路而歸。下山徑時。女前行爲導。梅辣後隨。甫入街衢。梅瞥見來時路上所見之船役。又隨女而行。且行且看。梅乃大疑。亟從後呼曰。衣士梯梨勿疾奔走。須妨顚蹶。汝若不從吾言。吾即撻汝矣。言時疾聲厲色。若不稍寬假者。女聞其師當客面而怒斥。不禁羞憤難堪。淚珠承睫。俛首而行。辣地士奇不知原由。尙爲女緩頰曰。如此訶責。毋乃過嚴。令彼難堪。吾甚憐之。顧君少賜寬假也。梅曰。此吾之責任所係。殊方君之命。語曰師嚴而道尊。又曰君子愛人以德。若煦煦之仁。適足以戕之耳。言時色頗不懌。遂同回至旅館。女先登樓。梅謂辣曰。請君於樓下少坐。俟菜備再行相請。吾尙須溫語撫慰衣士梯梨也。辣曰君正當如是。梅遂登樓至女房中。謂女曰。吾頃所言。汝懟憤乎。女曰在人前面叱。若撻於市。吾何能

國風報第一年第十號目錄